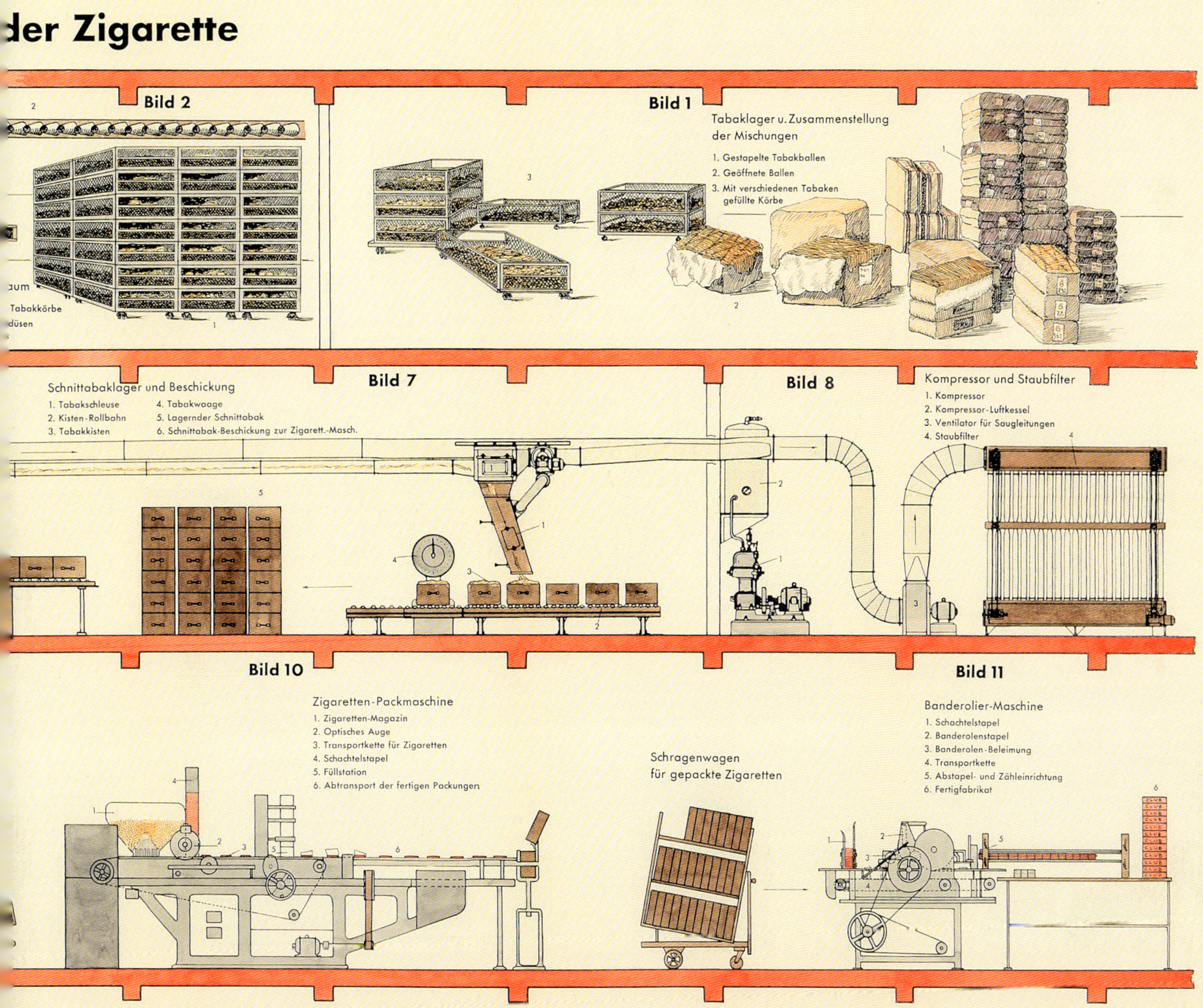
der Zigarette
Bild 2
aum
Tabakkörbe
düsen
Bild 1
Tabaklager u. Zusammenstellung der Mischungen
1. Gestapelte Tabakballen
2. Geöffnete Ballen
3. Mit verschiedenen Tabaken gefüllte Körbe
Schnittabaklager und Beschickung
1. Tabakschleuse
2. Kisten-Rollbahn
3. Tabakkisten
4. Tabakwaage
5. Lagernder Schnittabak
6. Schnittabak-Beschickung zur Zigarett.-Masch.
Bild 7
Bild 8
Kompressor und Staubfilter
1. Kompressor
2. Kompressor-Luftkessel
3. Ventilator für Saugleitungen
4. Staubfilter
Bild 10
Zigaretten-Packmaschine
1. Zigaretten-Magazin
2. Optisches Auge
3. Transportkette für Zigaretten
4. Schachtelstapel
5. Füllstation
6. Abtransport der fertigen Packungen
Schragenwagen
für gepackte Zigaretten
Bild 11
Banderolier-Maschine
1. Schachtelstapel
2. Banderolenstapel
3. Banderolen-Beleimung
4. Transportkette
5. Abstapel- und Zähleinrichtung
6. Fertigfabrikat

# TABAKRAUSCH AN DER ELBE

Geschichten
zwischen Orient und Okzident

Gedruckt mit freundlicher Unterstützung der
Ernst von Siemens Kunststiftung

  Stadt Museum Dresden

# TABAKRAUSCH
## AN DER ELBE

## Geschichten zwischen Orient und Okzident

Herausgegeben von

Holger Starke

MICHAEL IMHOF VERLAG

# INHALT

6 **Tabak-Ambivalenzen** | Christina Ludwig

8 **Dresdner Tabakrau(s)ch in Chemnitz** | Oliver Brehm

## EIN KOLONIALPRODUKT AUF DEM WEG NACH SACHSEN

10 **Die Kulturpflanze Tabak und ihre globalhistorische Bedeutung**
Frank Jacob

18 **Tabakhandel und Tabakkonsum in Sachsen im vorindustriellen Zeitalter**
Jörg Ludwig

28 **Behältnisse für kostbare Tabakwaren. Das Beispiel Tabaktöpfe**
Rainer G. Richter

35 **Herba Nicotiana – die Tabakpflanze. Herkunft – Verarbeitung – Nutzung**
Angelika Schuster

## ZIGARETTE UND GESELLSCHAFT. EIN MASSENKONSUMGUT IM INDUSTRIEZEITALTER

44 **Industrieprodukt und Massenkonsumgut. Dresden als Metropole der deutschen Zigarettenindustrie**
Holger Starke

65 **Griechen in der Dresdner Zigarettenindustrie**
Juan Carmona-Zabala

69 **Entwicklungen und Erfindungen im Zigarettenmaschinenbau**
Günter Bleisch, Reinhardt Balzk, Monika Kaßmann

77 **Gut verpackt. Behältnisse, Verpackungen und Packstoffe für Tabakwaren**
Monika Kaßmann

84 **Chesterfield made in Germany? Das Institut für Tabakforschung in Dresden**
Constanze Treue

92 **Lager Florastraße 14. Häftlinge aus dem Frauen-Konzentrationslager Ravensbrück in der Dresdner Universelle 1944/45**
Insa Eschebach

96 **Kurt A. Körber, die Universelle und die Tabakstädte Dresden und Hamburg**
Josef Schmid

102 **Zwischen Versorgungsauftrag und Importsubstitution. Zigarettenindustrie und Gesellschaft im Spiegel der Tabakkultur der DDR**
Holger Starke

## SEHNSÜCHTE UND HEIMATEN. PRODUKTREKLAME ZWISCHEN WELT UND REGION

120 **Orientalismus auf Sächsisch? Dresdner Zigarettenmarken zwischen Regionalismus und globaler Welt**
Swen Steinberg

130 **Rauchen für die Partei. Zigaretten als Spiegelbild der Milieus in der Weimarer Republik**
Thomas Grosche

135 **Real und fiktiv. Bauten als Werbeträger für die Bulgaria**
Claudia Quiring

139 **Fabrikansichten auf Geschäftsbriefen von Tabakunternehmen. Einblicke in die Sammlung des Stadtmuseums Dresden**
Katharina Müller

145 **Errauchte Bilderwelten. Sammelbilder der Dresdner Zigarettenindustrie**
Andrea Rudolph

151 **Tabak zum Geburtstag. 750 Jahre Dresden und die Zigarettensorte Jubilar**
Daniel Fischer

## GENUSS VERSUS GESUNDHEIT

156 **Vom Heilmittel zum Risikoprodukt. Medizinische Erkenntnisse über Auswirkungen des Tabakkonsums auf den menschlichen Körper**
Marina Lienert

167 **Eine Zigarette für „König Richard". Folgen einer Tabakwerbung – ein Fußballskandal im „Dritten Reich"**
Mike Schmeitzner

172 **Auf eine Zigarette mit Herrn Kästner. Eine Porträtserie von Fritz Eschen**
Philipp Freytag

177 **Alternative Lebensentwürfe am Rande der Großstadt. Der Bund der Tabakgegner und die Tabakgegnersiedlung auf der Leubnitzer Höhe**
Ragnar Baldauf, Markus Jähnichen

## SPUREN DER TABAKSTADT DRESDEN

186 **Nach der Fabrik. Wohnen in der früheren Zigarrenfabrik Gebrüder Jedicke**
Norbert Haase

191 **Das Verschwinden der Fabrik. Tabak-(Gegner-)Spuren in Stadt und Region**
Lea Ringel (Auswahl, Text), Franz Zadniček (Fotoaufnahmen 2019/2020)

202 **Salem Aleikum Dresden**
Margrit Barner, Josefine Bingemer, Anna Ilin

## ANHANG

205 Register
210 Bildnachweis
212 Autorenverzeichnis
214 Impressum

# TABAK-AMBIVALENZEN
## Vorwort der Direktorin des Stadtmuseums Dresden

*Die Zigarette ist das vollendete Urbild des Genusses:
Sie ist köstlich und läßt uns unbefriedigt.*
Oscar Wilde

Kulturthemen mit ambivalenten, also auf den ersten Blick unvereinbaren, Aspekten faszinieren die Menschheit schon immer. Auch die sächsische Landeshauptstadt Dresden hat einige dieser Geschichten mit inneren Spannungsmomenten zu bieten. Modellhaft ist das Zusammen- und Gegenspiel von Residenz als Kontinuitätselement und Industrie als Neuerungsmotor zu nennen. Wie entwickeln sich die Identitätszuschreibungen einer Stadt und ihrer Bewohnerinnen und Bewohner in Zeiten, in denen dieses Verhältnis neu bestimmt wird? Allein die Vergangenheit und Gegenwart der Industriegeschichte in Dresden zeigt enorme Umbrüche auf. Dieser Strudel lokaler Dynamiken führte zu enormen Entwicklungsschüben. Ein plakatives Beispiel ist die explodierende Ding-Population um 1900. Sie löste nicht zuletzt in den Museen positive und negative Folgeerscheinungen aus, weshalb es daher auch nicht verwunderlich ist, dass der Begriff „Ambivalenz" – bestehend aus dem griechischen *amphi* (zwei) und dem lateinischen *valens* (Wert) – genau in dieser Zeit entstanden ist.[1]

Heutige Beobachtungen wurden damals schon spür- und sichtbar: Die Geschichte der Stadt Dresden ist glokal. Besonders sichtbar wird das Nebeneinander lokaler und globaler Entwicklungen am Beispiel der Tabakindustrie. Hier trafen ab der Mitte des 19. Jahrhunderts Kulturen aufeinander und es entstanden transkulturelle Produktions- und Vermarktungsstrukturen. Kulturell gewachsene Handlungsmuster – dazu gehörte das genussvolle Rauchen von importiertem Tabak aus dem Osten – wurden in die heimische Gesellschaft integriert. Der Okzident eignete sich Kulturformen des Orients an und transformierte sie zu etwas Neuem. So besonders diese Dresdner Geschichte ist, sie ist zeitgleich auch ein typisches Beispiel für das Industriezeitalter. Und dabei ist immer wieder überraschend, dass Dresden schon vor über 100 Jahren offen war für den Rest der Welt – das Zusammenleben und -arbeiten funktionierte und brachte nicht nur interkulturelle Begegnungen, sondern auch eine Warenflut hervor.

Auch die symbolischen Bedeutungszuschreibungen von Tabakprodukten sind von Ambivalenzen durchzogen. Das Rauchen steht auf der einen Seite für ein freiheitliches Lebensgefühl, Genuss und Unabhängigkeit. Dem gegenüber schweben die bedrohlich kommunizierten Themenkomplexe um Sucht und Krankheit: Die individuelle Freiheit kollidiert mit der kollektiven Verantwortung. Der Tabakkonsum zeigt exemplarisch, dass Menschen dauerhaft mit Dingen kommunizieren und sie dadurch erst ihre Bedeutung erlangen.[2] Zigaretten werden in diesem Zusammenspiel zum wirkmächtigen Medium und Symbol des Warenfetischismus. Vor allem nach 1900 verändert sich dieses Genussmittel vom reinen Gebrauchsobjekt zum Performance-Star: Design und Inszenierung führen den industriellen Siegeszug an, der Kulturtheoretiker Hartmut Böhme schrieb dazu: *Der Konsum wurde zum Rausch der Bürger.*[3] Wie theatralisch (und berauschend) solch eine Gestaltung werden konnte – im wahrsten Sinne des Wortes – zeigt das Werbemotiv der Ausstellung: Die als Moschee verkleidete Tabakfabrik Yenidze, umspielt mit einem Theatervorhang.

Es ist nicht von der Hand zu weisen: Die Geschichte der Tabakindustrie in Dresden ist gespickt von Widersprüchlichkeiten, die uns heute noch faszinieren. Widersprüchlich deshalb, weil wir zurückblicken müssen und parallel Fragen an die Dinge aus der Gegenwart formulieren. Während sich die Erschließung der Geschichte nur langatmig entwickeln kann (Ausstellungsprojekte mit Beiwerken wie Begleitpublikationen benötigen eine lange Vorlaufzeit), verändern sich die gegenwärtigen Fragestellungen mit immenser Geschwindigkeit. Daher eignen sich solche Vorhaben par excellence, um Museumsbesucherinnen und -besuchern zum Beispiel die dynamischen Felder rund um postkoloniale Fragen, Gender-Perspektiven und aktuelles Gesundheitsbewusstsein näher zu bringen. Ausstellungen können den lebendigen Faden zwischen unbelebten Dingen und Menschen wiederherstellen, in dem wir die Beziehungen in den Vordergrund rücken.

Diese Ausstellung und ihr Begleitband sind ebenfalls ein Ergebnis intensiver Beziehungspflege. Sie entstanden im Jahr der Industriekultur 2020 und sind zugleich der letzte Teil der Ausstellungstrilogie rund um die Genussmittelstadt Dresden (Bier 1996 und Schokolade 2013/14). Entwickelt vom Kurator Dr. Holger Starke, dem hierbei die Projektmitarbeiterin Constanze Treue zur Seite stand, war ein Großteil der Mitarbeiterinnen und Mitarbeiter der städtischen Museen Dresden an diesem Vorhaben beteiligt (Sammlung, Restaurierung, Technik, Fotograf). Eine über zwei Jahre lang arbeitende Ehrenamt-Gruppe aus Fachpersonen der Branche begleitete das Projekt ebenso wie Stadtteilhistoriker, Geschichtsinteressierte (Johannstadtarchiv) und der Lehrstuhl für Kartografie an der TU Dresden (Prof. Dr. Dirk Burghardt). Allen Autorinnen und Autoren und dem wissenschaftlichen Redakteur Uwe John (Erfurt/Leipzig) sei für ihre Arbeit gedankt. Das gleiche gilt für den Michael Imhof Verlag, der das Thema in sein Verlagsprogramm aufgenommen hat. Ohne eine großzügige Förderung der Ernst von Siemens Kunststiftung wäre die Herstellung und Ausstattung des Begleitbuches in dieser ansprechenden Form nicht möglich gewesen. Bis April 2020 hat die ehemalige Direktorin Dr. Erika Eschebach viel vorbewegt und auch die für das Projekt sehr wichtige Kooperation mit dem Sächsischen Industriemuseum Chemnitz auf den Weg gebracht. Die Mehrdimensionalität des Themas wäre ohne die vielen Leihgaben aus verschiedenen Institutionen und von Privatpersonen nicht sichtbar. Wir danken allen Leihgeberinnen und Leihgebern, besonders dem Museum der Arbeit Hamburg, dem Tabakmuseum Schwedt-Vierraden, Ralph Kurze (Dresden), Hauni Hamburg, f6 Cigarettenfabrik Dresden, der Kustodie der TU Dresden, den Staatlichen Kunstsammlungen Dresden, dem Institut für Geschichte der Medizin, dem Deutschen Hygiene-Museum, dem Militärhistorischen Museum (auch für Maschinentransporte im Vorfeld), der Kartensammlung und der Deutschen Fotothek (Sächsische Landesbibliothek – Staats- und Universitätsbibliothek), dem Sächsischen Hauptstaatsarchiv und zahlreichen Privatsammlern für die unkomplizierte Kooperation.

Ihnen allen gilt unser großer Dank für die geleistete Arbeit.

*Christina Ludwig*

■ ANMERKUNGEN

1 Der Schweizer Arzt Prof. Bleuler erwähnt ihn erstmalig in einem Vortrag auf der „Ordentlichen Winterversammlung des Vereins schweizerischer Irrenärzte in Bern" am 27. November 1910, vgl. KURT LÜSCHER, Das Ambivalente erkunden, in: Familiendynamik 38 (2013), Heft 3, 238–247.

2 Vgl. EDITH SLEMBEK (Hg.), Culture and Communication, Frankfurt/M. 1991.

3 HARTMUT BÖHME, Warenfetischismus, in: Handbuch Materielle Kultur, herausgegeben von STEFANIE SAMIDA, MANFRED K.H. EGGERT, HANS PETER HAHN, Stuttgart-Weimar 2014, 264.

# DRESDNER TABAKRAU(S)CH IN CHEMNITZ
## Vorwort des Leiters des Industriemuseums Chemnitz

Vielleicht erscheint dem einen oder anderen eine Kooperation zwischen dem Stadtmuseum Dresden – im barocken Elbflorenz – und dem Industriemuseum Chemnitz – im sächsischen Manchester – auf den ersten Blick ungewöhnlich, ja sogar widersprüchlich. Dresden und rauchende Schlote, stampfende Maschinen, hektische Fließbandarbeit?! – das mag kaum zusammenpassen; gerade wenn der in Sachsen allseits bekannte Spruch vom Arbeiten in Chemnitz, Handeln in Leipzig und Regieren in Dresden für Besucher und Einheimische ein ums andere Mal bemüht wird. Aber wie Chemnitz als Wiege der sächsischen Industrialisierung und Leipzig als Messe- und Buchstadt wurde auch die Haupt- und Residenzstadt Dresden im 19. Jahrhundert zu einem der industriellen Ballungsgebiete in Sachsen. Dresden mit seiner luxusverwöhnten Klientel von Adel und Beamtenschaft wurde damals zu einem unumstrittenen Zentrum der Nahrungs- und Genussmittelindustrie, in das sich auch das Thema dieser Ausstellung über die Dresdner Zigarettenindustrie einreiht. Vor allem Frauen verdienten in Heim- oder Fabrikarbeit ihren Lohn in dieser Branche. Ende des 19. Jahrhunderts hatten zwei Drittel aller Zigarettenfabriken ihren Sitz in Dresden, jede zweite Zigarette kam vor dem Ersten Weltkrieg von hier. Somit gehört der „Tabakrausch" an der Elbe maßgeblich zur Dresdner Stadtgeschichte dieser Zeit. Darüber hinaus zeichnen ihn viele Kernpunkte und Charakteristika der industriellen Entwicklung in Sachsen und darüber hinaus aus: Anders als die handgefertigte Zigarre wurde die Zigarette schließlich zum maschinell hergestellten Massenprodukt. Der dafür notwendige Spezialmaschinenbau folgte den Unternehmen und siedelte sich ebenfalls in Dresden an. Die erste deutsche Zigarettenmaschine kam aus Sachsen – eben aus Dresden.

Wie die Industrialisierung mit Fließband und Eisenbahn das Leben in jeder Hinsicht beschleunigte, so wurde das schnelle Rauchen einer Zigarette zum Inbegriff der dynamisierten Moderne. Zunehmend wurden Markennamen zum Garanten für Qualität und mehr noch – zusammen mit der Werbung – zu einem Versprechen der Erfüllung verschiedenster Sehnsuchtsbilder, vor allem des „Orients": das industrielle Massenprodukt als Projektionsfläche für weit mehr als den bloßen Tabakkonsum.

Die beispielhafte Entwicklung der Zigarettenindustrie von ihren Anfängen bis hinein in die Gegenwart zeigt damit auch das auf, was Industriekultur ausmacht: neben technischen auch wirtschaftliche und soziale Errungenschaften. Ein gesellschaftlicher Resonanzraum entstand, in dem Arbeit und Produkt wieder auf den Menschen zurückwirkten. Eben dieses Wechselverhältnis zwischen Industriekultur und Gesellschaft zu ergründen und zu zeigen, gehört zu den Zielsetzungen des Industriemuseums Chemnitz. Die Dresdner Zigarettenindustrie eignet sich dafür in besonderer Weise. Da auch die Industriearchitektur als Hinterlassenschaft der sächsischen Industriegeschichte wichtiger Bestandteil des Museumskonzepts ist, kann das im Stil einer Moschee erbaute und 1909 eröffnete Gebäude der Dresdner Zigarettenfabrik Yenidze, das heute zu einer Sehenswürdigkeit in Dresden geworden ist, symbolhaft für den Umgang mit den architektonischen Zeugen des industriellen Aufschwungs am Beginn des 20. Jahrhunderts verstanden werden. Nicht umsonst schmückt sie deshalb das Werbeplakat für die gemeinsame Ausstellung des Stadtmuseums Dresden und des Industriemuseums Chemnitz. Diese Zusammenarbeit unserer beiden Museen ist eine große Freude und nur folgerichtig, denn die Geschichte der Dresdner Zigarettenindustrie ist auch sächsische Industriegeschichte. Möge der „Tabakrausch an der Elbe" viele interessierte Besucher nach Dresden und Chemnitz führen.

*Dr. Oliver Brehm*

# EIN KOLONIALPRODUKT
## auf dem Weg nach Sachsen

# DIE KULTURPFLANZE TABAK UND IHRE GLOBALHISTORISCHE BEDEUTUNG

Frank Jacob

Rauchen ist schlecht für die Gesundheit. Dieses Diktum ist wahr und bedarf hier keiner Diskussion. Gleichfalls wahr ist allerdings auch, dass die Kulturpflanze Tabak in ihrer mehr als 500-jährigen Globalgeschichte einen sehr bedeutenden Einfluss auf das Leben und die ökonomische Situation vieler Menschen hatte und das Studium der Geschichte dieser Pflanze, ihres Konsums in Form des Rauchens oder Schnupfens sowie ihres sozioökonomischen Einflusses durchaus lohnenswert ist.[1] Während aufgrund des Imagewandels der letzten Jahrzehnte Tabak heute in erster Linie als Gefahr für die Weltgesundheit oder im Zusammenhang mit organisierter Kriminalität, etwa im Bereich des Tabakschmuggels, diskutiert wird,[2] geraten viele kultur-, sozial- und wirtschaftshistorische Aspekte der Geschichte der Kulturpflanze oft ins Hintertreffen.[3]

Die Tabakpflanze wurde lange Zeit als „ein Geschenk der Neuen an die Alte Welt" betrachtet.[4] Sie bestimmte die Lebens- und Erfahrungswelten vieler Menschen, die an dessen Produktionsprozessen in der Atlantischen Welt beteiligt waren, etwa der Plantagen- und Sklavenbesitzer, die den Anbau vorantrieben,[5] der versklavten Arbeiterinnen und Arbeiter, die in zunehmender Zahl für die Kultivierung der Pflanze verantwortlich waren,[6] der Schiffseigner und -besatzungen, die den Transport des Rauchguts organisierten, und der Konsumenten auf beiden Seiten des Atlantiks, die das neue Genussmittel in immer größeren Mengen verlangten und verbrauchten.[7] Dabei wurde die Tabakpflanze, nachdem sie den europäischen Entdeckern und Eroberern das erste Mal aufgefallen war, zunächst als Heilkraut und weniger als Konsumgut wahrgenommen.[8]

Christoph Kolumbus (1451–1506) hatte in der Karibik erstmals Tabak von der indigenen Bevölkerung als Geschenk erhalten, und einige seiner Besatzungsmitglieder konnten im Zuge einer seiner Reisen erstmals das Pfeifenrauchen beobachten.[9] Die ersten Erfahrungen mit dem Konsum von Tabak gehen folglich auf das Jahr 1492 zurück und wurden in entsprechenden Reiseberichten erwähnt.[10] Als erste rauchende Europäer wurden häufig Luis de Torres und Rodrigo de Jerez genannt, wobei letzterer bei seiner Ankunft in Europa angeblich verhaftet wurde, da man glaubte, der Atem des Teufels würde aus ihm entweichen.[11] Das Rauchen von Tabak als eine der Sitten der Bewohner der karibischen Inseln wurde schließlich erstmals ausführlich von Gonzalo Fernandez de Oviedo y Valdés (1478–1557),[12] einem der wichtigsten frühen und von der spanischen Krone autorisierten Chronisten der „Neuen Welt", beschrieben.[13] Dabei wird das Rauchen jedoch eher als eine schlechte Angewohnheit „der Wilden" beschrieben, die den Tabakrauch mit Hilfe einer y-förmigen Pfeife direkt durch die Nase inhalierten, nach einigen Zügen wie in Trance verweilten und schließlich zusammenbrachen. Der Chronist Fernandez de Oviedo y Valdés konnte sich daher beim besten Willen nicht erklären, welchen Genuss die Rauchenden von dieser Praxis zu erhalten gedachten. Ungeachtet dieser ersten eher negativen Schilderung, interessierten sich schließlich immer mehr Gelehrte der „Alten Welt" für die Pflanze und mehr und mehr Informationen über den Tabak, wenn auch zu Beginn nicht immer von großem Wahrheitsgehalt, erreichten Europa.[14] Dabei wurde zunehmend die beruhigende Wirkung des Tabakkonsums beschrieben und das Vergnügen, welches dasselbe bereite, hervorgehoben.[15] Darüber hinaus wiesen die Berichte des 16. Jahrhunderts zudem oft auf die zeremonielle Nutzung des Tabaks durch die indigene Bevölkerung der Karibik und Lateinamerikas hin.[16]

Schließlich erreichten die ersten Tabakpflanzen den europäischen Kontinent, wo sie von den Gelehrten der Frühen Neuzeit eingehend, vor allem mit Blick auf ihre möglichen medizinischen Wirkungen, untersucht wurden. Einer der Ersten, der die Pflanze untersuchte, war Jean Nicot (1530–1604),[17] der Botschafter des französischen Königs in Lissabon während der 1560er Jahre. Der Diplomat sollte schließlich auch als Namengeber der neuen

Tabakpflanzen mit Blüten und Samenkapsel, kolorierter Kupferstich von I. Miller, 1757 (Museum der Arbeit, Hamburg)

Pflanze fungieren, die letztlich unter der Bezeichnung *nicotiana tabacum* Bekanntheit in Europa erlangte. Nicot legte darüber hinaus den Grundstein für die medizinische Verwendung der Tabakpflanze, der seit der zweiten Hälfte des 16. Jahrhunderts allerhand heilende Wirkungen bei verschiedenen Beschwerden zugeschrieben worden waren.[18]

Während in sogenannten Kräuterbüchern die physische Beschaffenheit der Tabakpflanze interessierten Lesern vorgestellt wurde,[19] erschien 1572 die erste Darstellung, die sich ausschließlich der neuen Kulturpflanze widmete.[20] Das Buch „Instruktionen über das Kraut Petum"[21] belegt, wie intensiv sich vor allem französische Mediziner mit der neuen Pflanze auseinandergesetzt haben. In

Pulverform wurde Tabak beispielsweise bei der Behandlung von Prellungen oder Blutergüssen verwendet, wobei vor allem der Saft der Pflanze als ein Heilmittel mit besonderen Kräften betrachtet wurde. Neben einer genauen Beschreibung und der Abbildung einer Tabakpflanze finden sich in dem Werk erste Hinweise darauf, wie deren Öl extrahiert und angewandt werden kann. John Gerards Buch zur allgemeinen Geschichte von Pflanzen, das 1597 in London publiziert wurde, beschreibt die verschiedenen Nutzungsmöglichkeiten des Tabaks in der „Neuen Welt" ausführlich.[22]

Gerard beschreibt, wie andere vor ihm, die Eigenschaften der Pflanze und wie das getrocknete Kraut von den Menschen der „Neuen Welt" in Pfeifen geraucht wurde. Dabei hebt er wie andere frühe Autoren ebenfalls den medizinischen Aspekt des Rauchens hervor, denn durch den Konsum einer Pfeife würden „Kopfschmerzen, Rheuma oder Schmerzen in jedwedem Teil des Körpers" unterdrückt, selbst wenn das Rauchen des Tabaks die Ursache nicht gänzlich heilen könne. Darüber hinaus geht Gerard in seiner Beschreibung der Nutzung der Pflanze ebenfalls auf das rituelle Rauchen von Tabak ausführlich ein. So beschreibt er Zeremonien, in denen das Pfeifenrauchen einen Rausch hervorrief, der qua Sinneserweiterung notwendiger Bestandteil der Kommunikation mit Geistern oder Göttern war, deren Willen auf diese Weise in Form von Visionen in Erfahrung gebracht wurde.[23]

Die erste visuelle Darstellung einer Tabakspfeife im Gebrauch findet sich allerdings in einem Buch, das bereits in den frühen 1590er Jahren in verschiedenen Sprachen publiziert worden war. Das Bild zeigt die Behandlung von Kranken mit Tabakrauch, ein Vorgang der zudem sehr detailliert wie folgt beschrieben wird:[24]

> Die Kranckheyten pflegen sie auff diese weise zu heylen: Sie machen lange und breyte Bänck / wie in dieser Abconterfeytung zu sehen ist / Auff diese legen sie die Krancken / nach Gelegenheyt der Seuche / entweder auff den Bauch / oder auff den Rücken. Wann sie im darnach die Haut an der Stirn mit einer sehr scharpffen Muschelen durch gestochen / saugen sie ihm das Blut mit dem Munde herauß / und giessen dasselbig in ein irzden Gefäß / oder in Legel / so auß Kürbes gemacht sind. Die Weiber so kleine Kinder / und Knäblein sind / säugen / oder sonst schwanger gehen / kommen herzu / und trincken das Blut / in sonderheyt / wann der Krancke ein starker junger Gesell ist / auff daß ihre Milch desto besser werd / und die Knaben durch solche Milch erzogen / desto kühner und dapfferer werden. Die andern / so uff dem Bauch ligen / beräuchern sie der gestalt / daß sie etliche Körner auff ein Glut werffen / dann der Rauch durch den Mund und die Naßlöcher inngenommen / zertheylet sich durch den ganzen Leib / und erregt ein brechens / oder zertheylet und vertreibet die Ursach der Kranckheyt. Sie haben auch ein Kraut / welches die Floridaner Ubauuoc heissen / die Brasilianer nennen es Petum / die Spanier Tabaco. Dieses Krauts Bletter rechtschaffen getrücknet / legen sie auff einen theyl einer Rören / da sie am weychsten ist / wann diese Bletter angezündet / nemmen sie die Rören / da sie am engsten ist / in den Mund / und ziehen also den Rauch dadurch so starck in sich / daß er inen zum Munde und Naßlöchern widerumb herauß gehet / und also zugleich häuffig die Flüsse heraus ziehen.

Besonders der medizinische Einsatz und die scheinbar unendlichen Möglichkeiten, allerhand Beschwerden mit dem neuen „Wunderkraut" zu kurieren, wurden immer wieder diskutiert, wobei die Liste der zu heilenden Krankheiten endlos erscheint. Fehlannahmen wurden somit über Jahrzehnte hinweg tradiert und erst später korrigiert.[25]

Während sich die Gelehrten intensiv der Form und Wirkung der neuen Pflanze widmeten, avancierte diese zunächst langsam aber stetig zu einem beliebten Konsum-

Anbau und Verarbeitung von Tabak (Tabakpresse), Radierung aus: Georgica Curiosa oder Adeliches Land-Leben. Herren von Hoberg, Anderter Theil, Nürnberg 1695, 84 (Sächsische Landesbibliothek – Staats- und Universitätsbibliothek Dresden)

Die erste Abbildung rauchender Menschen der „Neuen Welt", aus: Jaques le Moyne de Morgues, Der ander Theyl/ der Newlich erfundenen Landtschafft Americae, Frankfurt am Main 1591, Tafel XX: Welcherley Gestalt sie ire Krancken zu heylen pflegen (Badische Landesbibliothek Karlsruhe)

gut. Dies führte in England zu einem ersten „Tabakstreit", in dem sich König Jakob I. (1566–1625) mit einem Pamphlet gegen den Konsum der Pflanze, egal ob mittels Rauchen oder Schnupfen, aussprach.[26] Doch selbst der royale Einspruch, der vor allem die Übernahme von Sitten „der Wilden" der „Neuen Welt" kritisierte,[27] konnte nichts daran ändern, dass der Tabak seinen Siegeszug in Europa bereits begonnen hatte, sich im Zuge der Etablierung der frühen Weltwirtschaft schnell über den gesamten Globus ausbreitete und einen großen Einfluss auf das Konsumverhalten von Menschen in fast allen Regionen der Erde ausübte. Der englische Import von Tabak, vor allem aus den eigenen Kolonien wie etwa Virginia, aber auch aus der Karibik oder Brasilien, nahm in der Tendenz stetig zu. Ökonomisch wurde der Tabak damit besonders in den neuenglischen Pflanzerkolonien, allen voran Virgina, so bedeutend, dass dessen Anbau, Ernte, Trocknung und Export das Leben der Menschen vor Ort bestimmten.[29]

| Englische Tabakimporte (in Pfund/Gewicht)[28] | Virginia/ Bermuda | Spanien/ Brasilien |
|---|---|---|
| 1621–1622 | 61.637 | |
| 1622–1623 | 134.607 | 66.877 |
| 1623–1624 | 202.962 | 50.459 |
| 1624–1625 | 131.808 | 14.637 |
| 1625–1626 | 333.102 | 18 |
| 1626–1627 | 376.858 | 17.686/15.062 |
| 1627–1628 | 552.871 | 69.358/50.463 |
| 1628–1629 | 178.715 | 98.784 |
| 1629–1630 | 458.151 | 82.113 |
| 1630–1631 | 272.295 | 60.498 |

Die Herstellung von Tabak (Darstellung aus den Kolonien): Die getrockneten Tabakblätter werden gelöst, gedreht und aufgewickelt, Kupferstich, um 1850 (Museum der Arbeit, Hamburg)

Für den Anbau von Tabak wurden billige Arbeitskräfte benötigt und das in einem Ausmaß, das schließlich zum Import von Sklaven aus Afrika führte.

Gleichzeitig bedingten die Handelsbeziehungen zwischen den Kolonien und Europa auch die Etablierung enger transatlantischer Handels- und Familienbeziehungen.[30] Bedeutend war der Tabakanbau, der von einem Luxusgut zu einem Massenkonsumgut avancierte, nicht nur in den neuenglischen Kolonien Nordamerikas, sondern vor allem in Brasilien, von wo aus immer mehr Tabak nach Europa gelangte und Jahr für Jahr trotz sinkender Preise bei steigendem Importvolumen die Kassen der Kolonialmacht Portugal füllte.[31]

Gewinne erzielten allerdings nicht nur diejenigen, die den Anbau in den Kolonien und damit den Nachschub an Tabak kontrollierten,[32] sondern ebenso die Händler und Städte, in denen Tabak gehandelt oder weiterverarbeitet wurde. So war nicht nur der schottische Überseehandel vom „braunen Gold" der „Neuen Welt" abhängig,[33] sondern auch wichtige Handelshäfen wie Hongkong verdienten am globalen Tabakhandel.[34]

In der zweiten Hälfte des 19. Jahrhunderts – als Bestandteil der Industrialisierung, im Gefolge des Siegeszuges der Zigarette nach dem Krimkrieg (1853–1856) in

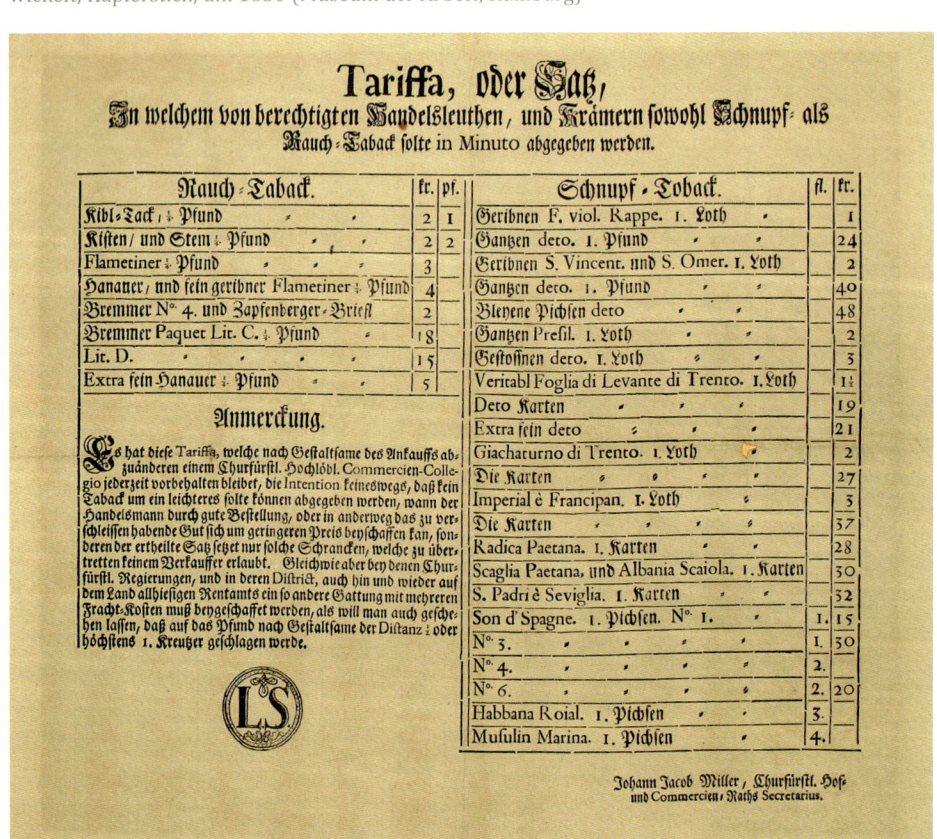

Tarife für Rauch- und Schnupftabak im Kurfürstentum Bayern, Johann Jacob Miller, Hof- und Kommerzienrats-Sekretär, Lithographie, um 1750 (Museum der Arbeit, Hamburg)

Tabakmarke „Pariser Freiheit Cnaster", Roi & Comp., Holzschnitt, um 1825 (Museum der Arbeit, Hamburg)

Europa, nach dem Amerikanischen Bürgerkrieg (1861–1865) in Nordamerika – wurden Orte wie Dresden[35] oder das amerikanische Durham in North Carolina[36] zu wichtigen Innovationsstätten sowohl für die Produktion von Tabakwaren als auch für Werbetechniken[37] zum Vertrieb an einen möglichst großen Kundenkreis. Es entstanden globale Tabakhandelsunternehmen, darunter British-American-Tobacco (BAT),[38] gegründet 1902 aus dem Zusammenschluss der American Tobacco Company (USA) und der Imperial Tobacco Company (GB). Deutsche Firmen wie Batschari in Baden-Baden[39] oder Manoli in Berlin[40] boten ihren Kunden Zigaretten aus golden-süßen Virginia- sowie würzigen Orienttabaken[41] aus Griechenland und dem Osmanischen Reich an.

Die beiden Weltkriege und die von Krisen geprägte Zwischenkriegszeit intensivierten den Konsum von Tabak weiter: Die Zigarette oder Pfeife war ein elementarer Bestandteil des soldatischen Frontalltags. Zudem warb die Tabakindustrie für sogenannte Liebesgaben, das heißt Angehörige wurden dazu aufgerufen, Rauchprodukte und -utensilien an die Front zu schicken.[43] Rauchen wurde dadurch zu einem elementaren Bestandteil des Kriegsalltags, vor allem weil sich seit der Frühen Neuzeit die Ansicht erhalten hatte, dass der Konsum von Tabak dabei helfe, Hungergefühle zu unterdrücken. In der deutschen Nachkriegszeit war die Versorgung mit Rauchbarem ebenfalls sehr wichtig, um das Leid der Zivilbevölkerung zu lindern,[44] wobei Zigaretten in der Regel als Alternativwährung auf dem Schwarzmarkt dienten.

In der Zeit nach dem Zweiten Weltkrieg war Tabak ein bedeutender Teil des sogenannten Wirtschaftswunders in der Bundesrepublik Deutschland, nicht zuletzt auch von Rauchern wie Ludwig Erhard (1897–1977) in der Öffentlichkeit repräsentiert.[45] Zunächst waren die Einnahmen, die der Verkauf von Tabakwaren dem Staat in den Zeiten des Wiederaufbaus und Wirtschaftswunders bescherte, wesentlich wichtiger als eine Abschätzung der gesundheitlichen Schäden, die das Rauchen mit sich brachte.[46] Die Frage, ob es sich beim Tabakkonsum um Genuss oder Sucht handelte, trat jedoch seit der Mitte des 20. Jahrhunderts immer mehr in den Mittelpunkt eines Diskurses, der zunehmend von der Verschiebung der Perspektive auf das Suchtpotential bestimmt war.[47] Selbst wenn sich die Geister bis heute darüber scheiden, was Tabak nun ist und sein soll, also Genussmittel oder berauschende, süchtig machende Substanz, eines ist sicher: Die Nutzung und Bewertung der Kulturpflanze Tabak ist immer auch ein historischer Spiegel der Gesellschaft, in der diese konsumiert oder beurteilt wird.

**Exportwert brasilianischen Tabaks zwischen 1754 und 1775** (in Réis)[42]

| | | | |
|---|---|---|---|
| 1754 | 149.046.125 | 1765 | 159.201.163 |
| 1755 | 165.481.500 | 1766 | 125.153.685 |
| 1756 | 146.096.830 | 1767 | 237.030.986 |
| 1757 | 167.136.083 | 1768 | 164.796.778 |
| 1758 | 166.800.030 | 1769 | 178.478.446 |
| 1759 | 154.939.359 | 1770 | 151.464.104 |
| 1760 | 156.526.010 | 1771 | 151.461.406 |
| 1761 | 117.577.027 | 1772 | 155.984.323 |
| 1762 | 176.006.459 | 1773 | 163.666.932 |
| 1763 | 180.919.666 | 1774 | 165.133.205 |
| 1764 | 164.296.905 | 1775 | 177.285.242 |

Kopfplastiken von Tabakkonsumenten: Kautabak, Rauchtabak (Pfeife, Zigarre, Zigarillo/Zigarette), Schnitzerei aus Eichenholz, wohl Dresden, um 1930 (Stadtmuseum Dresden)

### ANMERKUNGEN

1 Zur Bedeutung des Tabaks und seiner Geschichte siehe Frank Jacob/Gerrit Dworok, Tabak. Eine globalhistorische Einführung, in: Tabak und Gesellschaft. Vom *braunen Gold* zum sozialen Stigma, hrsg. von Frank Jacob/Gerrit Dworok, Baden-Baden 2015, 9–32.

2 Gerulf Hirt et al., Als die Zigarette giftig wurde. Ein Risiko-Produkt im Widerstreit, Marburg 2017; Kenneth E. Warner, Tobacco, in: Foreign Policy 130 (2002), 20–28, hier 20; Tom Vander Beken et al., Crossing Geographical, Legal and Moral Boundaries. The Belgian Cigarette Black Market, in: Tobacco Control 17, 1 (2008), 60–65.

3 Aus verschiedenen Perspektiven mit dem Sujet „Tabak" befassen sich beispielsweise: Carol Benedict, Golden-Silk Smoke. A History of Tobacco in China, 1550–2010, Berkeley, CA 2011; Frank Jacob, Tobacco. A Transatlantic Commodity and Its Cultural Impact in the Early Modern World, in: Transatlantic Trade and Global Cultural Transfers Since 1492. More than Commodities, hrsg. von Martina Kaller/Frank Jacob, London-New York 2020, 73–105; Dirk Schindelbeck et al., Zigaretten-Fronten: Die politischen Kulturen des Rauchens in der Zeit des Ersten Weltkriegs, Marburg 2014; Sandra Schürmann et al., Die Welt in einer Zigarettenschachtel: Transnationale Horizonte eines deutschen Produkts, Marburg 2017; Johannes Wilbert, Tobacco and Shamanism in South America, New Haven, CT 2009.

4 Charles E. Hatch, Jr., Tobacco. Its History Illustrated by the Books, Manuscripts and Engravings in the Library of George Arents, Jr., by Jerome E. Brooks, in: The William and Mary Quarterly 22, 2 (1942), 101–113, hier 101. Übersetzungen aus dem Englischen stammen vom Autor.

5 Einer der bekannten Plantagenbesitzer Virginias war der spätere erste US-Präsident George Washington (1732–1799), vgl. dazu Bruce A. Ragsdale, George Washington, the British Tobacco Trade, and Economic Opportunity in Prerevolutionary Virginia, in: The Virginia Magazine of History and Biography 97, 2 (1989), 132–162.

6 Michael Zeuske, Sklaven und Tabak in der atlantischen Weltgeschichte, in: Historische Zeitschrift 303 (2016), 315–348.

7 Tabak wurde nicht nur in Europa zu einem gefragten Konsumgut, sondern auch in der Karibik, vgl. dazu eine Untersuchung zum Import englischer Tabakpfeifen aus Ton: Georgia L. Fox, Interpreting Socioeconomic Changes in 17th-Century England and Port Royal, Jamaica, Through Analysis of the Port Royal Kaolin Clay Pipes, in: International Journal of Historical Archaeology 6, 1 (2002), 61–78.

8 Joel Best, Economic Interests and the Vindication of Deviance: Tobacco in Seventeenth Century Europe, in: The Sociological Quarterly 20, 2 (1979), 171–182, hier 172.

9 Martin Fernandez de Navarrete, Collección de los viages, Madrid ²1859, 202.

10 Fernando Colombo, Historie del S. D. Fernando Colombo, Venedig 1571, George Arents Collection (im Weiteren GAC), Nr. 14, New York Public Library, 58–59. Weitere Erwähnungen finden sich in: Martin Waldseemüller, Cosmographiae Introductio, cum Quibusdam Geometriae ac Astronomiae Principiis ad eam Rem Neccessariis, St. Dié 1507, GAC, Nr. 1, h, d6–d7; Peter Martyr, De Orbe Novo Decades, Alcalá de Henares 1516, GAC, Nr. 2, Buch 9.

11 Jerome E. Brooks, Tobacco. Its History, 5 Bde., New York, 1937–1952, hier Bd. 1, 243.

12 Zu Leben und Wirken vgl. Juan J. Daneri, Fernández de Oviedo's Pineapple and Cultural Authority in Imperial Spain, in: Monographic Review 21 (2005), 26–39.

13 Gonzalo Fernandez de Oviedo y Valdés, La Hisotria General Delas Indias, Sevilla 1535, GAC, Nr. 4, Buch 5, Kapitel 2: Delos tabacos. Der Text findet sich zudem in: Gonzalo Fernandez de Oviedo y Valdés, Historia General y Natural de las Indias, hrsg. von José Amador de los Rios, Bd.1, Madrid 1851, 130–132.

14 Eine der Schilderungen, die den Prozess der Ernte, Trocknung und Verarbeitung von Tabakblättern zu einer Zigarre beschreibt, bietet André Thevet, Les Singularitez de la France Antarctique, Antwerpen 1558, GAC, Nr. 7–8, 57.

15 Girolamo Benzoni, La Historia del Mondo Nuovo, Venedig 1565, GAC, Nr. 10, 54.

16 Lancelot du Voisin Popelinière, Les Trois Mondes, Paris 1582, GAC, Nr. 28-A, Buch 3, 12f.

17 Edmond Falgairolle, Jean Nicot, ambassadeur de France en Portugal au XVIème siècle, Paris 1897.

18 Charles Etienne, L'Agriculture et Maison Rustique, Paris 1567, GAC, Nr. 26, Buch 2, Kapitel 76, 83–85.

19 Rembert Dodoens, Crvÿdeboeck, Antwerpen 1554, GAC, Nr. 5-A, Teil 3, Kapitel 89, 480–484; Pietro Andrea Mattioli, New Kreüterbuch, Prag 1562, GAC, Nr. 9-A, 459–461.
20 Jaques Gohory, Instruction sur l'herbe petum, Paris 1572, GAC, Nr. 17, 6–8 und 12f.
21 Tabak wurde zunächst auch als Petum bezeichnet. Andere gängige Bezeichnungen waren in Frankreich auch „Botschaftskraut" (herbe d'ambassade) oder „Königinnenkraut" (herbe á la reine).
22 John Gerard, The Herball or Generall Historie of Plantes, London 1597, GAC, Nr. 50, 284–289.
23 Ebd., 287f.
24 Jaques Le Moyne de Morgues, Der ander Theyl/ der Newlich erfundenen Landtschafft Americae, Frankfurt am Main 1591, GAC, Nr. 40, unpaginiert.
25 Einige Werke, die die ursprünglichen Fehlannahmen über die Heilkräfte der Tabakpflanze weithin verbreitet haben, waren etwa: Juan Fragoso, Discursos de las cosas aromáticas, Madrid 1572, GAC, Nr. 16; Gilles Everard, De Herba Panacea, Antwerpen 1587, GAC, Nr. 32, bes. 25–30; William Vaughan, Natural and Artificial Directions for Health, London 1600, GAC, Nr. 60, Kap. 8.
26 James I, A Counterblaste to Tobacco, London 1604, GAC, Nr. 68; zum Einfluss des neuen Konsumgutes auf die englische Gesellschaft vgl. Jeffrey Knapp, Elizabethan Tobacco, in: Representations 21 (1988), 27–66.
27 James I, A Counterblaste (wie Anm. 26), 6.
28 Neville Williams, England's Tobacco Trade in the Reign of Charles I, in: The Virginia Magazine of History and Biography 65, 4 (1957), 403–449, hier 419 f. Bis 1625/26 beziehen sich die Zahlen nur auf Spanien, wobei in jenem Jahr ein Importverbot für spanischen Tabak galt, so dass nur 18 Pfund verzeichnet werden konnten.
29 Hatch, Jr., Tobacco (wie Anm. 4), 102.
30 Ein besonders interessantes Beispiel ist die Beziehung zwischen der Pflanzerfamilie Nicholas in Virgina und der Handelsfamilie Norton in London, die durch die Heirat der Kinder John Hatley Norton und Sally Nicholas 1772 auch auf der privaten Ebene belegt ist. Die Beziehung der beiden Familien ist darüber hinaus recht gut dokumentiert, vgl. John Norton and Sons Papers, Special Collections, John D. Rockefeller Jr. Library, Colonial Williamsburg Foundation, MS 1936.3.501, F. 45.
31 Zur Geschichte des Tabakanbaus in Brasilien vgl. José Roberto do Amaral Lapa, O tabaco brasileiro no século XVIII, in: Studia (1970), 57–144; Carl A. Hanson, Monopoly and Contraband in the Portuguese Tobacco Trade, 1624–1702, in: Luso-Brazilian Review 19, 2 (1982), 149–168.
32 Neben England und Portugal/Spanien gilt dies auch für die niederländischen Tabakanbaugebiete im heutigen Indonesien. Vgl. dazu: Deli-Maatschappij, Notes on Sumatra Tobacco, Amsterdam 1884; Emile Mulder, Cultivation of Tobacco in Sumatra, Washington, D.C. 1898; Louise Moore, Tobacco Trade in the Netherlands and the Netherland East Indies, Washington, D.C. 1929. Zur Entwicklung der indonesischen Tabakwirtschaft nach der Unabhängigkeit des Landes vgl. Melissa C. Mitchell, The Political Economy of Tobacco in Indonesia. How Two Fires Fell Upon the Earth, Masterarbeit, George Mason University, Fairfax, VA 2013, 10–21.
33 Jacob M. Price, The Rise of Glasgow in the Chesapeake Tobacco Trade, 1707–1775, in: The William and Mary Quarterly 11, 2 (1954), 179–199.
34 1919 exportierte Hong Kong Tabak im Wert von mehr als 2 Millionen Pfund Sterling und importierte etwa 900.000 Pfund Tabak aus Südchina, wo sich ebenfalls ein wichtiges Anbaugebiet entwickelt hatte. Vgl. dazu ausführlich: Tobacco Trade and Industry of Hong Kong, in: Journal of the Royal Society of Arts 68, 3546 (1920), 802f.
35 Swen Steinberg, Mohammed aus Sachsen. Die Vermarktung von ‚orientalischer Fremdheit', Regionalität, Nationalismus und Ideologie in der Dresdner Zigarettenindustrie (1860–1960), in: Tabak und Gesellschaft (wie Anm. 1), 183–212.
36 B.W.C. Roberts/Richard F. Knapp, John Thomas Dalton and the Development of Bull Durham Smoking Tobacco, Durham, NC 1977.
37 Gerard S. Petrone, Tobacco Advertising. The Great Seduction, Atglen, PA 1996. Beispielhaft für eine der Werbestrategien vgl. Frank Jacob, Smoking animals. American tobacco advertisement in the late nineteenth and early twentieth centuries, in: Zoosemiotica 2.0. Forme e politiche dell'animalità, hrsg. von Gianfranco Marrone, Palermo 2017, 557–568.
38 Rauchzeichen. Tabakhistorische Graphiken und Objekte aus der Sammlung British American Tobacco, hrsg. von BAT Germany/Kunstmuseum Bayreuth, Hamburg 1999. Zur Globalisierung der Zigarette und der BAT vgl. Howard Cox, The Global Cigarette. Origins and Evolution of British American Tobacco, 1880–1945, Oxford 2000.
49 Zum Firmengründer August Karl Batschari vgl. Reiner Haehling von Lanzenauer, Batschari, August Karl, Tabakindustrieller, in: Badische Biographien NF 5 (2005), 4f.
40 Beipielhaft die Werbeanzeige der Zigarettenfirma Manoli „Manoli-Neuheiten für den Weihnachtstisch" in Illustrierte Zeitung, 25.11.1915, Archiv des Jüdischen Museums Berlin, Inv.-Nr. 2008/51/2, http://objekte.jmberlin.de/object/jmb-obj-309703;jsessionid=C8D1A360648E6D8342377047DEB5A0B2 (12.2.2020).
41 Zur Geschichte der Orienttabake vgl. Harald Assael, Der Orienttabak. Seine Eigenschaften, seine Behandlung und die Geschichte des Orienttabakhandels, Genf 1972.
42 Nationalarchiv Portugal, Lissabon, Alfândegas de Lisboa, Alfândegas do Tabaco, Livro 6790, 1.
43 Ausführlich zum Ersten Weltkrieg vgl. Schindelbeck et al., Zigaretten-Fronten (wie Anm. 3).
44 Ein Beispiel für die Bedeutung von Tabak in der direkten Nachkriegszeit findet sich in Stadtarchiv Würzburg Wirtschaftsamt an die Militärregierung Würzburg, Würzburg, 13.6.1945, EAPL I, HG 7, Sign. 151. Es wurden *Restbestände von Rohtabak*, die in zwei Schiffen lagerten, an die Zivilbevölkerung der Stadt verteilt. Dessen Verfügbarkeit sollte die angespannte Lage in der Stadt mildern.
45 Roland Tichy, Der Dicke mit der Zigarre, Ludwig-Erhard Stiftung, 18.9.2017, https://www.ludwig-erhard.de/erhard-aktuell/standpunkt/der-dicke-mit-der-zigarre/ (12.2.2020).
46 Rosemary Elliot, Smoking for Taxes. The Triumph of Fiscal Policy Over Health in Postwar West Germany, 1945–55, in: The Economic History Review 65, 4 (2012), 1450–1474.
47 Birgitta Kolte, Rauchen zwischen Sucht und Genuss, Wiesbaden 2006, beschreibt den Diskurs sehr anschaulich. Zur historischen Entwicklung der Zigarette vom Genuss- zum Suchtmittel vgl. auch Hirt, Zigarette (wie Anm. 2).

# TABAKHANDEL UND TABAKKONSUM IN SACHSEN IM VORINDUSTRIELLEN ZEITALTER

Jörg Ludwig

Es kann als Ironie der Geschichte gelten, dass der heute wegen seiner gesundheitsschädlichen Wirkungen weltweit bekämpfte Tabakgenuss seinen Siegeszug in der europäischen Konsumkultur wesentlich der Mitwirkung von Medizinern zu verdanken hat. Seit dem 16. Jahrhundert sprachen viele Ärzte dem Tabakrauch heilende und gesundheitsfördernde Wirkungen zu[1] und trugen so dazu bei, dass sich das neuartige, in den Augen vieler Zeitgenossen bizarre Konsumbedürfnis immer weiter ausbreitete. Hieran änderte auch der Widerstand einer zumindest teilweise tabakfeindlichen Obrigkeit nichts. Erst nach und nach erkannten die Herrschaftsträger in Stadt und Land das Potenzial des Tabaks zur Erregungs- und Stimmungskontrolle sowie zur Anpassung von Körper und Geist an disziplinierte produktive Tätigkeit. Im Vergleich mit dem Alkohol- und Drogenkonsum erschien die „nüchterne Trunkenheit" des Tabaks geradezu nützlich.[2]

Die ältesten Notizen über den Tabakkonsum in Sachsen, die bis in die 1570er und 1580er Jahre zurückreichen, dokumentieren die aus der europäischen Tabakgeschichte bereits bekannte Verwendung als Heilmittel. 1578 erhielt Kurfürst August aus Prag Samen und Blätter *von dem Indiannischen Haylsamen Khraut Thabagko*, mit einem Rezept zur Anwendung.[3] 1585 verschaffte sich Kurfürstin Anna ebenfalls zu medizinischen Zwecken aus Prag Tabaksamen und -blätter, die in Dresden bzw. Sachsen damals noch nicht verfügbar waren.[4] Solche Lieferungen erfolgten über ein exklusives Korrespondentennetzwerk, dem Fürsten, weitere Angehörige des Hochadels und hohe landesherrliche Beamte angehörten. Dabei wurden nicht nur Informationen ausgetauscht, sondern auch Samen, Pflanzen und Heilmittel versandt, darunter solche *aus India, Hispania und andern Orten*.[5] Tabak war somit zunächst Bestandteil einer exklusiven Medizinalkultur der Oberschichten, bevor er durch das Rauchen schrittweise zum Objekt eines schichtenübergreifenden Massenkonsums wurde. Dieser Massenkonsum wurde möglich, weil die Tabakproduktion in den europäischen Kolonialgebieten Amerikas seit dem Ende des 16. Jahrhunderts immer weiter anstieg.[6] Kostenreduktionen, unter anderem beim Schiffstransport, ließen in Europa die Absatzpreise sinken. Rauchen wurde außerdem erschwinglicher, weil Tabakmischungen aus teureren amerikanischen und billigeren einheimischen

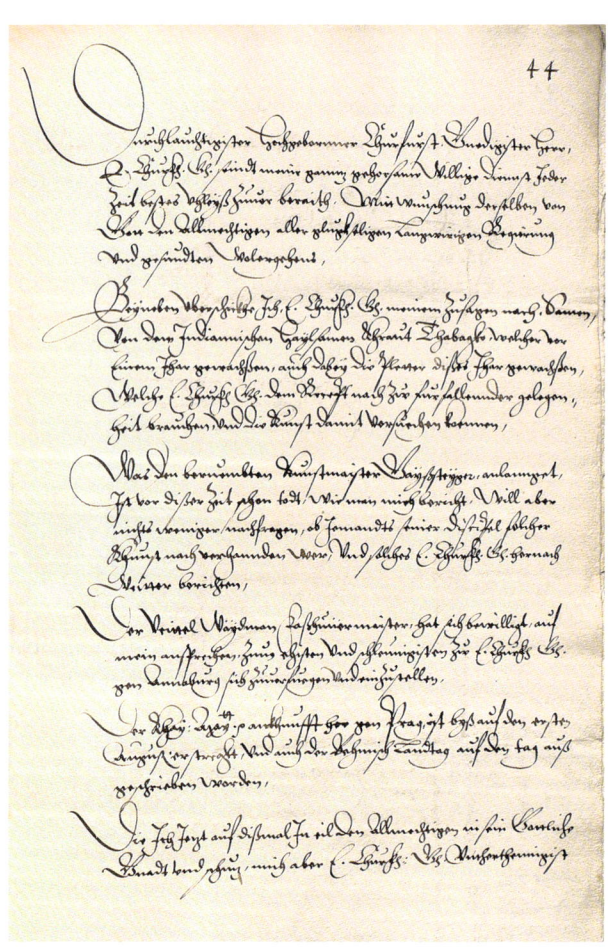

Erwähnung des *Indiannischen Haylsamen Khraut Thabagko* in einem Schreiben an Kurfürst August, 1578 (Sächsisches Staatsarchiv, Hauptstaatsarchiv Dresden)

Tabakblättern oder nur im Inland hergestellter Tabak angeboten wurden. Die Rauchutensilien (Tonpfeifen) waren relativ kostengünstig zu erwerben, so dass sich die von den amerikanischen Ureinwohnern abgeschaute Sitte des Rauchens in Europa rasch einbürgerte.

Wann in Sachsen erstmals Tabak geraucht wurde, lässt sich nicht mehr ermitteln. Den bislang frühesten Beleg enthält das Reisetagebuch eines schaumburgischen Adligen, der 1599 Leipzig besuchte und dort für vier Groschen *ein Indianisch Instrument, beneben aufgetrukter guetter Nicotiana auss Peru* erwarb. Als Erinnerungsstütze setzte er im Tagebuch hinzu: *Hirdurch zihet man den rauch ins Maull, Ist gut wider Catarrhem* und wiederholte damit vielleicht die Werbeargumente des Verkäufers in Leipzig.[7] Der Tagebucheintrag legt nahe, dass bereits um 1600 in Sachsen Tabak konsumiert wurde, dass diese neue Konsumform damals als vorwiegend medizinische Anwendung verstanden und eher von Angehörigen der Oberschicht praktiziert wurde.

Mit dem Anstieg der Tabakeinfuhren nach England und in die Niederlande seit ca. 1620 und dem beginnenden kontinentaleuropäischen Tabakanbau dürfte sich der Tabakkonsum auch in Sachsen langsam ausgeweitet haben. Für die Oberlausitz, die 1635 von der böhmischen Krone an Kursachsen überging, liegt der Hinweis vor, dass das Tabakrauchen von englischen Hilfstruppen verbreitet wurde, die 1620 den böhmischen König Friedrich von der Pfalz unterstützten und in Olbersdorf bei Zittau einquartiert waren.[8] Nach zeitgenössischen Hinweisen – darunter von Hans Jakob Christoph von Grimmelshausen[9] – waren die Landsknechte des Dreißigjährigen Krieges eifrige Tabakraucher, angelernt von englischen und spanischen Söldnern. In dieser Zeit erlangte Tabak in Sachsen als Handelsware immer mehr Bedeutung, so dass er in den Tarif der erstmals 1641 erhobenen Landakzise aufgenommen wurde. Der für ihn, für Materialwaren, fremde Früchte, Gewürze und Spezereien zu entrichtende Satz betrug drei Pfennig je Taler Wert, also etwa ein Prozent, was noch keine Konsumlenkungsabsichten erkennen lässt. Der niedrige Steuersatz wurde mit Nahrungszwecken und medizinischen Anwendungen begründet, da *das meiste zu Unterhalt des Menschen, auch gutes Theils zur Arzney mit gebrauchet wird*.[10]

Von dieser tabakfreundlichen Position rückte die sächsische Regierung nach dem Ende des Dreißigjährigen Krieges ab. Nachdem zwischen 1632 und 1642 bereits in Dänemark, Schweden, Frankreich und einigen italienischen Staaten Tabakverbote erlassen worden waren, folgten ab 1649 ähnliche Maßnahmen in mehreren deut-

Adriaen van Ostade, Zwei rauchende Bauern, Öl auf Eichenholz, 1664 (Staatliche Kunstsammlungen Dresden, Gemäldegalerie Alte Meister)

schen Territorien, darunter Sachsen.[11] Damit sollte auch die mit dem Krieg eingerissene ‚Unordnung' beseitigt und die obrigkeitliche Autorität wieder gefestigt werden. Der Rat von Bautzen begründete sein 1651 erlassenes Tabakverbot mit dem Hinweis, dass *Uns aber als ordentlicher Obrigkeit zuförderst nach dem wiedererlangten Frieden (dafür Gott dem allerhöchsten Lob und Dank gesaget sey) obliegen und gebühren will, was dergleichen schändliches und schädliches etwan eingerissen* [das in der Kriegszeit aufgekommene Tabakrauchen] *ernstlich abzuschaffen*.[12] Der sächsische Kurfürst Johann Georg I. erließ nach Kriegsende gegen das *unordentliche, aus bloßer und schädlicher Gewohnheit gepflogene Taback-Trincken* in seiner Residenzstadt Dresden mehrere Verbote, die aber nur nachlässig beachtet wurden. Als im April 1653 im Dresdner Ratskeller ein Brand ausbrach, stellte Johann Georg I. das Tabakrauchen in Dresden erneut unter Strafe, ließ den Tabakerwerb in Apotheken auf ärztliche Verschreibung und damit die medizinische Nutzung aber weiterhin zu.[13]

Damit bestand die paradoxe Situation, dass der Tabakkonsum in Dresden und einigen anderen sächsischen Städten verboten war,[14] in anderen Orten und Gegenden des Landes hingegen nicht. Der 1671 von Kurfürst Johann Georg II. unternommene Versuch, die Rechtslage zu vereinheitlichen und ein landesweites Verbot der Einfuhr, des Verkaufs und Konsums von Tabak durchzusetzen, zeigte die Grenzen landesherrlicher Regelungsmöglichkeiten auf: Die am 15. September ergangene Weisung des Kurfürsten an die Landesregierung, ein entsprechendes Ausschreiben zu publizieren, führte nicht zur praktischen Umsetzung, vermutlich infolge von Widerständen im Geheimen Rat.[15] Nachdem der Verbotsversuch gescheitert war, erfolgte seit 1674 eine gezielte Besteuerung des Tabaks, um den „gemeinen Mann" durch höhere Preise zur Meidung der *unnützen wahre* zu bewegen. Für die inländische Konsumtion wurde ein Aufschlag (Impost) von drei Groschen je Taler Wert eingeführt, was den Tabakpreis um etwa 12 Prozent erhöhte.[16] Diese Maßnahme diente auch der Gewerbeförderung, denn die Einnahmen sollten sächsischen Manufakturen zufließen. Aber auch mit dem Impost hatte der Kurfürst seine Regelungsmacht überschätzt, denn die Leipziger Kaufleute verweigerten in einer Art Steuerstreik die Zahlung und wurden dabei vom Leipziger Rat unterstützt, der eine massive Schädigung des Messehandels befürchtete. 1675 musste der Tabakimpost auf anderthalb Groschen je Taler herabgesetzt werden, 1683 schließlich auf einen Groschen, wobei es fortan blieb.[17]

In der im Rahmen dieser handelspolitischen Machtprobe veranlassten behördlichen Korrespondenz tritt die zentrale Verteilerrolle Leipzigs hervor. Dort gab es damals etwa 10 bis 12 Tabakkaufleute und über die Messen wurden große Teile Sachsens mit Tabak versorgt. Nach Leipzig gelangte deutscher Tabak aus Hanau und Nürnberg, wovon ein größerer Teil während der Messen kastenweise an Messebesucher verkauft, das Meiste aber nach Breslau weiterversandt wurde. Hochwertiger überseeischer Tabak kam dagegen aus Hamburg, blieb in Sachsen und wurde in Leipzig pfundweise an die sogenannten Landkrämer abgesetzt.[18]

Auf welche Art und Weise im späten 17. und frühen 18. Jahrhundert in Sachsen Tabak konsumiert wurde, ist nur ansatzweise bekannt.[19] Jedoch ermöglichen die Aufzeichnungen über die Einnahmen aus dem Tabakimpost,[20] den Tabakverbrauch in ganz Sachsen einzuschätzen. Zu Beginn des 18. Jahrhunderts wurde Tabak für knapp 140.000 Taler pro Jahr nach Sachsen eingeführt. Bei einem Preis von 16 Talern je Zentner (Stand 1710) und anderthalb Millionen Einwohnern entspräche diese Menge einem Pro-Kopf-Verbrauch von etwa 0,6 Pfund (= 300 g).[21] Im Vergleich mit anderen europäischen Ländern ordnet sich Sachsen damit im Mittelfeld ein: Sein Tabakverbrauch war (erstaunlicherweise) höher als in Portugal und Frankreich, lag aber deutlich unter dem in England und den Niederlanden.[22] Bis zur Mitte des 18. Jahrhunderts verdoppelte sich die sächsische Tabakeinfuhr wertmäßig auf jährlich etwa 280.000 Taler. Nach zeitgenössischen Mengenangaben entsprach dies etwa 25.000 Zentnern Tabak.[23] Der bei nunmehr 1,85 Millionen Einwohnern ableitbare Jahres-Pro-Kopf-Verbrauch von rund 1,5 Pfund[24] reichte an das Niveau Englands und der Niederlande weiterhin nicht heran, übertraf je-

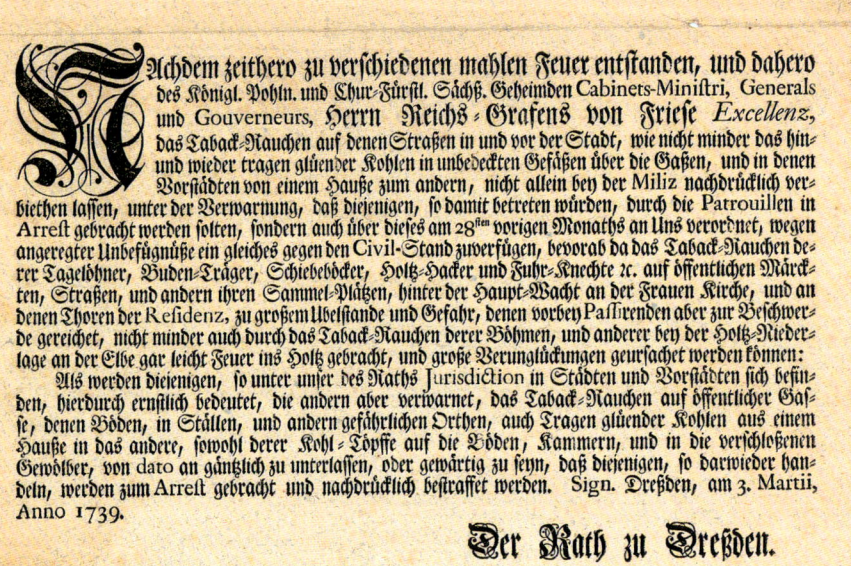

Rauchverbot des Dresdner Rates auf offener Straße und an feuergefährlichen Orten, 1739 (Sächsisches Staatsarchiv, Hauptstaatsarchiv Dresden)

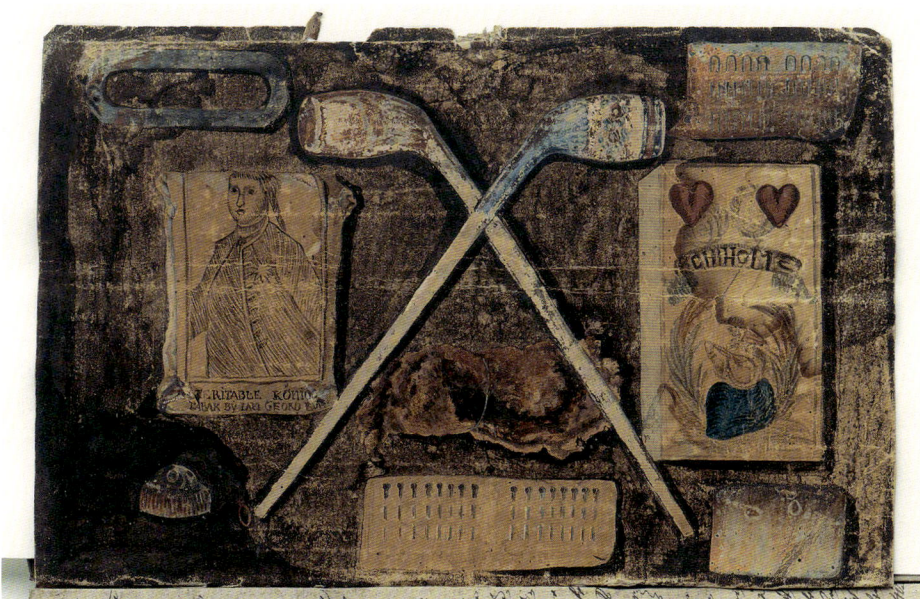

Tabakpfeifen auf dem Reklameschild der Dorfkrämerin Johanna Perpetua Roth aus Niederfähre bei Meißen, um 1793 (Sächsisches Staatsarchiv, Hauptstaatsarchiv Dresden)

doch das von Österreich und vermutlich auch anderer deutscher Territorien.²⁵

Die zunächst auf Konsumverhinderung und später auf Konsumlenkung gerichtete Tabakpolitik Sachsens wich Anfang des 18. Jahrhunderts einem Vorgehen, das mehr die Generierung von Steuereinnahmen in den Mittelpunkt stellte. Der Leipziger Akziserat David Schüller fasste diese fiskalische Betrachtungsweise 1710 mit der Bemerkung zusammen, dass es *dem Hohen Interesse weit avantageuser zu seyn scheinet, wann viel als wenig dergleichen Guth anhero kommet.*²⁶ Das Tabakrauchen in Scheunen, Ställen, bestimmten Wohnräumen sowie auf Dorfgassen und Bauernhöfen wurde zur Verhütung von Bränden verboten,²⁷ der Konsum an sich blieb aber grundsätzlich erlaubt, ja wurde sogar als steigerungswürdig angesehen. Als 1705 in Leipzig und 1707 in ganz Kursachsen unter der Bezeichnung Generalkonsumtionsakzise eine allgemeine Verbrauchssteuer eingeführt wurde, betrug der Steuersatz für Tabak zwei Groschen (in Leipzig) bzw. einen Groschen (im restlichen Land) je Taler Warenwert.²⁸ Zusammen mit der Landakzise, dem Tabakimpost und sonstigen, auch für Tabak erhobenen Handelsabgaben (wie dem Geleit) lässt sich die Steuerbelastung für Tabak auf etwa 10 bis 20 Prozent des Warenwerts schätzen. Bei einer jährlichen Tabakeinfuhr im Wert von rund 125.000 Talern, wie um 1715, beliefen sich die landesherrlichen Tabaksteuereinnahmen auf rund 12.500 bis 25.000 Taler.

Eine Steigerung dieser Einnahmen war einerseits durch eine Ausweitung des Konsums, andererseits auch durch höhere Verbrauchssteuern möglich. Die rasch anwachsende Staatsverschuldung in der Regierungszeit Kurfürst Friedrich Augusts II. (als August III. König von Polen) und seines Premierministers Heinrich Graf von Brühl drängte in letztgenannte Richtung, so dass 1749 die Generalkonsumtionsakzise für Tabak deutlich angehoben wurde. Am höchsten besteuert wurden feine Tabake, wie Kanaster, Schnupftabak, aber auch holländische und Bremer Blätter, für die jeweils vier Groschen je Pfund zu zahlen waren.²⁹ Weniger radikal, aber immer noch sehr spürbar, war die Verbrauchssteuererhöhung bei preiswertem Rauchtabak: Sie stieg um 50 Prozent auf anderthalb Groschen je Taler Warenwert.

Wie die unterschiedlichen Sätze zeigen, lag der Steuererhöhung auch eine sozialpolitische Zwecksetzung zu Grunde: Für teure überseeische Tabaksorten, die die Oberschichten konsumierten, sollte mehr Verbrauchssteuer gezahlt werden als für den billigen Rauchtabak der einfachen Bevölkerung. Zu den am höchsten besteuerten Tabaksorten gehörte folglich Schnupftabak, dessen Konsum im 18. Jahrhundert als Attribut eines vornehmen Kavaliers galt. Die soziale Grenze nach unten ergab sich dabei nicht nur aus dem Preis des Schnupftabaks, sondern vor allem auch aus den wertvollen Konsumutensilien. Aufwändig gefertigte Tabakdosen aus Gold, Silber, Porzellan und anderen hochwertigen Materialien konnten leicht bis zu einhundert Taler, bei Verzierung mit Edelsteinen auch weit mehr kosten. Einen besonders auffälligen Statuskonsum mit Schnupftabak und Tabakdosen betrieb Sachsens Premierminister Brühl. Das nach seinem Tode (1763) aufgestellte Nachlassverzeichnis listet etwa 850 Tabakdosen auf, deren Wert sich auf über 100.000 Taler belief.[30] Außerdem lagerten im Tabakgewölbe von Brühls Stadthaus 915 Pfund spanischer Schnupftabak mit einem geschätzten Wert von 214 Talern und 8 Groschen sowie eine nicht gewogene Menge verdorbenen Schnupftabaks.[31] Brühls privater Vorrat an Tabak und Tabakdosen war in Sachsen einmalig und zeigt den konsumtiven Repräsentationsaufwand eines an die Spitze des Staates aufgestiegenen Adligen.

Als Premierminister und Privatperson war Brühl auch eng mit einem Tabakmonopolprojekt verbunden, dessen Verwirklichung eine fiskal- und konsumpolitische Umgestaltung der sächsischen Tabakfabrikation und des sächsischen Tabakhandels bedeutet hätte.[32] Durch einen Strohmann, den Kommissionsrat und Oberakzisekassierer Johann Friedrich Thielmann, ließ er Ende 1749 ein Landgut in Hosterwitz bei Pillnitz erwerben, um dort Tabak anbauen und weiterverarbeiten zu lassen. Ein im Februar 1750 zunächst Thielmann erteiltes und von diesem im Oktober an Brühl abgetretenes Privileg berechtigte zur Anlage weiterer Fertigungsstätten im Land und verbot anderen Personen für 15 Jahre die Anlage von Tabakfabriken. Zugleich wies es der Brühlschen Fabrik ein Einkaufsmonopol für alle in Sachsen angebauten sowie aus dem Ausland eingeführten Tabakblätter zu und führte eine Zusatzakzise von vier Groschen je Pfund für alle ausländischen Tabaksorten ein.[33] Die Umsetzung dieser Maßnahmen hätte in Sachsen mittelfristig zu einer staatlichen Tabakverwaltung geführt, wie sie in ähnlicher Weise bereits in anderen Ländern (darunter der Habsburger Monarchie) bestand. Ob es Brühl und anderen Projektbeteiligten in erster Linie um eine solche Neuorganisation und damit um höhere Einnahmen für die Staatskasse ging oder vor allem um persönliche Bereicherungsmöglichkeiten, wird aus den Akten zum Projektverlauf nicht deutlich, denn der Premierminister gab bereits im Dezember 1751 sein Privileg an König August III. zurück.

Mit diesem Schritt, für den er sich finanziell üppig entschädigen ließ,[34] gab Brühl offenbar dem Druck der mit dem Tabak verbundenen Unternehmergruppen nach. Dazu zählten Leipziger und andere sächsische Kaufleute bis hin zu Dorfkrämern, die Tabak an Abnehmer im ganzen Land absetzten, sowie mehrere inländische Rauch- und Schnupftabakfabrikanten. Am sächsischen Tabakgeschäft waren ferner Hamburger, Bremer und andere Händler interessiert, für die Sachsen und die Leipziger Messen als Absatzmarkt wichtig waren, und im Gegenzug auch sächsische Textilmanufakturisten, die ihre Waren zum Überseeexport nach Hamburg und Bremen sandten. Der Austausch sächsischer Textilerzeugnisse gegen Tabak und andere Kolonialprodukte band das Land fest in die sich schrittweise ausdehnende kapitalistische Weltwirtschaft ein. Jedes Pfund Tabak mehr, das in Sachsen verkauft wurde, eröffnete weitere Absatzmöglichkeiten für eigene Fertigwaren in Übersee und verknüpfte das wirtschaftliche Wachstum in Sachsen mit der kolonialen Sklaven- und Plantagenwirtschaft und mit global ausgreifenden Verwertungsinteressen.

Die Politiker, die nach dem Ende des Siebenjährigen Krieges sowie nach dem Tod von König August III. und Premierminister Brühl an die Macht gelangten, tasteten diese wirtschaftlichen Verflechtungen nicht an. Sie bemühten sich im Rahmen des von ihnen eingeleiteten Wiederaufbau- und Modernisierungsprogramms allerdings um eine Förderung des einheimischen Tabakanbaus und damit um eine eher indirekte Konsumlenkung.[35] Davon versprachen sie sich einen verringerten Abfluss von Geld ins Ausland und eine Stärkung der einheimischen Produktion. Obwohl Tabak in Sachsen vermutlich schon im 17. Jahrhundert angebaut worden war

Kavalier mit Tabatiere. Porzellanplastik von Johann Joachim Kaendler, um 1750 (Staatliche Kunstsammlungen Dresden, Porzellansammlung)

Das Dresdner Mühlenviertel am Weißeritzmühlgraben mit Damm- (32), Hof- (33), Bäcker- (34), Papier- (39) und Tobacmühle (36) im Grundriß von Dresden von Heinrich Aster, 1788, Neuzeichnung 1842 (Stadtmuseum Dresden)

und seine Kultur sich nach 1700 besonders im Umkreis von Leipzig ausgeweitet hatte,[36] war der Anteil einheimischer Blätter am sächsischen Tabakkonsum wohl noch gering. Nach einer Verbrauchssteuerstatistik des Jahres 1765 standen etwa 10.000 Zentnern ausländischen Tabaks nur etwa 60 Zentner einheimischen Tabaks gegenüber.[37] Da der zum Eigenverbrauch erzeugte sächsische Tabak sowie die Tabakeinfuhr nach Leipzig in der Statistik nicht erfasst wurden, dürfte die tatsächliche einheimische Produktionsmenge größer gewesen sein.

Mit der Verteilung von Tabaksamen und Unterrichtsmaterial sowie mit Prämienzahlungen versuchte die Regierung, den einheimischen Tabakanbau zu fördern.[38] Außerdem setzte sie 1771 die beim Eingang in eine Stadt für einheimische Tabakblätter zu entrichtende Akzise herab und legte allen sächsischen Tabakfabrikanten nahe, sie sollten *durch einen vorzüglichen Gebrauch derer inländischen Tabacks-Blätter dem Tabacks-Bau im Lande befördlich [...] seyn, mithin nur nach der äußerst nöthigen Erforderniß ausländische Blätter [...] gebrauchen.*[39]

Bis zum Beginn des 19. Jahrhunderts stieg die einheimische Tabakernte deutlich an. Von etwa 1000 Zentnern im Jahr 1770 kletterten die Erträge 1788–1812 auf durchschnittlich 6000 Zentner pro Jahr.[40] Für manche Jahre lässt sich sogar nachweisen, dass die Eigenproduktion den Tabakimport übertraf, so 1797–1799, als der Einfuhr von jährlich etwa 2200 Zentnern ausländischer Tabakblätter ein einheimischer Anbau von rund 7100 Zentnern gegenüberstand. Die geringere Zufuhr von außen und die ansteigende Eigenproduktion waren freilich zwei Seiten einer Medaille, da durch Land- und Seekriege ab 1792 sowie durch die Napoleonische Kontinentalsperre ab 1806 die Zufuhr überseeischer Tabaksorten massiv stockte. Dadurch entstand eine starke Nachfrage nach einheimischem Ersatz, wenn auch die sächsischen Blätter die Qualität der ausländischen, besonders der amerikanischen Tabaksorten infolge anderer klimatischer Bedingungen nicht erreichen. Von Fördermaßnahmen für den Tabakanbau nahm die sächsische Regierung zu Beginn des 19. Jahrhunderts Abstand, zumal kritische Stimmen forderten, den Tabakanbau angesichts immer höher steigender Getreidepreise zu verringern oder ganz einzustellen. Dem 1804 und 1806 vom Generalakzisekommissar des Kurkreises, Johann Christian Hefter, vorgebrachten Vorschlag, den Tabakkonsum als entbehrlichen Luxus gezielt zu reduzieren, folgte die Regierung jedoch nicht, sondern lehnte dies als gewaltsamen Eingriff in die Freiheit und das Eigentum der Untertanen ab.[41] 1813 wurde die statistische Erfassung des einheimischen Tabakanbaus beendet, dessen Ausweitung kein wirtschaftspolitisches Ziel mehr war.[42] Den Paradigmenwechsel vom Merkantilismus zum Wirtschaftsliberalismus zusammenfassend hielt man 1829 rückblickend fest: *Das Sistem, dem man in der letzten Hälfte des vorigen Jahrhunderts auch in Sachsen huldigte, den Anbau des Tabaks im Lande durch hohe Besteurung des ausländischen Productes, durch Prämien und ähnliche Mittel zu befördern, ist, seit man die Ueberzeugung gewonnen hat, daß ein nationalwirthschaftlicher Nutzen dadurch nicht erzielt werde, schon längst wieder aufgegeben und dieser Culturzweig sich selbst überlassen worden.*[43]

Vom einheimischen Tabakanbau, der nach dem Ende der Napoleonischen Kontinentalsperre wegen der wieder ansteigenden Zufuhr überseeischer Rohtabake stark an Bedeutung verlor, verschob sich das wirtschaftspolitische Interesse mehr in Richtung Tabakweiterverarbeitung, mit dem sich eine höhere Wertschöpfung und offenbar auch größere Beschäftigungseffekte erzielen ließen. Einer der ersten Tabakfabrikanten Sachsens war der Leipziger Kaufmann Johann Gottfried Quandt, der 1734 eine Tabakfabrik und 1743 eine Tabaksmühle zur Herstellung von Schnupftabak errichten ließ. Leipzig, wo es 1804 etwa 40, meist kleinere Tabakfabriken gab, blieb das Zentrum der sächsischen Tabakverarbeitung; doch auch in anderen Landesteilen entstanden Betriebe zur Herstellung von Rauch- und Schnupftabak, wobei einige von ihnen bewusst in Grenznähe gegründet wurden, um die Produkte im benachbarten Ausland – vor allem Böhmen – abzusetzen.

Ab den 1820er Jahren, mit dem Aufkommen der Zigarre, verlor die Rauch- und Schnupftabakherstellung schrittweise an Bedeutung. Nun begann sich auch in Sachsen die Zigarrenmacherei auszubreiten. Zentrum dieses neuen Fabrikationszweiges war erneut Leipzig, wo im Jahre 1843 etwa 300 Zigarrenmacher mit 600 Gehilfen (meist Kinder) beschäftigt waren. In der gesamten sächsischen

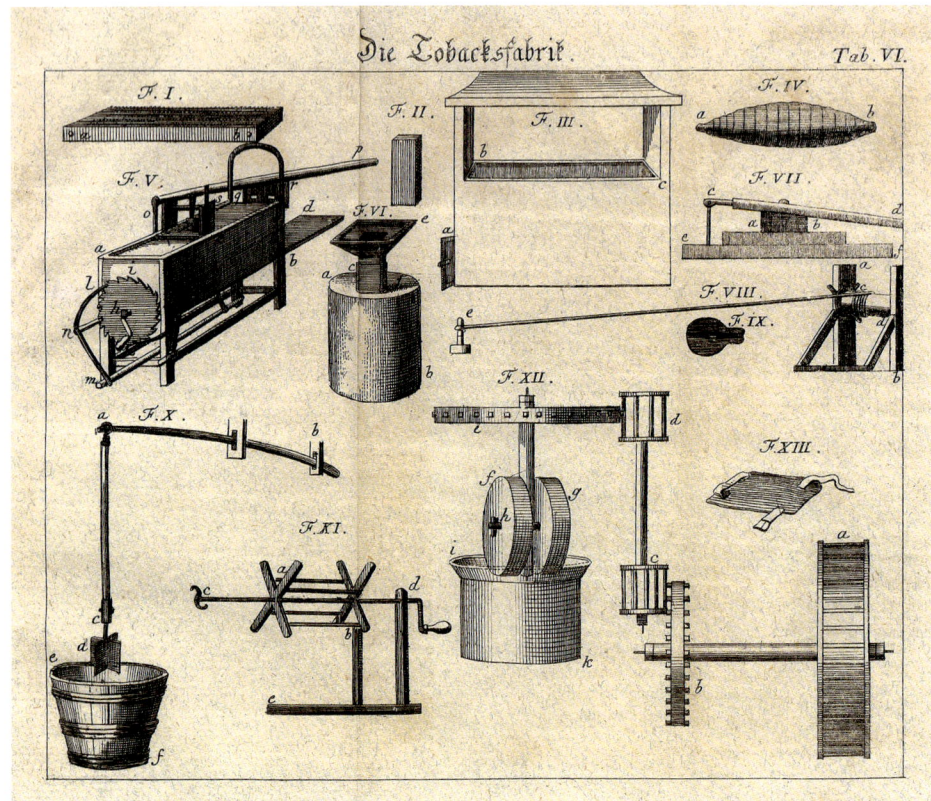

Arbeitsgeräte einer Tabakfabrik, Illustration aus Peter Nathanael Sprengel, P. N. Sprengels Handwerke und Künste in Tabellen. Beschluß des Pflanzenreichs. Zwölfte Sammlung, Berlin 1774 (Stadtmuseum Dresden)

Tabakernte an der Quandtschen Tabakmühle, Radierung von Christian Gottfried Heinrich Geißler, 1810 (Stadtgeschichtliches Museum Leipzig)

Zigarrenfabrikation gab es damals etwa 2000 Beschäftigte, die nach einer zeitgenössischen Schätzung jährlich 120 Millionen Zigarren im Handbetrieb fertigten und dazu etwa 17.000 Zentner Rohtabak verarbeiteten.[44] In den folgenden beiden Jahrzehnten erlebte die Zigarrenmacherei einen weiteren Aufschwung: 1861 waren in den 394 statistisch erfassten sächsischen Tabak- und Zigarrenfabriken rund 6000 Arbeiter und Arbeiterinnen beschäftigt.[45] Aufgrund ihrer speziellen Arbeits- und Lebensbedingungen – ungelernte, aber relativ gut entlohnte Beschäftigung in zentralisierten Werkstätten; politische Bildung durch das übliche Vorlesen während der Arbeit; gefühltes Statusdefizit gegenüber Zunfthandwerkern – spielten Zigarrenarbeiter bei der Entstehung der Arbeiterbewegung in Sachsen eine wichtige Rolle. In Leipzig beteiligten sie sich an den Ereignissen der Revolution von 1848/49, traten den ersten Arbeiterorganisationen bei, wie der 1848 in Berlin gegründeten Zigarrenarbeiter-Assoziation, und setzten sich nach dem Ende der Revolution für den Fortbestand ihrer Organisation ein. Spä-

Tabakfabrik von Apel & Brunner in Reudnitz bei Leipzig, Lithographie aus dem Album der Sächsischen Industrie, hrsg. von Louis Oeser, Bd. 2, Neusalza [um 1859] (Sächsische Landesbibliothek, Staats- und Universitätsbibliothek Dresden)

Alphonse Maurice (eigtl. Schwartenberger), der Theaterdirektor des Thalia-Theaters Hamburg, mit Zigarre auf einem Raucherstuhl, um 1865 (Stadtmuseum Dresden)

tere Partei- und Gewerkschaftsfunktionäre wie der Leipziger Zigarrenarbeiter Friedrich Wilhelm Fritzsche konnten auf diesen Erfahrungen aufbauen. Im Dezember 1865 entstand in Leipzig mit dem Allgemeinen Deutschen Cigarrenarbeiter-Verein die erste zentralisierte Gewerkschaftsorganisation Deutschlands.[46]

Der sächsische Staat mischte sich zu diesem Zeitpunkt in die Herstellung und den Konsum von Tabakprodukten grundsätzlich nicht mehr ein, wenn man von der Erhebung der Tabaksteuer für den in Sachsen aber unbedeutenden Tabakanbau sowie von der Sozialversicherung für hausgewerbliche Tabakfabrikanten absieht. Tabak galt als wirtschaftspolitisch nicht anzutastendes *Bedürfniß von hoher industrieller, commerzieller, volks- und staatswirthschaftlicher Wichtigkeit.*[47] Statistiken aus der Zeit des Zollvereins weisen aus, dass die Tabakeinfuhr nach Sachsen ab den 1840er Jahren stark anstieg.[48] Jedoch lässt sich mit den Zahlen der Verbrauch im Lande nicht näher bestimmen, da diejenigen Tabaklieferungen fehlen, die bereits andernorts verzollt worden waren. Fest dürfte stehen, dass Tabak und andere überseeische Genussmittel wie Kaffee, Schokolade und Zucker in zahlreichen Haushalten regelmäßig konsumiert wurden. Als ein zufällig herausgegriffenes Beispiel mögen die Lebensmittelvorräte des Leinewebermeisters Johann Gotthilf Pöhlmann aus Silberstraße (heute Ortsteil der Stadt Wilkau-Haßlau) dienen, zu denen Ende Februar 1848 unter anderem drei Pfund Schokolade, rund 20 Pfund Zucker und Kandis, einige Pfund Kaffee, drei Schachteln Zigarren und einige Päckchen Tabak gehörten.[49]

Um diese Zeit, in der Mitte des 19. Jahrhunderts, neigte sich die vorindustrielle Tabakgeschichte Sachsens ihrem Ende entgegen. Sie war geprägt von Versuchen staatlicher Verbrauchslenkung, von fortschreitender fiskalischer und kommerzieller Durchdringung der Märkte sowie vom Wandel der Konsumformen und ihrer sozialen Zuschreibungen. Am Tabakkonsum wird auch in Sachsen deutlich, wie in der Frühen Neuzeit durch Stimulierung neuer, bis dahin unbekannter und in den Augen vieler Zeitgenossen eher überflüssiger oder gefährlicher Bedürfnisse kapitalistisches Wachstum generiert wurde und wie sich das europäische Hinterland mit dem überseeischen Kolonialsystem und global ausgreifenden Verwertungsinteressen verschränkte. In der Folgezeit ermöglichten technische Innovationen den Übergang zur industriellen Großfertigung und ebneten den Weg zum massenhaften Tabak- bzw. Zigarettenkonsum, jetzt auch unter Frauen und Jugendlichen. Die problematischen gesundheitlichen Folgen dieser Entwicklung wurden in ihrem ganzen Ausmaß erst im 20. Jahrhundert erkannt.

## ANMERKUNGEN

1 ANNEROSE MENNINGER, Genuss im kulturellen Wandel. Tabak, Kaffee, Tee und Schokolade in Europa (16.–19. Jahrhundert), Stuttgart 2008, 257–259.
2 WOLFGANG SCHIVELBUSCH, Das Paradies, der Geschmack und die Vernunft. Eine Geschichte der Genußmittel, Frankfurt am Main 1992, 159–178, 215–234.
3 SächsHStA Dresden, 10024 Geheimer Rat (Geheimes Archiv), Loc. 8302/1, Bl. 44.
4 SächsHStA Dresden, 10004 Kopiale, Nr. 527, Bl. 114f., 157f.
5 KARL VON WEBER, Anna Churfürstin zu Sachsen geboren aus königlichem Stamm zu Dänemark. Ein Lebens- und Sittenbild aus dem sechzehnten Jahrhundert, Leipzig 1865, 132.
6 MENNINGER, Genuss, 160f.
7 Mitteilung von Brage Bei der Wieden, in: Knasterkopf. Mitteilungen für Freunde irdener Pfeifen 5 (1991), 31.a.
8 CHRISTIAN ADOLPH PESCHECK, Handbuch der Geschichte von Zittau, Bd. 2, Zittau 1837, 361.
9 Grimmelshausens Werke in vier Bänden, Berlin-Weimar 1977, Bd. 1, 90; Bd. 2, 37, 52.
10 JOHANN CHRISTIAN LÜNIG, Codex Augusteus oder neuvermehrtes Corpus Juris Saxonici, Leipzig 1724, Bd. 2, Sp. 1257.
11 MENNINGER, Genuss, 374.
12 Neue Lausizische Monatsschrift, Oktober 1801, 253 (durch Satzfehler im Original S. 153).
13 LÜNIG, Codex, Bd. 1, Sp. 1543f.
14 Darunter in Zwickau, vgl. EMIL HERZOG, Chronik der Kreisstadt Zwickau, Bd. 2, Zwickau 1845, 483.
15 SächsHStA Dresden, 10079 Landesregierung, Loc. 30465/11.
16 SächsHStA Dresden, 10036 Finanzarchiv, Loc. 35158, Gen. Nr. 44, Bl. 1f.
17 Ebd., Bl. 36f., 41.
18 Ebd., Bl. 23f.
19 Für Dresden vgl. jedoch CHRISTIAN HOCHMUTH, Globale Güter – lokale Aneignung. Kaffee, Tee, Schokolade und Tabak im frühneuzeitlichen Dresden, Konstanz 2008, 130–134.
20 Die Angaben sind in den Rentkammerrechnungen enthalten, vgl. SächsHStA Dresden, 10037 Rentkammer.
21 Da ein Teil des Tabaks wieder ausgeführt wurde, war der wirkliche Durchschnittsverbrauch niedriger.
22 MENNINGER, Genuss (wie Anm. 1), 283f. Um 1700 betrug der Pro-Kopf-Verbrauch in England/Wales 2,2 Pfund, um 1670 in den Niederlanden 1,5 Pfund.
23 SächsHStA Dresden, 10025 Geheimes Konsilium, Loc. 5311/9, Bl. 211f.
24 Der tatsächliche Durchschnittsverbrauch lag allerdings darunter (vgl. auch Anm. 21) und lässt sich anhand von Verbrauchssteuerangaben aus der Zeit um 1770 auf etwa 0,7 Pfund pro Kopf schätzen.
25 MENNINGER, Genuss (wie Anm. 1), 285. Zur Einwohnerzahl Sachsens vgl. KARLHEINZ BLASCHKE/WERNER STAMS, Das Kurfürstentum Sachsen am Ende des Alten Reiches 1790–1806, Leipzig-Dresden 2007 (= Atlas zur Geschichte und Landeskunde von Sachsen. Beiheft zur Karte C III 5), 28f.
26 SächsHStA Dresden, 10036 Finanzarchiv, Loc. 35159, Gen. Nr. 65, Bl. 41.
27 LÜNIG, Codex, Bd. 1, Sp. 1886.
28 Ebd., Bd. 2, Sp. 1897, 1919.
29 SächsHStA Dresden, 10036 Finanzarchiv, Loc. 35159, Gen. 63, Bl. 1.
30 SächsHStA Dresden, 10047 Amt Dresden, Nr. 3386, Bl. 11–85; 10079 Landesregierung, Loc. 30488/1, Bl. 90–156; UTE CHRISTINA KOCH, Maecenas in Sachsen. Höfische Repräsentationsmechanismen von Favoriten am Beispiel von Heinrich Graf von Brühl, Diss. Dresden/Paris 2010, Bd. 1, 232, 234 (Online-Fassung auf Qucosa).
31 SächsHStA Dresden, 10047 Amt Dresden, Nr. 3443, Bl. 11f.
32 PAUL RACHEL, Die Dresdner Handelsinnung und das 1751 für Sachsen geplante Tabaksmonopol, in: Wissenschaftliche Beilage der Leipziger Zeitung, 11. Juni 1904, 273– 276; OTTO EDUARD SCHMIDT, Minister Graf Brühl und Karl Heinrich von Heinecken. Briefe und Akten, Charakteristiken und Darstellungen zur sächsischen Geschichte (1733-1763), Leipzig-Berlin 1921, 273f.
33 SächsHStA Dresden, 10025 Geheimes Konsilium, Loc. 5311/9, Bl. 4–11.
34 Nach RACHEL, Handelsinnung, 276, mit 100.000 Talern.
35 Ein 1766 im Geheimen Kabinett diskutierter Vorschlag zur Einführung einer staatlichen Tabaksadministration, deren Überschüsse zum Wiederaufbau der Armee verwendet werden sollten, scheiterte an wirtschaftspolitischen Bedenken, vgl. SächsHStA Dresden, 10026 Geheimes Kabinett, Loc. 945/6, Bl. 562, 575. Ein ähnliches, 1778 eingebrachtes Projekt wurde ebenfalls nicht weiterverfolgt, vgl. SächsHStA Dresden, 10025 Geheimes Konsilium, Loc. 5394/5.
36 DIETMAR KUNERL, Stötteritz als Tabakdorf, Leipzig 1995, 6f.
37 Berechnung nach SächsHStA Dresden, 10026 Geheimes Kabinett, Loc. 1506/6.
38 RUDOLF FORBERGER, Die Manufaktur in Sachsen vom Ende des 16. bis zum Anfang des 19. Jahrhunderts, Berlin 1958, 88f.
39 Zweyte Fortsetzung des Codicis Augustei oder anderweit vermehrtes Corpus Juris Saxonici, Bd. 2, Leipzig 1806, Sp. 1161f.
40 SächsHStA Dresden, 10026 Geheimes Kabinett, Loc. 2383/7, Bl. 138; 10078 Landes-Ökonomie-, Manufaktur- und Kommerziendeputation, Nr. 1143 und 1144.
41 Ebd., Nr. 1143, nicht foliiert.
42 Ebd., Nr. 1144, Bl. 56–58.
43 Ebd., Bl. 98.
44 FRIEDRICH GEORG WIECK, Die Manufaktur- und Fabrikindustrie des Königreichs Sachsen, Leipzig 1845, 24; HUGO VON BOSE, Handbuch der Geographie, Statistik und Topographie des Königreichs Sachsen, Dresden 1845, 44.
45 Zeitschrift des Statistischen Bureaus des Königlich Sächsischen Ministeriums des Innern, 1863, 67.
46 JÖRG LUDWIG, Amerikanische Kolonialwaren in Sachsen 1700–1850, Leipzig 1998, 80f.
47 Allgemeine deutsche Real-Encyklopädie für die gebildeten Stände. Conversations-Lexikon, Band 14, Leipzig 1868, 320.
48 Zeitschrift des Statistischen Bureaus des Königlich Sächsischen Ministeriums des Innern, 1861, 14; Zeitschrift des Königlich Sächsischen Statistischen Bureau's, 1875, 95.
49 Diese und andere Waren wurden Pöhlmann in der Nacht vom 28. zum 29. Februar gestohlen, vgl. Leipziger Zeitung, 6. März 1848, 1298.

# BEHÄLTNISSE FÜR KOSTBARE TABAKWAREN
## Das Beispiel Tabaktöpfe

Rainer G. Richter

In der Frühen Neuzeit, zumal im 16. und 17. Jahrhundert, waren Tabake zunächst nur in Apotheken erhältlich. In Europa wurden sie ausschließlich als Arzneien gehandelt und in dekorativen Apothekengefäßen aus Majolika (Spanien und Italien) und Fayence (England, Niederlande, Frankreich, Deutschland) aufbewahrt. Katharina von Medici, Königin von Frankreich, soll Tabak erfolgreich gegen Migräne eingesetzt haben. Bald weitete sich der Handel mit Tabakwaren aus. Sie dienten nicht mehr nur rein medizinischen Zwecken, sondern zunehmend auch als Rauch- und Kautabak für Seeleute, Soldaten, Fuhr- und Handwerker. Schon im 16. Jahrhundert begannen Offiziere, Schiffskapitäne und höhere Standespersonen, Tabak in Tonpfeifen zu konsumieren. Über Sir Walter Raleigh, nach dem eine Tabakmischung und eine Tonpfeifenform benannt sind,[1] wird kolportiert, er habe unmittelbar vor seiner Hinrichtung noch eine Tonpfeife geraucht und diese noch im Munde gehalten, als sein Kopf fiel. Der Gebrauch von Tabatieren kam in Frankreich und Europa erst nach dem Tod König Ludwigs XIV., der das Tabakschnupfen abgelehnt hatte, in Mode. In vielfältigen Formen mit Deckel und Scharnier versehen und mit Puderdosen leicht zu verwechseln, kamen kästchen-, ball-, birnen-, eiförmige oder in Tiergestalt geformte Tabatieren in Gebrauch und ergötzten sowohl die Schnupfer als auch die Sammler, unter ihnen Graf Brühl (Dresden), Kaiserin Katharina II. (St. Petersburg) und König Friedrich II. (Potsdam).

Gemäß ihrer speziellen Funktion konnten Tabakgefäße sehr unterschiedliche Abmessungen haben, je nachdem, ob sie für den Gebrauch bei der auswärtigen Arbeit oder für die Lagerung zu Hause bestimmt waren, ob es um Ferntransporte über Land und Wasser in Form riesiger Tabakballen und Fässer oder um kleinste Behältnisse für den täglichen Bedarf ging, die man in der Hosentasche mit sich führen konnte. Seit dem 18. Jahrhundert erfreuen die kleinen, zierlichen und schmuckvollen Tabatieren bzw. Schnupftabakdosen aus Hölzern aller Art, Edelmetallen, Horn, Elfenbein, Bergkristall, Kupferemaille, Messing, Fayence, Porzellan oder Papiermaché mit ihren schmuckvollen Lackbemalungen die Tabakliebhaber und Sammler.

Die folgende Betrachtung richtet sich auf jene Rauchtabakgefäße, die von den Pfeifenrauchern daheim als Vorratsbehälter verwendet wurden, um mit ihnen kleinere Dosen für unterwegs neu befüllen oder am Abend ein paar Pfeifen allein oder im Freundeskreis genießen zu können. Anders als die zierlichen, leichten Tabatieren zur täglichen Anwendung außer Haus bestanden die Tabaktöpfe in Form kleiner Kisten, Schachteln und gedrehter oder gedrechselter Deckelgefäße vornehmlich aus

Tabatiere, um 1755/60, Meissner Porzellan, feuervergoldete Kupfermontierung, Aufglasurfarben und Gold; Motive: Stadtansicht von Dresden nach Radierung von Bernardo Bellotto (Canaletto-Blick) und Ansichten der Schlösser Pillnitz, Übigau, Moritzburg, Hartenfels bei Torgau, Festung Königstein nach Gemälden und Radierungen von Alexander Thiele, Höhe 4,2 cm, Breite 8 cm, Tiefe 6,4 cm (Staatliche Kunstsammlungen Dresden, Porzellansammlung)

Keramik, Holz, Papiermaché und Serpentinstein, aber auch aus Metallen wie Messing, Kupfer, Zinn, Eisenguss und Silber. Die größeren Exemplare, meist auch etwas derber in der Ausführung, wurden aus Keramik in unglasierter (Terrakotta) und glasierter Irdenware sowie aus Steinzeug, Fayence, Porzellan und Steingut hergestellt, seit Beginn des 19. Jahrhunderts auch aus Siderolith, einem Surrogat für Feinsteinzeug aus England.

Vom ausgehenden 18. Jahrhundert bis zum späten 19. Jahrhundert bildete sich neben Tabakpfeifen und Rauchmöbeln, wie Pfeifenstuhl oder Pfeifenreck, eine Fülle bauchiger oder zylindrischer Topfformen heraus. Zu den Herstellern gehörten Tischler, Drechsler, Zinngießer und Fabrikanten von Fayence, Porzellan, Steingut und Eisenguss sowie nicht zuletzt Töpfer. Christian Gottlieb Messerschmidt und Christian Leberecht Thomas, beide Töpfermeister in Dresden, sind aus den Lebenserinnerungen Wilhelm von Kügelgens bekannt. Dieser äußerte sich begeistert von jenen Zierraten, die damals allerorts für Ofenschmuck (Bekrönungen und Reliefs für Kacheln) und andere keramische Produkte, darunter Tabaktöpfe, geschaffen wurden: *Aber mehr noch zog mich die Werkstatt an, wo keineswegs bloß Töpfe, sondern auch Köpfe und mannigfaltige andere Kunstwerke gefertigt wurden. Die schönen aus weichem Ton geformten Arabesken, Löwen, Greife, Sphinxe und niedlichen Gewandfiguren nach antiken Mustern gefielen mir fast besser als die Bilder meines Vaters, wenn sie so überraschend fertig und wohlgeboren, wie die Minerva aus dem Haupt des Jupiter, aus ihrer klumpigen Form hervorgingen.*[2]

Hier werden jene figürlichen Besonderheiten erwähnt, durch die sich auch Tabaktöpfe dieser Zeit auszeichneten. Solche getöpferten Behälter waren überaus beliebt. Dabei konnten die Reliefs abgewandelt oder ausgetauscht werden. Der liegende Löwe als Symbol von Kraft und Stärke ließ sich etwa durch einen Hund für Treue oder ein Schaf für das Lamm Gottes oder durch sich aufbäumende Rösser ersetzen. Kleine Figuren, etwa die sogenannte Trauernde aus der Wedgwood-Werkstatt, oder Porträtköpfe berühmter Männer der Antike und der Neuzeit fanden als Deckelknäufe ebenso gern Verwendung wie vegetabile Körper in Gestalt von Pinienzapfen, Granatäpfeln und Blütenknospen. Für die Reliefs auf der Wandung wurden Figuren aus antiken Szenen (Apoll und die Musen, Eroten, Schwur der Horatier, Tanzende Horen etc.), Göttergestalten sowie Allegorien nach klassizistischen Künstlern wie John Flaxman, Bertel Thorvaldsen oder Johann Heinrich Tischbein herangezogen. Im Innern der Töpfe regulierten einfache Zwischende-

Tabaktopf, Sachsen, evtl. Töpferei Thomas in Dresden, um 1800/30; Irdenware, beigefarbener Scherben, braune Bleiglasur, Reliefauflagen (Löwenmaskarons, auf der Wandung gegenüberliegend trauernde Gestalt an einem antikischen Monument nach einem Vorbild englischer Jasper-Ware, „Charlotte am Grabe Werthers" nach einem Entwurf der Elizabeth Templetown), Deckel mit monumentalem plastischem, liegendem Löwen mit gelblicher Bleiglasur als Bekrönung und Griff, Höhe 22,5 cm, Durchmesser 17,5 cm (Privatbesitz, Dresden)

ckel den Duft und die Feuchtigkeit. Bei keramischen Tabaktöpfen bestand dieser mehr oder wenig dicht abschließende Deckel aus gebrannter Tonmasse, bei Gefäßen aus Holz, Zinn oder Messing wegen des erforderlichen Mindestgewichts in der Regel aus sehr bleihaltiger Zinnlegierung.

Die von Kügelgen beschriebene Töpferei, in der solche Tabaktöpfe hergestellt wurden, befand sich in der Hauptstraße in der Dresdner Neustadt neben dem Kügelgen'schen Wohnhaus. Christian Leberecht Thomas besaß hier seit 1785 das Meisterrecht und führte seine von ihm auch als *Fabrik* bezeichnete Werkstatt mit einem oder zwei Gesellen und einem Lehrling in Konkurrenz zum Hofofentöpfer Christian Gottlieb Messerschmidt, der nicht nur Öfen, sondern auch Geschirr herstellte.[3] Umgekehrt produzierte die Werkstatt Thomas neben Geschirr und Kleinplastiken auch Öfen. Auch berufsverwandte Töpferkollegen, Ofenfabrikanten und Modelleure schätzten die Arbeiten des Töpfermeisters Thomas. Nicht von ungefähr praktizierte der später bekannte Berliner Ofenfabrikant Tobias Christoph Feilner aus Weiden in der Oberpfalz als junger Töpfergeselle von Ende 1792 bis zum Sommer 1793 in der Dresdner Töpferei und Ofenfabrik Thomas.[4]

Ein anderer, ähnlich gestalteter Tabaktopf, etwa zur gleichen Zeit in einer anderen Werkstatt gefertigt, mit sitzendem Hund als Deckelknauf und Blumendekor sowie einer Inschrift, wird im Museum für Sächsische Volkskunst Dresden aufbewahrt. Der Dekor auf der Wandung zeigt drei stilisierte Tulpenblüten, und gegenüber steht die Malhorninschrift *So lang als mir der/ Tobak schmekt, läßt / mich der Tod auch ungenekt*. Daneben besitzt das Museum einen etwas jüngeren, inschriftlich datierten Tabaktopf aus salzglasiertem, oxidierend gebranntem Muskauer Steinzeug von 1840.

In der Zeit des Klassizismus und des Biedermeier waren Tabaktöpfe aus feineren keramischen Scherben beliebt. Ebenso gab es Tabaktöpfe aus Porzellan. Besonders wohlgeformte Exemplare aus frühem sächsischen Siderolith befinden sich heute im Kunstgewerbemuseum Dresden[5] und im Leipziger GRASSI Museum für Angewandte Kunst.[6] Dabei waren die Erzeugnisse seit dem ausgehenden 18. Jahrhundert von der englischen Wedgwood-Fabrik in Staffordshire stilistisch stark beeinflusst. 1768 hatte der englische Keramiker Josiah Wedgwood die sogenannte Basalt Ware, auch Black Basalt genannt, entwickelt – eine Verbesserung der bereits früher von ihm erfundenen Egyptian Black Ware. Das Material bestand aus einem feinkörnigen Steinzeug, also einem gesinterten Keramikscherben, dessen Masse durch Mangan und Eisen schwarz durchgefärbt wurde. Nach der Erfindung bzw. nachhaltig verbesserten Herstellung zahlreicher keramischer Gattungen, wie der Achat-, Cream-, Basalt-, Bamboo- und Rosso-Antico-Ware, gelang Wedgwood in den 1770er Jahren mit der Jasper Ware seine genialste und erfolgreichste Erfindung.

Tabaktopf, Sachsen, 1. Hälfte 19. Jahrhundert; Irdenware, heller Scherben, braune Bleiglasur, Malhornbemalung, Deckel mit sitzendem Hund als Knauf, auf der Wandung vegetabilische Malerei und Beschriftung *So lang als mir der/ Tobak schmekt, läßt / mich der Tod auch ungenekt*, Höhe 20,5 cm (Staatliche Kunstsammlungen Dresden, Museum für Sächsische Volkskunst)

Tabaktopf, Muskau, 1840; Steinzeug, salzglasiert, Kieselsteindekor, auf der Wandung Beschriftung *1840*, Höhe mit Deckel 20 cm (Staatliche Kunstsammlungen Dresden, Museum für Sächsische Volkskunst)

Da um 1800 die Herstellung des beliebten Black Basalt für keramische Manufakturen sowohl in England als auch auf dem Kontinent aus ökonomischen oder technologischen Gründen nicht möglich war, versuchten Steingutfabriken in Sachsen und Böhmen, die englischen Erzeugnisse durch Surrogate zu ersetzen. Siderolith oder Terralith, mit kalten Lack- und Firnisfarben bemaltes Steingut bzw. Feinsteinzeug, war solch ein Ersatzmaterial, das, mit schwarzer, rotbrauner oder gelber Farbe bestrichen, Black Basalt, Rosso Antico (rotes Steinzeug) oder Cane Ware (gelbes Feinsteinzeug) imitieren sollte. Zu den sächsischen Werkstätten, die Siderolithwaren herstellten, gehörte neben Hubertusburg und Colditz auch die Potterie Döhlen. Die 1807 durch den Bergrat und Obersteuereinnehmer Carl Wilhelm von Oppel gegründete Fabrik verkaufte seit 1811 Produkte, wie Zierkeramik, *gelbes und braunes Steingut in sehr geschmackvoll geformten Tafel-, Kaffe- und anderen Geschirren, sowie in [...] Kunstsachen von grosser Mannigfaltigkeit, theils glasürt, theils unglasirt und letzteres sowohl lackirt als geschliffen; [...] ein der braunen Böttcherschen Porcellainmasse, die längst verloren gegangen ist, ähnliches Steinguth, dessen Härte und Güte sich besonders in den geschliffenen Waren zeigt.*[7] Da die Potterie Döhlen sich auf dem Gelände der Königlichen Steinkohlengrube befand, lag es nahe, den vorhandenen Haldenton, gemischt mit anderen Tonarten, für keramische Versuche zu nutzen und neue wissenschaftliche Ergebnisse der nahe gelegenen Bergakademie in Freiberg produktiv umzusetzen. Eine Reihe von Erfindungen des berühmten Chemikers an der Bergakademie Wilhelm August Lampadius, der ein *schwarzes Wedgwood* erfunden hatte, das man *durch Cementation [...] in Kohlenstaub*[8] gewann, wurde hier ausprobiert – Verfahren, die heute nicht mehr bekannt sind. Am 1. April 1814 stellte die sächsische Regierung die Potterie Döhlen zusammen mit der Steingutfabrik Hubertusburg und der Porzellanmanufaktur Meißen unter die einheitliche Leitung von Oppel.

Ein Tabaktopf mit der Büste König Friedrich Augusts des Gerechten in Dresdner Privatbesitz gehört neben jenen beiden aus dem Dresdner Kunstgewerbemuseum und dem Leipziger GRASSI Museum zu den wenigen erhaltenen Luxuserzeugnissen aus schwarzem, sächsischem Siderolith, die in einer der beiden landesherrlichen Produktionsstätten, entweder in der Potterie Döhlen oder in der Königlichen Sächsischen Steingutfabrik Hubertusburg, zu Anfang des 19. Jahrhunderts hergestellt wurden. Diese drei Tabakdosen besitzen eine übereinstimmende Grundform: einen zylindrischen

Tabaktopf mit der Büste König Friedrich Augusts des Gerechten, Potterie Döhlen oder Steingutfabrik Hubertusburg, um 1808/10; Siderolith, dunkelbrauner Steinzeugscherben, Reliefauflagen, Kaltbemalung in Schwarz, Höhe mit Büste 27 cm (Privatbesitz, Dresden)

Korpus mit ausgestelltem, profiliertem Fuß und gekehlter, bandartiger Randwulst sowie einen Deckel mit Knauf. Auf den Wandungen sind Reliefs in Form von Rosetten und Gestalten der Antike angebracht, wie man sie auch von der Wedgwood-Manufaktur her kennt. Der Knauf des etwas größeren Tabaktopfes wird von einer Porträtbüste König Friedrich Augusts I. gebildet. Die Figur trägt militärische Uniform mit Epauletten sowie ein Ordensband mit dem Stern des von ihm 1806 gegründeten Hausordens der Rautenkrone.[9] Auf der Wandung sind die Anfangsbuchstaben des königlichen Namens von Eichenlaub umgeben und zwei personifizierte Tugenden des Königs, Athena (Weisheit) und Justitia (Gerechtigkeit), en relief aufgelegt. Hinsichtlich ihrer künstlerischen Gestaltung und technischen Ausführung gehören alle drei Tabaktöpfe neben den etwas später

Tabaktopf mit *Wer kauft Liebesgötter?* (Erotenverkauf) auf der Wandung, Fabrik Schiller & Gerbing, Bodenbach in Böhmen, um 1830/35; Siderolith, rötlicher Feinsteinzeug-Scherben, Reliefauflagen (Erotenverkauf und antike Szene mit sitzenden Damen und Amoretten), Deckel mit vegetabiler Rosette und abgebrochenem Griff, Kaltbemalung in Braun, Metallring als Griffersatz am Deckel, Modelleur wohl Eduard Leyhn, Höhe 16 cm, Durchmesser 12,8 cm (Privatbesitz, Dresden)

ausgeführten Geschirren aus Bodenbach in Nordböhmen zu den qualitätvollsten Erzeugnissen dieser keramischen Gattung.

In Bodenbach wurde 1828/29 von Wilhelm Schiller und Friedrich Gerbing die Porzellan-, Steingut- und Thonwaarenfabrik Schiller & Gerbing gegründet. Sie bestand bis 1930, firmierte später jedoch unter dem Namen Gerbing & Stephan. Bei frühen Erzeugnissen, wie etwa einem Tabaktopf oder einer antikisierenden Vase aus dem Dresdner Kunstgewerbemuseum, fällt auf,[10] dass sowohl Grundformen der Gefäße als auch die schmückenden Reliefs der Wandungen und der Deckel denen der sächsischen Siderolithwaren gleichen. Lediglich die Farbstellung ist eine andere: Bevorzugte man in Sachsen eher Gefäße mit schwarzem Firnis, so kamen in Böhmen oftmals Rot-, Braun- und Grüntöne zum Einsatz. Wahrscheinlich sind die Übereinstimmungen der Tatsache geschuldet, dass eine Reihe der in Hubertusburg oder Meißen ausgebildeten Keramiker später selbst andernorts als Firmengründer oder als Mitarbeiter dieser neuen Fabriken tätig wurden. So stammt beispielsweise der Bodenbacher Mitbegründer Friedrich Mainhold Gerbing aus Wermsdorf und erhielt seine keramische Ausbildung in Hubertusburg. Auch der begabte Modelleur des Bodenbacher Betriebes Eduard Leyhn wurde in Wermsdorf geboren. Dort unterhielt sein Vater Johann Eugen Philipp Leyhn bis etwa 1816 eine Tonpfeifenfabrik, bevor er 1817 in Pirna eine Steingut-, Siderolith- und Terralithwarenfabrik gründete, in der er wohl auch seinen Sohn ausbildete.[11]

Auf andere in Sachsen ausgebildete Keramiker kann hier bis auf Johann Christian Mannewitz aus Wermsdorf, von dem das erste inschriftlich signierte sächsische, schwarz gefärbte Siderolith-Gefäß, eine Doppelhenkelvase, auf uns gekommen ist, nicht näher eingegangen werden.[12] Zusammen mit seinem Sohn und einem Teilhaber oder Mitarbeiter (Gothelf Beyer) gründete er 1814 eine Steingutfabrik in Belgern.[13] Unter den vielen keramischen Erzeugnissen der Betriebe in Pirna und Belgern befanden sich auch schöne Tabaktöpfe, gefertigt aus cremiger Steingutmasse oder aus Siderolith.

Anders als Tabaktöpfe aus Irdenware, Steinzeug, Steingut oder Siderolith wurden Gefäße aus Fayence nicht nur aus einem Material hergestellt. In vielen Fayencemanufakturen Englands, in den Niederlanden, in Frankreich, Belgien, Luxemburg, Böhmen und Deutschland stellten die Fayenciers Tabaktöpfe immer öfter aus zwei Materialien her: den mehr oder weniger verzierten Gefäßkörper aus Fayence sowie einen inneren Deckel, vor allem den oberen Deckel, aus einer Metall-Legierung, zumeist Messing. Neben mehrfarbig bemalten Stücken weisen die meisten Töpfe Reliefdekor (Maskarons) und kobaltblaue Malerei auf. Festons, Girlanden, Kränze und anderer vegetabiler Dekor rahmen oft den Namen der Tabakorte wie zum Beispiel Tabac de Virginie, Tabac Rapé, Tabac de St. Omer, Tabac de Hollande, Tabac Bolongaro oder Tabac de Paris.

Wohl wegen des gestiegenen Sammlerinteresses nahm die Produktion von Tabaktöpfen seit den 1840er Jahren bis zum Ende des 19. Jahrhunderts enorm zu. Besonders in Böhmen erlebte die Siderolith-Herstellung einen großen Aufschwung, die Steinzeugproduktion hingegen im Westerwald, in Sachsen (Waldenburg) und in Frankreich. Noch lange Zeit wurden Tabaktöpfe in alter Tradition produziert, sowohl in den metallverarbeitenden Industrien wie in den kleineren Handwerksbetrieben, freilich in allmählicher Hinwendung zu den Formen des Historismus und etwas später auch zu denen des ornamentalen und geometrischen Jugendstils. Oft wurden alte und neue Formen gleichzeitig hergestellt. In böhmischen Steingut- und Siderolithfabriken, wie Schiller & Gerbing in Bodenbach, wurden klassische Formen bevorzugt, bei Johann Maresch in Aussig und Karl Friedrich Huffzky in Thun-Hohenstein eher farbig gefasste Tabaktöpfe mit Jagd- und Wirtshausszenen. Die französischen Tabaktöpfe in der Region von Oise bildeten gewissermaßen ein Bindeglied zwischen klassisch-historistischen und zeitgenössischen Formen. Dabei wurden oft zwei oder gar drei Materialien verwendet: salzglasiertes, braun engobiertes Steinzeug mit Holzdeckel sowie Messing für die Zwischendeckel und die Deckelgriffe. Am längsten hielten sich die klassischen Formen bei den Tabaktöpfen aus Zinn.

Während in den meisten deutschen Steinzeugzentren nur hin und wieder Tabaktöpfe hergestellt wurden, versorgten die französischen Steinzeugzentren und der Westerwald (Höhr-Grenzhausen) beinahe ganz Deutsch-

Tabaktopf, französische Steinzeugfabrik bei Voisenlieu-Oise, um 1840; Steinzeug (Grés), graubrauner Scherben, manganbraune Engobe, transparente Salzglasur, aufgelegtes vegetabiles Relief mit Schrifttafel *TABAC*, Deckel aus Holz mit Messinggriff, Höhe mit Deckel 24 cm, Durchmesser 20 cm (Privatbesitz, Dresden)

land, Belgien, Luxemburg, die Niederlande und andere Regionen. Für Belgien wurden unter anderem verschieden große Tabaktöpfe aus graublauem Steinzeug oder aus dem sogenannten Elfenbeinsteinzeug hergestellt, die sowohl das belgische Königswappen als auch die Wappen der Provinzen Anvers, Hainaut, Luxembourg, Flandre Orientale, Namur, Liège, Limbourg, Brabant zeigen. Die bekannten Töpfe für verschiedene Sorten des Kautabaks (auch Mundtabak oder Priem) aus den entsprechenden Regionen – etwa denen von Hanewacker, Grimm und Triepel (Nordhausen), Joseph Doms (Ratibor), Martin Brinkmann (Bremen), Stephan Niederehe (Marburg), Fischer & Herwig (Hann. Münden) – kamen beinahe sämtlich aus Höhr-Grenzhausen und zeugen noch heute von der Derbheit sowohl des keramischen Materials als auch des lange Zeit beliebt gewesenen Kautabaks. Obwohl es heute kaum noch Anwender dieses Genussmittels aus zerriebenem Tabak mit Zusatzstoffen (getrocknete Früchte, Honig u. ä.) gibt, sind diese Tabaktöpfe, die zu ihrer Zeit gleichermaßen als Aufbewahrungsort und Werbeträger dienten, noch heute wertvolle Zeitzeugen für Museen und Sammler.

Tabaktopf, Septfontaines, Fabrik Boch, Luxembourg, um 1825; Fayence, rötlicher Scherben, weiße Blei-Zinnoxidglasur, kobaltblaue Bemalung, zwei aufgelegte Maskarons, umrahmter Schriftzug der Tabaksorte *Tabac de St. Omer*, Deckel aus Messing, Höhe mit Deckel 33,5 cm, Durchmesser 27 cm (Privatbesitz, Dresden)

### ANMERKUNGEN

1 Tonpfeifen aus dem 16. Jahrhundert wurden sowohl in England als auch in den Niederlanden von Archäologen ausgegraben.
2 Wilhelm von Kügelgen, Jugenderinnerungen eines alten Mannes, München-Berlin ³1996, 75.
3 Vgl. Rainer [G.] Richter, Bierkrüge und Steinzeugflaschen in Sachsen, in: Ein bierseliges Land. Aus der Geschichte des Brauwesens von Dresden und Umgebung, hrsg. vom Stadtmuseum Dresden und dem Sächsischen Brauerbund e.V., Halle 1996, 116–133, hier 123f.
4 *Den 13. December 1792 hat Tobias Christoph Feilner von Weiden des Geschenk empfangen und ist darbey Handwerks Gewohnheit gehalten worde*, vgl. Stadtarchiv Dresden, Töpfer Dep.14 Gesellen-Buch, 1742–1811, zit. nach Jan Mende, Die Tonwarenfabrik Tobias Chr. Feilner in Berlin. Kunst und Industrie im Zeitalter Schinkels, Berlin-München 2013, 49f. und Anm. 262.
5 Bildkatalog Meisterwerke des 18. und 19. Jahrhunderts, hrsg. von den Staatlichen Kunstsammlungen Dresden, Dresden 1996, Kat.-Nr. 66, S. 108, mit Abb.
6 Rainer [G.] Richter, Frühe Siderolith- und Terralithwaren in Sachsen, in: Keramos 116 (1986), Abb. 4, S. 34.
7 Wilhelm August Lampadius, Neue Erfahrungen im Gebiete der Chemie und Hüttenkunde, gesammelt vom Jahre 1815 bis 1816, Weimar 1817, Bd. I, 6f.
8 Ebd., Bd. II, 112–114.
9 Wahlspruch: PROVIDENTIAE MEMOR (Der Vorsehung eingedenk).
10 Bildkatalog (wie Anm. 5), Kat.-Nr. 67, 109, mit Abb.
11 Vgl. Richter, Frühe Siderolith- und Terralithwaren (wie Anm. 6), hier: Anm. 13, 14, 24, 27–32, S. 42.
12 Ebd.; Rainer [G.] Richter, Carl Christian Vogel von Vogelstein 1788–1868. Ausstellungskatalog Staatliche Kunstsammlungen Dresden, Dresden 1988, 89, Kat.-Nrn. 159f.; Bildkatalog (wie Anm. 5), 109, Kat.-Nr. 67.
13 *An anderen Fabrik-Unternehmen ist der von den Steingutsfabrikanten Christ. Mannewitz und Gotthelf Beyer aus Hubertusburg 1814 etablirten Steinguts-Fabrik zu gedenken, die lange Zeit viele Arbeiter mit Erfolg beschäftigte, ein gutes Fabrikat lieferte und oft jährlich für ungefähr 6–7000 Thlr. Steingut producirte*, Carl Robert Bertram/ Gustav Hermann Bertram, Chronik der Stadt Belgern und Umgegend, Belgern 1860, 36f.

# HERBA NICOTIANA – DIE TABAKPFLANZE
Herkunft – Verarbeitung – Nutzung

Angelika Schuster

## HERKUNFT UND VERWENDUNG, TYPEN UND MERKMALE

Die Tabakpflanze zählt – wie die Tomate und die Kartoffel – zur botanischen Familie der Nachtschattengewächse. Ursprünglich nur in Amerika beheimatet, gelangte sie im Zuge der kolonialen Eroberung dieses Kontinents nach Europa, zuerst nach Spanien und Portugal. Verbreitung fand die Pflanze, nachdem der französische Gesandte in Portugal, Jean Nicot (1530–1604), im Jahr 1561 Saatgut an den Hof nach Paris gesandt hatte. Ihm zu Ehren erhielt die Pflanzenart den lateinischen Namen *Herba nicotiana*. Nicots Name findet sich auch im Nikotin, einer im Jahr 1828 von Heidelberger Chemikern isolierten Stickstoffverbindung, dessen berauschende Wirkung die kennzeichnende Besonderheit der Tabakpflanze darstellt.

Nächst dem Nikotin als sogenanntem Hauptalkaloid lassen sich noch Nornikotin und weitere Alkaloide in der Pflanze nachweisen, darunter Pyridin-Alkaloide wie Myosmin, Isonicotin, Anabasin, Anatabin und andere Nebenalkaloide. Beim Rauchen von Tabak haben diese Stoffe physiologische Auswirkungen auf den menschlichen Organismus. Nikotin und Teer sind dabei nicht die einzigen Giftstoffe, die Raucher aufnehmen. Mittlerweile sind im Tabak sowie im Tabakrauch, der eigentlich ein Aerosol ist, mehr als 10.000 chemische Verbindungen festgestellt worden, darunter Schwermetalle wie das hochgiftige Cadmium, Schadstoffe wie Blausäure, Ammoniak und Arsen oder das die Augen reizende Formaldehyd. Die genannten und weiteren Inhaltsstoffe sind für aktive bzw. Passivraucher mehr oder minder gesundheitsschädlich, da sie innere Organe der Tabakkonsumenten schädigen und/oder Suchtverhalten nach sich ziehen. Als tödliche Dosis des Giftes Nikotin gelten bei oraler Aufnahme 40–60 Milligramm bzw. ein Milligramm je Kilogramm Körpergewicht. Beim Abbrennen einer Zigarette werden etwa 10 Milligramm Nikotin freigesetzt, wobei davon im sogenannten Hauptstromrauch jedoch nur 1 bis 2 Milligramm wiederzufinden sind – also jene Menge, welche Raucher inhalieren.[1]

Von den Ureinwohnern Amerikas war die Wildpflanze zu spirituellen und Heilzwecken verwendet worden: Teile wurden gekaut, geraucht und geschnupft, der ausgepresste Pflanzensaft zur Behandlung von Augen- und Hautkrankheiten verwendet. Der aus den Blättern gewonnene, nikotinreiche psychotrope Saft fand Verwen-

Tabakpflanze in Blüte, 1980 (Privatbesitz, Dresden)

dung als Einreibung. Dauerhafte Nachahmung in Europa fand vor allem die Sitte des Tabaktrinkens, bei dem der Rauch eingesogen wurde, der beim Entzünden getrockneter Blätter entsteht. Neben dem Schnupfen und Kauen sogenannter Priems wurde das Rauchen von Tabak in Pfeifen immer populärer, ehe seit der Mitte des 18. Jahrhunderts auch Zigarren und seit dem 19. Jahrhundert Zigaretten konsumiert wurden.

Oft vergessen wird, dass Tabak bis zum heutigen Tag auch eine Bedeutung als Zierpflanze hat. Hier ist vor allem die Art *Nicotiana alata* zu nennen, die weiß bis rot blühen kann und einen hohen Schmuckwert hat. Aber auch Arten wie *Nicotiana sylvestris* – mit besonders langen Blütenblättern – werden gern dekorativ in Rabatten gepflanzt. Die Nutzung als Gartenpflanze knüpft somit an die früheste Verwendung an Europas Fürstenhöfen an. Noch heute werden im Schlosspark von Versailles Tabakpflanzen zur Gestaltung von Schmuckbeeten verwendet.

Die ersten Pflanzen, welche in der Frühen Neuzeit den europäischen Kontinent erreichten, waren von weit kleinerem Wuchs als die heutigen Nutzpflanzen, die von der Industrie zu Tabakprodukten verarbeitet werden. Seit dem 16. Jahrhundert sind durch geschickte Auslese ertragreiche und widerstandsfähige Exemplare für unterschiedliche Zwecke entwickelt worden. Gegenwärtig sind mehr als 75 Tabakarten der Gattung *Nicotiana* bekannt. Als Nutzpflanzen haben sich die Arten *Nicotiana tabacum*, der heutige Rauchtabak, im geringeren Umfang auch *Nicotiana rustica*, der Bauerntabak (Machorkatabak, Papirossitabak), etabliert. Bauerntabak, dessen Blätter bis zu 8 Prozent Nikotin in der Trockensubstanz enthalten, wird noch heute in Osteuropa angebaut. Da Zigaretten in der Europäischen Union gemäß Tabakprodukt-Verordnung vom 20. November 2002 nur noch maximal 1 mg Nikotin je Stück in den Hauptstromrauch abgeben dürfen und mit Bauerntabak dieser Grenzwert nicht einzuhalten ist, erfolgt kein Import in die EU mehr. Die höchste wirtschaftliche Bedeutung weltweit hat *Nicotiana tabacum*. Pflanzen dieser Art wurden durch Auslese und Züchtung zu den bekanntesten Tabaktypen oder -gruppen geformt, die sich wesentlich in ihrer äußeren Gestalt und hinsichtlich der Inhaltsstoffe unterscheiden:

- Typ Orient: eher kleinwüchsig (ungefähr ein Meter) mit kleinen Blättern (max. 30 cm),
- Typ Virginia: großwüchsig (bis 2 Meter) mit großen Blättern (ca. 45 cm), die schlank und von kahnförmiger Form, kräftig grün und relativ derb sind,
- Typ Burley: sehr großwüchsig (bis 2,50 Meter) mit sehr großen und breiten Blättern (ca. 65 x 20 cm), die von hellgrüner Farbe und zart sind,
- Typ Zigarre: großwüchsig (bis knapp 2 Meter), gedrungen in der Gestalt, mit großen Blättern von tief dunkelgrüner Farbe.

In den Namen der Orient- und Virginiatabake ist deren geographische Herkunft ablesbar. Die Benennung von Burleytabaken, die nach einer Mutation im US-Bundesstaat Ohio entstanden sind, spiegelt die speziellen Blatteigenschaften dieses Typs wider. Zigarrentabake sind nach ihrer Verwendung benannt. Jeder dieser Tabaktypen weist einen unterschiedlich hohen Gehalt an Nikotin und Nornikotin auf, was wiederum ganz wesentlich Einfluss auf den Geschmack des Rauchs hat. Der Rauchgeschmack von Orienttabaken ist eher süßlich und schwer, deren Nikotingehalt mäßig. Der Rauchgeschmack des Typs Virginia ist leicht süßlich, der Nikotingehalt höher als bei Orienttabaken. Burleytabake entwickeln würzige Rauchgeschmacksrichtungen und haben einen etwas niedrigeren Nikotingehalt als Virginiatabake. Die typischen Raucheigenschaften von Zigarrentabaken rühren nicht nur aus der besonderen Behandlung der Tabakblätter nach der Ernte her, der Trocknung mit geringer Fermentation, sondern auch aus dem Rauchverhalten der Konsumenten: Zigarren werden nämlich nicht „auf Lunge geraucht" wie Zigaretten, sondern nur gepafft. Somit hat der nominell höhere Nikotingehalt des ammoniakhaltigen, also basisch reagierenden Rauchs von Zigarrentabaken geringere Auswirkungen auf den Organismus der Konsumenten als der von Zigarettentabaken.

Abgesehen von Orienttabaken können in Mitteleuropa alle Tabaktypen kultiviert werden. Der Anbauerfolg ist unterschiedlich, teilweise auch sortenabhängig. Die Qualität des Tabaks hängt dabei ganz wesentlich von den geographischen und klimatischen Bedingungen ab. Im oberen Rheintal und in anderen Flussniederungen mit vergleichsweise hoher Jahresmitteltemperatur werden sehr gute Ergebnisse erzielt. Am besten gedeihen die unverwüstlichen Zigarrentabake.

## TABAKANBAU IN DEUTSCHLAND

Die Anfänge des Tabakanbaus in deutschen Territorien gehen auf die Mitte des 17. Jahrhunderts zurück. Nach dem Dreißigjährigen Krieg brachten Hugenotten, die aus Glaubensgründen ihre Heimat in Frankreich verlassen

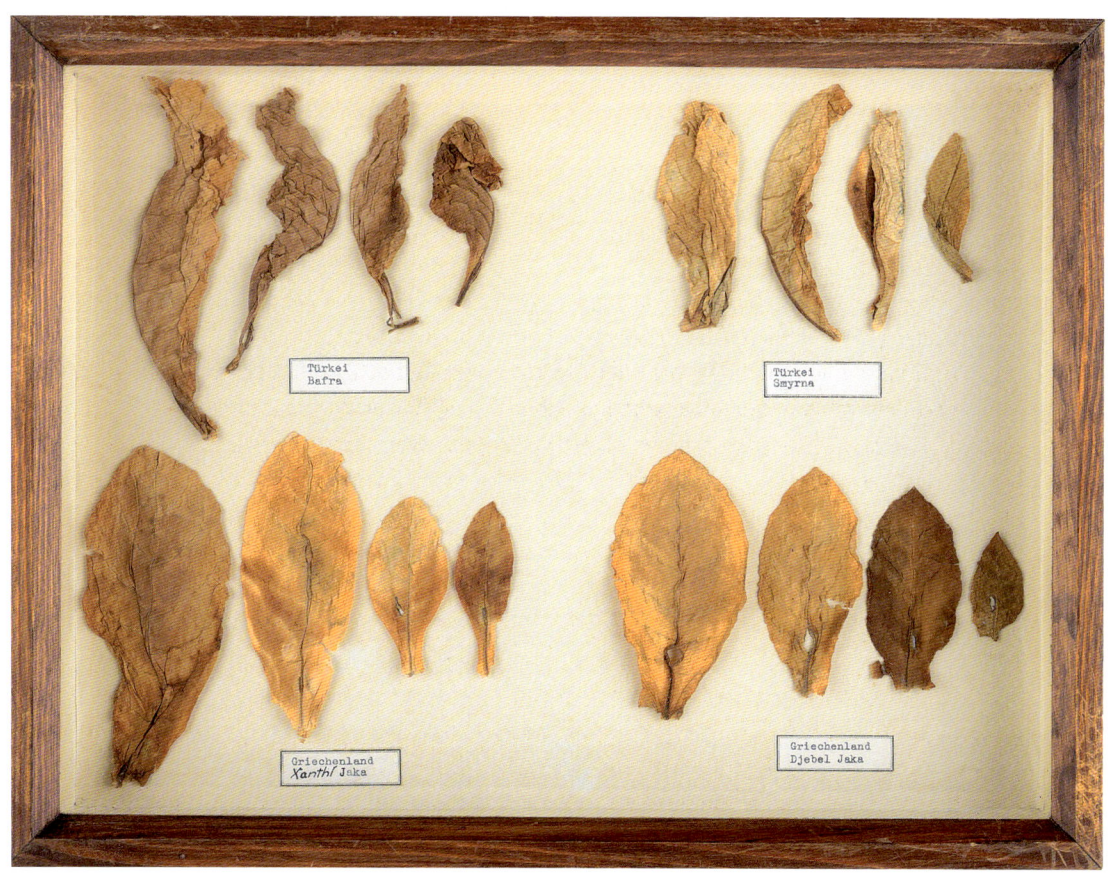

Lehrkästen mit getrockneten Tabakblättern aus Anbaugebieten im Orient (Griechenland, Türkei, Bulgarien), 2. Hälfte 20. Jahrhundert (Technische Universität Dresden, Kustodie, Sammlung Lebensmittelchemie)

mussten, entsprechende Erfahrungen mit in ihre neuen Siedlungsgebiete: ins Badische und in die Pfalz, nach Franken und Hessen sowie in die brandenburgische Uckermark. Später fasste der Tabakanbau auch in Sachsen Fuß. Der Anbau konzentrierte sich auf die Gegend nördlich von Bautzen und rings um das mittelsächsische Döbeln, mit Ausläufern bis in das Anhaltinische. Zunächst erfolgte in den deutschen Staaten der Anbau von Tabakpflanzen, die heute zu den Zigarrentabaken gezählt werden und die in jener Zeit vor allem zu Pfeifen- und Schnupftabak verarbeitet bzw. bei der Zigarrenherstellung verwendet wurden.

Im Jahr 1878 erfolgte die erste Erhebung der Anbauflächen für das gesamte Deutsche Reich. Nach den Ergebnissen der Tabakenquête bauten etwa 159.000 Pflanzer auf knapp 18.000 Hektar Fläche Tabak an, wobei das Gros der Fläche von etwa 78.000 steuerpflichtigen Betrieben bewirtschaftet wurde. Schwerpunkte des Anbaus mit wirtschaftlicher Bedeutung für die jeweiligen Regionen befanden sich vor allem in Südwestdeutschland sowie in den nördlichen und nordöstlichen preußischen Provinzen.[2] Bis zur Mitte des 20. Jahrhunderts vergrößerte sich die Anzahl der Betriebe in Deutschland auf etwa 200.000, die Anbaufläche wuchs auf ca. 30.000 Hektar an. Die geringe Durchschnittsfläche weist jedoch darauf hin, dass der Tabakanbau noch immer überwiegend von Kleinbauern, oft im Nebenerwerb, vorgenommen wurde.

Die tabakverarbeitende Industrie, an erster Stelle die Zigarettenindustrie, setzte bereits seit der Aufnahme der Zigarettenherstellung im 19. Jahrhundert auf bedeutende Rohtabakimporte aus klimatisch begünstigten Gegenden im Ausland, bis nach dem Zweiten Weltkrieg vor allem aus dem Mittelmeer- und Schwarzmeerraum. Die entscheidende Ursache hierfür war die sich in der zweiten Hälfte des 19. Jahrhunderts allmählich einbürgernde und letztlich gegenüber der osteuropäischen Tabakkultur (Papirossi) durchsetzende Mode des Zigarettenrauchens nach ägyptischem Vorbild.

Mit dem sich in Europa seit der Mitte des 20. Jahrhunderts vollziehenden grundlegenden Geschmackswandel

Der Tabackbau im Jahre 1878 nach dem Verhältniss der mit Taback bebauten Fläche zur Gesammtfläche, auch nach dem Verhältniss der in steuerpflichtigem zu der in steuerfreiem Umfange bebauten Fläche, aus: Tabackbau, Tabackfabrikation und Tabackhandel im Deutschen Reich und in Luxemburg, Kgl. Preuss. Stat. Bureau [1880], 311 (Leibniz-Informationszentrum, Zentrale Bibliothek – Wirtschaft, Hamburg)

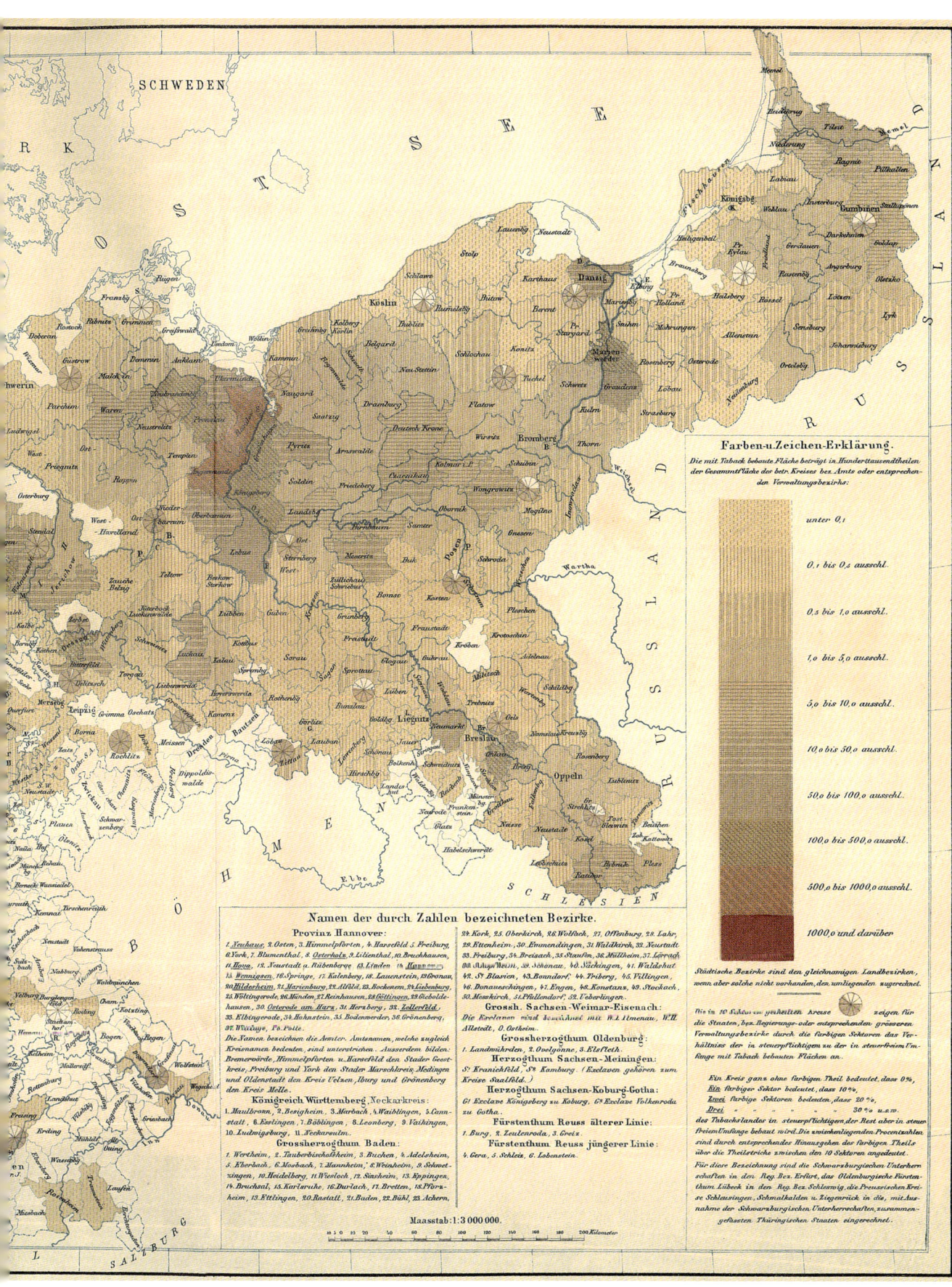

Tabak-Kleinernter (selbstfahrende und selbstlenkende Erntehilfsmaschine), Tabaktrockenhalle WV L90 TTH, Tabakballen (Bauernballen), um 1980 (Privatbesitz, Dresden)

hin von Orient- zu American Blend-Zigaretten stellten viele Tabakbauern in Deutschland ihren Anbau um: Die bis dahin dominierenden Zigarrentabaksorten wurden mehr und mehr von „amerikanischen" Tabaken als Geschmacksträger verdrängt, also von Virginia- und Burley-Typen. Da sich der Absatz und damit die Produktion von Zigaretten in der Folgezeit in Ost und West stark ausweiteten, bauten deutsche Pflanzer daneben auch immer häufiger einfachere, als Schneidegut bezeichnete Fülltabake mit geringerem Aroma und mittlerem Nikotingehalt an, die Verwendung bei der Herstellung der Tabakmischungen fanden.

Eine besondere Entwicklung vollzog sich in der DDR. Hier erfolgte der Geschmackswandel etwas verzögert und auch unvollkommen. So wurden noch bis um 1980 Marken wie die Orient oval (ohne bzw. mit Mundstück) aus reinen Orienttabaken hergestellt und verkauft. Freilich waren auch in der DDR schon seit den 1950er Jahren Zigaretten in der Art der American Blend immer beliebter geworden. Die in den 1960er Jahren von der DDR-Zigarettenindustrie kreierten Hauptmarken F 6 und Cabinet, die seit 1990 als Regionalmarken im Osten Deutschlands weitergeführt werden, waren im Wesentlichen modernen amerikanischen Vorbildern nachempfunden. Nicht wenige Tabakmischungen bedurften jedoch weiterhin der Beimischung von Rohtabaken aus klimatisch begünstigten Anbaugebieten im Südosten Europas und aus anderen Weltgegenden. So mussten trotz der staatlich auferlegten Maßgabe, Valutamittel für Importe aus dem „nichtsozialistischen Wirtschaftsgebiet" (NSW) äußerst sparsam einzusetzen, weiterhin Rohtabake aus den traditionellen Anbau- und Liefergebieten in Südosteuropa (Griechenland) und Kleinasien (Türkei) sowie aus anderen Regionen in der Welt importiert werden. Der Schwerpunkt der Lieferungen aus jener Region verschob sich aus Devisengründen aber vor allem auf das schon vor 1945 hoch bedeutsame „Tabakland" Bulgarien, das wie die DDR Mitglied in der sowjetisch dominierten Wirtschaftsvereinigung RGW war.

In der DDR wurde Tabak in allen Bezirken mit Ausnahme von Berlin angebaut: Die von 400 LPG bzw. VEG und etwa 8000 Kleinbauern bewirtschaftete Fläche betrug jedoch nur 3700 Hektar,[3] was weniger als 0,1 Prozent der landwirtschaftlichen Nutzfläche der DDR entsprach. Seit 1950 hatten die Bauern einen gesetzlich verbürgten Anspruch auf Tabakanbauberatung,[4] die zuerst vom Institut für Tabakforschung vorgenommen wurde. Nach der Kombinatsbildung wurde die landwirtschaftliche Beratung ab 1970 dem VEB Tabakkontor Dresden übertragen. Fest angestellte Tabakanbauberater berieten die Landwirte vor Ort und kontrollierten die Planerfüllung. Die einzuhaltende Qualität des Rohtabaks war in Standards festgelegt, die in den Technischen Güte- und Lieferbedingungen (TGL 6465) für unfermentierten und fermentierten Tabak festgehalten waren. Das Tabakkontor Dresden mit Hauptsitz in der früheren Zigarettenfabrik Yenidze hatte bis 1990 die zentrale Koordinierung des Tabakanbaus in der DDR inne – von der Auswahl des Saatguts bis zum verarbeitungsfähigen Rohtabak, dessen Fermentation in den drei Rohtabakwerken in Schwedt, Glauzig und Döbeln erfolgte.

Seit 1990 hat sich der Tabakanbau in Deutschland und Sachsen drastisch verringert. Im Freistaat Sachsen wurden im Jahre 2000 noch 19 Pflanzer gezählt, die 46 Hektar bewirtschafteten. Sechs Jahre später betrug die mit Tabak bewirtschaftete Anbaufläche 60 Hektar, die zu 90 Prozent mit Virginia- und zu 10 Prozent mit Burleytabak bebaut war. Nach 2007 ist in Sachsen kein Tabakanbau mehr ausgewiesen;[5] es werden jedoch noch 40–50 Hektar Fläche zur Tabakanzucht genutzt.[6] Der starke Rückgang der Anzahl der Tabakpflanzer und der Anbauflächen ist auch für Deutschland insgesamt zu verzeichnen. Dies war nicht zuletzt eine Folge der verringerten Ausreichung von Fördermitteln seit 2005 gemäß der EU-Marktordnung; 2010 ist die Anbauförderung für Tabak durch die Europäische Union eingestellt worden. Zwischen 2005 und 2018 ging die Zahl der Betriebe von 360 auf 100 und die Anbaufläche von ca. 5000 auf etwa 2000 Hektar zurück – eine Größenordnung, bei der sich der Tabakanbau infolge des Shisha-Booms stabilisiert hat.[7]

## VON DER AUSSAAT ZUM ROHTABAK

Tabakpflanzen haben einen großen Wasser- und Nährstoffbedarf. Vor allem deshalb, weil sie sich durch ein exorbitantes Wachstum auszeichnen: In einer Vegetationsperiode entsteht aus einem Saatkorn von 0,1 mg Gewicht eine Pflanze mit zwei bis vier Kilogramm Grünmasse, die eine Höhe von bis zu 2,50 Meter erreicht. Je nach Tabaktyp differieren die Anforderungen an Klima und Bodengüte: Während Orienttabake einen etwas geringeren Wasserbedarf haben, jedoch mehr Sonne und viel Wärme verlangen, kommen Virginia- und Burleysorten mit weniger Wärme und Sonne aus. Tabakpflanzen bedürfen einer guten Zufuhr stickstoffreicher Mineralien, wobei Zigarrentabake besonders hohe Gaben benötigen. Tabakpflanzen sind sehr chlorempfindlich und verlangen nach einem lockeren, gut durchlüfteten Boden.

Der Anbau der frostempfindlichen Tabakpflanzen erfordert viel Handarbeit und große Sorgfalt. In Mitteleuropa müssen die Pflanzen bei der Anzucht zunächst in die sogenannte Vorkultur genommen werden. Dabei werden die kleinen Samen (Durchmesser: weniger als 0,5 mm, Gewicht: 0,0001 Gramm) Ende des Monats März in Aussaatgefäße eingebracht, das sind mit Aussaaterde gefüllte flache Kisten. Bei Zimmertemperatur und mäßiger Luftfeuchte beginnen sie zu keimen. Nach drei Wochen sind die Sämlinge so groß, dass sie vorsichtig pikiert, d. h. in Pikierkästen umgepflanzt werden können, wo sie bei einem Pflanzabstand von ca. 5 x 5 Zentimeter günstigere Nährstoffverhältnisse haben. Die Pflanzen wachsen nun unter Gewächshausbedingungen heran. In der zweiten Maidekade – nach den Eisheiligen – werden sie ins Freiland gepflanzt, wobei der Abstand zwischen den Pflanzen nun 60 mal 90 Zentimeter beträgt. Sogenannte Geiztriebe (Blattachseltriebe), die wegen des extrem hohen Nikotingehalts unerwünscht sind, werden mechanisch oder chemisch entfernt.

Mitte August beginnt die Blüte der Pflanzen. Um wertvolle Inhaltsstoffe, die sonst in die Blüten oder die Samen wandern würden, in den Blättern zu konzentrieren, werden jetzt die Blütenstände mechanisch entfernt (geköpft). Danach erfolgt die Ernte der Blätter, und zwar stufenweise von unten nach oben, entweder händisch durch Ausbrechen oder teilmechanisiert mit Erntehilfsmaschinen. Die frisch geernteten Blätter kommen nun in sogenannte Erntetücher, wo sie einige Stunden zum Anwelken verbleiben. Anschließend werden sie per Hand mit Spezialnähnadeln oder mit Tabakeinnähmaschinen auf Schnüre gefädelt, um in speziellen Tabaktrockenscheunen aufgehängt zu werden. Die Trocknung erfolgt entweder auf natürlichem Weg bei beobachteter Trocknungsführung oder mittels der Verfahren der Kammertrocknung bzw. der bulk-curing-Trocknung. Hierbei wird bei kontrollierter Luftführung künstlich Wärme zugeführt, womit große Mengen von Blättern rasch getrocknet werden können. Nach Abschluss dieses Prozesses liegt der Wassergehalt der Tabakblätter, der im erntefrischen Zustand über 90 Prozent betragen hatte, nur noch bei 10 bis 12 Prozent. Der getrocknete Tabak wird schließlich zu Ballen gepresst und in Jutegewebe eingenäht.

Die Weiterverarbeitung der transport- und lagerfähigen Ballen (Rohtabak), die nun den Betrieb des Landwirts verlassen, erfolgt im Rohtabakwerk. Dort werden die Tabakblätter einer Fermentation unterzogen – ein Prozess, der heute auch mit dem Einsatz von Druckkammern verkürzt werden kann. Bei der Fermentation wird bei definierter Luftfeuchte und Wärme der Abbau der im Blatt enthaltenen unerwünschten Inhaltsstoffe in Gang gesetzt und kontrolliert begleitet. Dabei werden vor allem Eiweißstoffe, die den Rauchgeschmack negativ beeinflussen, abgebaut. Zugleich bilden sich den Geschmack begünstigende Faktoren wie bestimmte Aromen heraus. Außerdem verändert sich die Farbe des Tabakblatts von unansehnlich grau-gelblicher Färbung zur Tabakfarbe Gelb-Orange. Mit dem Verkauf und der Lieferung des Rohtabaks an die Industrie kann nunmehr die eigentliche Herstellung von Tabakwaren, darunter von Zigaretten, beginnen.

■ ANMERKUNGEN

1 Grundlegend: Rudolf Wahl, Tabak, in: Handbuch der Lebensmittelchemie, Bd. VI: Alkaloidhaltige Genussmittel, Gewürze, Kochsalz, Berlin-Heidelberg-New York 1970, 310–347, 414–425; Hans Melchior, Mikroskopische Untersuchung von Tabak, in: ebd., 414–425.
2 Berechnet nach: Tabackbau, Tabackfabrikation und Tabackhandel im Deutschen Reich und in Luxemburg nach den statistischen Ergebnissen der Arbeiten der Tabak-Enquête-Kommission [1878], in: Statistik des Deutschen Reichs XLII, hrsg. v. Kaiserl. Stat. Amt, Berlin 1880, Anl. 1.
3 Hans-Joachim Garbe (Federführung), Fritz Becker, Anni Egerer u. a., Tabak, Berlin 1989, 29.
4 GBl. DDR 1950, 648.
5 Sächsisches Staatsministerium für Energie, Klimaschutz, Umwelt und Landwirtschaft (Hrsg.), Sächsischer Agrarbericht 2007, https://publikationen.sachsen.de/bdb/artikel/11409/documents/11718 (13.8.2020); Tabakanbaugebiete in Deutschland: https://www.proplanta.de/Tabak/Galerie.php?SITEID=145&can=&lasu=&katalogid=1160555615 (30.8.2020).
6 Zahlen für 1999–2010 laut Erhebungen des Statistischen Landesamts, abrufbar unter https://www.statistik.sachsen.de/download/statistische-berichte/bericht_statistik-sachsen_c-VII-1_landwirtschaftszaehlung-bodennutzung.xlsx (30.8.2020).
7 Zahlen für Deutschland 2002–2009 online abrufbar unter https://www.bmel-statistik.de/fileadmin/daten/MBT-0112360-0000.xls (30.8.2020); 2018 betrug der Shisha-Verbrauch 96 Prozent des deutschen Tabaks: https://www.proplanta.de/agrar-nachrichten/agrarwirtschaft/totgesagte-leben-laenger-tabakgeschaeft-in-deutschland-stabilisiert_article1538863522.html (30.8.2020).

# ZIGARETTE UND GESELLSCHAFT
## Ein Massenkonsumgut im Industriezeitalter

# INDUSTRIEPRODUKT UND MASSENKONSUMGUT
## Dresden als Metropole der deutschen Zigarettenindustrie

Holger Starke

*Wenn der Zigarettenrauch in der Spitze und die Tinte im Füllhalter gleich leichten Zug hätten, wäre ich im Arkadien meiner Schriftstellerei.*[1]
(Walter Benjamin, 1928)

Die Bemerkung des streitbaren Kulturkritikers Walter Benjamin stammt aus einer Zeit, in der die Zigarette als das der industriellen und urbanen Moderne gemäße Produkt galt.[2] Ihr Image stand hierarchischen, patriarchalischen und nationalistisch geprägten Bildern diametral gegenüber: Weiblichkeit,[3] Unangepasstheit, Internationalität. Zwar hatten nationalistisch gefärbte und mit kolonialem Überlegenheitsgefühl geführte Werbekampagnen vor und im Ersten Weltkrieg bereits das Potential angezeigt, für das die Reklame auch genutzt werden konnte. In der Weimarer Republik trat dies jedoch erst einmal wieder in den Hintergrund. Der Liberalität der Republik selbst gegenüber ihren rechts- und linksextremen Todfeinden entsprach die Vielfalt der Zigarettenreklame – die Segmentierung der Gesellschaft zeigte sich hier erst in ihrer Endphase, in den „Parteizigaretten" unterschiedlichster Couleur, von der NSDAP bis zur KPD.[4]

Unzweifelhaft war diese Vielfalt der Reklamebilder auch ein Resultat der gezielten Ansprache von diversifizierten Käufergruppen in der Markenstrategie der Industrie. Festzuhalten bleibt jedoch, dass das Rauchen von Zigaretten im Lebensgefühl einer liberal gesinnten, intellektuellen, künstlerischen und politischen Elite eine zentrale Rolle spielte. Für jeden sichtbar spiegelte der Zigarettenrau(s)ch im frühen Medienzeitalter die Rastlosigkeit wie auch jene Grenzüberschreitungen wider, die wahlweise als Ausweis bürgerlicher Tüchtigkeit, revolutionärer Ungeduld oder künstlerischer Inspiration verstanden werden konnten und wurden – gemeinsam mit anderen Genussmitteln wie Kaffee, Alkohol oder Marihuana, denen anregende und leistungsfördernde bzw. entgrenzende Wirkungen zugeschrie-

Zigarettenschachteln/Packungszuschnitt mit Dresdner Marken, 1920er Jahre: Höhenrekord, Malzmann AG (Privatbesitz, Dresden), Broadway, Haus Bergmann AG (Stadtmuseum Dresden), Champagner Zigaretten, Adler-Compagnie AG (Museum der Arbeit, Hamburg)

Zigarettenfabrik Adler-Compagnie AG, Plakat, Entwurf: Valentin Zietara, Druck: Leutert & Schneidewind AG, Dresden, um 1920 (Stadtmuseum Dresden)

ben wurden. Ob Anna Seghers und Mary Wigman, Egon Erwin Kisch oder Erich Kästner[5] – die Riege der Zigarettenraucher aus dem intellektuell-künstlerischen Milieu war vermutlich ungleich höher als der entsprechende Anteil der Konsumenten in der gesamten Gesellschaft.

Zugleich aber materialisierten sich in der Zigarette auch ältere Gegensätze, welche in die Industriegesellschaft transformiert worden sind: Der koloniale Zwang beim Rohstoffanbau und -bezug war abgelöst worden durch die Ungleichgewichte zwischen Fertigwaren- und Rohstoffproduzenten bzw. durch die ökonomische Abhängigkeit letzterer.[6] Hinzu kamen die in kapitalgetriebenen Warengesellschaften ohnehin vorhandenen Gegensätze zwischen Kapital und Arbeit sowie zeitbedingte Widersprüche, etwa die Geschlechterhierarchie in der von Frauenarbeit geprägten Branche. Gleichwohl ist die Zigarettenindustrie ein Paradebeispiel dafür, welch außergewöhnliche Innovationen bei fairer Konkurrenz möglich sind und wie sich dies in Kartellstrukturen ins

Gegenteil verkehren kann. Vom atemberaubenden Aufstieg der Zigarettenindustrie profitierte letztlich auch die Arbeiterschaft in Deutschland, die am Wandel der ehemaligen Niedriglohnbranche im Kaiserreich zum Hochlohnsektor in der Bundesrepublik Deutschland partizipierte.

An all dem war der Staat mittelbar beteiligt. Die Aussicht auf Steuereinnahmen und die Beeinflussung durch Lobbyisten stellten die eine Seite, das Abwägen der Gesundheits- und Schmuggelgefahren die andere Seite seiner regulierenden gesetzgeberischen Maßnahmen dar.[7] Bei der Beantwortung der Frage nach dem ausschlaggebenden Grund, weshalb sich der Produktzyklus in Europa bis in das 21. Jahrhundert verlängert hat, wird man nicht umhinkommen, auf die zwölf Jahre der nationalsozialistischen Diktatur und die internationale Entwicklung in der Nachkriegszeit zu schauen. Erst diskreditierte die Kaperung der Tabakgegnerbewegung durch die NS-Spitze deren Anliegen für längere Zeit; der vom Tabakgegner Hitler ausgelöste Zweite Weltkrieg sorgte für die Verbreitung der Zigarette in den letzten Winkel der Gesellschaft hinein.

Dem Zusammenbruch des NS-Staates folgte danach im Westen Deutschlands eine Zeit des Friedens, der Freiheit und des Wohlstands, für die die lässig im Mundwinkel getragene Zigarette der US-amerikanischen Befreier nunmehr d a s Symbol darstellte. Die Freiheit der ungleichgewichtigen globalen Ökonomie wurde sichtbar in einer großen Warenvielfalt, aber auch in der Film- und Musikkultur, die sich ausgehend von den USA und England global verbreitete. Auf die Zigarette gewendet, bedeutete der Sieg der amerikanischen Blend- über die deutsche Orientzigarette den Verlust des faszinierenden Bilds vom märchenhaften Orient, in dem das „alte Europa" noch der Bezugspunkt gewesen war.

Abgelöst wurde es vom „American Dream", der nicht zuletzt über die Zigarettenwerbung auch den Osten Europas erreichte. In der DDR wurde der Konsum spezieller westlicher Zigarettenmarken vor allem in der Jugendkultur als eine Chiffre der Persönlichkeit gelesen, vergleichbar mit Jeansmarken. Die Kampagne für die Zigarettenmarke West, die das Unternehmen Reemtsma um die Zeit des Mauerfalls 1990 initiierte,[8] zählt schon zur Vorgeschichte der unmittelbaren Gegenwart: Wie in einem Brennglas werden darin die „Ausdifferenzierungs- und Pluralisierungsprozesse moderner Gesellschaften" erkennbar.[9]

Heute ist das Rauchen von Zigaretten in der Öffentlichkeit weitgehend geächtet.[10] Dem ging ein tiefgreifender sozialer Wandel voraus, den der Untertitel eines jüngeren Bandes zur Tabakgeschichte so pointiert: „Vom *braunen Gold* zum sozialen Stigma".[11] Die Geschichte der Zigarette kann weit mehr noch als die anderer Massenkonsumgüter des Industriezeitalters als „Sonde in die Zeit"[12] betrachtet werden, über die sich ökonomische, soziale und politische Entwicklungen im 20. Jahrhundert exemplarisch zeigen. Umso mehr in der Gegenwart, in der sich viele Industrien auf dem Rückzug aus Europa und aus traditionellen Geschäftsfeldern befinden, ist ein Rückblick auf die Tabakstadt Dresden überfällig. Ist doch Dresden jene deutsche Stadt, welche die längste ununterbrochene Geschichte mit dem typischen Industrieprodukt Zigarette aufweist – und wo ihr zugleich eine ebenso markante Geschichte der Lebensreform inklusive der Tabakgegnerbewegung und der medizinischen Erkenntnis gegenübersteht: eine in sich widersprüchliche deutsche und europäische Kulturgeschichte, die in einem Kaleidoskop von Geschichten „zwischen Orient und Okzident" geronnen ist.

### TABAKKULTUREN[13]

So wie Zucker und Kakao, Tee und Kaffee, Kartoffel und Tomate ist der Tabak im Gefolge kolonialer Eroberungen nach Europa gelangt. Die Kultivierung der Pflanze auf dem Kontinent und die Verbreitung des Tabakkonsums begannen im 16. bzw. 17. Jahrhundert.[14] Die Konfektionierung des Tabaks als Zigarette hingegen ist in Europa noch recht jung. Bei ihrer Produktion ging die Kolonial-

Zigarettenbox für 100 Stück, Unsere Marine, flach mit Goldmundstück, um 1910, Georg A. Jasmatzi AG (Privatbesitz, Dresden)

Werbeblatt für Salem-Zigaretten, Yenidze (Reemtsma), Druck: Richard Petersen, Hannover, 1930er Jahre (Privatbesitz, Dresden)

macht Spanien voran. Dort entstanden seit dem Ausgang des 18. Jahrhunderts die frühesten Zigarettenmanufakturen auf dem Kontinent.[15]

Äußerlich ist die Zigarette, bereits im Namen als kleine Zigarre kenntlich, recht unscheinbar: ein mit Tabak gefülltes Papierröllchen, das lange nur ohne, später auch mit Mundstück bzw. Filter in runder oder ovaler Form in unterschiedlichen Längen und Durchmessern angeboten wurde. In deutschen Landen setzte sich das Produkt erst ein Jahrhundert später als in Spanien durch; das 19. Jahrhundert war hier zunächst das Zeitalter der Zigarre. Eine folgenlose Episode blieb das früheste belegte Auftauchen der Zigarette 1807, als spanische Soldaten bei ihrem Durchzug durch Lübeck *schwarze Zigaretten* rauchten.[16] Und auch der an die Flucht von Lola Montez aus München (1848) erinnernde Zigarettenstummel[17] gehört zu der auch in Frankreich verbreiteten spanischen Variante mit würzigem Maryland-/Kentucky-Tabak.

In Osteuropa hatte sich derweil das Rauchen von Papirossi etabliert, also von Zigaretten, die mit nikotinreichem Bauerntabak (Machorka) gefüllt und einem langen Pappmundstück versehen sind. In Südosteuropa einschließlich den Ägäis-Inseln, an der kleinasiatischen Küste und im Schwarzmeerraum war wiederum das Rauchen der dort gedeihenden mild-aromatischen Tabake gängig. In den Schützengräben des Krimkrieges 1853/56 standen sich somit nicht nur die Soldaten des Osmanischen und des Russischen Reiches gegenüber, sondern auch die osteuropäische Papirossi- und die griechisch-mazedonisch-türkische Tabakkultur. Die britischen und französischen Verbündeten der Osmanen sollen die Orientzigarette, so die sich bald einbürgernde Bezeichnung, kennen- und schätzengelernt und die Kunde von ihr nach Europa gebracht haben. Nach Dresden und damit nach Mitteleuropa gelangte jedoch zuerst die osteuropäische Variante, was in der Stadt der polnischen Emigration und einer russischen Kolonie mit großer russisch-orthodoxer Kirche nicht verwundert. Papirossi standen also am Beginn der Herstellung von Zigaretten in Dresden und Deutschland, während es der Orientzigarette – von Dresden ausgehend – vorbehalten blieb, das Rauchen papierumhüllter Tabakröllchen im Reich populär zu machen.

Bis 1945 sollte die Orientzigarette in Deutschland unangefochten den Verbrauch dominieren – ehe die mit kräftigen Virginia-/Burley-Mischungen versehene American Blend-Zigarette, die die amerikanischen GIs rauchten, rasch an Popularität gewann, vorübergehend auch als Ersatzwährung.[18] Die Papirossi, welche die Rotarmisten konsumierten, fanden hingegen selbst in der Sowjetischen Besatzungszone (SBZ) keinen Anklang. Der Siegeszug der Blend-Zigarette im Westen Deutschlands und Europas wurde durch Marshallplan und Tabakimportverbote aus Griechenland forciert. In der DDR setzte sich der Trend wegen des Devisenmangels erst allmählich und in spezifischer Art und Weise durch.[19] Das Jahr 1990 brachte die Annäherung der Tabakkulturen in Deutschland und Europa, ehe die von der Politik flan-

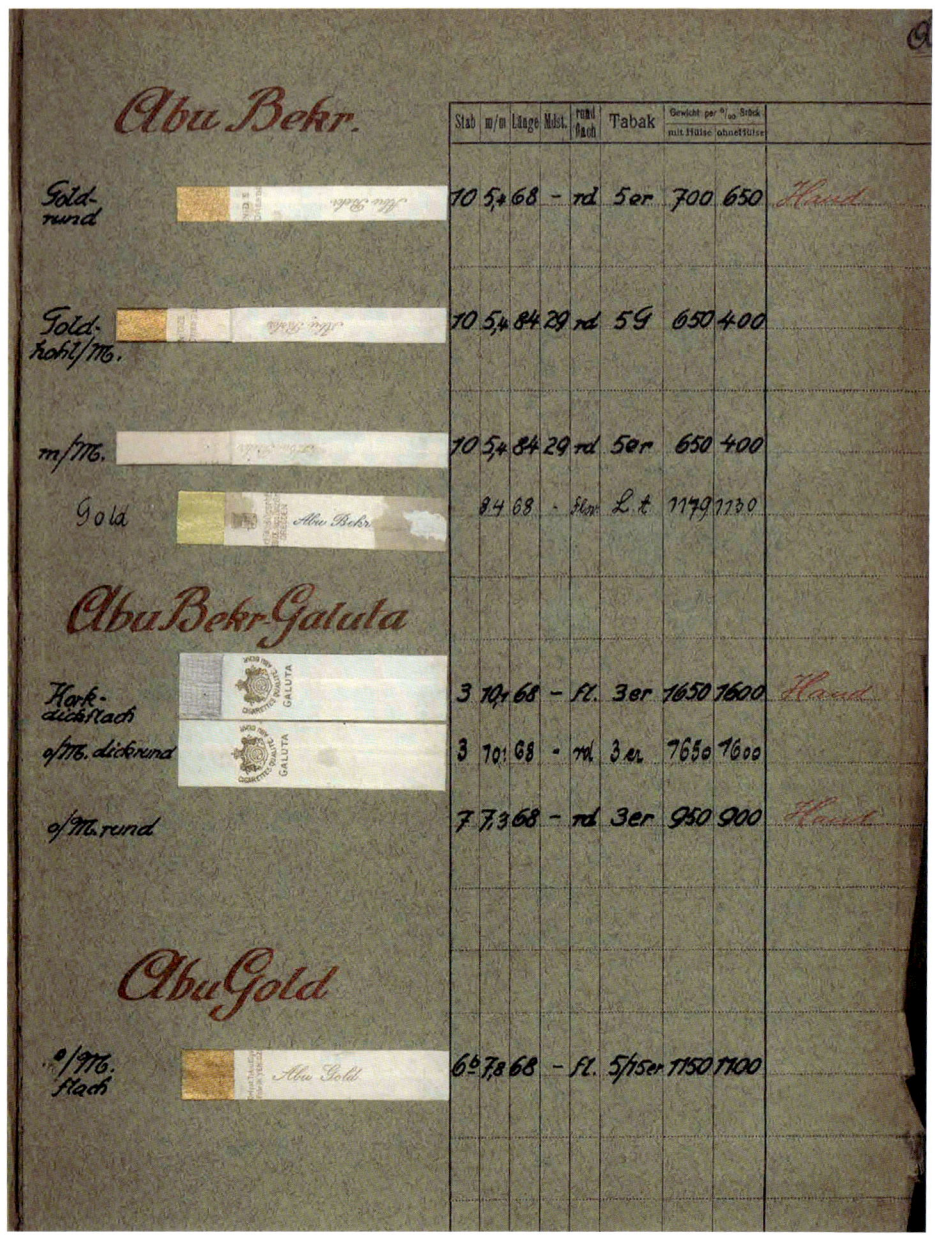

Varianten der Marken Abu Bekr, Abu Bekr Galuta, Abu Gold, aus: Cigaretten-Musterbuch 1871–1912, Firma Yenidze (Museum der Arbeit, Hamburg)

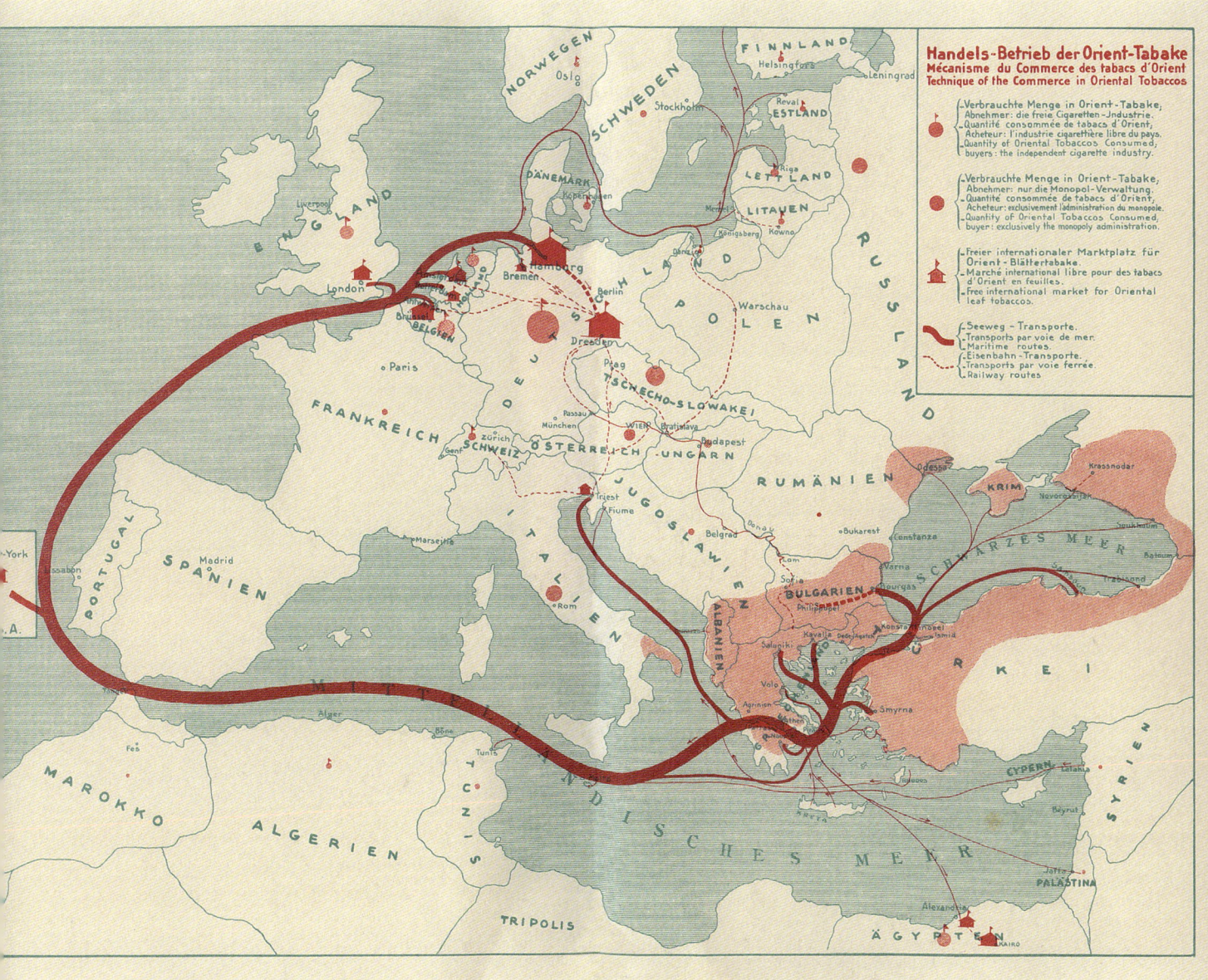

Karte aus: Marco Nestoroff (Tabakhändler mit Niederlage in Dresden), Die Orient-Tabake, Bd. 1, Vertrieb durch Bankhaus Gebr. Arnhold. Tabak-Abteilung, Dresden 1928 (Stadtmuseum Dresden)

kierten sozialen Wandlungsprozesse im frühen 21. Jahrhundert das Ende der Zigarette als Massenkonsumgut in den EU-Staaten einläuteten.

Festzuhalten bleibt, dass es nicht nur graduelle Unterschiede bei den zur Herstellung von Zigaretten verwendeten Tabaken, zwischen Tabakkulturen und Tabaktraditionen gegeben hat – einschließlich von „Wanderungen" in andere Regionen, in denen das Produkt den dortigen Konsumtraditionen angepasst worden ist und sich nach den Erfordernissen der industriellen Herstellung veränderte. Auf diese Art und Weise ist etwa die „deutsche Orientzigarette"[20] entstanden. Herstellung, Handel und Konsum von Zigaretten sind von Staaten reguliert worden, weshalb es unterschiedliche Rahmenbedingungen gab – was wiederum erklärt, weshalb in der ersten Hälfte des 20. Jahrhunderts der Vertrieb von Zigaretten im Wesentlichen auf den nationalen Markt beschränkt blieb, Unternehmen mit Sitz im Ausland eine Zweigniederlassung zur Belieferung dieses Marktes errichteten und Importe von Fertigzigaretten bis 1945 keinen wesentlichen Anteil am Gesamtverbrauch hatten.[21]

Aufnahmen von Reisen des Tabakexperten und Reemtsma-Teilhabers David Schnur, 1920er Jahre (Museum der Arbeit, Hamburg)

1) Feldarbeit in der Gegend von Chios (Griechenland)
2) Tabakballentransport zum Lager eines Händlers mittels Karawane (Türkei)
3) Sortieren der Tabakblätter für den Verkauf nach Größe und Qualität (sogenannte Handelsmanipulation)
4) Packen der Tabakblätter in Ballen (sogenannte Manipulation in „Kaloup")
5) Verladung von Tabakballen im Hafen von Kryoneri (Griechenland)

## ZIGARETTENKONSUM

Das Zeitalter der Zigarette auf dem europäischen Kontinent war das 20. Jahrhundert. Seit dem Ende des 19. Jahrhunderts trat sie allmählich an die Seite der älteren Tabakwaren Rauch-, Kau-, Schnupftabak und Zigarre. Zum Massenkonsumgut wurde die Zigarette schließlich nach der Jahrhundertwende, als sich das Produkt infolge der Ablösung der Hand- durch Maschinenarbeit stark verbilligte und der Kundenkreis mit intensiver Reklame erweiterte. 1911 sind im Deutschen Reich erstmals mehr Zigaretten als Zigarren hergestellt worden; zwei Jahre später bereits eineinhalbmal so viel, was im Reichsmaßstab einem Pro-Kopf-Verbrauch von 193 Stück entsprach.[22] Im Ersten Weltkrieg erhielten die Soldaten Zigaretten nicht nur als „Liebesgaben" aus der Heimat, sondern auch schon als Bestandteil der Truppenverpflegung. Ungeachtet des wegen des Rohstoffmangels seit 1916 stagnierenden Absatzes bei gleichzeitiger Qualitätsverschlechterung infolge tabakfremder Beimischungen kam das rasch süchtig machende Tabakprodukt damit in allen Bevölkerungsschichten an.

Die Konsumausweitung setzte sich in den zwanziger und dreißiger Jahren fort, letzteres ungeachtet der rigiden Maßnahmen gegen das Rauchen im NS-Staat.[23] 1936 betrug der Pro-Kopf-Verbrauch im Reich 571 Zigaretten, hatte sich also seit 1913 verdreifacht. Der Anteil der Zigarette am Gesamtvolumen des deutschen Tabakmarkts war von 0,2 (1877) über 12 (1912) und 25 (1925) auf 35 Prozent (1935) gestiegen.[24] Der Pro-Kopf-Verbrauch an Tabak hatte sich jedoch, zumindest in den 1930er Jahren, nur minimal erhöht, denn zeitgleich kam es zu einem Konsumrückgang bei anderen Tabakprodukten.[25] Mit Ausbruch des Krieges wurde das „kriegswichtige" Produkt nicht mehr nur als moralförderndes Genuss-, sondern auch als Lebensmittel eingestuft.[26] Menge und Qualität der auf Marken abgegebenen Ware waren nicht nur nach Alter, Geschlecht und Belastung abgestuft, sondern auch nach den NS-Rassekriterien.[27] Am Ausgang des Krieges beanspruchte die Wehrmacht ein Drittel des Gesamtaufkommens an Tabakwaren. Dabei entsprach die Zigarette dem „Zeitregime des industriellen Massenkriegs" am besten, ermöglichte das Rauchen des Produkts im Vergleich mit Tabakpfeife und Zigarre doch eine sehr rasche Nikotinzufuhr.[28] Und da der Zweite Weltkrieg ein „totaler" Krieg war, in den alle Schichten der Bevölkerung in der Heimat, an der Front und in den Lagern involviert waren, wurde das Tabakrauchen am Kriegsende zum gesamtgesellschaftlichen Phänomen und Problem.

Die Anzahl der konsumierten Zigaretten pro Kopf nahm mit wachsendem Wohlstand seit den 1950er Jahren weiter deutlich zu. 1955 registrierten die Statistiker für die Bundesrepublik Deutschland (888) dabei noch einen niedrigeren Wert als für die DDR (1042 Stück). Seitdem stieg der Konsum in beiden Staaten stetig an, wobei der Westen den Osten bald überholen sollte: Der Spitzenwert wurde in der BRD 1976 (2103), in der DDR 1986 (1873 Stück) erreicht. Seitdem stagnierte der Pro-Kopf-Verbrauch bis 1990.[29] Der steigende Zigarettenkonsum erfolgte wiederum auf Kosten anderer Tabakwaren, die in der DDR bis 1990 allesamt bedeutungslos wurden, was in der BRD vor allem auf den geringer besteuerten Feinschnitt zum Selbstdrehen nicht zutraf.

Martin Jamann mit Zigarette in der Kaserne in Freiberg/Sa., 1915, Fotografie aus seinem Kriegstagebuch (Stadtmuseum Dresden)

## DER AUFSTIEG DER DRESDNER ZIGARETTENINDUSTRIE (1862–1914/18)

1862 entstand als Filiale einer seit 1852 in St. Petersburg betriebenen Firma in Dresden die „La Ferme in Petersburg und Dresden" – das erste Unternehmen zur Zigarettenherstellung im späteren Reich. Mit der nach einem französischen Schnupftabak benannten Neugründung umging der im österreichischen Galizien geborene, in Europa weitgereiste Gründer Joseph von Huppmann-Valbella (1814–1897) die hohe russische Tabaksteuer. Bei der Standortwahl hatte er die *bedeutende* Abnahme am Ort ebenso berücksichtigt wie die Tatsache, dass *das ganze Exportgeschäft*, das sich nach Deutschland, Frankreich, Spanien und Nordamerika richtete, *von Dresden aus recht wohl besorgt werden* könne.[30] Die ersten Fachkräfte – einige Zigarettendreherinnen inklusive Vorarbeiter – hatte er gleich mitgebracht. Die anfangs überwiegend in schlecht bezahlter, rechtlich unsicherer und hygienisch bedenklicher Heimarbeit[31] hergestellten russischen Papirossi mit Pappmundstück konnten sich im Inland in der Breite jedoch nicht gegenüber Pfeife und Zigarre durchsetzen. Dafür verzeichnete Huppmann-Valbella im Ausland umso größere Erfolge: Per Eisenbahn gelangten bald auch Lieferungen an die italienische Tabakregie; Filialen entstanden in Moskau, Warschau und Odessa. 1877 stellten in Dresden bereits 430 Zigaret-

Zigarettenschachteln für russische und polnische Käufer: Compagnie Laferme mit russischem Doppeladler, Marke Sobieski von Meyer & Peters, Josetti-Niederlassung Dresden (beide Privatbesitz, Dresden)

tendreherinnen, 20 Tabakmeister und Hilfsarbeiter etwa 20 Millionen Zigaretten und damit zehn Prozent der deutschen Gesamterzeugung her. Es folgten weitere Familienunternehmen wie Sulima (1871) und Thessalia (1873). Die Sulima war eine Gründung der unverheirateten Franziska Louise Wolff (*1815) aus dem polnisch geprägten, zum Königreich Preußen gehörigen Posen. Ebenso wie in der Compagnie Laferme wurden dort anfänglich Produkte für den Geschmack der polnischen und russischen Gemeinde in Dresden und den osteuropäischen Markt hergestellt; 1880 wurden bei einer Gewerbekontrolle 83 anwesende Arbeitskräfte gezählt.[32] 21 von 33 deutschen Unternehmen hatten ihren Sitz in Dresden; vier Fünftel der überwiegend dort hergestellten Gesamtproduktion gingen in den Export.[33] Die Mechanisierung der Zigarettenfertigung kam aufgrund des Verlagssystems und des geringen Absatzes mundstückloser Zigaretten im Inland allerdings lange nicht in Gang. Und erst als Zollschranken das florierende Auslandsgeschäft immer mehr behinderten, richtete sich das Augenmerk der Hersteller verstärkt auf das Inland.

Eine Zäsur stellte die Verpachtung des Tabakmonopols im Osmanischen Reich 1883 dar. Dies veranlasste viele Tabakhändler und einige Zigarettenhersteller zur Auswanderung nach Ägypten; einige gingen sofort oder später nach Europa. Ein Ziel war Dresden, wo bereits geübte Arbeitskräfte vorhanden waren und Zubehörunternehmen existierten; in jener Zeit entstand das griechisch-mazedonisch-bulgarisch geprägte Tabakviertel an der Ostrallee.[34] Bereits ansässige Tabakspezialisten wie der griechische Tabakmeister Georg A. Jasmatzi (1846–1922) und Jungunternehmer aus anderen Gegenden des Reichs wie der aus Norddeutschland zugezogene Hugo Zietz (1858–1927) gründeten weitere Zigarettenfabriken: Georg A. Jasmatzi (1884), Kosmos (1886), Yenidze (1886).[35] Die Anziehungskraft Dresdens zeigte sich zudem in der Eröffnung von Zweigfilialen auswärtiger Unternehmen, von denen manche

Julius Robert Spies (1819–1897), Kaufmann in St. Petersburg und Dresden (Compagnie Laferme), Abbildung aus der vom Gründer des Stadtmuseums Otto Richter angelegten fotografischen Ehrengalerie des Dresdner Bürgertums, Ausschnitt (Stadtmuseum Dresden)

Banderoliersaal in der Orientalischen Tabak- und Cigarettenfabrik Yenidze Inh. Hugo Zietz, um 1916 (Stadtmuseum Dresden)

ihren Hauptsitz nach Dresden verlegten, darunter Monopol (1895), Eckstein & Söhne (1895), Wilhelm Lande (1897), Yramos (1919).

Um die Jahrhundertwende, als der inländische Markt immer aufnahmefähiger wurde, gelangte ein überlegener Konkurrent nach Dresden: 1901 übernahm die American Tobacco Company (seit 1902 British American Tobacco Company) die zweitgrößte Zigarettenfabrik Georg A. Jasmatzi. Zeitgleich eröffnete die mit ihr verbundene United Cigarette Machine Company ein

Beschäftigte der Zigarettenfabrik Georg A. Jasmatzi im Hof der Gaststätte „Erholung" in Dresden-Striesen während des Ausstandes 1905 (Stadtmuseum Dresden)

Zweigwerk in Dresden. Dort wurden Universal-Zigarettenmaschinen nach James Bonsack gefertigt, mit denen die Handfertigung von Zigaretten unterer Preisklassen unrentabel wurde. Die in Dresden entstandene Universelle konterte mit der Excelsior.[36] Der Druck zur Mechanisierung erhöhte sich mit der Pflicht zu banderolierten Verpackungen nach dem Steuergesetz von 1906 und weitete sich mit dem von 1909 auf höherpreisige Produkte aus.

In jener Zeit fanden erstmals große Arbeitskämpfe statt. Im Streik der Zigarettenarbeiterinnen von 1905[37] setzte die zumeist weibliche Arbeiterschaft die Koalitionsfreiheit durch. Eckstein & Söhne und Georg A. Jasmatzi AG hatten dies mit Aussperrungen zu verhindern versucht, woraufhin eine damals übliche Kampfform – der Produktboykott – angewendet wurde. Der für die Frauen erfolgreiche Kampf bedeutete allerdings nicht, dass sie fortan gleiche Löhne erhielten. Die Industrie betrachtete es als Lebensbedingung im Konkurrenzkampf, auf niedrigbezahlte Frauen- und Kinderarbeit zurückgreifen zu können.

Signet des Verbands zur Abwehr des Tabaktrusts auf der Rückseite der Deutschen Kriegs-Skat-Karte, um 1915 (Stadtmuseum Dresden)

Das Wachstum des Zigarettenmarktes in der Vorkriegszeit ging vor allem auf das Konto mechanisierter Unternehmen. 1913 vereinigten sie 86 Prozent der Beschäftigten in den 1346 deutschen Unternehmen auf sich; zehn Betriebe verfügten über mehr als 500 Beschäftigte. Großunternehmen in Sachsen waren der Jasmatzi-Konzern (BAT) und die je über 2000 Mitarbeiter zählenden Dresdner Firmen A. M. Eckstein & Söhne und Yenidze. Bis zum Kriegsbeginn 1914 übernahm der Jasmatzi-Konzern die Dresdner Konkurrenten Delta, Adler und Sulima mit starken Marktanteilen in anderen Regionen wie dem bevölkerungsreichen Ruhrgebiet und beteiligte sich an Josetti (Berlin) und Batschari (Baden). Auf ihn entfielen 23 Prozent der Menge und 27 Prozent des Wertes der Produktion im Reich. Aus den etwa 100 Dresdner Betrieben kamen 53 Prozent des deutschen Ausstoßes (1913).[38] Die Stadt war Sitz des Verbandes Sächsischer Industrieller, von Verbänden der Zigaretten-, Zigarettenmaschinen- und mehrerer Hilfsindustrien.[39] Im sogenannten „Trustkampf" 1901–1915, den die noch mittelständisch geprägte Industrie gegen die überlegene BAT-Konkurrenz führte, entfaltete der Verband zur Abwehr des Tabaktrusts von Dresden aus eine rege Öffentlichkeitsarbeit.[40]

Um die Tabakversorgung im Ersten Weltkrieg abzusichern, veranlasste die deutsche Industrie 1915 die Gründung der Zigarettentabak Einkaufsgesellschaft. Der Vorsitz wurde anfänglich von Paul Millington-Herrmann (Deutsche Bank) in Berlin bekleidet, weil die Reichsregierung eine in *Fragen des Orients*[41] bewanderte Person wünschte. Der Protest des Dresdner Oberbürgermeisters Bernhard Blüher erfolgte umgehend und führte zur Verlegung des Sitzes der Gesellschaft nach Dresden. Wie die 1915 gleichfalls unter Ägide der Deutschen Bank erfolgte Überführung der BAT-Firmen an deutsche Eigentümer anzeigte, verlor jedoch Dresden gegenüber Berlin allmählich an politischer Bedeutung. Die Kriegszwangswirtschaft mit der Kontingentierung des Rohtabaks und vorübergehender Stilllegung von Unternehmen führte zur Stärkung der näher an der Reichspolitik befindlichen Wirtschaftsvertreter in Berlin.

## WACHSTUM UND KONZENTRATION (1918–1933)

Nach dem Krieg entstanden neue Unternehmen wie Greiling (1919), Haus Bergmann (1923), Bulgaria (1925), Macedonia (1929) und Union (1934). Die Aufhebung der Kontingentierung, günstige Investitionsbe-

Anzeige mit dem Hauptwerbemotiv der Greiling AG, um 1925 (Stadtmuseum Dresden)

dingungen in der Inflationszeit, in deren Folge der Maschineneinsatz allgemein wurde,[42] und die Lockerung der Steuerregeln hatten eine Welle neuer Firmengründungen zur Folge. Infolgedessen stiegen auch die nun zwischen Gewerkschaften und Unternehmern vereinbarten Tariflöhne, so dass sie *mit an der Spitze* standen, wobei nach Stellung, Alter und Geschlecht differenziert wurde.[43] Die Reichs-Betriebszählung vom 16. Juni 1925 ermittelte (ohne Maschinen- und Hilfsindustrien) in Dresden 105 Produktionsstätten zur Herstellung von Zigaretten; die Heimarbeit war verschwunden. Von den 10.942 Beschäftigten (7664 = 70 Prozent weiblich) arbeiteten mehr als die Hälfte (6103) in Groß- (über 500), knapp 38 Prozent (4121) in Klein- und Mittel- (51–500), so der Rest in Kleinst- und Alleinbetrieben. Noch einmal so viele Arbeitskräfte waren in Maschinen- und Kartonagenfabriken, Mundstück-, Zigarettenpapier-, Lithographie-, Reklame und ähnlichen Firmen beschäftigt. In Dresden gab es 680 Tabakhandlungen, ungerechnet Kolonial- und ähnliche Geschäfte.[44] Zwölf Vereine und Verbände und die Einkaufsgenossenschaft Dresdner Zigarettenfabriken hatten ihren Sitz in der Elbestadt. In Dresden und Umland wohnten 32 der 33 Mitglieder des Verbands deutscher Zigarettentabakhändler und 19 der 27 des Verbands Deutscher Rohtabak-Händler (1931).[45] Hier erschienen die Fachblätter Tabakwelt, Tabakwirtschaftliche Rundschau und Zigarren- und Zigarettenspezialist. Allgemeines Tabakhandelsblatt.[46]

Die imposanten Zahlen spiegeln noch nicht jene Turbulenzen wider, in die viele Firmen nach Einführung der Materialsteuer im Oktober 1925 geraten sollten. Auf Vorrat produzierte Übermengen nicht absetzbarer Zigaretten belasteten die Unternehmensbilanzen. Dies nutzte die 1894 in Erfurt entstandene, in Altona-Bahrenfeld bei Hamburg ansässige Firma Reemtsma,[47] die sich mit einem New Yorker Tabakgroßhändler verbunden hatte,[48] zur Expansion. Durch Übernahmen in wichtigen Städten stieg sie zum führenden deutschen Konzern auf. Nach und nach gingen fast alle Dresdner Großunternehmen mit auswärtigen Zweigbetrieben in ihren Besitz über. Beim Wachstum des in Politik, Geschäfts- und Medienwelt vernetzten Konzerns kamen auch Geheimverträge zum Einsatz, gepaart mit der damals nicht unüblichen Forderung an die Reichsregierung zur Stundung bzw. zum Erlass der Steuerschuld zu erwerbender Firmen[49] und an die Gewerkschaften zur Senkung der Löhne.[50] Grundlage der Expansion waren jedoch eine moderne technische Ausstattung und Produktionsorganisation, stringente Reklame- und Markenstrategie mit Zielgruppenorientierung (Preisgruppen), intensive Markenpflege, Qualitätsstandard bei Einkauf, Mischung, Herstellung sowie die Nutzung der neuen Kommunikations- (Sammelbilder) und Verkehrsmedien (Frischedienst).[51] Dem hatten die kapitalschwachen Dresdner Firmen, deren Absatz zumeist noch auf einen regionalen Markt gerichtet war, zu wenig entgegenzusetzen, wobei auch Managementfehler wie die zu große Markenvielfalt (Sulima) oder die Konzentration auf niedrigpreisige Konsumzigaretten (Yenidze, Eckstein) eine Rolle gespielt haben. Ungeachtet der rückläufigen Anzahl der Unternehmen blieb Dresden der wichtigste Standort im Reich. Der Anteil hatte sich freilich von 51 (1912) auf 34 Prozent (1929) verringert, 70 Prozent entfielen nunmehr auf den Reemtsma-Konzern.[52] Dessen Vorstand sah sich 1930 genötigt, der negativen Stimmung gegen den *größten Arbeitgeber Dresdens* in einem Schreiben an Oberbürgermeister Bernhard Blüher entgegenzutreten. Er verwahrte sich gegen die *Verwechslung von Ursache und Wirkung* für die Konzentrationsbewegung und die vom Sächsischen Gesandten in Berlin gemachte Äußerung, dass Dresdner Unternehmen nur jene sein könnten, deren Inhaber in der Stadt ansässig seien. Der Konzern habe die Werke modernisiert und zudem mit *Heranziehung auswärtiger Produktion nach Dresden [...] der steigenden Arbeitslosigkeit [...] entgegengearbeitet*.[53] Tatsächlich hatte Reemtsma die Breslauer Halpaus nach Dresden verlegt und mit Eckstein vereinigt. Letzteres kostete aber ebenso Arbeitsplätze wie die Fusion der Jasmatzi AG mit Jasmatzi & Söhne, die Auflösung von Adler und Sulima sowie die Einsparungen nach den Übernahmen von Yenidze (wo auch die Laferme-Palette hergestellt wurde), Delta und Bulgaria.[54] Mit Haus Neuerburg (Übernahme 1935) verband Reemtsma seit 1929 eine Interessengemeinschaft (IG), womit der Konzern drei Viertel der Produktion im Reich kontrollierte.

Verkaufsverpackung Marke Sultan Nr. 6, Firma Aurelia, mit typischen Werbeaufschriften eines selbständigen Mittelbetriebs: konzernfrei, Werbeverzicht, Handverpackung, um 1930 (Stadtmuseum Dresden)

## GLEICHSCHALTUNG, KARTELLIERUNG, ZWANGSWIRTSCHAFT (1933–1945)

Nach dem Machtantritt der Nationalsozialisten wurden die Gewerkschaften zerschlagen und ein Lohnstopp erlassen. Der schon in der Weltwirtschaftskrise große Druck auf die ehedem als Arbeitskraft begehrten Frauen, ihren Arbeitsplatz zugunsten von Männern freizumachen, verstärkte sich. Mit den von Reemtsma im Spätherbst 1933 in Hamburg, Dresden und Baden-Baden organisierten Massenhochzeiten wurde das von der NS-Spitze auch aus ideologischen Gründen gewünschte Ausscheiden junger Frauen aus dem Betrieb befördert.[55] Zugleich war 1933 das Ende der liberalen Tabakpolitik des Staates gekommen, was sich zum Beispiel in Kampagnen äußerte, in denen Frauen aufgefordert wurden, auf das Rauchen zu verzichten.[56]

Die 1934/35 als IG kartellierte Industrie wurde als Fachuntergruppe Zigarettenindustrie (seit 1939 unter Leitung von Philipp F. Reemtsma) in die Wirtschaftsgruppe Lebensmittelindustrie, Fachgruppe Tabakindustrie eingegliedert,[57] womit die Voraussetzungen für Rohstoffzuteilung und Absatzlenkung gegeben waren. In Bremen entstand 1934 die Überwachungsstelle Tabak zur Kontrolle der Rohtabakimporte und -verarbeitung.[58]

Unternehmen, denen kommunistische Bestrebungen vorgeworfen wurden, sind 1933/34 besetzt und stillgelegt, das Vermögen konfisziert, die Eigentümer verhaftet worden.[59] Die „Arisierung" von Fabriken in jüdischem Eigentum folgte in den kommenden Jahren. Bei Wilhelm Lande stellten 600 Beschäftigte etwa 1,1 Milliarden Zigaretten (1932) her; die von der Tochter Cäcilie geführte Firma Macedonia Cigaretten Compagnie diente dem Vertrieb. Sie musste die florierenden Werke an den NSKK-Führer Karl Geissinger verkaufen.[60] Der religiös gesinnte Inhaber von Yramos entschloss sich 1937 nach einer Gestapo-Razzia zur Trennung von seinem Unternehmen. Die Übernahme erfolgte durch Greiling, an dem Reemtsma 50 Prozent der Anteile hielt.[61]

Seit 1939 wurde die Industrie als Lieferant von Tabakwaren in das Kriegswirtschaftssystem einbezogen. Später zogen auf Anforderung des Reichsministeriums für Rüstung und Kriegsproduktion Betriebe aus anderen Reichsgegenden in leerstehende bzw. leergezogene Fabriken ein. Seit Spätherbst 1944 stellte die Firma Wilhelm Marrien Leichtmetallbau unter dem Tarnnamen Helmin-Betriebe in hierzu gepachteten Flächen (9300 qm) bei Greiling (Nossener Str. 1), Aurelia (Wallwitzstr. 33) und Bergmann/Gildehof (Riesaer Str. 7) im Auftrag des

Packungszuschnitt, 4-Pf.-Einheitszigarette, Sondermischung, um 1944 (Stadtmuseum Dresden)

Reichsluftfahrtministeriums Teile für Messerschmitt-Jagdflugzeuge her. Beschäftigt waren dort 1100 Personen (29.2.1945), darunter wie im Rheydter Stammwerk Kriegsgefangene und Zwangsarbeiter.[62] In Striesen (Jasmatzi, Reemtsma) war ein Kommando aus dem Konzentrationslager Flossenbürg, an der Florastraße eines aus Ravensbrück tätig.[63] In der Endphase des Krieges wurden, wie im gesamten Reich, die meisten Zigarettenfabriken stillgelegt und alle Marken vom Markt genommen; ab Oktober 1944 durfte nur noch eine 4-Pf.-Zigarette in Einheitspackung vertrieben werden.[64]

## NEUE STRUKTUREN (1945–1990)

Nach dem Krieg erfolgte in der SBZ keine Entflechtung der Industrie wie in den westlichen Zonen. Die Dresdner Großunternehmen, die fast alle zerstört waren, sind 1945 beschlagnahmt und unter Zwangsverwaltung gestellt worden, ehe die pauschal als „Nazi- und Kriegsverbrecher" bezeichneten Eigentümer bis 1947 gemäß Volksentscheid in Sachsen (1946) enteignet wurden. Freilich ordneten die Sowjetische Militäradministration (SMA) und die von ihr gestützte SED-/KPD-Führung die Bestrafung der Täter dem Ziel unter, eine Umgestaltung der Wirtschaft nach sowjetischem Vorbild vorzunehmen. Eine Entschädigung der nach 1933 aus dem Wirtschaftsleben verdrängten jüdischen

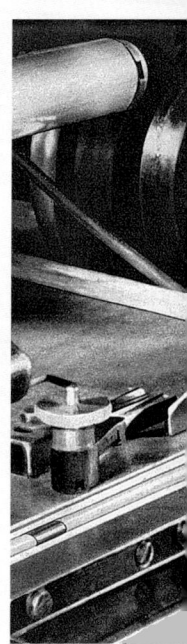

Wesentliche Arbeitsschritte bei der Zigarettenproduktion in der Fabrik Wilhelm Lande GmbH, Dresden, Auswahl aus: HERBERT FABER, Die Zigarettenfabrik W. Lande Dresden (Deutsche Großbetriebe, Bd. 2: Die Zigarettenindustrie), Leipzig 1937

1. Wiegen der Tabakballen im Tabaklager
2. Lösen der Tabakblätter vor dem Anfeuchten
3. Abfüllen von Tabakmischungen durch die Mischanlage
4. Gleichmäßige Verteilung des Tabaks mittels Stachelwalzen
5. Bedrucken des von der Bobine laufenden Zigarettenpapiers
6. Transport des Zigarettenstrangs zum Schneideapparat
7. Ablageeinrichtung der Zigarettenmaschine
8. Füllen der Zigarettenpackungen (Mokri Superb, mit Mundstück)
9. Verladen der Kundenbestellungen für den Stadtversand

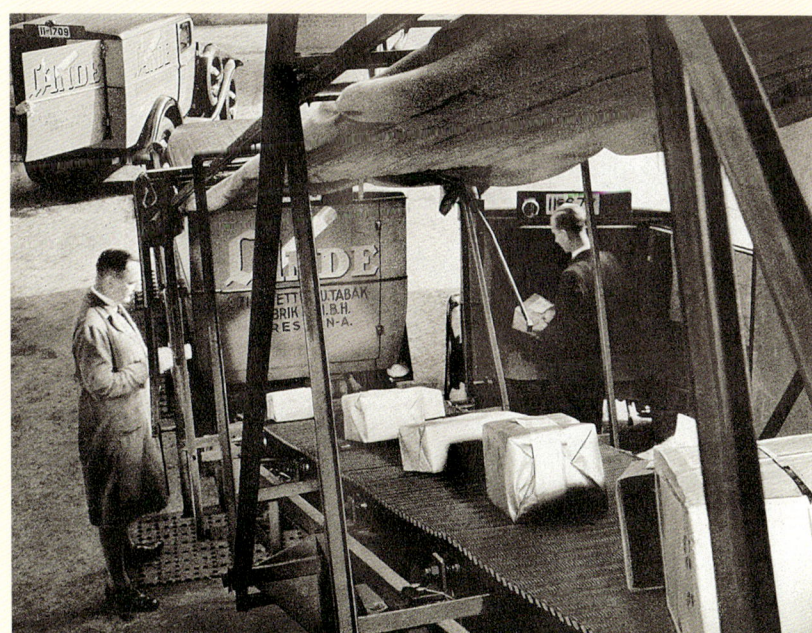

Enttrümmerung an der Weißeritzstraße vor der Zigarettenfabrik Yenidze, Fotografie von Richard Peter sen., Ende 1945 (Sächsische Landesbibliothek – Staats- und Universitätsbibliothek Dresden, Deutsche Fotothek)

Alteigentümer erfolgte nicht. Die Firma des früheren NS-Funktionärs ist als VEB Karl Geissinger (seit 1948: VEB Zigarettenfabrik Macedonia) *dem sich neu bildenden Staat übergeben*[65] worden. Dasselbe geschah mit den Reemtsma- und BAT-Betrieben und dem Zigarettenmaschinenbauer Universelle.

Die deutschen Behörden, die die Versorgung mit den als Lebensnotwendigkeit geltenden Tabakwaren zu gewährleisten hatten, standen zwischen den Forderungen der Besatzer, den Wünschen der Konsumenten und der Realität. Um den Bedarf decken zu können und den florierenden Schwarzmarkt einzudämmen, wurden einerseits Tabakanbau und -fermentation für private Zwecke freigegeben, andererseits die zum Teil demontierten Fabriken wiederaufgebaut und 1945/46 wiedereröffnet. Bei Geissinger konnte 1945 nur in einem Ausweichlager in Wilsdruff bei Dresden produziert werden. Der Ausstoß ging anfänglich nur an die Rote Armee, für deren Belieferung sonst die unzerstörte Union verantwortlich war, die auch die neue Nomenklatura versorgte. 1949 verlagerte die Union die Produktion in die Fabrik von Haus Bergmann. Die Herstellung von Zigaretten der niedrigsten Preisklasse besorgte das ausgebombte Unternehmen Monopol bis zur Produktionseinstellung Ende 1957 im Industriegelände im Dresdner Norden. In der Fabrik Kosmos wurden bis 1949 Papirossi als Reparationsleistung hergestellt.

Allen Strukturentscheidungen in der Nachkriegszeit lagen SMA-Befehle zugrunde – von der Bildung eines Fachreferats für Tabak als höchste deutsche Dienststelle in der SBZ 1945 bis zur Schaffung der der Deutschen Wirtschaftskommission direkt unterstellten Vereinigung Volkseigener Betriebe (VVB) Tabak 1949. Mit der Übernahme des VEB Rohtabak (1951/52) erstreckte sich deren Zuständigkeitsbereich auf alle Bereiche rund um den inländischen Tabak, seit Auflösung der Länder (1952) auf die gesamte DDR.

1953/58 wurden die Großbetriebe dem zuständigen Ministerium für Lebensmittelindustrie direkt zugeordnet und Erzeugnisgruppen (Zigarette, Zigarre, Rauchtabak, Kau- und Schnupftabak, Rohtabak/Handel/Vertrieb) gebildet. Kleinere Privatbetriebe, an denen der Staat Anteile erwarb, mussten sich nun auch am Zentralplansystem beteiligen; 1962 hatten sie noch einen Anteil an der Gesamtproduktion von Tabakwaren in der DDR von knapp 8 Prozent.[66] 1978 erfolgte die Umbildung der 1958 entstandenen (neuen) VVB Tabakindustrie mit Sitz in Berlin zum VEB Kombinat Tabak, seit 1982 mit Sitz in Dresden.[67] Der VEB Dresdner Zigarettenfabriken bestand bereits seit 1959 und vereinte Jasmatzi (Werk I, Leitbetrieb), Macedonia (II), Greiling (III) und Kosmos (IV). Seit dem Anschluss der VEB (Ost-) Berliner Zigarettenfabriken 1970 nannte sich der Verbund VEB Vereinigte Zigarettenfabriken. Die Produktion wurde nun in den Werken I und II konzentriert, Werk III zum Importlager, Werk IV geschlossen. Mit der Kombinatsbildung 1978 gelangten die fortan auch Zigaretten produzierende Zigarrenfabrik in Leisnig (Werk IV) und die Filterstabfabrik in Rodersdorf (Werk V) hinzu. Das Kombinat war damit gewissermaßen ein Trust im Staatseigentum geworden! 1989 umfasste die Tabakwarenindustrie in der DDR, in der die Zigarettenherstellung der wichtigste Bereich war, noch acht Betriebe mit 5228 Beschäftigten.[68]

Gedenkbild mit Stalin-Porträt an den Mai 1945 (Kriegsende, Bildung Antifa-Ausschüsse, Fabrikbesetzungen), Antifa-Komitee Jasmatzi (Stadtmuseum Dresden)

Struktur des VEB Kombinat Tabak, um 1980 (Privatbesitz, Dresden)

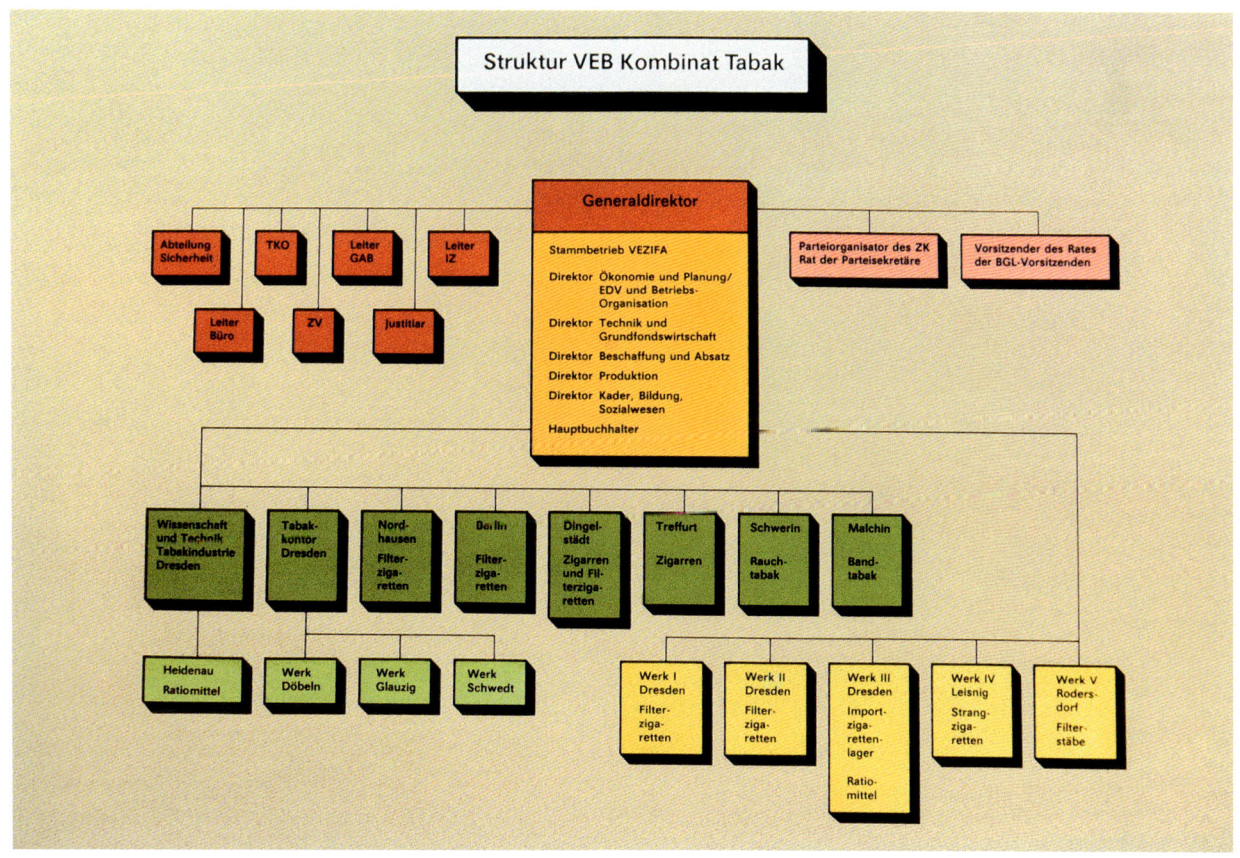

## ZEICHEN UND SYMBOLE

Mit der Wiederherstellung der deutschen Staatseinheit traten Gesellschaft und Tabakindustrie im Beitrittsgebiet erneut in globale Strukturen und Zusammenhänge ein, vergleichbar denen am Beginn des „Zeitalters der Zigarette" – einer Ära, die im Rückblick betrachtet von der Wirkungszeit zweier deutscher Politiker begrenzt wird, die das Land und den Kontinent entscheidend mitgeprägt haben und deren Karriere in den führenden deutschen Tabakstädten begann: Gustav Stresemann (1878–1929) und Helmut Schmidt (1918–2015). Stresemanns beruflicher Aufstieg nahm in Sachsens Haupt- und Residenzstadt Dresden seinen Anfang,[69] der von Schmidt in der Freien und Hansestadt Hamburg. Als Außenminister der Weimarer Republik bzw. als Kanzler der Bundesrepublik waren sie visionär wie realistisch denkende Persönlichkeiten, Taktgeber der deutsch-französischen Verständigung und der (west-)europäischen Integration – aber auch passionierte Raucher: Der Aschenbecher auf dem Beratungstisch zählte zur Ausstattung der Gesprächsrunden, die dem Abschluss der Locarno-Verträge (1925) wie der Einführung des Europäischen Währungssystems (1979) vorausgingen. In den zwanziger Jahren bevorzugte der Liberale Stresemann die Zigarre, sein Gesprächspartner, der linksgesinnte französische Außenminister Aristide Briand, rauchte Zigaretten „in Kette". In den 1970er Jahren war es der Sozialdemokrat Helmut Schmidt, der des Öfteren zur Zigarette griff, während der liberale französische Präsident Valéry Giscard d'Estaing sich ab und an eine Zigarre gönnte. Eine verschwundene Gesprächskultur,

Zigarettenschachtel für 25 Stück á 50 Pf., Marke Kenner Gold, Entwurf: Fritz Rehm, Compagnie Laferme, 1921 (Stadtmuseum Dresden)

bei der in Denkpausen Rauch aufstieg. Die Wahl der Utensilien und Marken sandte dabei Signale aus, die von einem breiten Publikum verstanden wurden: die Zigarette als „Symbol und Zeichenträger".[70] 1916 hatte Stresemann noch davon gesprochen, dass der *Übergang von der […] Zigarre zur Zigarette […] Ausdruck [des] Übergang[s] eines Lebens der Beschaulichkeit in ein Leben von Hast und Unruhe*[71] sei. Als 2007/09 Chefredakteur Giovanni di Lorenzo für das „Zeit"-Magazin *Auf eine Zigarette mit Helmut Schmidt* einlud, galt dieselbe schon als Merkmal von Lebenserfahrung und Bedächtigkeit. Wie Schmidt selbst, so war auch das Produkt „gealtert". Es passte nicht mehr in den Takt des digitalen Zeitalters, in dem nun die E-Zigarette und der schon vom Namen her an das iPhone erinnernde Tabakverdampfer IQOS auf den Markt gelangten.

## ANMERKUNGEN

1. Walter Benjamin, Einbahnstraße Frankfurt am Main 1955, 59.
2. Tom Reichard, Die Zeit der Zigarette. Rauchen und Temporalität in der ersten Hälfte des 20. Jahrhunderts, in: Obsession der Gegenwart. Zeit im 20. Jahrhundert (Geschichte und Gesellschaft, Zs. für Historische Sozialwissenschaft, Sonderheft 25), 92–122, hier 96f.
3. Rolf Lindner, Rauch-Zeichen. Zur Symbolik der Zigarette im 20. Jahrhundert, in: Die Macht der Dinge. Symbolische Kommunikation und kulturelles Handeln. Festschrift für Ruth-E. Mohrmann, hrsg. von Andreas Hartmann, Peter Höher, Christiane Cantauw, Uwe Meiners, Silke Meyer, Münster-New York-München-Berlin 2011, 99–106, hier 101; Sandra Schürmann, Christoph Alten, Gerulf Hirt, Stefan Knopf, Evelyn Möcking, Dirk Schindelbeck, Merle Strunk, Die Welt in einer Zigarettenschachtel. Transnationale Horizonte eines deutschen Produkts, Kromsdorf-Weimar 2017, 51.
4. Vgl. den Beitrag von Thomas Grosche in diesem Band.
5. Vgl. den Beitrag von Philipp Freytag in diesem Band.
6. Vgl. die Beiträge von Konstantinos Lalenis, Maria Aggeli, Christos Bakalis (Griechenland) sowie Emine Tutku Vardağli (Türkei) in: Frank Jacob/Gerrit Dworok (Hg.), Tabak und Gesellschaft. Vom *braunen Gold* zum sozialen Stigma, Baden-Baden 2015; Mary C. Neuburger, Balkan Smoke: Tobacco and the Making of Modern Bulgaria, Ithaca 2013.
7. Vgl. Christoph Lövenich, Entwicklung der Tabakregulierung in Deutschland, in: Jacob/Dworok, Tabak und Gesellschaft (wie Anm. 6), 59–81.
8. Stefan Rahner/Museum der Arbeit (Hg.), Werbewelten made in Hamburg. 100 Jahre Reemtsma, Hamburg 2010, 194–199.
9. Gottfried Korff, Antisymbolik und Symbolanalytik in der Volkskunde, in: Symbole. Zur Bedeutung von Zeichen in der Kultur, hrsg. von Rolf Wilhelm Brednich und Heinz Schmidt, Münster-New York etc. 1997, 11–30, hier 25, zit. nach Hermann Bausinger, Die Dinge der Macht, in: Die Macht der Dinge (wie Anm. 3), 32.
10. Anknüpfend an Wolfgang Schivelbusch aus kulturtheoretischer Perspektive: Claus-Marco Dieterich, Dicke Luft um blauen Dunst. Geschichte und Gegenwart des Raucher-/Nichtraucher-Konflikts, Marburg 1998, bes. 102–109.
11. Jacob/Dworok, Tabak und Gesellschaft (wie Anm. 6).
12. Schürmann, Zigarettenschachtel (wie Anm. 3), 14. Zum tiefgreifenden sozialen Wandel, der mit der sich verändernden Sicht auf das Rauchen einherging, vgl. Jacob/Dworok, Tabak und Gesellschaft (wie Anm. 6).
13. Begriff und Begriffsinhalte nach: Schürmann, Zigarettenschachtel (wie Anm. 3).
14. Für Dresden vgl. Christian Hochmuth, Globale Güter – lokale Aneignung. Kaffee, Tee, Schokolade und Tabak im frühneuzeitlichen Dresden (Konflikte und Kultur – Historische Perspektiven 17), Konstanz 2008.
15. Zur Globalgeschichte vgl. den Beitrag von Frank Jacob in diesem Band; zur Kulturgeschichte vgl. Thomas Hengartner, Tabak, in: Ders./Christoph Maria Merki (Hg.), Genussmittel. Ein kulturgeschichtliches Handbuch, Frankfurt-New York, 169–193; zur Frühzeit der Genussmittelindustrie in Sachsen/Dresden vgl. Holger Starke, Lagerbier, Schokolade und Orientzigarette. Der Aufstieg Dresdens zur Genussmittelmetropole Sachsens, in: Sächsische Heimatblätter 66 (2020), Heft 2, 153–159.
16. Lübeckische Anzeigen, 12.9.1807, 1.
17. Abrufbar beim Haus der Bayerischen Geschichte online: https://www.hdbg.eu/koenigreich/index.php/objekte/index/herrscher_id/2/id/980 (20.7.2020).
18. Vgl. Christoph Maria Merki, Die amerikanische Zigarette – das Maß aller Dinge. Rauchen in Deutschland zur Zeit der Zigarettenwährung (1945–1948), in: Thomas Hengartner/Christoph Maria Merki (Hg.), Tabakfragen. Rauchen aus kulturwissenschaftlicher Sicht, Zürich 1996, 57–82.
19. Vgl. den Beitrag „Zwischen Versorgungsauftrag und Importsubstitution" von Holger Starke in diesem Band.
20. Stefan Rahner/Sandra Schürmann, Die „deutsche Orientzigarette", in: Osmanen in Hamburg – eine Beziehungsgeschichte zur Zeit des Ersten Weltkrieges, hrsg. von Yavuz Köze, Hamburg 2016.
21. Zur Argumentation, dass die Zigarette eher als transnationales Produkt zu betrachten ist (Wissens- und Kulturtransfer, Rohstoffimport) vgl. Schürmann, Zigarettenschachtel (wie Anm. 3).
22. Hans Witteler, Das deutsche Zigarrengewerbe. Entwicklung – Bedeutung – Tendenzen, Diss., Universität Köln 1932, 9, zit. nach Ines Vetter, Zur Geschichte der Mechanisierung – dargestellt am Beispiel der Tabakverarbeitung von den Anfängen bis zum Ende des Ersten Weltkrieges, Diss., TU Dresden, 1989, 54.
23. Vgl. Christoph Maria Merki, Die nationalsozialistische Tabakpolitik, in: Vierteljahreshefte für Zeitgeschichte 46 (1988), Heft 1, 19–42; Nicole Petrick-Felber, Kriegswichtiger Genuss. Tabak und Kaffee im „Dritten Reich", Göttingen 2015.
24. Hans-Dietrich Rendel, Die Entwicklung der deutschen Zigarrenindustrie, Staatswiss. Dipl.-Arb., Universität München, 1953, Ms., 32, zit. nach Merki, Nationalsozialistische Tabakpolitik (wie Anm. 23), 21.
25. Nach Petrick-Felber, Kriegswichtiger Genuss (wie Anm. 23), 81–82.
26. Reichard, Rauchen und Temporalität (wie Anm. 2), 116.
27. Kriegsgefangene erhielten nur *billige Tabakwaren ausländischer Fertigung* (HVBl C, Nr. 27, 25.9.1941, 566), die Exklusion der Juden aus der „Volksgemeinschaft" erstreckte sich auch auf den Tabakbezug, vgl. Petrick-Felber, Kriegswichtiger Genuss (wie Anm. 23), 258f. Dank an Anett Rauer, Barbara Maiwald (Militärhistorisches Museum der Bundeswehr, Dresden) für Auswahl Heeres-/Luftwaffen-Verordnungsblätter (Hg. OKW, RLM) und RGBll.
28. Reichard, Rauchen und Temporalität (wie Anm. 2), 116, 118, 114f.
29. Pro-Kopf-Verbrauch ausgewählter Nahrungs- und Genußmittel [1955–1990], in: Stat. Jb. der DDR 1990, Berlin 1991, 323. Werte für BRD aus: Stat. Jb. für die Bundesrepublik Deutschland, Wiesbaden 1955–1991.
30. StadtA Dresden, Gewerbeamt A, Bürger- und Gewerbeakten, 2.3.9., Nr. 9775. Später: Fabrik türkischer Tabake & Cigaretten in Dresden, Compagnie Laferme. Die hochpreisigen Fabrikate hatten einen ausgezeichneten Ruf, weshalb sich Huppmann bereits Ende der 1860er Jahre gerichtlich gegen Nachahmer wehren musste.
31. Vgl. Robert Wuttke, Untersuchungen über die Heimarbeit der Frauen in Dresden (Schriften der Gesellschaft für soziale Reform 1), Dresden 1902, 23–40.
32. Informationen zur Sulima aus StadtA Dresden, Gewerbeamt A, Bürger- und Gewerbeakten, 2.3.9., W 5738.
33. Noch 1895 entfielen etwa 60 Prozent der insgesamt 2588 Arbeitskräfte der Branche auf Dresden. Zahlen nach Werner Peschke, Die Dresdner Zigarettenindustrie, Diss., TH Dresden, 1927, 17.
34. Vgl. den Beitrag von Juan Carmona-Zabala in diesem Band.
35. Zur Unternehmens- und Markengeschichte jener Zeit vgl. Hubert Klostermeier, Geschichte der Zigarettenindustrie in Deutschland 1862–1945, 2 Bde., Eigenverlag, Wasserburg 2019; Dirk Schindelbeck, Christoph Alten, Gerulf Hirt, Stefan Knopf, Sandra Schürmann,

36 Vgl. den Beitrag von Günter Bleisch u.a. in diesem Band.
37 Paul Berger, Aus der Geschichte der Dresdner Zigarettenindustrie, in: Informationsdienst der Tabakindustrie, Dresden 1974, Heft 5, 54–60.
38 Vetter, Mechanisierung (wie Anm. 22), 24.
39 Wolfgang Brinitzer/Helmut Lindner, Wirtschafts- und Unternehmerverbände in Dresden und Sachsen im Deutschen Kaiserreich, in: Dresdner Hefte 18 (2000), Heft 61, 28–36.
40 1913 empfahl der Verband die Schrift (Auflage 5000), vgl. Rudolf Goerrig, Der Tabaktrust und seine Gefahren für Deutschland, Dresden 1913. Mitunterzeichner war das Vorstandsmitglied Rudolf Greiert, zugleich Syndikus des Verbandes deutscher Schokoladefabrikanten, vgl. BA R 1001/1819, 101–124, hier 102.
41 Informationen, Zitate aus BArch, R 8855/2, R 8855/7, unpag.
42 Bei der Arbeiterzählung (1.8.1925) verfügte nur eine der erfassten 54 bzw. 57 Zigarettenfabriken über keine Maschine, StadtA Dresden, 2.3.2. (Stat. Amt), 284, Bd. 4, 286, 289, 290.
43 Peschke, Dresdner Zigarettenindustrie (wie Anm. 33), 58–59.
44 Dresden in Zahlen. Stat. Jb. der Stadt Dresden 30 (1932), 104, 108, 117.
45 StadtA Dresden, Hauptkanzlei, 2.3.1., Nr. 61, 115f.
46 Nach Adressbuch der Landeshauptstadt Dresden 1925/26, Dresden 1926.
47 Vgl. Erik Lindner, Die Reemtsmas: Geschichte einer deutschen Unternehmerfamilie, Hamburg 2007.
48 BArch-SAPMO, RY 37/23, Vorstand des Deutschen Tabakarbeiter-Verbandes, 1922, 1925–1917, unpag.
49 Hier nahm der Batschari-Reemtsma-Skandal seinen Ausgangspunkt, der von NSDAP und KPD zu antisemitisch grundierten Kampagnen gegen Republik und Wirtschaftselite genutzt wurde, vgl. Monika Pohl, Ludwig Marum und die Batschari-Reemtsma-Affäre 1929, in: Zeitschrift für die Geschichte des Oberrheins 155 (2007), 427–466, ebd., 156 (2008), 351–403.
50 BArch RY 37/23, Deutscher Tabakarbeiterverband, Verwaltungsstelle Dresden an Vorstand des Deutschen Tabakarbeiter-Verbandes Bremen, 5.6.1926, 57–60.
51 Vgl. Rahner, Werbewelten (wie Anm. 8), 69–101.
52 StadtA Dresden, Hauptkanzlei, 2.3.1., Nr. 61, 1.
53 StadtA Dresden, Hauptkanzlei, 2.3.1. Nr. 61, 58–61, Vorstand der Reemtsma Cigarettenfabriken GmbH Altona-Bahrenfeld an Rat der Landeshauptstadt Dresden, Oberbürgermeister Blüher, 24.7.1930.
54 StadtA Dresden, Hauptkanzlei, 2.3.1. Nr. 61, 2f.
55 Museum der Arbeit, Reemtsma-Werbemittelsammlung, MA.A 2005/064.194; Militärhistorisches Museum der Bundeswehr Dresden, BBA08218.
56 Siehe etwa den Aufruf des Gauleiters Martin Mutschmann (1941), Stadtmuseum Dresden, SMD_SD_1980_00459.
57 Petrick-Felber, Kriegswichtiger Genuss (wie Anm. 23), 82–88.
58 Vgl. BArch NS 5/VI/16793; BArch R 3102/10211.
59 Zur Zigarettenfabrik Osten vgl. den Beitrag von Thomas Grosche in diesem Band.
60 Bis 1941 (!) firmierte Geissinger noch unter dem eingeführten Namen Lande; vgl. Herbert Faber, Die Zigarettenfabrik W. Lande G.m.b.H. Dresden (Deutsche Großbetriebe 2), Dresden 1937.
61 Erik Lindner, Jüdische Unternehmer in der Zigarettenindustrie, in: Dresdner Hefte 14 (1996), Heft 45, Dresden 1996, 53–57.
62 Nach BArch R 8121/12.
63 Pascal Cziborra, KZ Dresden Striesen. Das Familienlager Bernsdorf & Co. in der Schandauer Straße 68, Bielefeld 2013; vgl. auch den Beitrag von Insa Eschebach in diesem Band.
64 Merki, Nationalsozialistische Tabakpolitik (wie Anm. 23), 37.
65 So die euphemistische, im Kern jedoch zutreffende Beschreibung bei Paul Berger, 35 Jahre Deutsche Demokratische Republik – 35 Jahre Tabakindustrie 1949–1984, Dresden 1984, 85. Die folgenden Angaben zur Strukturgeschichte von VVB/Kombinat im Wesentlichen danach.
66 Berger, 35 Jahre Tabakindustrie (wie Anm. 65), 29.
67 Die Großfabriken außerhalb Dresdens (Berlin-Pankow, Nordhausen) blieben juristisch selbstständig.
68 Stat. Jb. der DDR 1990, Berlin 1991, 158.
69 Zuletzt Karl Heinrich Pohl, Gustav Stresemann, Biografie eines Grenzgängers, Göttingen 2015.
70 Lindner, Rauch-Zeichen (wie Anm. 3), 101; vgl. Hans Jörg Schmidt, Tabak als Medium des Sozialen, in: Jacob/Dworok, Tabak und Gesellschaft (wie Anm. 6), 33–58.
71 Gustav Stresemann, Rede zur ersten Beratung des Reichshaushaltsetas und des Haushaltsetats für die Schutzgebiete am 22.3.1916, in: Verhandlungen des Reichstages, zit. nach Reichard, Rauchen und Temporalität (wie Anm. 2), 92f.

# GRIECHEN IN DER DRESDNER ZIGARETTENINDUSTRIE

Juan Carmona-Zabala

Vor dem Ersten Weltkrieg beherrschten griechische Händlerfamilien des Osmanischen Reiches den Tabakhandel zwischen dem Ostmittelmeerraum und dem Deutschen Reich. Wegen der Schlüsselrolle Dresdens für den deutschen und europäischen Orienttabakhandel hatten viele dieser Händlerfamilien entweder Vertretungen oder sogar ihre Hauptbüros in der Elbestadt. Mehrere gründeten hier sogar eine Zigarettenfabrik. Ein Beispiel ist Georg Jasmatzi, der 1868 aus Istanbul in die erste Zigarettenfabrik Dresdens (Laferme) gekommen war, um hier als Facharbeiter zu arbeiten. In den 1880er Jahren eröffnete er die dritte Zigarettenfabrik der Stadt.[1] Andere Griechen waren als Lohnarbeiter tätig, versorgten als Tabakschneider die Fabriken mit geschnittenen Tabakblättern[2] oder arbeiteten als Tabakmeister. Letztere stellten Mischungen aus mehreren Tabaksorten für die Zigarettenfüllung zusammen und kauften zu diesem Zwecke geeignete Sorten auf dem Markt. Auch Georg Jasmatzi war Lafermes Tabakmeister, bevor er seine eigene Firma gründete.[3]

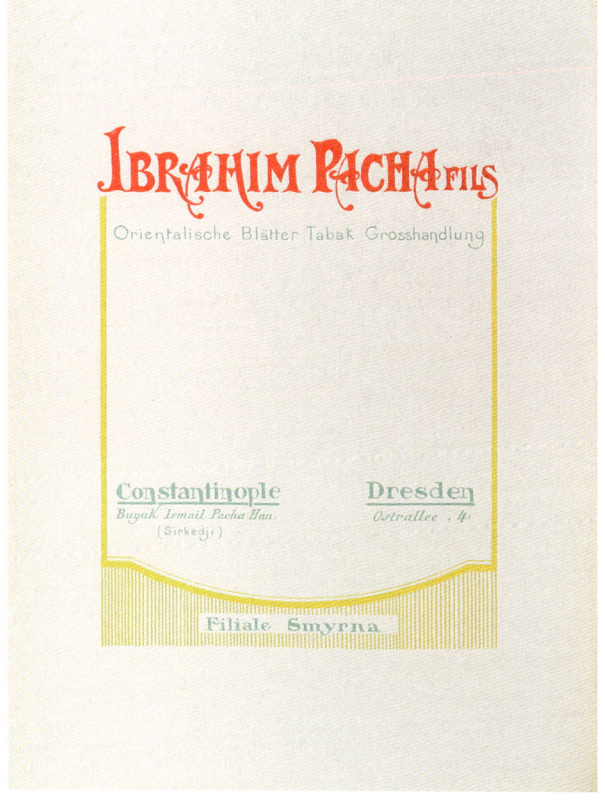

Anzeige einer griechischen Tabakgroßhandlung aus Athen mit Niederlassungen in Dresden und New York und einer türkischen Blättergroßhandlung aus Konstantinopel (Istanbul) mit Filialen in Dresden und Smyrna (Izmir), 1928, aus: Marco Nestoroff, Die Orient-Tabake, hrsg. vom Bankhaus Gebr. Arnhold (Tabak-Abteilung), Bd. 1, Dresden 1928, 264, 276

Laut einem Bericht des Bankhauses Gebr. Arnhold errichtete Kyprianos Enfiezioglou 1870 das erste Lager für Orienttabak in Dresden.[4] Die Enfiezioglous wurden bald eines der wichtigsten Tabakhandelshäuser Dresdens. Die Anzahl osmanisch-griechischer Firmen steigerte sich stetig bis zum Ersten Weltkrieg. Diese „erobernden balkanischen christlich-orthodoxen Händler" (Traian Stoianovich) dominierten den Orienttabakhandel auf Grund ihrer Familienverbindungen zu den osmanischen Anbaugebieten.[5] Ihre kollektive Identität stärkten sie durch die Organisation religiöser Aktivitäten.[6]

Für die von den Firmen produzierten standardisierten Markenartikel war die Zuverlässigkeit der Rohstofflieferung von großer Bedeutung, denn die Tabakmischungen beinhalteten sowohl teure Sorten, die wegen Eigenschaften wie Geschmack, Brennfähigkeit oder Dichte geschätzt wurden, als auch billigere Sorten, die die Produktionskosten reduzierten.[7] Ein erfahrener Tabakhändler musste deshalb die Qualität verschiedener Sorten erkennen, wobei das keine leichte Angelegenheit war, denn die Tabake variierten je nach Anbauregion, nach Dörfern oder sogar nach Anbauern innerhalb eines Dorfes. Selbst die Blätter einer einzigen Tabakpflanze unterschieden sich qualitativ, hinzu kamen Wettereinflüsse und andere Faktoren.[8]

Eine Folge des 1883 begründeten osmanischen Tabakmonopols, das nur für den heimischen Markt galt und nicht für den Außenhandel, war die Verlegung von mehreren griechischen Zigarettenherstellern nach Ägypten, das sich zu dieser Zeit unter britischer Verwaltung befand.[9] Ab 1885 ist ebenfalls ein Anstieg der Niederlassungen in Deutschland und besonders in Dresden zu verzeichnen. Bis dahin waren nur zwei Firmen mit griechischen Namen in Dresden eingetragen: Cyprian C. Enfiezioglou und Pervana und Co,[10] zehn Jahre später waren es sechs[11] und bis zum Anfang des Ersten Weltkriegs hatten 24 der 61 Dresdner Tabakhandelsfirmen mindestens einen Besitzer mit griechischem Namen eingetragen.[12] Auch wenn es keine quantitativen Angaben über das Geschäftsvolumen der einzelnen Dresdner Tabakhandelsfirmen gibt, kann vermutet werden, dass griechische Firmen für den Orienttabakhandel eine

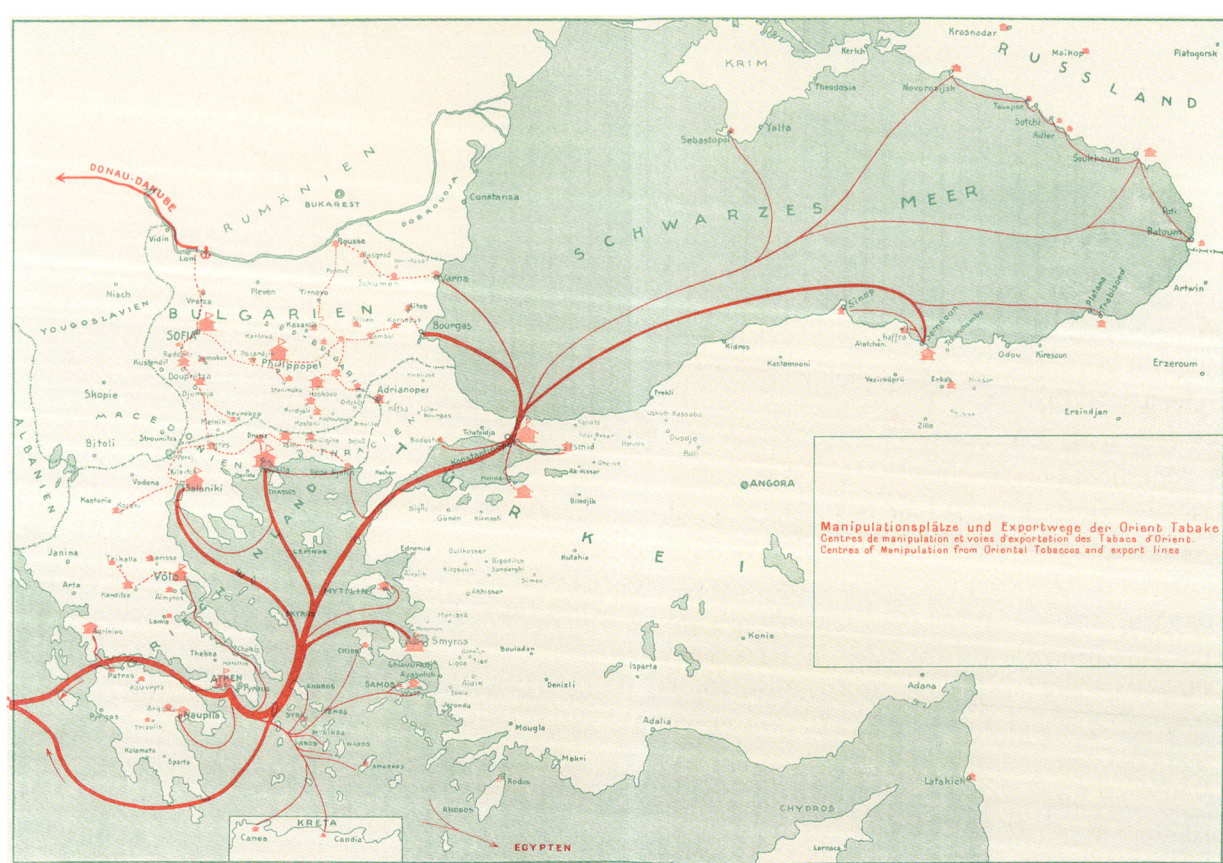

Manipulationsplätze und Exportwege der Orient-Tabake, aus: Marco Nestoroff, Die Orient-Tabake, Bd. 1, 206f.

Speichergebäude am Elbufer, Druck nach einer Zeichnung, aus: Marco Nestoroff, Die Orient-Tabake, Bd. 2, 56

große Bedeutung besessen haben. In den Firmenverzeichnissen des Dresdner Adressbuchs wird nicht zwischen Orienttabakhändlern und Firmen unterschieden, die mit anderen Tabaksorten (Zigarren- und Pfeifentabake aus Amerika, Deutschland usw.) handelten. Letztere waren oft deutsche Händler. Da es vielen Händlern nicht möglich war, Tabak direkt aus dem Ostmittelmeer einzukaufen, kauften sie Tabakblätter von Zwischenhändlern und verkauften sie in kleineren Mengen an Zigarettenhersteller weiter.[13] Im Firmenverzeichnis des Osmanischen Reiches „Annuaire Oriental" finden sich keine Dresdner Tabakhandelsfirmen mit deutschen Namen. Es kann also als sicher gelten, dass griechische Firmen den Großteil dieses Handels ausführten.

Die Bedeutung der griechischen Händler auf dem Dresdner Tabakmarkt wird noch deutlicher, wenn man ihre topographische Lage innerhalb der Stadt untersucht. Der Hauptpunkt des Dresdner Tabakmarkts war die Wilsdruffer Vorstadt, wo sich mehrere Lagerhäuser befanden. Man bemerkt eine Konzentration von Tabakhandelsfirmen auf den Straßen in der Nähe der Zolllager an der Elbe: Devrientstraße, Kleine Packhofstraße und Ostra-Allee. Ein bulgarischer Tabakhändler nannte die Ostra-Allee das *Geschäftszentrum des Orient-Tabak-Handels*.[14] Für einen Geschäftsabschluss besuchten normalerweise Vertreter/die Tabakmeister des Zigarettenherstellers das Lagerhaus des Händlers, wo sie dessen Waren begutachteten. Im Jahre 1913 hatten vierzig Firmen ihre Einrichtungen in der Nähe der Zolllager in der Wilsdruffer Vorstadt, von denen die Hälfte zumindest zum Teil griechischen Händlern gehörte.[15]

Die Beteiligung griechischer Geschäftsleute an der Dresdner Zigarettenindustrie im Zeitraum von 1880 bis 1913 war vielfältig. Man findet sie als Tabakarbeiter, -schneider und -meister. Die Blatttabakhändler, die die Tabakindustrie mit Rohstoffen versorgten, ermöglichten transnationale Handelsbeziehungen, die zur wirtschaftlichen Entwicklung Dresdens beitrugen.

Das Geschäftszentrum des Orienttabakhandels in Dresden: die Ostra-Allee, Druck nach einer Fotografie, 1928, aus: Marco Nestoroff, Die Orient-Tabake, Bd. 1, 241

■ ANMERKUNGEN

1 Irene Reintzsch. Zur Geschichte der Dresdner Zigarettenindustrie, Leipzig 1993, 7.
2 In den Adressbüchern Dresdens für die Jahre 1878 und 1910 finden sich mehrere Familien mit griechischen Namen, so Jean Vouris, Jani Costi, Michael Jacovidez. Tabakschneider waren 1910 beispielsweise Constantin Stavridi und Efti Demitri; Achillea Costi war Tabakmeister.
3 Michael Schäfer, Familienunternehmen und Unternehmerfamilien. Zur Sozial- und Wirtschaftsgeschichte der sächsischen Unternehmer, 1850–1940, München 2007, 72.
4 Νικολαος Σκλιας. Ιστορική επισκόπησι της καπνικής κινήσεως και έκθεσι πεπραγμένων της Καπνεμπορικής Ομοσπονδίας, in: Το ελληνικό καπνεμπόριο. Η ιστορία, η οργάνωση, οι σκοποί, η δράση του, Athen 1955, 43.
5 Traian Stoianovich, The Conquering Balkan Orthodox Merchant, in: The Journal of Economic History 20, 2 (Juni 1960): 234–313.
6 Juan Carmona-Zabala, State Expansion and Economic Integration: A Transnational History of Oriental Tobacco in Greece and Germany (1880–1941), Promotionsarbeit, University of California San Diego, 2018, 67–70.
7 Marko Nestoroff, Die Orient-Tabake, Band 1, Dresden 1928, 52–55.
8 Johannes Junge, Die ausländischen Rohtabake, ihr Import und Grosshandel in Deutschland, Promotionsarbeit, Universität Frankfurt/M. 1924, 147f.; Gerhard Freysoldt, Buch vom Rohtabak, Mainz 1950, 79.
9 Relli Shechter, Smoking, Culture and Economy in the Middle East: The Egyptian Tobacco Market 1850–2000, London-New York, 2006, 31–36.
10 SächsHStA Dresden, 11045 AG Dresden, Nr. 1277, Adreßbuch Dresden, 1890, Bl. 205–207.
11 Adreßbuch Dresden, 1895.
12 Adreßbuch Dresden, 1913.
13 Junge, Die ausländischen Rohtabake (wie Anm. 8).
14 Nestoroff, Die Orient-Tabake (wie Anm. 7), 241.
15 Adreßbuch Dresden, 1913.

# ENTWICKLUNGEN UND ERFINDUNGEN IM ZIGARETTENMASCHINENBAU

Günter Bleisch, Reinhardt Balzk, Monika Kaßmann

Ohne den Einsatz von Maschinen ist eine Massenproduktion gleichmäßiger Produkte, also deren industrielle Herstellung für einen großräumigen Markt, nicht möglich. Und so war die maschinelle Großproduktion die Voraussetzung dafür, dass im späten 19. und frühen 20. Jahrhundert aus dem exklusiven Luxusprodukt Zigarette ein erschwingliches Massenkonsumgut werden konnte. Von Anbeginn vollzog sich die Entwicklung vor allem in Amerika und Europa.

Die Herstellung des äußerlich unscheinbaren Produkts Zigarette ist technologisch höchst anspruchsvoll: Tabakröllchen von immer gleicher Größe und Masse müssen geformt, von einem dünnen, mit Klebstoff zusammengefügten Blatt Papier umhüllt und bei Bedarf noch durch einen Filter ergänzt werden. Hinzu kommen vorbereitende und nachfolgende Prozesse wie das Schneiden und Mischen des Tabaks und das Verpacken der Zigaretten mit einem inneren Einschlag und einer äußeren Hülle.[1] Bis all diese Arbeitsschritte von Maschinen durchgeführt werden konnten, war es ein langer Weg, bei dem drei sich gegenseitig bedingende Faktoren im Mittelpunkt gestanden haben: Rentabilität, Zuverlässigkeit, Geschwindigkeit.

## VON DER HANDARBEIT ZUR MECHANISIERUNG

Die Herstellung von Zigaretten basierte bis zum Ende des 19. Jahrhundert vorwiegend auf Handarbeit. Die Fertigung erfolgte mit Hilfe kleiner Geräte entweder nach dem Roll- oder nach dem Stopfprinzip. Beim Rollprinzip wurde der geschnittene Tabak auf einem Blatt Zigarettenpapier stabförmig geformt, ehe die an den Enden noch offene Tabakrolle darin eingeschlagen und die überlappenden Längsseiten verklebt wurden. Beim Stopfprinzip musste zunächst aus einem Blatt Zigarettenpapier eine leere Hülse hergestellt werden, in die anschließend die dosierte Menge geschnittenen Tabaks gefüllt und durch Stopfen verdichtet wurde. Eine tüchtige Arbeitskraft fertigte in Handarbeit vier bis fünf Zigaretten in der Minute und bei zehnstündiger Arbeitszeit meist nicht mehr als 2000 Stück.[2] Da sich mit steigendem Absatz für die Unternehmer ein beträchtlicher Aufwand bei der Verteilung der Rohstoffe und Halbprodukte an die einzelnen Arbeitsplätze einschließlich der Heimarbeit, bei der Qualitätskontrolle der Zigaretten, der Prüfung des Materialverbrauchs und der Abrechnung der geleisteten Arbeit ergab, erschien der Einsatz von Maschinen immer drängender. Die erste Zigarettenmaschine der Welt war bereits in den 1860er Jahren von Luis Susini und dessen Sohn José Susini Ruiseco für deren 1853 gegründete kubanische Honradez-Zigarettenfabrik in Havanna entwickelt worden.[3] Auf der Maschine wurde der von Hand ausgeführte Wickelprozess imitiert; die Ausbringung betrug 60 Zigaretten in der Minute. Das Zigarettenpapier konnte an beiden Enden eingedreht werden. Die Maschine war auf den internationalen Ausstellungen von Paris 1867 und Lyon 1872 zu sehen. In Lyon wurde sie als großartige Ingenieurleistung gefeiert und mit einer Medaille ausgezeichnet. Im industriellen Einsatz erwies sich die Maschine jedoch als sehr störanfällig, weshalb sie kaum zur Anwendung kam.

In den USA schlug Henry H. Bromwell 1877 eine Stopfeinrichtung zum gleichzeitigen Füllen mehrerer vorgefertigter Zigarettenhülsen mit Tabak durch Kolben von oben vor. Die 1878 von George Henry Hayden erfundene Stopfmaschine arbeitete ebenso nach diesem Prinzip, jedoch nur mit einem Kolben und einer rotierenden Hülsenzuführung. Wickelmaschinen für Zigaretten führten das Zigarettenpapier als Blatt von einem Stapel zu oder schnitten es von einer Bahn ab, rollten die Portion Tabak ein und verschlossen die Zigarette längsseitig mit Klebstoff. Außer der Susini-Maschine ist besonders die Wickelmaschine der Kanadier Joseph und Alexandre Marengo (US-Patent 177732 von 1875) zu erwähnen, von der die Zigaretten mit Hilfe zweier Walzen, in deren

Spalt der Tabak eingegeben wurde, unter Verwendung eines Endlosbandes gerollt wurden.

Als entscheidender Schritt für die Entwicklung der Zigarettenmaschinen bis in die heutige Zeit erwies sich die Erfindung der kontinuierlichen Herstellung eines endlosen Zigarettenstranges. Nach diesem grundsätzlichen Verfahren wird das Zigarettenpapier kontinuierlich von einer Rolle – in der Praxis als Bobine bezeichnet – zugeführt. Die Breite der Papierbahn entspricht dabei dem Umfang der Zigarette einschließlich der notwendigen Überlappung zur Bildung einer Längsnaht. Durch feststehende rinnenförmige Leitschienen oder meist mehrfach angeordnete umlaufende Bänder wird die bewegte Papierbahn zu einer Mulde geformt, in die ebenso kontinuierlich der Tabak strangförmig eingebracht wird.

In der Weiterbewegung wird die mit Tabak gefüllte Mulde durch die Öffnung eines Formrohrs gepresst und damit schlauchförmig zu einer Röhre verschlossen. Der vorher aufgebrachte Klebstoff verschließt die überlappten Längsseiten der Papierbahn zu der erforderlichen Naht. Von dem so hergestellten Strang werden danach durch ein rotierendes Messer die Zigaretten in der gewünschten Länge abgeschnitten und zur Weiterverarbeitung abgegeben.

Die Erfindung der Zigarettenmaschine nach dem kontinuierlichen Strangverfahren wird dem US-Amerikaner James Albert Bonsack im Jahre 1880 zugeschrieben.[4] Der geschäftliche Erfolg ist vor allem der produktionsorientierten Verbesserung der ersten Bonsack-Maschinen zu verdanken, die ab 1884 in der Zigarettenfabrik von James B. Duke, dem späteren Gründer der American Tobacco Company, zum Einsatz kamen. Auf der Maschine konnten 200 Zigaretten in der Minute hergestellt werden, womit sich die Fabrikationskosten gegenüber der Handarbeit um 50 Prozent verringerten.

Der entscheidende Schritt zur Mechanisierung der Zigarettenproduktion war damit getan, obwohl Bonsack nicht die Priorität der Erfindung des Strangverfahrens für sich in Anspruch nehmen konnte. Früher patentierte Strangmaschinen wie die von Abadie & Co. (1874) in Frankreich oder Albert H. Hook (1876) und Charles G. und William H. Emery (1879) in den USA waren geschäftlich allerdings kaum erfolgreich.[5]

In Dresden gründete Joseph Huppmann im Jahre 1862 mit der Compagnie Laferme als Zweigbetrieb seiner gleichnamigen russischen Firma in Petersburg die erste deutsche Zigarettenfabrik. Mit wenigen ausländischen qualifizierten Arbeitskräften begann hier die manuelle Fertigung von Zigaretten. Erste Versuche einer maschinellen Zigarettenherstellung in Dresden unternahm Ende der 1870er Jahre der Mitarbeiter und spätere Prokurist der Compagnie Laferme Otto Bergsträßer. Ihm wurde am 19. Mai 1880 für eine *Maschine zum Anfertigen von Cigaretten* das Reichspatent 11805 erteilt. Bergsträßer ergänzte die aus den USA bekannten Maschinen durch drei umlaufende Bänder zum Formen von Tabakstrang und Papierbahn. Nachteilig war, dass seine Maschine keine Vorrichtung zum Abschneiden der Zigarette vom Strang aufwies.

In den späten 1880er Jahren wurde in Dresdner Betrieben wie der Firma Georg A. Jasmatzi die maschinelle Zigarettenproduktion nach dem Bonsack-Prinzip eingeführt. Die Bekanntheit der Bonsack-Maschinen dokumentieren zwei deutsche Patente der Dresdner Tabak- und Cigarettenfabrik Sulima, die das Anfertigen eines Mundstücks betreffen. Sie verweisen darauf, dass auf den amerikanischen Maschinen nur Zigaretten herstellbar seien, die an beiden Enden abgeschnitten sind und mit Mundstück gefertigte Zigaretten eines zusätzlichen Arbeitsschrittes bedürften.

Noch in den 1890er Jahren verlief die Mechanisierung der Zigarettenherstellung sehr schleppend. Die zur Verfügung stehenden Maschinen reagierten sensibel auf unterschiedliche Verarbeitungs- und Produktionsbedingungen, wodurch sie einen hohen Bedien- und Pflegeaufwand erforderten. Die notwendige Ausbringung wurde oft nicht erreicht und die Qualität der hergestellten

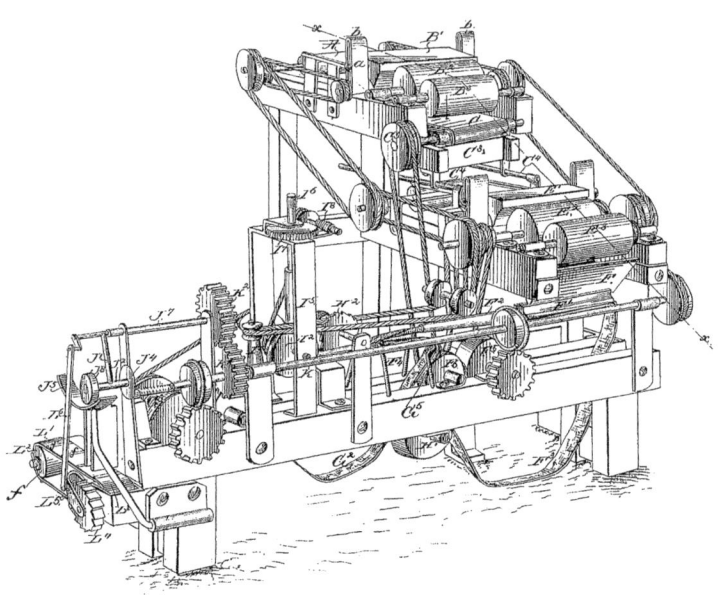

Zigarettenstrangmaschine Modell Bonsack, USA 1880
(US-Patentschrift 238640)

Zigarettenstrangmaschine Modell „Meteor", Dresden, um 1908, aus: Maschinen für die Zigarettenproduktion, Eisenwerk Coswig & Maschinenbau Calberla AG, 1914 (Privatbesitz, Dresden)

Zigaretten konnte häufig mit den manuell gefertigten nicht mithalten.[6]

1885 gründete Bergsträßer gemeinsam mit einem Teilhaber aus Berlin in Dresden die Germania Tabak- und Zigarettenfabrik. 1898 errichtete er gemeinsam mit einem Zigaretten- (Sulima) und Maschinenfabrikanten (Händel & Reibisch) die Compagnie Universelle. Die Fertigung von Tabakschneidemaschinen, Zigarettenhülsen- und -stopfmaschinen, der Strangmaschine Excelsior nach System Bergsträßer sowie weiterer tabakverarbeitender Maschinen erfolgte im Werk in der Wilsdruffer Vorstadt in der Florastraße 5 und seit 1900 in der Rosenstraße 104. 1915 wurde Johann C. Müller alleiniger Gesellschafter der nunmehrigen Universelle-Cigarettenmaschinenfabrik J. C. Müller & Co., die sich zum führenden deutschen Anbieter mit Sitz in Dresden (Tharandter Straße 17) entwickeln sollte. Maschinen wie die Excelsior III B, die sich durch hohe Verarbeitungsgeschwindigkeit (1910: 250 Zigaretten je Minute), geringe Ausschussquote und große Zuverlässigkeit auszeichneten, waren ein Verkaufsschlager.

Der stark ansteigende Bedarf der Zigarettenindustrie veranlasste weitere sächsische Unternehmen, die Entwicklung und den Bau tabakverarbeitender Maschinen aufzunehmen. In Dresden ließ die Strickmaschinenfabrik vorm. Laue und Timäus 1896 eine Strangmaschine patentieren, auf der Zigaretten mit ovalem Querschnitt hergestellt werden konnten (DRP 93442). Der Feinmaschinenbauer G. Calberla GmbH, seit 1912 Eisengießerei Coswig & Maschinenbau Calberla AG, erwarb Patente auf Vorrichtungen für Strangmaschinen, mit denen die Zuführung des Tabaks über ein Kanalrad erfolgte und der Tabakstrang kegelförmig geformt bzw. die Zuführbänder optimiert werden konnten. Sein Maschinenprogramm erstreckte sich von Modell A (ca. 100 Zigaretten je Minute) bis zu Modell FF (300 bis 400), mit denen auch die Herstellung von Zigaretten mit Gold- oder Korkbelag am Mundstück möglich war. Auf der Weltausstellung in Brüssel 1910 erhielt die Firma für die Zigarettenstrangmaschine Meteor mit einer Ausbringung von bis zu 400 Zigaretten pro Minute eine Goldene Medaille.

Wie attraktiv Dresden als führender deutscher Produktionsstandort für Zigarettenmaschinen war, zeigte die Eröffnung einer Filiale der renommierten englischen Firma The United Cigarette Machine Co. Ltd. (Hauptsitz: London). Im Dresdner Zweigwerk wurde ab 1902 die Zigarettenstrangmaschine Universal hergestellt. Um 1910 eröffneten die Inhaber der Dresdner Zigarettenfabrik Georg Jasmatzi & Söhne eine eigene Zigarettenmaschinenfabrik inklusive Hülsenfertigung, um fortan von

Zigarettenstrangmaschine Modell „Excelsior Rapid" Typ DC, Universelle-Cigarettenmaschinen-Fabrik J. C. Müller & Co., Verkaufsprospekt, Dresden, um 1930 (Stadtmuseum Dresden)

den zwei großen Herstellern, der Dresdner Universelle und der zu British American Tobacco (BAT) gehörenden United, unabhängig zu werden. Der Entwicklung von Zigarettenpack- und Banderolier-Maschinen gab das 1906 für das Reich verabschiedete Zigarettensteuergesetz einen starken Anschub.[7] Nach Paragraph 5 dieses Gesetzes durften in Deutschland Zigaretten nur noch in geschlossenen Packungen abgegeben werden, die im gleichen Herstellungsbetrieb zu fertigen und entsprechend zu kennzeichnen waren.

Seit den 1920er Jahren kam es sowohl in der Zigaretten- wie in der für ihre Bedürfnisse arbeitenden Maschinen-

Zigarettenstrangmaschine Modell „Triumph" in der Yenidze, Universelle-Cigarettenmaschinen-Fabrik J. C. Müller & Co., 1931 (Sächsische Landesbibliothek – Staats- und Universitätsbibliothek Dresden, Deutsche Fotothek)

bauindustrie zu einer starken Unternehmenskonzentration. Die Dresdner Universelle unter der Regie von Johann Carl Müller übernahm sukzessive die Eisenwerke Coswig und den Maschinenbau Calberla, Händel & Reibisch, die Zigarettenmaschinenfabrik Progress und letztlich auch den Dresdner Zweigbetrieb der United Cigarette Machine Co. Ltd. Seit den 1920er Jahren konzentrierte sich der Dresdner Tabakmaschinenbau am Standort der Universelle in der Zwickauer Straße mit dem hochmodernen Werksgebäude. Das Unternehmen war seitdem Komplettanbieter für den Neubau, die Reparatur und die Modernisierung von Tabak- und Zigarettenfabriken. Das umfasste die Lieferung von Konditionierungs-, Befeuchtungs- und Trockenanlagen für Tabak, Tabakschneide-, Misch- und Siebmaschinen, Tabakbeschickungsanlagen für Zigarettenmaschinen sowie Zigaretten- und Verpackungsmaschinen für alle Zigarettensorten und Verpackungsarten einschließlich solcher Zusatzeinrichtungen wie Banderoliermaschinen. Dresdner Strangzigarettenmaschinen wie Excelsior und Triumph bestimmten den internationalen Stand der Technik. Die Excelsior Rapid der Universelle wurde in den 1930er Jahren zur Zigarettenstrangmaschine DC und im nächsten Schritt zur DK in Kompaktbauweise mit Verlegung des Tabakverteilers in den unteren Bereich der Maschine weiterentwickelt. Auf derartigen Maschinen konnten 1500 Zigaretten in der Minute hergestellt werden.

Bei Zigarettenpackmaschinen war die Einhaltung der Spiegellage der verpackten Zigaretten ein lange Zeit ungelöstes Problem. Als Spiegellage wird die Ausrichtung der oberen Lage der Zigaretten bezeichnet, mit der beim Öffnen der Packung die Aufdrucke aller aufgereihten Zigaretten beispielsweise mit der Sortenbezeichnung sichtbar werden. Während beim manuellen Verpacken das erforderliche Ausrichten der Zigaretten problemlos möglich ist, so muss beim maschinellen Verpacken die Maschine das Ausrichten durch eine Drehbewegung der Zigarette um einen definierten, aber stets unterschiedlichen Winkel um ihre Längsachse verwirklichen. Voraussetzung zur Steuerung der Zigarette sind die optische Erkennung des Aufdrucks und ein entsprechendes Signal an die Vorrichtung zum Verändern der Lage der Zigarette. Diese anspruchsvolle Aufgabe wurde von der Universelle Anfang der 1930er Jahre mittels Bilderkennung durch eine Selenzelle und anschließende gesteuerte Dreheinrichtungen erfolgreich gelöst.[8] Entsprechend dem 1938 von Kurt A. Körber eingereichten Reichspatent 736686 über eine *Kontaktanordnung zur kurzzeitigen Steuerung der Gitter- und Anodenspannung einer gas- oder dampf-*

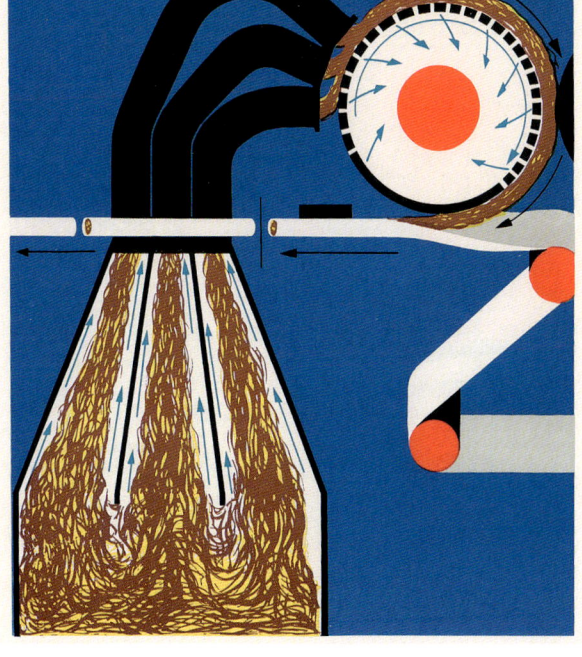

Prinzip der pneumatischen Zigarettenstrangmaschine Modell „Dekajet", VEB Tabak- und Industriemaschinen Dresden (Tabakuni), Prospekt des VEB Kombinat NAGEMA, Betrieb Tabak- und Industriemaschinen Dresden, 1971 (Privatbesitz, Dresden)

*gefüllten Entladungsröhre* wurde ein Farbkontrollgerät ermöglicht, welches die vom Markt geforderte Ausbringung der Packmaschine durch das Drehen von bis zu 25 Zigaretten pro Sekunde erlaubte. Mit der Leistungssteigerung dieses Verpackungsvorgangs erwarb Körber, der 1935 in die Universelle-Werke J. C. Müller & Co. eingetreten war, große Anerkennung, was sich in seiner Berufung zum Technischen Direktor (1940–1945) niederschlug.[9]

## ZIGARETTENMASCHINEN DES DDR-MASCHINENBAUS

Nach dem Krieg begann in Dresden der schwierige Wiederaufbau der zerstörten Gebäude und die schrittweise Aufnahme der Maschinenproduktion. Auf der Grundlage des Volksentscheids 1946 in Sachsen[10] wurden die Universelle-Werke J. C. Müller & Co. enteignet. Sie produzierten zunächst als VEB Universelle-Werke Dresden,

Komplexmodernisierung im Werk II der VEB Dresdner Zigarettenfabriken, abgeschlossen 1969. Dabei wurden Maschinen und Anlagen zum Lösen und Aufbereiten des Tabaks (Quester/Köln, Hauni/Hamburg), Filteransetz- (Max) und Filterablagemaschinen (Cascade) von Hauni mit Dekajet-Strangmaschinen (Tabakuni/Dresden) und Packmaschinen aus Italien (GD/Bologna) kombiniert, Quelle: Dokumentation der VEB Dresdner Zigarettenfabriken zum 20. Jahrestag der DDR, Fotoalbum (Stadtmuseum Dresden)

danach als VEB Tabak- und Industriemaschinen Dresden, kurz VEB Tabakuni Dresden.

Obwohl der Betrieb Tabakuni von Beginn an mit den Folgen der Spaltung Deutschlands, den Konsequenzen der Abwanderung von Spitzenkräften wie des Technischen Direktors Körber und dem Wirtschaftsembargo zu kämpfen hatte, entwickelte er sich zu einem leistungsfähigen Maschinenbauunternehmen. In den 1950er Jahren wurde die aus der Vorkriegszeit stammende Zigarettenstrangmaschine DK von einer Gruppe unter dem Konstrukteur Johannes Hermann, dem späteren Chefkonstrukteur der Tabakuni, zur DKO weiterentwickelt. Die Maschine zeichnete sich durch verbesserte Ausstattung und leichte Bedienbarkeit aus; die Arbeitsgeschwindigkeit erreichte 1500 Zigaretten in der Minute. Dieselbe Ausbringung erreichte die ebenfalls unter Hermann entwickelte Filteransetzmaschine FZ. Diese Neuentwicklung war eine Reaktion auf das Aufkommen der Filterzigaretten. Die Maschine setzte einen Filter doppelter Länge an jeweils zwei gegenüberliegenden Zigaretten an, verband ihn durch beleimte Belagblättchen und trennte das Zigarettenpaar in zwei fertige Filterzigaretten. Für die Herstellung der notwendigen Filterstäbe aus Acetat- oder Zellstoffwatte wurde die Filterstabmaschine FS entwickelt, die die Filter gleichfalls nach dem Strangprinzip aus jeweils drei von Rolle zugeführten Bahnen des Filtermaterials herstellte.

Eine Neukonstruktion der 1960er Jahre, die maßgeblich unter dem Konstrukteur Herbert Geyer erfolgte, war die Zigarettenstrangmaschine Dekajet. Mit dieser Maschine konnten 2800 Zigaretten in der Minute gefertigt werden. Das Verfahren zum Herstellen eines kontinuierlichen Tabakstranges erfolgte dabei auf eine besondere Art und Weise, wobei die pneumatische Förderung ausgerichteter Tabakfasern mit großer Geschwindigkeit in mehreren Teilströmen erfolgte. Diese Optimierung der Zuführung ermöglichte eine sehr schonende Behandlung des Tabaks; die volle Ausnutzung seines Füllungsvermögens sicherte einen minimalen Verbrauch. Außerdem zeichnete sich die Maschine durch geringen Platzbedarf, eine Ausschwenkeinrichtung für das Saugförderrad der Tabakzuführung, einen Sichelmesserapparat als Schneideinrichtung mit automatischer, formschlüssiger Messernachstellung und eine zweibahnige Abgabeeinrichtung aus.

Ebenfalls in den 1960er Jahren wurde die technisch veraltete Spiegelpackmaschine A IV durch Neuentwicklungen des Konstrukteurs Erhard Blechschmidt ersetzt. Hierbei entstanden das Modell ZP für Weichpackungen und das Modell ZPK für Hartbecher-Packungen, wie sie noch heute für die Zigarettenmarke f6 üblich sind. Die Maschinen konnten wahlweise mit einem Inneneinschlag und die ZP auch mit einem Außeneinschlag für Zellglas versehen werden. Für den Zoll-Verschluss war ein Markenapparat eingerichtet. Die Ausbringung der Maschinen betrug 240 Schachteln je Minute.

Neben den eben genannten Spitzenerzeugnissen für das Herstellen und Verpacken von Zigaretten wurde im VEB Tabakuni das vollständige Sortiment an Maschinen und Anlagen zur Tabakbearbeitung hergestellt: Ausrüstungen für die Blatt- und Schnitttabakbehandlung, Entrippmaschinen für Tabakblätter und Tabakschneidemaschinen. In den 1960er Jahren übernahm das Unternehmen Tabakuni als Komplettanbieter den Bau von Zigarettenfabriken in Nepal, an drei Standorten in Jugoslawien sowie in Aleppo (Syrien). Die letzte Lieferung von Zigarettenmaschinen aus Dresden erfolgte in den 1980er Jahren in die Sowjetunion.

Die DDR konzentrierte sich im Nahrungs- und Genussmittelmaschinenbau seit den 1960er Jahren auf die Herstellung von Verpackungsmaschinen, die auch den VEB Tabakuni einbezog. Wurden anfangs noch Erzeugnisse des VEB Schokopack übernommen, beschäftigte man sich später auch mit der Entwicklung eigener Maschinen, beispielsweise zum Verpacken von Stückgütern in Folien aus neuartigen Kunststoffen. Gemeinsam mit dem Institut Verarbeitungsmaschinen der TU Dresden wurde die Filutex entwickelt, ein auf Baugruppenbauweise gegründetes System von horizontal arbeitenden Schlauchbeutelmaschinen, die in der Folgezeit wesentlich das Profil des Betriebes bestimmten.

Mit der 1972 erfolgten Vereinigung des VEB Tabak- und Industriemaschinen (Tabakuni) mit dem VEB Schokoladen- und Verpackungsmaschinen (Schokopack)[11] zum VEB Verpackungsmaschinenbau Dresden widmeten sich beide ehemals selbständigen Unternehmen unter dem Dach des VEB Kombinat Nagema nun als Werk Süd und Werk Reick der Entwicklung und Fertigung hochproduktiver moderner Verpackungsmaschinen, die nicht nur im RGW, sondern weltweit Absatz fanden.

## ZIGARETTENMASCHINEN DER GEGENWART

Mit dem Ende der Tabakuni war freilich auch das Ende des Dresdner Zigarettenmaschinenbaus eingeläutet worden. Die Entwicklung vollzog sich bereits seit den 1970er Jahren andernorts. So erreichten neuentwickelte Maschinen dieser Zeit wie die Garant 4 der Hamburger Hauni, die Mark 9 der englischen Firma Molins oder die LOG der französischen Firma Decouflé eine Arbeitsgeschwindigkeit von 4000 Zigaretten je Minute. In der Gegenwart werden für die neuesten Zigarettenmaschinen wie die 121P der italienischen Firma G.D S.p.A. Bologna oder die Maschine Protos M-8 der Hauni Maschinenbau GmbH in Hamburg bei zweibahniger Arbeitsweise rechnerische Ausbringungen von 20.000 Zigaretten pro Minute angegeben. Diese Maschinen setzen immer noch auf das bereits um 1880 entwickelte Strangverfahren, das bis heute die einzelnen Vorgänge der Maschine bestimmt: Zuführen des Tabaks, Bilden und Führen des Tabakstrangs, Zuführen der Papierbahn von der Rolle und Formen zu einem Schlauch, Bilden des Zigarettenstrangs, Abtrennen der Zigarette vom Strang und Abgeben zur Weiterverarbeitung.

Modular anpassbarer Multi Segment Maker (MSM) für Tobacco Heating Products wie IQOS, Hauni Maschinenbau GmbH, 2019 (Hauni, Hamburg)

Eine zeitgemäße Produktion verlangt jedoch nicht mehr nur nach höchsten Arbeitsgeschwindigkeiten. Immer wichtiger sind zuverlässig arbeitende Maschinen mit geringen Ausfallzeiten und einer hohen und gleichbleibenden Qualität der hergestellten Zigaretten. Hierfür sind Zigarettenmaschinen mit Kontrolleinrichtungen für den Durchmesser und die Tabakverteilung jeder einzelnen Zigarette ausgerüstet. Die Flexibilität beim Wechsel auf unterschiedliche Zigarettensorten sowie die Kombinierbarkeit dieser Hochleistungsmaschinen mit Filteransetzmaschinen und Verpackungsmaschinen für unterschiedliche Schachtelarten zeichnen moderne Anlagen der Gegenwart aus.

■ ANMERKUNGEN

1 Vgl. hierzu den Beitrag von Monika Kaßmann in diesem Band.
2 Vgl. Kurt Bormann, Die deutsche Zigarettenindustrie, Tübingen 1910.
3 Vgl. Gary S. Cross/Robert N. Proctor, The Cigarette Story, in: Packaged Pleasures. How Technology and Marketing Revolutionized Desire, hrsg. von dens., London 2014.
4 US-Patent 238640 vom 8.3.1881 sowie Patent 14203 des Deutschen Reichs vom 19.10.1880.
5 Vgl. Decisions of the Commissioner of Patents ... (for 1895). Government Printing Office, Washington 1896, 542, 619.
6 Vgl. Ines Vetter, Zur Geschichte der Mechanisierung – dargestellt am Beispiel der Tabakverarbeitung von den Anfängen bis zum Ende des 1. Weltkrieges, Diss. TU Dresden, 1989.
7 Zigarettensteuergesetz vom 3. Juni 1906. Deutsches Reichsgesetzblatt 1906, Nr. 31, 631–642.
8 Vgl. Hugo Winkler, Die Dresdner Zigarettenindustrie in Technik und Wirtschaft, in: Dresdner Jahrbuch und Chronik 1932, 49–56 sowie DRP 493771 und 509017.
9 Zu Körbers Berufs- und Lebensweg siehe den Beitrag von Josef Schmid in diesem Band.
10 Vgl. Gesetz über die Übergabe von Betrieben von Kriegs- und Naziverbrechern in das Eigentum des Volkes vom 30.6.1946.
11 Vgl. Günter Bleisch, Maschinen aus Dresden für die Süßwarenindustrie, in: Schokoladenstadt Dresden, hrsg. von Erika Eschebach und Holger Starke (= edition Sächsische Zeitung), Dresden 2013, 91–105.

# GUT VERPACKT

## Behältnisse, Verpackungen und Packstoffe für Tabakwaren

Monika Kaßmann

Mit dem Aufstieg der Industrie sind das Aufkommen des Markenprodukts und die Entstehung der modernen Warenverpackung wie auch der Produktreklame untrennbar verbunden. Seitdem finden die massenhaft in Fabriken hergestellten Waren Absatz auf einem großräumigen Markt bei einer Vielzahl von Käufern, die dem Hersteller nicht mehr persönlich bekannt sind. Auf dem langen Weg von der Fabrik über den Handel bis zum Konsumenten werden Tabakwaren mit Produkt-, Transport- und Verkaufsverpackungen vor Beschädigungen und Qualitätsverlust geschützt. Die Verpackungen müssen zugleich so beschaffen sein, dass die gesetzlichen Regelungen im Hinblick auf Produktkennzeichnung, leichte Handhabbarkeit, Hygiene und Gesundheitsschutz eingehalten und zugleich die Kundenerwartungen erfüllt werden. Ein attraktives, unverwechselbares Design trägt maßgeblich dazu bei, dass aus Käufern einer Marke Stammkunden werden, die dem Unternehmen langfristig die Treue halten. Seit der Einführung der Selbstbedienung im Handel sind Verkaufsverpackungen sogar zu „stillen Verkäufern" geworden; sie fungieren sowohl als Informationsträger wie als Werbemedium. Mehr als ein Jahrhundert lang war die Oberfläche der Verkaufsverpackungen der wichtigste Werbeträger für das Produkt Zigarette, ehe die restriktive Tabakpolitik der Europäischen Union dem jüngst ein Ende setzte.[1]

In der Gegenwart gelangen etwa neun Zehntel aller Warenarten verpackt zum Verkauf. Dieser hohe Anteil am gesamten Verkaufsvolumen sowie die oben skizzierten weitreichenden Anforderungen an Verpackungen erfordern die Entwicklung adäquater Packstoffe und Verpackungstechnologien. Im Hinblick auf die Zigarettenverpackung war die Verabschiedung des deutschen Zigarettensteuergesetzes 1906, wonach Zigaretten nur noch in geschlossenen Packungen abgegeben werden durften, ein entscheidendes Datum. Seitdem besteht in Deutschland außerdem die gesetzliche Kennzeichnungspflicht, die das besondere gewerbepolizeiliche, gesundheitspolitische und steuerliche Interesse des Staates an dieser Wirtschaftsbranche zeigt.

## EXKLUSIVE BEHÄLTNISSE FÜR SELTENE WAREN

Die Residenzstadt Dresden war bereits in vorindustrieller Zeit eine Metropole des Genusses. Die exotischen Genussmittel Kaffee, Schokolade, Tee und Tabak, die im Umfeld des fürstlichen Hofes und in Stadthäusern von vermögenden Adligen und Bürgern konsumiert wurden, gelangten vor allem aus den Besitzungen der europäischen Kolonialmächte über Handelsplätze wie Leipzig in die Stadt.[2] Der Transport der kostbaren Waren aus Übersee erfolgte insbesondere in Kisten und Fässern aus Holz, die mit Stoffen und Leder, aber auch mit Papier ausgeschlagen oder umhüllt waren. Die vom Kaufmann bzw. Schiffseigner mit der Zusammenstellung der Ladungen beauftragten Ballenbinder und Packer hatten die getrockneten Tabakblätter schon in den Herkunftsländern zusammengerollt und in Textilien eingeschlagen. Aus fünf bis sieben dieser Rollen wurden anschließend sogenannte Kanaster[3] gepackt. Diese Art der Überseeverpackung galt als Synonym für edle Tabakwaren.[4] Zum Transport größerer Mengen wurden auch mit Hilfe eines Holzstempels geformte Behältnisse aus Zinkblech verwendet, in die der Tabak über Trichter eingefüllt wurde. Zudem kamen Schachteln aus Vollpappe sowie größere Metallbehältnisse zum Einsatz. Die sorgfältig verschlossenen Behälter wurden mit den Zeichen des Erzeugers, des Händlers und des Zolls versehen; letzterer registrierte die Mengen und sorgte für die Besteuerung.[5]

In dieser Zeit, in der es noch auf persönliche Kontakte zwischen Kaufleuten und Kunden ankam, mussten Handelsverpackungen noch nicht werbewirksam gestaltet sein. Umso prächtiger fielen allerdings jene Behältnisse aus, in denen wohlhabende Konsumenten ihre Vorräte an Pfeifen-, Kau- oder Schnupftabak lagerten, oder die sie ständig mit sich führten, weil in ihnen der Tabak für den täglichen Gebrauch portioniert war. Hierin spiegelte sich die Exklusivität des importierten Luxusprodukts wider, das anfangs nur wenigen zugänglich war und sich perfekt als Mittel sozialer Distinktion eignete. Besonders augenfällig zeigt sich dies in den kostbaren Materialien und der aufwändigen Gestaltung kunst- und prunkvoll gestalteter Tabatieren. Es gab farbenfreudige, zum Teil vergoldete Etuis und Dosen aus Metall oder Porzellan, hochwertige Kartonagen, die häufig mit gefärbtem Stroh verziert waren, bemalte Spanschachteln, Lackdosen aus Papierfaserstoff (Pappmaché), aber auch Glasröhrchen zur Einzelverpackung von Zigarren besonderer Güte. Manche Konsumenten nutzten jeden Tag eine andere wertvolle Dose, deren Bevorratung direkt beim Händler erfolgte. Mitte des 18. Jahrhunderts brachten Einwanderer aus Frankreich und Holland die Mode nach Deutschland, Schnupftabak-Briefchen aus Papier zu verwenden. Die Eigenart des darin enthaltenen Tabaks ergab sich daraus, dass die Blätter vor dem Zermahlen einem zusätzlichen Gärungsprozess unterzogen worden waren.[6] Die Portionierung für die Kunden übernahm der Händler, indem er den solcherart behandelten Schnupftabak aus den metallenen Transportbehältern in Papierbriefchen abfüllte, welche mit Kupferstichen oder Holzschnitten verziert waren. Deren Versiegelung betonte die Hochwertigkeit der Ware.

## ZIGARETTENVERPACKUNGEN AUS DER GENUSSMITTELHAUPTSTADT DRESDEN

Dresden entwickelte sich ab den 1860er Jahren auf Grund seiner vorteilhaften Lage in Mitteleuropa mit überregionalen Verkehrsverbindungen per Eisenbahn und Schiff sowie der fördernden sächsischen Gewerbe- und Steuerpolitik zur Genussmittelmetropole Sachsens. Die Stadt avancierte zum bedeutendsten Standort der Schokoladen- und Zigarettenindustrie im Deutschen Reich und zum Zentrum des Handels mit Orienttabaken für Zigaretten in Mitteleuropa.

Spätestens seit dem letzten Viertel des 19. Jahrhunderts wurden in Dresden nicht nur Papirossi mit Pappmundstück nach osteuropäischer Art gefertigt, sondern auch mit Orienttabak versehene Zigaretten nach ägyptischer Art gedreht. In Deutschland verbreitete sich das Produkt zunächst nur zögerlich, weshalb die in Handarbeit hergestellten Zigaretten teuer waren und noch längere Zeit größtenteils exportiert wurden. Die über den Preis und die Exotik des Produkts vermittelte Exklusivität zeigte sich in der aufwändigen Fertigung und Gestaltung früher Verkaufsverpackungen. Es handelte sich hierbei um aus Metallblech gefertigte, lithographisch bedruckte Dosen und Schachteln, wobei mit der Technik der Lithographie bereits größere Auflagen farbiger Drucke möglich waren.[7] Im Gefolge der sich nach der Jahrhundertwende Schritt für Schritt durchsetzenden maschinellen Massenpro-

Verkaufsverpackung (100 Zigaretten), Metallblech, Zigarettenfabrik Epirus, Dresden, Marke Hadzi-Loja, um 1910 (Stadtmuseum Dresden)

Musterpackung für Zigarettenpapiere der Marken Ekpyrose, RIZ APAMA, Sport-Casino, Club; Drepa-Werk Theodor Güntzel, Dresden, Mitte 20. Jahrhundert (Stadtmuseum Dresden)

duktion wurde aus dem Luxusgut Zigarette allmählich ein Massenkonsumgut, das in alle Schichten der Bevölkerung Eingang fand.[8] Parallel zu dieser Entwicklung verschwanden die aus Metallblech gefertigten *Warenbekleidungen*, wie ein Zeitgenosse die handwerklich gefertigten Behältnisse 1887 bezeichnet hatte.[9] Im Windschatten der nun immer mehr auf Maschinenarbeit setzenden Zigarettenindustrie bildete sich die moderne Zigarettenverpackungsproduktion heraus.[10] Die maschinelle Herstellung von Kartonagen in der Region Dresden konnte sich dabei auf Erfahrungen stützen, die in Papiermühlen und papierverarbeitenden Handwerksbetrieben gemacht worden waren. Eine wichtige technologische Grundlage hierfür war die Herstellung von Papier aus Holzschliff – ein Verfahren, das sich 1846 der sächsische Webermeister Friedrich Gottlob Keller hatte patentieren lassen.[11] Die Erfindung Kellers beseitigte nicht nur den eklatanten Rohstoffmangel, sondern stellte auch die Basis für die bis heute in der Region durchgeführten Forschungen zur Holzfaser dar.[12]

Die Zigarettenindustrie profitierte hiervon, indem nunmehr stickstofffreier Zellstoff verwendet werden konnte.[13] Die daraus entwickelte Reinzellulosehülse als P r i - m ä r v e r p a c k u n g  für Zigaretten stellte eine Innovation dar, welche dazu beitrug, das Rauchen papierumhüllter Tabakröllchen in Deutschland weiter zu popularisieren. Für die Konsumenten spielten die Geschmacksneutralität und das gleichmäßige Abbrennverhalten dieses Spezialpapiers eine wesentliche Rolle. Die Industrie profitierte von dessen Reißfestigkeit bei hoher Elastizität, wodurch es überhaupt erst möglich wurde, die mittels Strangverfahren hergestellten Zigaretten maschinell zu umhüllen. Die ersten deutschen Unternehmen, die um 1900 Zigarettenpapier herstellten, waren Edmund Jordan (München) und Theodor Güntzel (Dresden).[14]
Später stellten die 1913 in den USA entwickelten Filter, die an die Zigaretten angesetzt wurden, ebenfalls

Kappenschachtel mit Zigaretten im Spiegel (10 Zigaretten), VEB Vereinigte Zigarettenfabriken Dresden, Marke Orient, um 1975 (Stadtmuseum Dresden)

Verkaufsverpackung (Weichpackung) für Zigaretten der Marke Carmen (10 Zigaretten), VEB Zigarettenfabrik Kosmos Dresden, 1950er Jahre (Museum der Arbeit, Hamburg)

Verkaufsverpackung (Hardpack) für Zigaretten der Marke F 6 (20 Zigaretten), VEB Kombinat Tabak Dresden, 1989 (Stadtmuseum Dresden)

hohe Ansprüche an die Qualität des verwendeten Zellstoffs.

Zur steigenden Nachfrage nach Zigarettenpapier gesellte sich ein rasch wachsender Bedarf an Verkaufsverpackungen. Nach dem Ersten Weltkrieg richtete sich das Augenmerk der Zigarettenhersteller vor allem auf Behältnisse, die sich kostengünstig fertigen ließen, wie Schachteln aus Karton, die mit ihrer Auskleidung aus Metallfolie oder Pergamentpapier die Form, Frische, Würze und Feuchtigkeit der empfindlichen Tabakprodukte auf dem Weg bis zum Verbraucher ebenso gut bewahren konnten, wie dies bei ihren teuren Vorläufern aus Metall und Holz der Fall gewesen war. Dabei revolutionierten Innovationen den Markt, so beispielsweise das dem Dresdner Unternehmer Teodor Remus 1893 erteilte Patent für die Erfindung des Pappe-Biegeverfahrens, auch Rillen – also Biegen ohne Brechen – genannt, als Grundlage der modernen Faltschachtelherstellung.

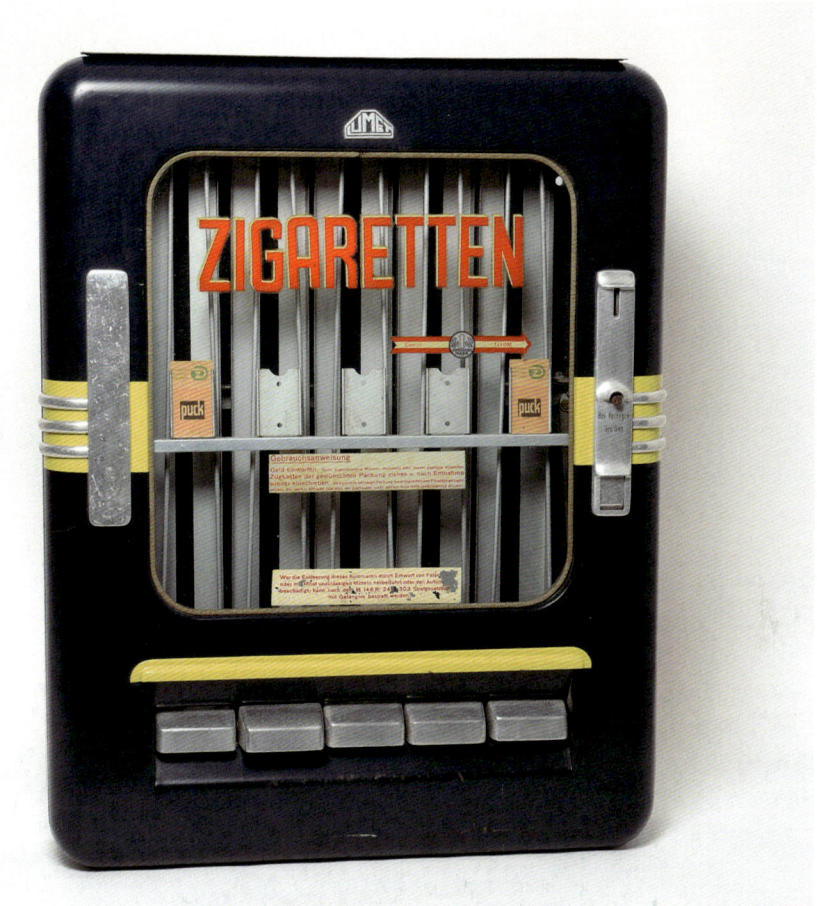

Verkaufsautomat für Zigaretten, VEB Luckenwalder Metallwarenfabrik, 1957, 81 x 65 x 17,5 cm (Technische Sammlungen Dresden)

Remus gründete ein Jahr später die Sächsische Cartonnagen-Maschinen-Actiengesellschaft (SCAMAG, heute: KAMA GmbH), mit der er seine Ideen umsetzen konnte. Hier wurde 1936 der erste Stanzautomat für Verpackungen konstruiert.[15]

Seit ihrer Entwicklung 1924 wurde die K a p p e n - s c h a c h t e l zur bevorzugten Verpackungsart für das gehobene Tabakwarensegment. Sie ist vollautomatisch herstellbar und besteht aus einer rechteckigen Kartonage, deren Deckel an der Längsseite des Unterteils schwenkbar angelenkt ist, komplettiert durch einen graphisch gestalteten Bezug. Ihre Konstruktion garantierte neben der guten Handhabbarkeit und Stabilität auch die maschinelle Befüllung mit den als Spiegel[16] angeordneten Zigarren, Zigarillos oder Zigaretten, die so beim Aufklappen der Verpackung perfekt präsentiert werden konnten. Als Verschluss wurde nunmehr am Ende des Produktionsprozesses die Steuerbanderole aufgeklebt, mit der seit 1906 jede Packung zur Dokumentation ihrer Herkunft sowie zur Versteuerung zu kennzeichnen war.

Auch die danach entwickelte Schiebefaltschachtel, die aus einer äußeren Hülse, ergänzt durch den gesonderten Verschlussstreifen, und einem inneren Schieber zur Aufnahme der Produkte besteht, wurde häufig eingesetzt. Eine weitere Entwicklung war die als Hardpack bezeichnete Kartonage, aus der die Zigaretten von oben entnommen werden. Um den Aromaschutz zu gewährleisten, wird die Schachtel mit Papier oder Folie ausgekleidet und zusätzlich mit Klarsichtfolie umhüllt.[17] Das erstmalige Öffnen wird durch den eingebrachten Aufreißstreifen erleichtert. Als eine die Zigaretten gut schützende, wiederverschließbare und leicht zu handhabende Verpackung erfuhr sie eine weite Verbreitung. Der Softpack ist eine konstruktiv gleichartige, im Vergleich zur Hardpack aus dünnerem Material (Karton oder Papier) gefertigte und nicht wiederverschließbare Verpackung. Manche Konsumenten steckten vor allem die Weichpackungen zum besseren Schutz des Inhalts in Etuis, die die Packung aufnahmen und oft aus Leder gefertigt waren. Andere entnahmen alle Zigaretten aus der Packung, um sie in flache, aufklappbare Zigarettenetuis aus Edelmetall oder

Holz zu geben. Diese konnten sehr individuell und höchst unterschiedlich aufwändig gestaltet sein – ein modisches Accessoire, das ebenso wie die Marke Auskunft über das Selbstverständnis und die Individualität des Rauchers geben konnte.

Mit den beschriebenen Packungen und Ausstattungen gelang es den Herstellern, eine gleichbleibende Produktqualität zu garantieren. Die Normierung der Packungsgrößen und die Reduzierung der Markenvielfalt kam der Effizienz zugute, konnten doch damit die Maschinenumrüstzeiten verringert werden. Genormte Packungsgrößen waren auch für Zigarettenautomaten notwendig, die, wie die Litfaßsäulen und Werbeanlagen, bald zum gewohnten Bild der Städte zählten.

Die liberale Phase staatlicher Tabakpolitik endete 1933. Das im Zweiten Weltkrieg als „kriegswichtig" geduldete Produkt galt auch in der Nachkriegszeit als unverzichtbar zur Schmerz- und Hungerbetäubung und wurde deshalb mittels Marken rationiert verkauft. Wesentliche Innovationen im Hinblick auf die Fertigungstechnologie und die Gestaltung von Zigarettenverpackungen blieben jedoch in der Folgezeit aus. Verantwortlich für diesen Stillstand war vor allem die Ausschaltung der Konkurrenz im Inland durch Enteignung der Großunternehmen seit 1946 und ihre spätere Zusammenfassung zum zentralistisch geleiteten VEB Kombinat Tabak. Dem folgte Mitte der 1970er Jahre ein weitgehender Werbeverzicht für Konsumgüter in der DDR. Die Zigarette war damals schon längst in den Fokus gesundheitspolitischer Debatten geraten. Die Versorgung mit Tabakwaren galt zwar als staatliche Notwendigkeit, denn die Steuereinnahmen wurden durchaus benötigt, aber die Branche erhielt keine Förderung mehr. Das über Jahrzehnte nahezu unveränderte Design der Zigarettenverpackungen ist nicht zuletzt daraus zu erklären. Ausgenommen von dieser Entwicklung war der Verpackungsmaschinenbau. Er wurde gefördert, denn er war ein wesentliches Standbein des DDR-Außenhandels. Mit ihm konnten wichtige Exporteinnahmen erzielt werden.

Heute existiert in Dresden noch ein Werk zur Herstellung von Tabakwaren. Dort werden Schnitttabak, der zum Selbstdrehen unter Nutzung vorgefertigter Papierblättchen verwendet wird, und Stopftabak, der vom Konsumenten in vorgefertigte Hülsen gestopft wird, erzeugt. Verpackt werden diese vorrangig für den Export produzierten Marken in Beutel (pouches) oder Dosen. Die Zigarettenmarke F 6, welche namengebend für die vom Philip-Morris-Konzern 1990 übernommenen Vereinigten Zigarettenfabriken Dresden geworden ist, wird seit 2019 nicht mehr in der f6 Cigarettenfabrik in Dresden hergestellt, sondern in anderen EU-Staaten. Ebenso wie sich der Tabakmarkt globalisiert hat, vollzieht sich die Entwicklung neuer Packstoffe und Verpackungen

Produktpräsentation der Marken Semper, Cabinet, Juwel, F 6 und Convent, 1969, Dokumentation der VEB Dresdner Zigarettenfabriken zum 20. Jahrestag der DDR, Fotoalbum (Stadtmuseum Dresden)

im internationalen Kontext. Das Augenmerk der Entwickler liegt zunehmend auf recyclebaren oder wiederverwendbaren Materialien und nachhaltigen Technologien, aber auch immer mehr auf „aktiven" bzw. „intelligenten" Verpackungen. Über implantierte Chips können damit logistische Abläufe gesteuert, aber auch viele Sinne des Käufers angesprochen werden. Eine Ironie der Geschichte ist, dass solche Chips bei der europaweit einheitlichen Kennzeichnung von Tabakwaren verwendet werden, die derzeit eingeführt wird, um Nachverfolgbarkeit zu gewährleisten und sowohl Fälschungen als auch Steuerhinterziehung einzudämmen.

■ ANMERKUNGEN

1 Nach der zum Zeitpunkt der Abfassung des Beitrags gültigen Richtlinie 2014/40/EU des Europäischen Parlaments und des Europäischen Rates vom 3. April 2014 müssen 65 Prozent der Oberfläche von Verpackungen für Tabakprodukte mit Warnhinweisen gekennzeichnet sein. Seit 2016 sind zudem „Schockbilder" zu den gesundheitlichen Folgen des Rauchens vorgeschrieben; vgl. http://data.europa.eu/eli/dir/2014/40/oj (28.8.2020).
2 Vgl. zuletzt: Genuss(kultur)metropole Dresden. Von adeligen Sitten zum bürgerlichen Wohlbefinden (= Dresdner Heft 142), Dresden 2020.
3 Mit „Canastro" (spanisch) wird ein Korb aus Bambusrohr bezeichnet.
4 Joachim Wachtel, Vom Ballenbinder zur Selbstbedienung, Gütersloh 1965, 41f.
5 Eine Aufgabe, die später den Steuerbanderolen auf den Verkaufsverpackungen zufiel.
6 Ines Vetter, Zur Geschichte der Mechanisierung – dargestellt am Beispiel der Tabakverarbeitung von den Anfängen bis zum Ende des 1. Weltkrieges, Diss. A, TU Dresden, 1989, 7.
7 Vgl. die Beispiele in: Hans-Georg Böcher, Erlebniswelten im Verpackungsdesign – Markenbild, Wunschbild, Weltbild, in: Verpackung – Medium im Trend der Wünsche. Marketinginstrument Verpackung, hrsg. von Wilhelm Stabernack, München 1998, 154–177, hier 166f.
8 Vgl. das Kapitel „Zigarettenpapier/-verpackungen" in: Heinz Schmidt-Bachem, Aus Papier. Eine Kultur- und Wirtschaftsgeschichte der Papier verarbeitenden Industrie in Deutschland, Berlin-Boston 2011, 858–878.
9 Vgl. Wachtel, Vom Ballenbinder (wie Anm. 4), 22.
10 Zum Dresdner Zigarettenmaschinenbau vgl. den Beitrag von Günter Bleisch u. a. in diesem Band, zur Verpackungsmaschinenindustrie vgl. Monika Kassmann (Wissenschaftliche Gesellschaft für Fördertechnik und Verpackung), Der Verpackungsmaschinenbau in Sachsen, 148 S. inkl. Quellenanhang, 1997, Ms. im Stadtarchiv Dresden.
11 Hiermit wurde auch der Ruf Sachsens als einer *ruhmbedeckten Wiege allen Fortschritts in der Papierindustrie* begründet, so im Rückblick etwas euphorisch der Herausgeber Johann Erich Gottschalch, in: Dresdner Jahrbuch und Chronik 1932, 50–52.
12 Vgl. aktuelle Publikationen der Papiertechnischen Stiftung, wie: Lydia Tempel/Gert Meinl, Specific indicators for characterisation of cascading use of wood based materials, PTS Dresden Nexus Conference, June 2020, https://express.converia.de/custom/media/DNC_2020/Posters/14_Tempel_L.pdf (28.8.2020) oder: Gerhard Gärtner, Industrienahe Forschung und deren Anwendung für die Digitale Transformation der Papierindustrie, in: Wochenblatt für Papierfabrikation, Heft 9/2018, 532–535.
13 Solches Spezialpapier wurde bis 1996 in der Oberlausitzer Feinpapierfabrik Bad Muskau hergestellt.
14 Geri Hoesch, Das Zigarettenpapier, Diss. Nürnberg, 1951, 26, zit. n. Heinz Schmidt-Bachem, Beiträge zur Industriegeschichte der Papier-, Pappe- und Folien-Verarbeitung in Deutschland. Quellen, Recherchen, Dokumente, Düren 2009, 669.
15 In der Gegenwart beeindruckt das Unternehmen mit einer End-to-end-Workflow-Lösung für digital gedruckte Faltschachteln. Zur Geschichte vgl. Ruth Isheim/Michael Rothe, Menschen – Leben – Maschinen. Gestanzte Geschichte: 111 Jahre mit KAMA, Dresden 2005.
16 Anordnung mit dem Symbol nach oben.
17 Eine Form der Hartbecherpackungen, die jedoch nicht wiederverschließbar war, kam in Dresden mit der beliebten Marke F6 auf den Markt.

# CHESTERFIELD MADE IN GERMANY?
## Das Institut für Tabakforschung in Dresden

Constanze Treue

*Chesterfield made in Germany!* So lautete der Titel eines für die „Zeit im Bild" 1948 vorgesehenen Artikels, der *einen Bericht aus dem einzigen Tabakforschungsinstitut der Ostzone* enthielt. Weiter hieß es dort: *Wir werden in absehbarer Zeit in der Lage sein, aus deutschen Tabaken Zigaretten herzustellen, die im Geschmack der Chesterfield ähneln.*[1] Aus diesen Worte eines Wissenschaftlers des Tabakforschungsinstituts in Biendorf-Wohlsdorf wird der Wunsch sichtbar, den kommerziellen Erfolg der amerikanischen Weltmarke bei Verzicht auf Importe von Tabaken, die für die modernen American Blend-Mischungen notwendig gewesen wären, zu erreichen. Eine anspruchsvolle Aufgabe für ein wenige Jahre zuvor als Neugründung in der Sowjetischen Besatzungszone (SBZ) entstandenes Forschungsinstitut.

## GESCHICHTE UND STRUKTUREN

Das am 1. Oktober 1945 als wissenschaftliche Abteilung der Stelle für Tabakanbau und -erfassung des Landes Sachsen-Anhalt mit Sitz in Naumburg/Saale von den Biologen G. Nitsche und Ernst Janisch gegründete Institut war verantwortlich für den Tabakanbauberatungsdienst, die jährliche Tabakerfassung, die Züchtung neuer Sorten, die Steuerung und Betreuung der Fermentation sowie die Bearbeitung aller wissenschaftlichen Fragen rund um Anbau, Trocknung, Fermentation und Rohtabakverarbeitung. Es entsprach damit hinsichtlich seines Aufgabenspektrums im Wesentlichen dem ersten deutschen Tabakforschungsinstitut, das der Pharmazeut und Agrarwissenschaftler Paul Koenig (1881–1954) 1927 in Forchheim bei Karlsruhe (Baden) ins Leben gerufen hatte.[2]

Eigentümer der Einrichtung, die anfangs als Zentral-Züchtungs- und Versuchsgut bezeichnet wurde, war die kurz zuvor gegründete Tabakerzeuger-Genossenschaft des Landes Sachsen-Anhalt mit Sitz in Oranienbaum. Im November 1945 stellte die Landesregierung dem Institut das Landes- bzw. Volksgut Biendorf zur Verfügung, ab Juli 1946 richteten Institutsmitarbeiter Labor- und Wohnräume im nahegelegenen Wohlsdorf ein.[3] Das Institut gliederte sich in drei Abteilungen:

1. Abteilung für Tabakanbau mit einem landwirtschaftlichen Laboratorium und den Laboratorien für Tabakzüchtung und für Sortenzüchtung,
2. Abteilung für Tabakverarbeitung mit den Laboratorien für Fermentation, Mikrobiologie, Wertprüfung und Maschinen- und Geräteentwicklung,
3. Chemische Abteilung mit einem chemisch-analytischen Laboratorium und einem chemischen Labor für spezielle wissenschaftliche Forschungen.

Zum Institut gehörten weiterhin ein Gärtnereibetrieb, ein Versuchsfeld, Trockenschuppen für Zigarren- und Schneidegut, Heißlufttrocknungen, Kammerfermentationshallen und mehrere Tabaklager. Seit 1949 diente eine angekaufte Zigarren-, Zigaretten- und Rauchtabakfabrik als Lehr- und Versuchswerk mit zwei Speziallaboren, unter anderem zur Prüfung ausländischer Rohtabake.[4]

Mit der „Anordnung zur Sicherung der Tabakerzeugung" vom 31. August 1949[5] wurde der Zuständigkeitsbereich der Einrichtung auf das gesamte Gebiet der SBZ, dann der kurz danach gegründeten DDR erweitert. Darin eingeschlossen war die Verpflichtung zur Schulung bzw. zu Lehrgangsangeboten für die Beschäftigten in der Tabakindustrie. Das Institut, dessen Finanzierung über eine Umlage der tabakbe- und -verarbeitenden Industrie erfolgte, verblieb zwar weiterhin im Eigentum der Tabakerzeuger-Genossenschaft, wurde jedoch administrativ der Deutschen Wirtschaftskommission (DWK), später den Ministerien für Industrie, Land- und Forstwirtschaft und Finanzen unterstellt.

Ab 1952 war das Tabakforschungsinstitut unter dem Namen „Institut für Tabakforschung" dem Staatssekretariat für Nahrungs- und Genussmittelindustrie unter-

Tabakforschungsinstitut Wohlsdorf-Biendorf, Fotografien von Werner Hager, 1948 (Stadtmuseum Dresden)
1: Sortieren des Tabaks (gelber und grüner Tabak)
2: Auswahl des gelben Tabaks zur Schnellfermentation (anstatt langwieriger Stapelfermentation)
3: Einsetzen der gefüllten Wagen mit gelbem Tabak in die Fermentationsmaschine

stellt und somit in den staatlichen Haushalt eingebunden. In den Statuten von 1954/1955[6] werden folgende Abteilungen aufgeführt:
1. Agrarwissenschaftliche Abteilung, unterteilt in Tabakanbau und Tabakzüchtung mit jeweils eigenem Versuchsfeld und Phytopathologie,
2. Chemische und Technologische Abteilung mit chemischen und technologischen Laboratorien,
3. Bibliothek und Dokumentation.
Die Agrarwissenschaftliche (später: Landwirtschaftliche) Abteilung befasste sich mit dem *Einfluß von Boden, Klima und Anbaumaßnahmen auf Ertrag und Qualität der Tabakpflanze*, mit der *Züchtung neuer ertragreicher, krankheitsresistenter Sorten unter Berücksichtigung der Qualitätssteigerung*, mit dem *Erkennen, Verhüten und Bekämpfen von Krankheiten und Schädlingen der Tabakpflanze sowie des Rohtabaks*. Die Chemische und Technologische Abteilung führte Untersuchungen *der Inhaltsstoffe des Tabaks und der Tabakerzeugnisse* und *der biochemischen Vorgänge bei der Trocknung und Fermentation* durch, sowie *grundlegende Untersuchungen zur Entwicklung neuer Verfahren der Tabakbe- und -verarbeitung*. Die Abteilung Bibliothek und Dokumentation war für die *Auswertung des Tabakschrifttums nach den Richtlinien der Zentralstelle für wissenschaftliche Literatur* und die *fachliche Schulung mittlerer und höherer Kader* der zuvor genannten Bereiche verantwortlich.[7] In das Kuratorium entsandten die Ministerien für Lebensmittelindustrie und für Land- und Forstwirtschaft, das Zentralamt für Forschung und Technik der Staatlichen Plankommission, die Deutsche Akademie der Wissenschaften und der Landwirtschaftswissenschaften sowie die Industrie – von der Fermentation über die Zigarren- bis zur Zigarettenherstellung – ihre Vertreter.[8]
1954 wurde das Institut nach Dresden in das Fabrikgebäude der früheren Adler-Compagnie (Lauensteiner Straße 42) verlegt. Trotz der Kriegszerstörungen boten Stadt und Region bessere Bedingungen für die Arbeit

Mitarbeiter des Instituts für Tabakforschung Dresden beim Test von Zigaretten, Fotografie von Richard Peter jun., 1956 (Sächsische Landesbibliothek – Staats- und Universitätsbibliothek Dresden, Deutsche Fotothek)

als Biendorf: Die klimatischen Verhältnisse im Elbtal waren günstiger für den Tabakanbau, die Gewinnung qualifizierter Mitarbeiter gestaltete sich einfacher; zudem war die Nähe zur Tabakindustrie und zu Forschungseinrichtungen gegeben. Versuchsstationen des Instituts wurden in Haldensleben, Schwedt/Oder und Dresden eingerichtet. Sie spezialisierten sich auf Anbaufragen von Schneidguttabaken (Haldensleben), Zigarrentabaken (Schwedt) bzw. auf die Züchtung neuer und die Erhaltungszüchtung alter Tabaksorten (Dresden-Zschieren). Die Forschungsthemen wurden zentral vom Ministerrat der DDR vorgegeben; es standen Anzuchtgewächshäuser, Trockenscheunen und ein Maschinenpark zur Verfügung.

Mit dem „Gesetz zur Vereinfachung und Vervollkommnung der Arbeit des Staatsapparates" erfolgte 1958 die Unterstellung unter die Vereinigung Volkseigener Betriebe (VVB) Tabakindustrie. Dadurch sollte die Praxisnähe des nunmehrigen Leitinstituts verbessert werden. Die Landwirtschaftliche Abteilung blieb strukturell unverändert, der Chemischen und Physikalischen Abteilung wurden eine Gütekontrolle und die Technisch-Ökonomische Abteilung neu zugeordnet, die beide aus dem technologischen Laboratorium hervorgegangen waren.[9] Infolgedessen veränderte sich die Ausrichtung des Instituts: Die Ansprüche der Industrie gerieten immer stärker in den Mittelpunkt und die Grundlagenforschung ins Hintertreffen. Der Hauptdirektor der VVB Tabakindustrie Ernst Kaisler fasste dies 1960 in die Worte: *Die wissenschaftliche Durchdringung der Produktion kann man am schnellsten erreichen, wenn man seinen Arbeitsplatz vom Institut in die Industrie verlegt.*[10]

1970 folgte eine weitere Umstrukturierung mit der Umbenennung in VEB Wissenschaft und Technik – Tabakindustrie. Im Ergebnis der Vereinigung des Ingenieurbüros des VEB Rationalisierung der Tabakindustrie mit dem Tabakforschungsinstitut existierten nun auch eine Konstruktionsabteilung, eine Versuchswerkstatt, ein Elektroniklabor, die Bereiche für Luft- und Wärmetechnik, für Untersuchungen der Stäube in industriellen Arbeitsräumen und für Verfahrenstechnik. Als Ingenieursbetrieb im Kombinat hatte das Institut in Dresden-Striesen nunmehr *vorrangig eigenständige Lösungen zur Anlagen- und Kontrolltechnik*, also effiziente Lösungen für die Produktionsprozesse, *zu entwickeln*[11] – eine Ausrichtung, die fortan im Grundsatz bestehen blieb. Die Landwirtschaftliche Abteilung und die Versuchsstationen mit Inventar und Personal in Haldensleben, Schwedt/Oder und Dresden-Zschieren wurden dem VEB Tabakkontor Dresden zugeordnet.

## VERÖFFENTLICHUNGEN, WISSENSCHAFTLICHE TAGUNGEN, INTERNATIONALER AUSTAUSCH

Seit 1953 gab das Institut nahezu monatlich Rundschreiben, vor allem zum Tabakanbau, heraus – in der Erwartung, dass die Forschungsergebnisse rasch Eingang in die Praxis finden würden. Die Tabakbauern, die Hauptadressaten, erreichten sie jedoch kaum. Und da auch nicht kontinuierlich Beiträge aus der Industrie eingeworben werden konnten,[12] wurde die Reihe 1958 eingestellt. Die Konzentration lag nun auf den seit 1954 erscheinenden Berichten des Instituts für Tabakforschung.

Heißlufttrocknungsanlage im Rohtabakwerk Schwedt/Oder (im Vordergrund getrocknete Tabakblätter), 1970er Jahre (Privatbesitz, Dresden)

Bis einschließlich 1968 erschien zweimal im Jahr ein Halbband,[13] danach bis 1979 jährlich ein Band. Nach neunjähriger Pause wurden 1989 die Veröffentlichung der Hefte und die Veranstaltung von Kolloquien wieder aufgenommen. Die neugegründete Betriebssektion der Kammer der Technik[14] verfolgte damit das Ziel, den fachlichen Austausch zu stärken.

Bis zur Mitte der 1960er Jahre erschienen in den Berichten vor allem Abhandlungen zum Tabakanbau mit zugehörigen Themen wie natürliche Standortfaktoren (Böden, Witterung und Klima), Saatgut und Pflanzenanzucht, Anbaupraktiken, Pflege der Tabakbestände (Pflanzenschutzmittel, Unkrautbekämpfung), Ernte und Trocknung. Ein Schwerpunkt in den 1950er Jahren war die Fermentation, wobei die Forscher des Instituts auf Erfahrungen im Ausland und eigene Versuche zurückgriffen. Arbeiten über die zum Tabakanbau gehörenden Themen Züchtung, Genetik, Alkaloide (Resistenzzüchtung, Neuzüchtung von nikotinarmen und Schneideguttabaken) sowie Krankheiten und Schädlinge finden sich

Teilnehmer des I. Internationalen Wissenschaftlichen Tabakkongresses in Paris, der zur Konstituierung der CORESTA im April 1956 führte. Die Gründungsmitglieder kamen aus Österreich, Belgien, Kolumbien, Frankreich, der BRD, der DDR, Griechenland, dem Iran, Italien, dem Libanon, Marokko, Schweden, der Schweiz, Syrien, Thailand, Tunesien, den USA und Jugoslawien. Constantin Pyriki (2. Reihe, 3. von links) – Leiter des Instituts für Tabakforschung der DDR (CORESTA, Paris)

vorzugsweise in den 1960er Jahren. Beiträge zu den technologischen Eigenschaften des Tabakblatts (wie zur Glimmfähigkeit), zur Chemie des Tabaks und des Tabakrauchs sowie Analysen zu Verfahren, Methoden und Geräten ziehen sich durch alle Jahrgänge bis 1979.[15] In den Forschungsberichten von 1989 haben die Autoren Untersuchungsergebnisse zur Tabakfolie[16] niedergelegt – ein Thema, das seit den 1950er Jahren immer wieder aufgegriffen wurde.[17]

Von Anbeginn richtete das Institut Fachtagungen und Konferenzen aus. Im Juli 1946 fand die erste Tabakzonenkonferenz in Köthen und Biendorf unter Beteiligung von Pflanzern und Tabakexperten der SBZ statt. Im Juli 1950 veranstalteten das Institut, die Tabak-Erzeuger-Genossenschaft und der Freie Deutsche Gewerkschaftsbund (FDGB) eine Allgemeine Tabakfachtagung in Köthen für die Tabakfachleute der DDR.[18] Das Institut führte im Februar 1954 eine Fachtagung in Köthen mit internationaler Beteiligung aus Ost und West durch, darunter auch der Bundesanstalt für Tabakforschung Forchheim. Der internationalen Tabakfachtagung im März 1955 folgte im Dezember 1959 die erste technisch-ökonomische Konferenz des Instituts, beide in Dresden. An der Konferenz beteiligten sich Vertreter der Technischen Universität Dresden, der für den Arbeitsbereich relevanten Institute, von staatlichen Stellen, der VVB Tabakindustrie sowie Beschäftigte aus dem Tabakanbau und der Produktion – allesamt aus dem Inland. Dieser Kreis ergab sich aus der Neuausrichtung als Leitinstitut der VVB 1958. Die vor allem für die Industrie gedachten Kolloquien sollten *Vermittler der wissenschaftlichen Erkenntnisse für die Praxis* sein. Die Themen reichten von Berichten aus der praktischen Arbeit und aus Institutsabteilungen über Abrisse von Fachtagungen im Ausland und Auswertungen von Reisen der Institutsmitglieder bis zur Vorstellung neuer Arbeitstechniken.[19]

Das Institut unterhielt Kontakte zur Bundesanstalt für Tabakforschung in Forchheim und, vermittelt über die Mitgliedschaft in der 1956 entstandenen Zentralstelle für die wissenschaftliche Zusammenarbeit auf dem Gebiet der Tabakforschung CORESTA mit Sitz in Paris,[20] weitere Verbindungen in das Ausland. Der Zugang zum internationalen Forschungsstand erfolgte über die Teilnahme an Kongressen und die Mitarbeit in Themenarbeitsgruppen der CORESTA sowie per Schriftentausch. Saatgut, das für Anbau, Züchtung und Forschung benötigt wurde, erhielt das Institut sowohl von der Bundesanstalt für Tabakforschung in Forchheim (bereits seit 1946)[21] als auch über die Mitglieder der CORESTA.

Dass die DDR trotz des Alleinvertretungsanspruchs der Bundesregierung für Gesamtdeutschland Mitglied in der CORESTA werden konnte, lässt sich auf den exzellenten Ruf des international anerkannten Tabakforschers Constantin Pyriki zurückführen. Der 1897 in Smyrna (heute Izmir/Türkei) geborene griechische Staatsbürger studierte 1925–1927 Nahrungsmittelchemie an der Technischen Hochschule Dresden bei Professor Alfred Heiduschka. Nach seiner Promotion baute er ab 1929 für die Zigarettenfabrik Richard Greiling AG ein wissenschaftliches Labor auf, wo er unter anderem an der Herstellung nikotinfreier Zigaretten forschte, woraus auch ein Patent hervorging.[22] Nach der Zerstörung des Labors 1945 arbeitete er freiberuflich als Tabaksachverständiger, ehe er 1947 das Chemische Laboratorium der VVB Tabak in den wiederhergestellten Räumen seines alten

Mitarbeiter des Instituts für Tabakforschung Dresden-Zschieren bei der Bonitur (Untersuchung zur Standfestigkeit von Tabakpflanzen) nach Abschluss der Versuchsernte, Fotografie von Richard Peter jun., 1956 (Sächsische Landesbibliothek – Staats- und Universitätsbibliothek Dresden, Deutsche Fotothek)

Arbeitsortes aufbaute. Zwischen 1952 und 1965 leitete er das Institut für Tabakforschung, 1960 wurde er zum Professor ernannt. Acht Jahre war er CORESTA-Vizepräsident. Pyriki verfasste Arbeiten zur Herkunft von Tabaken, zur Tabakfermentation, zu Tabakinhaltsstoffen, zur Qualität und Qualitätsbeurteilung, zur chemischen Zusammensetzung des Tabaks, zu krebserregenden Stoffen im Tabakrauch und erstellte auch Analysen zu Zigarettenpapier, -filter und -lagerung.[23]

Neue Tabaksorten wurden mit dem Ziel gezüchtet, hohe Leistung und gute Qualität mit Resistenz gegenüber der Pilzkrankheit Blauschimmel und diversen tabakschädigenden Viren zu vereinen. Mit der Züchtung der Sorten „Wohlsdorfer Burley" (1955) und „Ergo" (1958) verhinderte der international anerkannte Tabakzüchter Wilhelm Endemann (1902–1975) den Zusammenbruch des durch den Rippenbräunevirus gefährdeten Tabakanbaus in der DDR. Seit der zweiten Hälfte der 1960er Jahre stand die Züchtungsgruppe in Dresden-Zschieren unter der Leitung der diplomierten Landwirtin Anni Egerer. Das Prüfungsamt der DDR erteilte insgesamt Sortenprädikate für zwölf Dresdner Züchtungen. Wirtschaftliche Bedeutung erlangten vor allem „Zerlina" und „Dreta" (Dresdner Tabak) des Typs Burley sowie „Golta" (Goldener Tabak) des Typs Virginia. Die Felder zur Saatgutgewinnung befanden sich auf Graupaer Flur unterhalb des Borsbergs auf der gegenüberliegenden Elbseite. Da die konventionelle Züchtung sehr zeitaufwändig war, begannen in den späten 1980er Jahren In-vitro-Züchtungsversuche. Das hierfür eingerichtete Labor wurde auch für phytopathologische Untersuchungen und für agrochemische Versuche (Herbizidanwendung zur Unkrautvernichtung, Unterdrückung der Geiztriebbildung, Optimierung von Düngergaben) genutzt.[24]

## NACHGESCHICHTE

Um auf den Ausgangspunkt zurückzukommen: Der für die „Zeit im Bild" vorgesehene Artikel ist letztlich nicht erschienen; der Entwurf verschwand im Archiv des Verlags. Den Zensurbehörden war die Berufung auf die populäre amerikanische Zigarettenmarke „Chesterfield" als Vorbild für die ostdeutsche Tabakindustrie wohl nicht geheuer, zumal es eine „deutsche Chesterfield", das heißt eine den Bedürfnissen der Konsumenten entsprechende American Blend-Zigarette, die nur mit Inlandstabaken hergestellt wurde, schon aus klimatischen Gründen gar nicht geben konnte. Im Jahresbericht des

Institut für Tabakforschung Dresden, Prüfung einer Tabakpflanze auf dem Versuchsfeld in Dresden-Zschieren durch Anni Egerer (Mitarbeiterin Anbauforschung), Fotografie von Richard Peter jun., 1956 (Sächsische Landesbibliothek – Staats- und Universitätsbibliothek Dresden, Deutsche Fotothek)

Tabakforschungsinstituts 1956 ist zu lesen, dass *die* [inländischen] *Tabake* [nur] *als Fülltabake (Schneidegut)* […] *beigemischt werden können.* [Denn] *ihren Merkmalen nach gehören die Inlandstabake* […] *weder zu den ausgesprochenen Zigarettentabaken noch zu den alkalischen Zigarrentabaken. Sie nehmen vielmehr eine neutrale Mittelstellung ein.*[25] Auch die seit den 1920er Jahren angestrebte Entwicklung einer nikotinfreien Zigarette blieb eine unerfüllte Vision. So wie bei der Gründung des Instituts 1945 stand auch die Geschichte des seit 1952 in Dresden befindlichen Tabakforschungsinstituts der DDR im Zeichen der Erhöhung der Erträge des inländischen Tabakanbaus und der Effektivierung der Produktion. Die von Richtungsentscheidungen des Staates, der Ministerien, der VVB bzw. des Kombinats abhängige Institutsarbeit richtete sich angesichts des Devisen- und Arbeitskräftemangels und der Konzentration auf den heimischen Markt immer mehr auf die stark anwendungsbezogene, kurzfristig orientierte Forschung und Entwicklung.²⁶

Nach der Herstellung der deutschen Staatseinheit 1990 übernahm der Philip Morris-Konzern die Vereinigten Zigarettenfabriken GmbH am Standort Dresden. Da sich Forschung und Entwicklung in Berlin konzentrierten, gab es für den VEB Wissenschaft und Technik – Tabakindustrie keine Verwendung mehr. Es gelang jedoch, den Hamburger Reemtsma-Konzern dazu zu bewegen, ein Umweltinstitut zu begründen, in dem anfangs mehrheitlich frühere Mitarbeiter des Tabakforschungsinstituts tätig waren. Das Kerngeschäft des seit 1992 als ERGO Umweltinstitut firmierenden, seit 1997 durch das Management erworbenen und damit von Reemtsma unabhängigen Unternehmens ist die Laboranalytik.²⁷

Die Versuchsstation in Dresden-Zschieren wurde 1990 zunächst an das Institut für Sonderkulturen der Akademie der Landwirtschaftswissenschaften der DDR angegliedert. Kurzzeitig ergab sich eine Zusammenarbeit mit dem Referat Tabakforschung der Baden-Württembergischen Landesanstalt für Pflanzenbau in Karlsruhe-Rheinstätten. Dorthin ging die komplette Genbank Tabak, d. h. Saatgut sämtlicher zugelassener sowie noch in der Züchtung befindlicher Sorten und aller verfügbaren historischen Arten und Sorten. Nach einer Evaluierung durch den Wissenschaftsrat 1991 erfolgte die Abwicklung der Einrichtung. Die vom Dresdner Kulturamt und dem Ortsamt Dresden-Leuben entwickelte Idee, auf dem Gelände ein Tabakmuseum zu errichten und die Gebäude für kulturelle Veranstaltungen zu nutzen, konnte – im Gegensatz zur Versuchsstation in Schwedt-Vierraden – nicht umgesetzt werden. 1993 wurde die Liegenschaft von der Treuhandanstalt an einen Garten- und Landschaftsbetrieb veräußert. An die frühere Geschichte der Tabakforschung und -züchtung erinnert heute nur noch die Tabaktrockenscheune – ein unter Denkmalschutz stehender Klinkerbau.

■ ANMERKUNGEN

* Die Autorin dankt Frau Angelika Schuster, Dresden, für zahlreiche hilfreiche Hinweise.
1 Werner Hager, Chesterfield made in Germany. Ein Bericht aus dem einzigen Tabakforschungsinstitut der Ostzone, Archiv Zeit im Bild, K11 45, maschinenschriftlich, Stadtmuseum Dresden.
2 Vgl. Schott: Die Reichsanstalt für Tabakforschung und ihr Leiter Herr Oberregierungsrat Dr. P. Koenig, in: Der Tabak. Halbjahresschrift für Tabakanbau, Tabakverarbeitung, Tabak- und Tabakwaren-Handel 1 (1937), 7–9.
3 Vgl. G. Nitsche, Entwicklung und Aufgaben des Instituts für Tabakforschung, in: Die Lebensmittel-Industrie. Fachzeitschrift für die Deutsche Lebensmittelindustrie mit allen Verordnungen der Fachministerien aus Forschung, Praxis und Verwaltung, Berlin 1950, Heft 1, 21.
4 Vgl. ebd., 22.
5 ZVOBL der Deutschen Zentralverwaltung der Justiz der SBZ, 688, restituiert im GBl. der DDR 1950, 647f.
6 Struktur, Aufgaben und Tätigkeit des Instituts für Tabakforschung, in: BArch, DC 20- I/3/162, fol. 44f.
7 Vgl. Wilhelm Endemann/Conrad Weidemann, 10 Jahre Tabakforschung 1946–1956, in: Berichte des Instituts für Tabakforschung Dresden, Köthen 1956, Bd. 3, 11.
8 Ebd., 10–12.
9 BArch, DF/4/61854, fol. 4.
10 Berichte des Instituts für Tabakforschung Dresden, Köthen 1960, Bd. 7, 119.
11 Berichte der Tabakindustrie der DDR, hrsg. vom VEB Wissenschaft und Technik – Tabakindustrie – im VEB Kombinat Tabak, Dresden 1989, H. 1, 5.; vgl. auch Paul Berger, 35 Jahre Deutsche Demokratische Republik – 35 Jahre Tabakindustrie 1949–1984, Dresden 1984, 129f.
12 Vgl. H. Büning, Neue Wege beschreiten, in: Rundschreiben für den Tabak-Anbau und die Tabak be- und verarbeitende Industrie, hrsg. vom Institut für Tabakforschung, Dresden 1957, Jg. 4, Nr. 1, 1f.
13 Berichte des Instituts für Tabakforschung Dresden, Köthen 1969, Bd. 16, Impressum.
14 Berufsorganisation der Techniker und Ingenieure in der DDR.
15 Vgl. Berichte des Instituts für Tabakforschung Dresden, Köthen 1974, Bd. 21, 5–36.
16 Tabakfolie ist eine Art künstliches Tabakblatt, bestehend aus einer Mischung von Tabakstaub (Abfallprodukt der Tabakverarbeitung), Wasser und Bindemittel. Nach dem Trocknungsprozess wird der Folientabak ähnlich wie Papier auf eine Bobine gerollt.
17 Berichte der Tabakindustrie der DDR, Dresden 1989, Heft 1, 3.
18 Vgl. Berichte des Instituts für Tabakforschung Dresden, Köthen 1956, Bd. 3, 7f.
19 Vgl. Berichte des Instituts für Tabakforschung Dresden, Köthen 1962–1969, Bd. 9–16, Referate-Teil.
20 Im September 1955 fand der I. Internationale Tabakkongress in Paris statt, der zur Konstituierung der CORESTA (Centre de Coopération pour les Recherches Scientifiques relatives au Tabac) im April 1956 führte.
21 Constantin Pyriki, Eröffnungsansprache des Direktors Dr. C. Pyriki anlässlich der Tabakfachtagung am 11. und 12. Februar 1954 in Köthen, in: Berichte des Instituts für Tabakforschung Dresden, Köthen 1954, Bd. 1, 139.
22 Reichspatentamt, Patentschrift 553255, Kl. 79c, Gr. 1, vom 9.6.1932: Verfahren zur Herstellung von nikotinfreien Tabaken,

patentiert für Zigarettenfabrik Richard Greiling AG in Dresden, patentiert im Deutschen Reiche vom 15. November 1929 an.

23 Vgl. Wilhelm F. Homann, Constantin Pyriki zum sechzigsten Geburtstag am 13. Januar 1957, in: Berichte des Instituts für Tabakforschung Dresden, Köthen 1957, Bd. 4, 5–35; Paul Berger, Constantin Pyriki zum achtzigsten Geburtstag, in: Berichte des Instituts für Tabakforschung Dresden, Köthen 1977, Bd. 21, 5–7.

24 Die Felder befanden sich im Eigentum der Gärtnerischen Produktionsgenossenschaft „GPG am Borsberg"; inklusive hinzugepachteter Flächen betrug die Versuchsfläche schließlich 2 Hektar. Alle Informationen in diesem Absatz beruhen auf Notizen von Angelika Schuster, der ehemaligen Mitarbeiterin der Versuchsstation.

25 BArch, DF/4/58915, fol. 26.

26 Zum Gesamtproblem vgl. André Steiner, Anschluss an den „Welthöchststand"? Versuche des Aufbrechens der Innovationsblockaden im DDR-Wirtschaftssystem, in: Innovationskulturen und Fortschrittserwartungen im geteilten Deutschland, hrsg. von Johannes Abele, Gerhard Barkleit, Thomas Hänseroth, Köln-Weimar-Wien 2001, 71–88, hier 82.

27 https://www.ergo-dresden.de/Unternehmen/historie (12.8.2020).

# LAGER FLORASTRASSE 14

## Häftlinge aus dem Frauen-Konzentrationslager Ravensbrück in der Dresdner Universelle 1944/45

Insa Eschebach

Wer heute in Dresden die Florastraße 14 aufsucht, wird dort den Gedenkstein nicht mehr finden, der an den Arbeitseinsatz von weiblichen KZ-Häftlingen in der Universelle in den Jahren 1944/45 erinnerte. Ursprünglich bestand der Gebäudekomplex aus zwei Rohtabaklagern sowie verschiedenen Anbauten, die Ende des 19. Jahrhunderts der griechisch-deutsche Tabakunternehmer Georg Anton Jasmatzi hatte errichten lassen. Die Universelle, die mit der Herstellung von Zigarettenmaschinen eine Monopolstellung in Deutschland errungen hatte, mietete unweit ihrer Zentrale in der Zwickauer Straße die Florastraße 14 eigens für Zwecke der Rüstungsproduktion an.[1]

Die Universelle gehörte zu den ersten Dresdner Betrieben, die sich abseits ihrer eigentlichen Ausrichtung frühzeitig in der Rüstungswirtschaft engagierten:[2] 1935, als das NS-Regime mit der Aufrüstung begann, ließ das Unternehmen Zünderstellanlagen, Geschütz- und Gewehrteile herstellen, 1936 wurden Flugzeugteile für das Luftwaffengeschwader in Spanien, 1938 Torpedoteile in großer Stückzahl produziert. Im Jahr 1939 kam der Bau neuer Flak-Kanonen hinzu. Der monatliche Umsatz im Rüstungsgeschäft betrug damals knapp zwei Millionen Reichsmark. Parallel suchte die Firma die Produktion von Zigarettenmaschinen aufrechtzuerhalten, um auf dem Weltmarkt konkurrenzfähig zu bleiben, wobei dieser Geschäftszweig allerdings zunehmend an ökonomischer Bedeutung verlor.

Mit dem Ausbau der Rüstungsproduktion begann in der Universelle Ende 1941 die Beschäftigung von „Fremdarbeitern".[3] Zunächst waren spanische Zivilarbeiter in der Firma tätig, Mitte 1942 kamen erstmals sogenannte Ostarbeiter aus Litzmannstadt (Łódź) hinzu. Schließlich zählte das Unternehmen Menschen aus elf Nationen zu seiner „Belegschaft". Diese insgesamt etwa 3000 zivilen Zwangsarbeiter waren überwiegend in neun über das Stadtgebiet verteilten Lagern untergebracht. Da der Arbeitskräftebedarf der Universelle weiterhin stieg, erwarb die Firma im Jahr 1944 den Anspruch auf Dienstverpflichtete. Parallel sollte auch die Umstellung auf Häftlingsarbeit erfolgen.

Im Unterschied zu Kurt A. Körber (1909–1992), dem damaligen Technischen Direktor der Universelle,[4] haben ehemalige KZ-Häftlinge über die Zwangsarbeit für die Universelle ausführlich Auskunft gegeben, so beispielsweise die promovierte Juristin Rita Sprengel (1907–1993), ebenso Maria Osiecka (1924–2015) aus Warschau und die Slowenin Darinka Vizjak-Fortunat (geb. 1921).

Häftlinge aus den Konzentrationslagern galten damals als letzte Arbeitskraftreserve.[5] Sie waren preiswert, konnten in großen Gruppen zur Verfügung gestellt werden und boten Sicherheit in Fragen der Geheimhaltung. Die SS sorgte für An- und Abtransport der Häftlinge und stellte die Bewachung, die Bekleidung und die Krankenversorgung, während der Betrieb für Unterbringung, Sanitäranlagen und Beheizung verantwortlich war. Im Februar 1944 waren insgesamt 35 839 KZ-Häftlinge in 40 Betrieben allein für die Rüstungsproduktion der Luftwaffe eingesetzt.[6]

Seit den 1930er Jahren sind in der industriellen Produktion zunehmend Frauen eingestellt worden, und zwar, weil eine *geringe Monotonieempfindlichkeit* sowie eine *fehlende technische Begabung* als ein *Grundzug des weiblichen Wesens* galt.[7] Was nun den Arbeitseinsatz von KZ-Häftlingen betraf, war es den Rüstungsfirmen freigestellt, ob sie männliche oder weibliche Gefangene beschäftigen wollten.[8] Die Universelle bestellte ein Kontingent von 500 Frauen, die am 11. Oktober 1944 nach einem zweitägigen Transport in Viehwaggons aus dem Frauen-KZ Ravensbrück in Dresden eintrafen. Im Januar 1945 folgte aus Ravensbrück eine weitere Gruppe von 200 Frauen.

## ARBEITEN UND LEBEN IN DER UNIVERSELLE

Die erste, im Oktober deportierte Gruppe umfasste etwa 300 Häftlinge aus west-, südost- und osteuropäischen Ländern, unter diesen 76 polnische Frauen. Bei den übrigen 200 Gefangenen handelte es sich um Reichsdeutsche, *Prostituierte, Verbrecherinnen und einige, die wegen Liebe zu Ausländern verhaftet waren*, wie Rita Sprengel schreibt.[9] Untergebracht wurden die Frauen im vierten und fünften Stock des Fabrikgebäudes der Florastraße 14. Dort befanden sich zweistöckige Betten, die mit Holzwolle und dünnen grauen Zudecken ausgestattet waren; beheizt wurden die Räume mit Eisenöfen. Dass jeder Häftling über ein eigenes Bett verfügte und auch *das Essen in der Regel sauber zubereitet war*, sei ein Unterschied zu Ravensbrück gewesen.[10] Bei Fliegeralarm wurden die Frauen in diesen beiden oberen Räumen des Fabrikgebäudes eingeschlossen, während dem SS-Personal ein Luftschutzraum zur Verfügung stand.

Im ersten und zweiten Stock befanden sich die Werkhallen, im dritten gab es offenbar einen *Eßsaal* und eine Krankenstation, die von zwei polnischen Häftlingsärztinnen betreut wurde. *Wir wuschen uns alle in ein und demselben Waschraum mit drei Wasserhähnen*, so Darinka Vizjak-Fortunat;[11] warmes Wasser stand den Frauen nicht zur Verfügung. Ein großes Problem war die ungenügende Kleidung, da das Ravensbrücker SS-Personal den Frauen keine Wäsche zum Wechseln mit auf den Weg gegeben hatte. Um dem Mangel an Strümpfen zu begegnen, fertigten sich manche Frauen *aus Papier Wickelgamaschen* an.[12] Das Gebäude durften die Frauen nicht verlassen.

Morgens habe es eine als *Kaffee* bezeichnete, schwarze Brühe gegeben, mittags einen halben Liter Suppe. Das Abendessen bestand aus einer Scheibe Brot und *einer mikroskopisch kleinen Portion Marmelade*, einem Stück Margarine oder Blutwurst. Eine *Attraktion* waren die Pellkartoffeln, die es gelegentlich gegeben habe, schreibt Maria Osiecka rückblickend,[13] und Rita Sprengel bemerkt, dass neben der fehlenden frischen Luft vor allem der Vitaminmangel schwer zu ertragen gewesen sei.[14]

Hergestellt wurden in der Florastraße Ladedruckregler, Benzinpumpen, Ölpumpen, Menthol-Schalter, Bedienungsgeräte und anderes mehr. Anders als Rita Sprengel, die in der Revisionsabteilung[15] bzw. als *Gütekontrolleur*[16] eingesetzt war, ist den meisten Häftlingen Name und Funktion der Geräte, an deren Herstellung im

Passfoto aus dem Führerschein von Rita Sprengel, geb. Bolck, 1938 (Gedenkstätte Ravensbrück/ Stiftung Brandenburgische Gedenkstätten)

Taktverfahren sie beteiligt waren, nicht in Erinnerung geblieben. Darinka Vizjak-Fortunat spricht von einer schweren Drehmaschine, an der sie *große runde Stücke [...] abdrehen* musste.[17] Und Maria Osiecka, die ihre Arbeit an einer *Standbohrmaschine* erwähnt, kritisiert rückblickend die *ungenügenden Instruktionen an gefährlichen Arbeitsplätzen*, die, wie auch die allgemeine Erschöpfung, Unfälle zur Folge hatten. Frauen, die ihr Soll an der Maschine nicht erfüllten, seien mit einem dreitägigen *Nichts zum Essen* (Original auf Deutsch) bestraft worden. *Zwangsarbeit*, das bedeutete, so noch einmal Maria Osiecka, *dass wir dem Feind nicht freiwillig dienen wollten*. Durch ihr Mitwirken an der Produktion von Rüstungsgütern unterstützten die Häftlinge notgedrungen die militärische Übermacht der deutschen Besatzer ihrer Heimatländer. Für dieses Dilemma gab es nur einen einzigen Ausweg, und zwar Sabotage. Sprengel berichtete über ihre Arbeit als Gütekontrolleurin, sie habe die Qualitätsnormen so streng genommen, dass auch vollständig brauchbare Teile im Ausschuss gelandet seien.[18]

Gearbeitet wurde in zwei Schichten à zwölf Stunden von sechs bis 18 Uhr mit einer Mittagspause.[19] Hinzu kam der Sonntagvormittag mit einer Arbeitszeit von sieben bis zwölf Uhr. Die Wochenarbeitszeit betrug also insgesamt 72 Stunden, eine für KZ-Häftlinge übliche Stundenzahl, die selbst von der Deutschen Arbeitsfront (DAF) als im Grunde nicht leistbar bezeichnet worden ist.[20] *Das Leben*, so Maria Osiecka, *war überaus traurig: Es quälten uns Hunger, Kälte und Schmutz. Die Tage waren eintönig, das Morgen unsicher.*

Gedenkstein an der Florastraße, 1979 errichtet, seit 2002 verschollen, um 1980 (Archiv des Verbandes der Verfolgten des Naziregimes – Bund der Antifaschistinnen und Antifaschisten Sachsen, Region Dresden)

Die damals 37-jährige Kommunistin Sprengel hatte sich mit einer Gruppe jüngerer Sloweninnen angefreundet, denen sie *die Grundzüge der kapitalistischen Ausbeutung* nahezubringen versuchte.[21] Feste wurden gefeiert, wenn Pakete von Angehörigen mit Lebensmitteln eintrafen. Osiecka berichtet, dass die Polinnen in ihrem Kreis 1944 das Weihnachtsfest gefeiert haben, und zwar mit Hilfe eines Tannenbaums, den sie sich aus einem Adventskranz, der in der Fabrikhalle gehangen habe, gebastelt hätten: Geschmückt wurde *der Baum* mit einer *echten Weihnachtskugel* sowie mit Christbaumschmuck aus Holzspan und Metallsieb. Berichtet wird übereinstimmend von wiederkehrender Unterstützung durch die Zivilarbeiter, die Äpfel, belegte Brote, aber auch Strümpfe in größerer Zahl mitgebracht hätten. Rita Sprengel erwähnt in ihren Berichten mehrfach ein Fräulein Heinrich aus Possendorf. Diese habe nicht nur Medikamente und Verbandszeug beschafft, sondern abends auch Schuhe der Häftlinge mit nach Hause genommen, um sie morgens repariert zurückzubringen. Noch 1975 ließ Rita Sprengel in der Sächsischen Zeitung nach der *Arbeiterin Heinrich* suchen.[22]

## INFERNO DES 13. FEBRUAR 1945, NACHGESCHICHTE

Die Erinnerung an die Bombardierung der Florastraße in der Nacht vom 13. zum 14. Februar 1945 überlagert alle Beschreibungen der zuvor verbrachten Tage der Zwangsarbeit. Ein von Tilcka Kasper und Katica Slana über die Universelle verfasster Bericht thematisiert nahezu ausschließlich die Ereignisse dieser Nacht.[23] In den Wochen zuvor war es den Frauen geglückt, bei Fliegeralarm ihre Unterbringung im Keller des Gebäudes durchzusetzen. Andernfalls hätte keine von ihnen überlebt.

Die Zahl derer, die in dieser Nacht in der Florastraße ums Leben gekommen sind, ist unbekannt. Rita Sprengel ist über die nahe gelegenen Gleisanlagen Richtung Plauenscher Grund geflohen.[24] Für sie wie auch für Darinka Vizjak-Fortunat und Maria Osiecka markiert der 13. Februar 1945 den Tag ihrer Befreiung und damit verbunden den Beginn eines mühsamen und auch abenteuerlichen Weges zurück in die Heimat.[25] Zahlreiche Häftlinge blieben aber auch vor Ort, beräumten die Trümmer und bargen Tote. Anfang März evakuierte die SS eine Reihe von ihnen nach Mockethal-Zatzschke, ein Auffanglager bei Pirna.[26] Von dort ging es weiter nach Leitmeritz, wo sich die Spuren verlieren.[27]

Am 6. September 1979 wurde auf dem Gelände der Florastraße 14 ein aus ungarischem Travertin gefertigter Gedenkstein mit folgender Inschrift enthüllt: *Zu Ehren der Frauen, die hier 1944–1945 in der Außenstelle Florastraße des KZ Ravensbrück litten, kämpften und starben.* An der Zeremonie nahm unter anderen Darinka Vizjak-Fortunat teil, die 1944 als 23-jährige Studentin nach Dresden verschleppt worden und nun in ihrer Heimatstadt Celje als Lehrerin für die slowenische Sprache tätig war. An der Feier nahm auch Rita Sprengel teil, die sich in ihrer Rede an die Anwesenden mit dem Appell wandte, „im Kampf gegen Imperialismus und Krieg, gegen die neonazistischen Umtriebe vor allem in der BRD" nicht nachzulassen.[28]

Der Gedenkstein, erinnert sich eine Mitarbeiterin des heute dort ansässigen Textilbetriebes, sei in den 1990er Jahren, weil er porös war, abgebaut und in die Werkhalle verbracht worden. Im Zuge des Elbhochwassers 2002 sei er dann abhandengekommen. Es wäre an der Zeit, an diesem Ort einmal historisch fundiert über die Geschichte der Florastraße 14 zu informieren.

■ ANMERKUNGEN

Für Rat und Unterstützung danke ich herzlich meiner Schwester Erika Eschebach sowie Ulrich Fritz, Andrea Genest, Matthias Roth (Gedenkstätte Ravensbrück) und Constanze Treue (Stadtmuseum Dresden).

1 Ulrich Fritz, Dresden (Universelle), in: Der Ort des Terrors. Geschichte der nationalsozialistischen Konzentrationslager, Bd. 4, hrsg. von Wolfgang Benz und Barbara Diestel, München 2006, 98–101.
2 Vgl. im folgenden Josef Schmid und Frank Bajohr, Gewöhnlicher unternehmerischer Opportunismus? Kurt A. Körber und die Dresdner „Universelle" im Nationalsozialismus, in: Zeitgeschichte in Hamburg 2011, 73–101.
3 Vgl. zum Folgenden ebd. 95.
4 Zu Körber vgl. den Beitrag von Josef Schmid im vorliegenden Band.
5 Marc Buggeln, Das System der KZ-Außenlager. Krieg, Sklavenarbeit und Massengewalt (= Gesprächskreis Geschichte 35, Friedrich-Ebert-Stiftung), Bonn 2012, 116–118.
6 Ebd., 118.
7 Erwin Bramesfeld, Die Bewährung der Frauen im industriellen Arbeitseinsatz, in: Werkstatttechnik und Werksleiter. Zs. für Werksanlage, Fertigung und Betriebsführung 35 (1941), Heft 23/24, 397–399, hier 397.
8 Vgl. Buggeln, System (wie Anm. 5), 126.
9 Rita Sprengel, Eine Nacht. 13. Februar 1945, unveröff. Manuskript; MGR/SBG, NMG/19-185, Bl. 1.
10 Rita Sprengel, Bericht, Dresden, den 5.8.1958; MGR/SBG Slg Bu, Bd. 28, Ber. 487.
11 Darinka Vizjak-Fortunat, Bericht vom 7.8.1975; MGR/SBG AGB 67/7.
12 Sprengel, Eine Nacht (wie Anm. 9), Bl. 1.
13 Vgl. hier und die folgenden Zitate von Maria Osiecka, Dr. Maria Osiecka, Informacja o obozie koncentracyjnym przy f-ce „Universelle". Derznie ul. Flory 14; MGR/SBG AGB 133/9. Für die Übersetzung aus dem Polnischen danke ich Andrea Genest.
14 Sprengel, Bericht (wie Anm. 10), Bl. 5.
15 Rita Sprengel, Im Schatten der eisernen Ferse, Berlin 1949, 82f.
16 Rita Sprengel, Der rote Faden. Lebenserinnerungen, hrsg. von Sigrid Jacobeit, Berlin 1994, 239.
17 Darinka Vizjak-Fortunat, Brief an Hans Brenner vom 18.12.1978; MGR/SBG AGB 67/7.
18 Sprengel, Der rote Faden (wie Anm. 16), 239.
19 Sprengel, Bericht (wie Anm. 10), Bl. 3
20 Buggeln, Das System (wie Anm. 5), 26.
21 Sprengel, Der rote Faden (wie Anm. 16), 241.
22 Vgl. Rita Sprengel, Lager Florastraße 14. Wie antifaschistische Häftlinge in Dresden das Inferno des 13. Februar 1945 überlebten, in: Sächsische Zeitung vom 14.2.1975.
23 Tilcka Kasper und Katica Slana, Dresden, in: FKL Zensko koncentracijsko taborisce Ravensbrück, hrsg. von Erna Muser und Vida Zavrl, Ljubljana 1971, 554–557. Für die Übersetzung aus dem Slowenischen danke ich Tjasa Celan.
24 Vgl. Sprengel, Der rote Faden (wie Anm. 16), 246.
25 Zur Rückkehr der Häftlinge nach der Befreiung der Lager vgl. Ravensbrück 1945. Der lange Weg zurück ins Leben, hrsg. von Insa Eschebach und Katharina Zeiher (= Schriftenreihe der Stiftung Brandenburgisch Gedenkstätten 51), Berlin 2016.
26 Einige wurden auch ins Flossenbürger Außenlager Freiberg überstellt, andere in das Arbeitserziehungslager Radeberg. Mitteilung von Ulrich Fritz vom 28.5.2020.
27 Vgl. Ulrich Fritz, „Ich hatte den Eindruck, dass damals alles schon etwas in Auflösung begriffen war." KZ-Häftlinge in Dresden – vor, während und nach den Luftangriffen von Februar 1945, in: Sachsen und der Nationalsozialismus, hrsg. von Günther Heydemann, Jan Erik Schulte, Francesca Weil, Göttingen 2014, 111–128; NS-Terror und Verfolgung in Sachsen. Von den frühen Konzentrationslagern bis zu den Todesmärschen, hrsg. von Hans Brenner, Wolfgang Heidrich, Klaus-Dieter Müller u.a., Dresden 2018, 475f., hier auch der Hinweis, dass die Oberaufseherin Charlotte Hanakam und die SS-Aufseherin Magda Mehnert für ihre Übergriffe auf Häftlinge 1946 vom Schwurgericht Dresden zu Zuchthausstrafen von fünf Jahren und drei Monaten verurteilt worden sind.
28 Zit. nach Elisabeth Neubert, Betriebsstätte Rosenstraße auf historischem Boden, in: Aus der Geschichte des VEB Purotex Dresden. 10 Jahre Betriebsgeschichte Rosenstraße 1972–1982, hrsg. von der Kommission für Betriebsgeschichte der Parteileitung des VEB Purotex Dresden, Heft 1 (1983), 3–7, hier 6f.

# KURT A. KÖRBER, DIE UNIVERSELLE UND DIE TABAKSTÄDTE DRESDEN UND HAMBURG

Josef Schmid

Nach dem Zweiten Weltkrieg löste Hamburg Dresden als wichtigsten deutschen Standort des Zigarettenmaschinenbaus ab. Verbunden ist dieser Prozess mit dem Namen des Ingenieurs, Unternehmers und Stifters Kurt Adolf Körber (1909–1992), der 1946/47 in Hamburg-Bergedorf die Firma Hauni (Hanseatische Universelle) Maschinenfabrik Körber & Co. KG gründete, die in den 1950er Jahren zum deutschen Branchenprimus und zum Weltmarktführer im Zigarettenmaschinenbau avancierte. Um Körbers Anteil an dieser Entwicklung – er wurde bereits zu Lebzeiten als genialer Selfmademan gefeiert – ranken sich zahlreiche Legenden, die er selbst befeuerte.[1] Sie dürfen aber nicht den Blick dafür verstellen, dass er vor allem wirtschaftliche und politische Veränderungen früh erkannte und sich entsprechend anpasste, was seinen unternehmerischen Erfolg begründete.

Körbers Karriere im Zigarettenmaschinenbau begann 1935. Um die automatisierte Herstellung und Verpackung von Zigaretten zu perfektionieren, suchte die Universelle-Cigarettenmaschinen-Fabrik J. C. Müller & Co. in Dresden nach einer technischen Lösung für ihre Maschinen, Zigaretten zuverlässig mit dem Stempelaufdruck nach oben in die Packung zu legen. Bis dato war dieses „Auf-Spiegel-legen" noch weitgehend Handarbeit. Körber, zu dieser Zeit als Ingenieur für die Siemens & Halske-Werke in Berlin-Spandau tätig, legte mit einer Erfindung die Basis für eine elektromagnetische Wendeeinrichtung, mit der 25 Zigaretten pro Sekunde in die richtige Lage gedreht werden konnten. Die Universelle übernahm die patentgeschützte Erfindung für ihre Packmaschinen und machte Körber ein lukratives Jobangebot, das dieser annahm. Für ihn war dies der Beginn der ersehnten steilen Karriere. Im Jahr 1937 wurde er Prokurist und 1944 Technischer Direktor der Dresdner Firma, die in Deutschland bereits eine monopolartige Stellung in der Branche erlangt hatte und mit dieser aufsehenerregenden Innovation ihr internationales Renommee steigerte.

Das international tätige Unternehmen bot dem jungen Ingenieur große berufliche Entwicklungsmöglichkeiten, zumal es in einem boomenden Markt operierte. Seit die Zigarette im Ersten Weltkrieg dominantes Rauchmittel geworden war, setzte sie ihren Siegeszug fort. Selbst die Antitabak-Kampagnen der Nationalsozialisten konnten dies nicht verhindern. Bis Mitte der 1950er Jahre sollten fast drei Viertel aller Tabakwaren als

Das österreichische Tabakmonopol widmete der von Kurt Adolf Körber maßgeblich mitentwickelten Spiegelpackmaschinen-Technik im Jahr 1959 eine Sonderbriefmarke. (Körber-Stiftung, Hamburg)

Zigaretten konsumiert werden, und das bei steigendem Verbrauch.² Immer leistungsfähigere Zigarettenmaschinen flankierten diese Entwicklung. Bei der Universelle leitete Körber zunächst die Montage der neuen Spiegelpackmaschine und besuchte per Auto, Schiff und Flugzeug zahlreiche Kunden in Deutschland, Schweden, Frankreich und der Schweiz sowie in Ägypten. Körber nutzte diese Reisen, indem er von diesen stets wertvolle technische und kaufmännische Erkenntnisse aus der tabakverarbeitenden Industrie sowie wichtige Telefonnummern von Kontaktpersonen mitbrachte.³

Ab 1936 wurde die Universelle immer tiefer in die nationalsozialistische Rüstungswirtschaft verstrickt. Zunächst waren solche zusätzlichen Produktionen lediglich als begrenztes Zugeständnis an die NS-Behörden gedacht, die größeren Einfluss auf den selbstbewussten und international vernetzten Konzern erlangen wollten. Doch die ökonomische Bedeutung rüstungswirtschaftlicher Aufträge für das Unternehmen wuchs infolge der restriktiven Exportpolitik der Reichsregierung. Im Zweiten Weltkrieg stieg die Universelle dann zu einem führenden Rüstungsbetrieb in Dresden auf, wobei der Zigarettenmaschinenbau fast zum Erliegen kam. Die Firma beschäftigte zahlreiche Fremd- und Zwangsarbeiter.⁴ Wegen wiederholter Weigerung, sich den antisemitischen Vorgaben der NS-Politik zu beugen, geriet die Firma in das Visier staatlicher Organe. Universelle-Chef und -Eigentümer Johann Carl Müller kam in diesem Zusammenhang sogar in Gestapo-Haft und gab 1942 die Betriebsführung ab.⁵

An der Rüstungsproduktion seiner Firma war Körber spätestens seit Ende 1939 aktiv beteiligt. Anfangs begleitete er Vorgesetzte bei Verhandlungen mit Wehrmachtsvertretern und staatlichen Instanzen, später agierte er zunehmend eigenverantwortlich für die Universelle. Nach eigener Aussage wollte er sich mit dem rüstungswirtschaftlichen Engagement vor der Einziehung zum Kriegsdienst schützen und das ökonomische Überleben des Unternehmens sichern helfen. Beides gelang. Mehrere Kollegen, darunter kommunistische Widerstandskämpfer, die er vor der Einberufung zur Wehrmacht schützte, und eine halbjüdische Mitarbeiterin, für die er sich eingesetzt hatte, dankten ihm die Hilfe nach Kriegsende durch die schriftliche Bezeugung, Körber habe *antifaschistische Arbeit* geleistet.⁶

Nicht zuletzt förderte Körber mit dem Engagement in der Rüstungsproduktion seine berufliche Karriere. Mitte 1940 trat er in die NSDAP ein, nachdem nationalsozialistisch gesinnte Belegschaftsangehörige auf einer Be-

Kurt A. Körber in seinem Büro bei der Dresdner Universelle, etwa 1944 (Körber-Stiftung, Hamburg)

triebsversammlung Körbers Eignung infrage gestellt hatten, als Nicht-Parteimitglied für die Universelle offizielle Verhandlungen mit staatlichen Instanzen führen zu dürfen.⁷ Dass Körber primär in ökonomischen und weniger in politischen Kategorien dachte, bewies er bereits vor Kriegsende. Er gehörte zu jenen Universelle-Führungskräften, die sich ab 1943 verstärkt für eine Wiederbelebung der Produktion von Zigarettenmaschinen engagierten und in direkten Kontakt mit der Firma Reemtsma traten. Die Brüder Philipp F. und Hermann F. Reemtsma hatten, protegiert von hohen NS-Funktionären wie Reichsminister Hermann Göring, die Position ihres Unternehmens als deutscher Primus der Zigarettenindustrie erheblich ausgebaut.⁸ Körber besuchte im März 1944 das Hauptwerk des Konzerns in Hamburg-Bahrenfeld, wo er Hermann F. Reemtsma kennenlernte und registrierte, dass sich das Zentrum der deutschen Zigarettenindustrie von Dresden zunehmend in die norddeutsche Metropole verlagert hatte.

Nach Kriegsende übernahm Körber zusammen mit seinem Direktorenkollegen Otto Raschke die Führung der Universelle. Beide galten im Unterschied zum Rest der obersten Betriebsleitung als allenfalls gering NS-belastet und besaßen das Vertrauen des neu gegründeten, von Kommunisten geführten betrieblichen Arbeiterrates, was die Verständigung mit den neuen politischen Machthabern beförderte. Zunächst hielt sich die Universelle mit Reparaturaufträgen unterschiedlichster Art über Wasser. Doch besonders Körber drängte darauf, das ursprüngliche Geschäft mit Zigarettenmaschinen wieder aufzunehmen. Es gelang ihm, mit der sowjetischen Besatzungsmacht einen Reparationsauftrag über die Lieferung von 35 Zigarettenmaschinen abzuschließen. Aussichtsreich schien auch der von Körber initiierte Versuch, die Zigarettenmaschinenproduktion in Dresden als genossenschaftliches Unternehmen fortzuführen. Eine Erkundungstour nach Hamburg im Februar 1946 brachte ihm zudem die Erkenntnis, dass von dort aus die besten Chancen bestünden, sowohl den westdeutschen Markt zu bedienen als auch an die früheren internationalen Kontakte anzuknüpfen. Neben Reemtsma waren in Hamburg die Weltfirmen British American Tobacco und Kyriazi mit Produktionsstätten vertreten. Ihre Vertreter bekundeten gegenüber Körber großes Interesse an einem verlässlichen, ortsnahen Partner für Zigarettenmaschinen, und die Universelle besaß nach wie vor einen ausgezeichneten Ruf in der Branche.

Zurück in Dresden zerschlugen sich rasch die wichtigsten lokalen Vorhaben Körbers. Die örtlichen Führer der neu gebildeten SED machten ihm deutlich, dass private Genossenschaftsgründungen nicht in ihr Wirtschaftskonzept passen würden. Für den interzonalen Handel zeichneten sich außerdem zunehmend Hemmnisse ab. So setzte Körber seine zentralen Hoffnungen auf eine neue Fabrik in Hamburg-Bergedorf, deren Aufbau er ab Juli 1946 vor Ort persönlich vorantrieb. Zunächst geplant als Filiale der Dresdner Universelle-Werke J. C. Müller & Co., kam es im Rahmen der politischen und wirtschaftlichen Auseinanderentwicklung zwischen der sowjetischen und den drei westlichen Besatzungszonen im aufkeimenden Kalten Krieg früh zu einer Verselbständigung der Hauni. De jure wurde sie eine Neugründung, allerdings mit dem Know-how, wichtigen Geschäftskontakten und einem Teil des Personals der Dresdner Universelle. Während sich die Hauni unter Körbers Führung in den 1950er Jahren zu einem Weltmarktführer im Zigarettenmaschinenbau entwickelte, konnte der Dresdner VEB Tabak- und Industriemaschinen (VEB Tabakuni) dagegen nicht an die früheren ökonomischen Erfolge anknüpfen.[9]

Den ökonomischen Durchbruch zu einem Global Player schaffte die Hauni in den 1950er Jahren trotz starker in-

Der über die Dresdner Universelle entstandene Kontakt zum Reemtsma-Konzern öffnete Körber (hier mit Hermann F. Reemtsma, 1950er Jahre) nach dem Wechsel nach Hamburg viele Türen in der Tabakbranche. (Körber-Stiftung, Hamburg)

Körber nutzte Besichtigungen der Hauni durch prominente Politiker, hier Verteidigungsminister Helmut Schmidt 1971, gern für die eigene Öffentlichkeitsarbeit. (Körber-Stiftung, Hamburg)

ternationaler Konkurrenz vor allem durch Innovationen. Schon 1952 war die Hauni in der Lage, hochmoderne Zigarettenfirmen komplett und schlüsselfertig einzurichten. Ein Jahr später stellte die Firma den ersten Prototyp für Filterzigaretten vor. Als die Nachfrage nach Filterzigaretten rasant stieg, konnte Körber als Erster liefern. 1952 hatte die ‚normale' Zigarette noch 80 Prozent des Marktes in der Bundesrepublik Deutschland beherrscht, doch schon 1957 war die Filterzigarette im Verbrauch an ihr vorbeigezogen.[10]

Beim Aufbau der Hauni zu einem Weltkonzern profitierte die Firma sehr von der Kooperation mit Reemtsma. Darüber hinaus gelang es Körber, persönliche Kontakte zu wichtigen Politikern der Hansestadt wie dem Ersten Bürgermeister Max Brauer und dem späteren Bundeskanzler Helmut Schmidt zu knüpfen, was ihm so manche Tür öffnete. Durch Initiativen wie das 1956 gegründete Tabak Technikum Hamburg, einer Ingenieursschule für Verfahrenstechnik, untermauerte Körber seine Position als wichtiger Akteur in der Branche, setzte einen ersten bildungspolitischen Akzent und förderte gleichzeitig den eigenen Nachwuchs.

Die Kontakte in die SBZ und die DDR versuchte Körber nicht abreißen zu lassen. Allerdings gelang es ihm erst viele Jahre später durch sein Engagement für die sozialdemokratische Ostpolitik in den 1960er Jahren und durch zahlreiche stifterische Initiativen, wieder dauer-

Kurt A. Körber (ganz r.) mit indischen Kunden vor dem Hauni-Gebäude in Hamburg-Bergedorf, 1955 (Körber-Stiftung, Hamburg)

Bergedorfer Gesprächskreis im Dresdner Hotel Bellevue, 29. April 1990, im Gespräch (v.l.n.r.): Henning Voscherau (Erster Bürgermeister Hamburg, SPD), Kurt A. Körber, Lothar Späth (Ministerpräsident Baden-Württemberg, CDU), Wolfgang Berghofer (Oberbürgermeister Dresden), Hans Modrow (bis 12. April Ministerpräsident DDR, PDS), Willy Brandt (SPD), Kurt Biedenkopf (CDU) (Foto: Ulrich Hässler, Dresden)

Erinnerungstafel an die 1990 erfolgte Sanierung des Landhauses (Stadtmuseums Dresden), Fotografie von Philipp W. L. Günter, 2020

hafte Verbindungen nach Osten aufzubauen. Der 1961 von ihm gegründete und bis heute von seiner Stiftung getragene, international agierende Bergedorfer Gesprächskreis setzte sich früh für eine ökonomisch gerechtere Weltordnung, aktives bürgerliches Engagement für die Demokratie und besonders für eine Ost-West-Verständigung ein, wofür der Kreis und sein Initiator von hochrangigen Politikern beider Seiten früh viel Zuspruch erfuhr. DDR-Staatschef Erich Honecker empfing Körber persönlich, als dieser im Januar 1989 mit dem Gesprächskreis im Hotel Bellevue in Dresden Station machte. Geschickt verband „Heimkehrer" Körber den Verständigungsversuch mit einer schon damals aktuellen Zukunftsfrage: Über die Beiträge zum Tagungsthema *Globale Umweltproblematik als gemeinsame Überlebensfrage – neue Kooperationsformen zwischen Ost und West* berichteten auch DDR-Medien ausführlich und überraschend wohlwollend.

Körber avancierte zu einem wichtigen privaten Brückenbauer über den Eisernen Vorhang hinweg und war nach dem Mauerfall 1989 einer der ersten westdeutschen Stifter, die sich in Dresden engagierten. Begleitend zu einer weiteren Tagung des Bergedorfer Gesprächskreises in Dresden im April 1990 übergab er gemeinsam mit dem früheren Bundeskanzler Willy Brandt örtlichen Schulen 40.000 Bücher für den Unterricht. Zudem errichtete Körber eine Filiale seiner Stiftung in Dresden, die das Stadtmuseum und andere kulturelle Einrichtungen und Initiativen förderte. Ganz im Sinne ihres Gründers unterstützte die Körber-Stiftung später die Etablierung der Bürgerstiftung Dresden 1999 durch materielle und personelle Hilfe.

Einzelne Initiativen Körbers setzten sich kritisch mit der jüngeren deutschen Vergangenheit auseinander. Eine große öffentliche Wirkung erzielte dabei der ebenfalls von der Körber-Stiftung betreute Geschichtswettbewerb des Bundespräsidenten, den Körber zusammen mit Bundespräsident Gustav Heinemann 1973 ins Leben gerufen hatte, um Schülern praxisnah historische Bildung zu vermitteln. Besonders die 1980 und 1983 durchgeführten Wettbewerbe zum Alltag im Nationalsozialismus gaben der einschlägigen Forschung wichtige Impulse.

Unternehmerisch blieb Körber zeitlebens ein Mann der Zigarette. Als ab den späten 1960er Jahren die Kritik an den gesundheitsschädlichen Folgen des Rauchens zunahm, waren es Mitarbeiter und politische Freunde Körbers, die entscheidende Impulse für eine Diversifikation der Firma gaben. Von dieser breiten unternehmenspolitischen Aufstellung profitiert der Hauni-Konzern heute sehr, zumal der Verbrauch des Risiko-Produkts Zigarette in Deutschland und vielen anderen Ländern inzwischen deutlich sinkt.[11]

■ ANMERKUNGEN

1 Essayistisch reflektiert von Hermann Schreiber, Kapitalist mit Gemeinsinn. Ein Essay über Kurt A. Körber, Hamburg 2009; Kurt A. Körber, Das Profit-Programm. Ein Unternehmer geht stiften, Hamburg 1992; in wichtigen Passagen auf Körbers Aussagen beruhend: Martin Beheim-Schwarzbach, Bergedorfer Offensive, Hamburg 1966.

2 Zigaretten-Fronten. Die politischen Kulturen des Rauchens in der Zeit des Ersten Weltkriegs, hrsg. von Dirk Schindelbeck, unter Mitarbeit von Evelyn Möcking und Merle Strunk, Marburg 2014, 77–168; Nicole Petrick-Felber, Kriegswichtiger Genuss. Tabak und Kaffee im „Dritten Reich", Göttingen 2015, 186–207.

3 Der Anstifter. Was Kurt A. Körber bewegte, hrsg. von der Körber-Stiftung, Broschüre, Hamburg 2020, 27.

4 Vgl. den Beitrag von Insa Eschebach in diesem Band.

5 Josef Schmid, Johann Carl Müller (1867–1944). Eine Biografie, Hamburg 2019, 53–97.

6 Zit. nach Josef Schmid/Dirk Wegner, Kurt A. Körber. Annäherungen an einen Stifter, Hamburg 2002, 32. Zur Kritik an Körbers Verhalten im Nationalsozialismus siehe Josef Schmid/Frank Bajohr, Gewöhnlicher unternehmerischer Opportunismus? Kurt A. Körber und die Dresdner „Universelle" im Nationalsozialismus, in: Zeitgeschichte in Hamburg 2011, hrsg. von der Forschungsstelle für Zeitgeschichte in Hamburg, Hamburg 2012, 73–101.

7 Ebd., 97.

8 Tino Jacobs, Rauch und Macht. Das Unternehmen Reemtsma 1920 bis 1961, Hamburg 2008, 111–164; Erik Lindner, Die Reemtsmas. Geschichte einer deutschen Unternehmerfamilie, Hamburg 2007, 213–270.

9 Schmid/Wegner, Kurt A. Körber (wie Anm. 6), 28–77.

10 Körber-Stiftung, Der Anstifter (wie Anm. 3), 43.

11 Vgl. den Sammelband Als die Zigarette giftig wurde. Ein Risiko-Produkt im Widerstreit, hrsg. von Gerulf Hirt u.a., Kromsdorf-Weimar 2017.

# ZWISCHEN VERSORGUNGSAUFTRAG UND IMPORTSUBSTITUTION

## Zigarettenindustrie und Gesellschaft im Spiegel der Tabakkultur der DDR[1]

Holger Starke

Vom Inlandsanbau und der Rohtabakherstellung über die Forschung und Züchtung bis zur Produktion sämtlicher Tabakwaren waren seit 1952 alle Bereiche rund um das Produkt Tabak in der Vereinigung Volkseigener Betriebe (VVB), dem späteren VEB Kombinat Tabak, konzentriert. Dieser Komplex hatte fünf, sich zum Teil widersprechende Aufgaben zu erfüllen:

1. Gewährleistung der innenpolitisch wichtigen Bevölkerungsversorgung mit Tabakwaren,
2. Einsparung und Erwirtschaftung von Valutamitteln, vor allem in frei konvertierbarer Währung,
3. stetige Effizienzsteigerung der Produktion, somit auch Freisetzung von Arbeitskräften für als wichtiger erachtete Bereiche der Volkswirtschaft,
4. Mitwirkung bei der Verhinderung des Missbrauchs von Tabakprodukten, etwa durch Herstellung weniger gesundheitsschädlicher Produkte,
5. Sicherstellung der ideologischen Erziehung und Sozialfürsorge der bzw. für die Beschäftigten.

Die auf dem Papier vorteilhaften, aber schwer zu lenkenden Großstrukturen funktionierten nicht konfliktfrei, gab es doch anfangs ein großes Gefälle zwischen dem über lange Zeit nur kleinbäuerlich betriebenen Tabakanbau, der gering mechanisierten Rauchtabak- und Zigarrenherstellung und der hochindustrialisierten Zigarettenindustrie. Erzeugnisgruppen und Betriebe hatten widerstreitende Interessen. Der Verpackungs- und Zigarettenmaschinenbau war der Verfügungsgewalt von VVB/Kombinat ebenso entzogen wie der Handel. Die Valutaplanung für Importe, die Exporte von Tabakprodukten und der Entwicklungsbedarf für Maschinen, Anlagen, Verpackungen usw. waren mit zentralen Planungsbehörden, staatlichen Außenhandelsbetrieben und anderen Industriezweigen abzustimmen. Das schwerfällige Plansystem konnte nicht auf kurzfristige Nachfrageschwankungen reagieren, obgleich das Korrektiv der Kundennachfrage rasch spürbar wurde, was eigentlich eine umgehende Reaktion der Industrie erfordert hätte. Die Industrie behalf sich damit, quasi eine eigene Marktforschung über „Inspekteure" im Kleinhandel zu betreiben.

Die Jahresproduktion von Zigaretten verdreifachte sich in den vier Jahrzehnten der Existenz der DDR – von 9,8 (1950) über 18,2 (1960) auf 28,6 Milliarden Stück (1989),[2] womit, inklusive ergänzender Importe, der Mengenbedarf im Inland zu allen Zeiten gesichert war. Preisklassen, Qualitäten und Verarbeitungsnormen waren in Bestimmungen zur Tabaksteuer bzw. in den Technischen Normen, Gütevorschriften und Lieferbedingungen (TGL) geregelt.[3] Die Tabaksteuerverordnung von 1950/51 definierte fünf Preisklassen für Zigaretten, wobei die Grundregel lautete: Je weniger Importtabak zum

Eingangsschild am Personaleingang des VEB Tabakkontor Dresden (Yenidze), um 1980 (Stadtmuseum Dresden)

Empfang der Tabakexperten Wolfgang Niggl (VEB Tabakkontor Dresden, 3. v. l.) und Lothar Winning (AHB Genußmittel, Berlin, 4. v. r.) durch den Firmenchef von Agrimmcor (4. v. l.) und weitere Mitarbeiter sowie Prüfung des Rohtabaks vor der Übernahme im Chilakaluripet District Guntur (Indien, Bundesstaat Andhra Pradesh), November 1987 (Privatbesitz, Oranienburg)

Einsatz kam, desto geringer wurde das Produkt besteuert und desto billiger war es im Kleinverkauf.[4] Seit den 1970er Jahren erfolgte nahezu die gesamte Zigarettenherstellung nur noch in den drei Großbetrieben in Dresden, Nordhausen und Berlin. Der Industriezweig bedurfte zu jeder Zeit der Zuweisung von Valuta, da aus klimatischen Gründen im Inland im Wesentlichen nur Fülltabake angebaut werden konnten; 1988 kamen über drei Viertel des Verbrauchs der Industrie von 25.186 Tonnen Tabak aus dem Ausland.[5]

Zigarettentabake sind Mischungen, die aus bis zu dreißig Rohtabaken bestehen. Nur so kann bei diesem Produkt die Gleichmäßigkeit von Qualität, Aussehen, Geruch, Geschmack, Nikotingehalt, Abbrennverhalten etc. garantiert werden. Gleichgültig, ob der angestrebte Geschmack der Zigaretten vom Typ Orient oder (American) Blend ist: Es werden Tabake benötigt, die nicht in gemäßigten Klimazonen gedeihen. Neben Orienttabaken, die aus Devisengründen vor allem aus Balkanstaaten, in erster Linie aus Bulgarien kamen, sind Virginia-, Burley-

Packungszuschnitt, Papirossi, Sondermischung für die Rote Armee aus der Reemtsma-Fabrik Jasmatzi, Dresden, um 1946 (Stadtmuseum Dresden)

und Zigarren-Tabake importiert worden. Zuweilen auch von politischen Konjunkturen abhängige Tabaklieferungen gelangten aus der Sowjetunion, China, Nordkorea und Kuba in die DDR. Ein erheblicher Teil kam zu allen Zeiten aus dem NSW (= nichtsozialistisches Wirtschaftsgebiet): Türkei, Griechenland, Indien, Brasilien, Südafrika, Italien, Syrien, Libanon, Indonesien, Südrhodesien/Simbabwe, Syrien, Zypern, USA.[6]

Die im VEB Importtabak/Tabakkontor bzw. im Außenhandelsbetrieb Genußmittel (Berlin) angestellten Tabakexperten wählten die Rohstoffe in den Erzeugerländern unter Berücksichtigung der Planzahlen und Valutamittel aus.[7] In der Dresdner Yenidze wurden anschließend die Tabakmischungen für alle in der DDR gefertigten Zigaretten zusammengestellt. Der letzte Schritt war die Degustation: Hierbei verrauchten die Tabakexperten die Probezigaretten, die von Zigarettendreherinnen bzw. auf der als Hauni-Baby bezeichneten kleinen Zigarettenmaschine gefertigt worden waren. Die ausgewählte Mischung ging anschließend in die Massenproduktion. Danach fanden vierteljährlich weitere Degustationen statt, bei denen die Qualität der in den Fabriken hergestellten Zigaretten geprüft wurde. Obgleich die Planbehörden immer wieder auf die Reduzierung der Importe drängten, betrug der Inlandsanteil an den Mischungen aus Geschmacks- und technologischen Gründen üblicherweise nur 10 bis 15 Prozent.[8]

Die Leitungen von VVB/Kombinat bzw. der Parallelebene der Staatspartei zogen als qualitativen Maßstab für ihre eigene Arbeit immer die Weltspitze heran. Aufmerksam beobachtet wurde vor allem die Entwicklung im Westen Deutschlands, bildete sich hier doch die Systemkonkurrenz unmittelbar ab.[9] In der Nachkriegs- und frühen DDR-Zeit hatten Ingenieure und Techniker den Anlauf der Produktion und technologisch anspruchsvolle Aufgaben wie die Umstellung auf Papirossi-Produktion für Lieferungen an die Besatzer trotz der Abwanderung vieler Spezialisten und der Überalterung der Technik gut bewältigen können. Im kommenden Jahrzehnt ging jedoch im Zigarettenmaschinenbau der Anschluss an „den Westen" verloren.[10] Als Ende der 1960er Jahre der Ersatz des überalterten Maschinenparks und die Einrichtung von Fließstraßen statt unverbundener Maschinen (in Dresden: Werk II) erfolgte, konnten nur noch Teile mit Inlandsprodukten bestückt werden. Fortan zählten Maschinen und Anlagen aus NSW-Staaten, vor allem aus der Bundesrepublik Deutschland, zur Standardausrüstung der Zigarettenfabriken in der DDR. Oder um es anders herum auszudrücken: Die aufgrund des Rohstoffs Tabak ohnehin in internationale Austauschbeziehungen eingebundene Zigarettenindustrie war seit den 1960er Jahren wieder mit der Entwicklung auf dem Weltmarkt verbunden, die alleinige Ausrichtung auf das Inland oder die Staaten im östlichen Wirtschaftsblock RGW gescheitert. Als Mitte der 1980er Jahre der Verschleiß des Anlagekapitals erneut eine grundlegende Erneuerung der Technik erforderte (in Dresden: Werk I), wird in den Kombinatsakten auf die moderne Protos-Zigarettenmaschine

Packungszuschnitt, Ljubitelskije (russ.), Papirossi mit Tabakmischung Sorte Nr. 6, Jasmatzi Dresden, 2. Hälfte 1940er Jahre (Stadtmuseum Dresden)

Packungszuschnitte von Schachteln der Einheitssorte I mit amtlich vorgeschriebenem Mischungsverhältnis, Dresdner Zigarettenfabriken, 2. Hälfte 1940er Jahre (Stadtmuseum Dresden)

verwiesen. Die von Hauni (Hamburg) hergestellte Maschine verursache, so hieß es, nur *0,5 % Schuss*, während die Ausschussrate bei älteren Maschinen bei über 4 bis über 5 Prozent liege.[11]

Seit den 1970er Jahren standen solcherart Großinvestitionen aus NSW-Staaten Erträge aus der Gestattungsproduktion gegenüber, wenngleich beides nicht miteinander verrechnet werden konnte. Geschäftspartner aus dem NSW lieferten hierbei fertige Tabakmischungen und ließen sie in der DDR, in Dresden vor allem in Werk I, zu Markenzigaretten wie Winston, Camel, Reyno (J. R. Reynolds), HB, Krone (B.A.T.), Ernte 23, Juno, Astor, Eckstein (Reemtsma), Marlboro (Philip Morris), Lord Extra (Martin Brinkmann) verarbeiten. Der Umfang der Produktion war beachtlich: 1984 wurden ca. 1,8 Mrd. Zigaretten, also 9 Millionen Schachteln à 20 Stück (6,5 Prozent der Gesamtproduktion), hergestellt. Das Gros der Fertigware wurde zum Auftraggeber zurückgeführt, ein Teil – das Äquivalent für die billige Lohnarbeit in der DDR – gelangte in die Unternehmen des SED-Devisenbeschaffers Schalck-Golodkowski.[12] Die einzige Zigarette aus diesem Programm, die ständig im Einzelhandel gegen DDR-Mark erhältlich war, war die mit einer Tabakmischung von Douwe Egberts (Niederlande) gefüllte, zum Packungspreis von 6 Mark angebotene „ncuc" Duett im 100er-Format.

Soweit war es jedoch noch lange nicht, als 1954 in der Berliner Zeitung ein Überblick über den Zigarettenmarkt der DDR – besonders mit Blick auf Ostberlin – gezogen wurde.[13] Das Angebot, so der Beobachter, sei *erstaunlich gut sortiert*; mehr als 23 Sorten[14] stünden zur Auswahl. In der niedrigsten Preislage rangierten Die Echte (6 Pf.) und Papirossi. Von letzteren wurden, da kaum nachgefragt, nur noch Restbestände abverkauft. Die meisten Raucher bevorzugten die 8-Pf.-Zigarette mit den *Stan-*

dardmarken *Sport, Real, Salem.* Zu der zu 90 Prozent mit *reinem Auslandstabak* gefüllten Kategorie gehörten auch *Golf, Arabis, Kim, Arco* und *Diva*. Neun Marken zählten zur 10-Pf.-Klasse, wo nur Auslandstabake zum Einsatz kamen: *Mono, Effekt, Turf, Casino, Pera, Medina, Omar, Cossa* und *Rita*. Diese *Zigaretten des Massenkonsums* standen, so der Berichterstatter, ob der oft wechselnden Rohtabake und der damit schwankenden Qualität der Zigaretten in der Kritik der Kunden. Unter den 16-Pf.-Zigaretten sei vor allem die Dresdner *Carmen*[15] hervorzuheben, eine *aromatisierte Markenzigarette von gleichbleibender Qualität in beispielhafter Verpackung*. Sie sei jenes Vorbild, *dem Ramses, Saba und F 58* nacheifern müssten. Wenig befriedigend falle der Absatz der im *unglücklichen Format* gehaltenen 20-Pf.-Zigarette *Juno* und der 24 Pf.-Zigarette *Safari* aus, aber auch der (wohl mit Virginia-Tabaken versehenen) *China Express*. Eine *aromaerhaltende* Hülle wurde hier ebenso angemahnt wie Kleinstpackungen, damit sich der Qualitätsabstand der besten Marken abbilden könne. Quantitativ seien die aus Griechenland, der Türkei, den Volksdemokratien und der Sowjetunion stammenden Tabake reichlich vorhanden. An Importzigaretten gelangten aus der UdSSR *Drug* (20 Pf.), *Moskwa, Troika* (je 24), *Astra, Chaika* (je 12), aus Bulgarien *Travel* (20) und aus der ČSR *Duclas* (12) ins Land.

Ob 1954 die hier nicht erwähnte 15-Pf.-Zigarette *Halbzeit* noch im Angebot war, ist nicht bekannt. Die Mischung für das 1949 entwickelte, seit 1950 vertriebene Produkt bestand *gänzlich aus deutschen Tabaken*. Die denselben eigentümlichen, *scharfen Geschmack erzeugenden alkalischen Eigenschaften* sollen mit *Pyrikol*, einem aus Nahrungsmitteln hergestellten Präparat *restlos beseitigt* worden sein. Die zuerst bei Greiling und Union in Dresden hergestellte *Halbzeit* zeichnete sich, so ein Beitrag im Neuen Deutschland 1949, gegenüber *Sorte I* (einem typischen Nachkriegsprodukt) durch *milden und leichten Geschmack* aus. Deshalb sei daran gedacht, die übrigen, mit deutschen Tabaken versehenen Marken wie *Turf, Solo etc.* ebenfalls nach dem Pyriki-Verfahren herzustellen.[16]

Im Jahr 1963 dominierten in der DDR mit 70 Prozent Anteil noch immer die Orienttabake, während in der Bundesrepublik Deutschland bereits zu 85 bis 90 Prozent *reine Virgin- und Blendtypen* zum Einsatz kamen. Die verzögerte Abkehr vom Orienttabak hatte zur Folge, dass die auf kleinblättrige Orient- und die auf großblättrige Viriniatabake ausgerichteten Technologien parallel betrieben werden mussten. In der zweiten Hälfte der 1960er Jahre

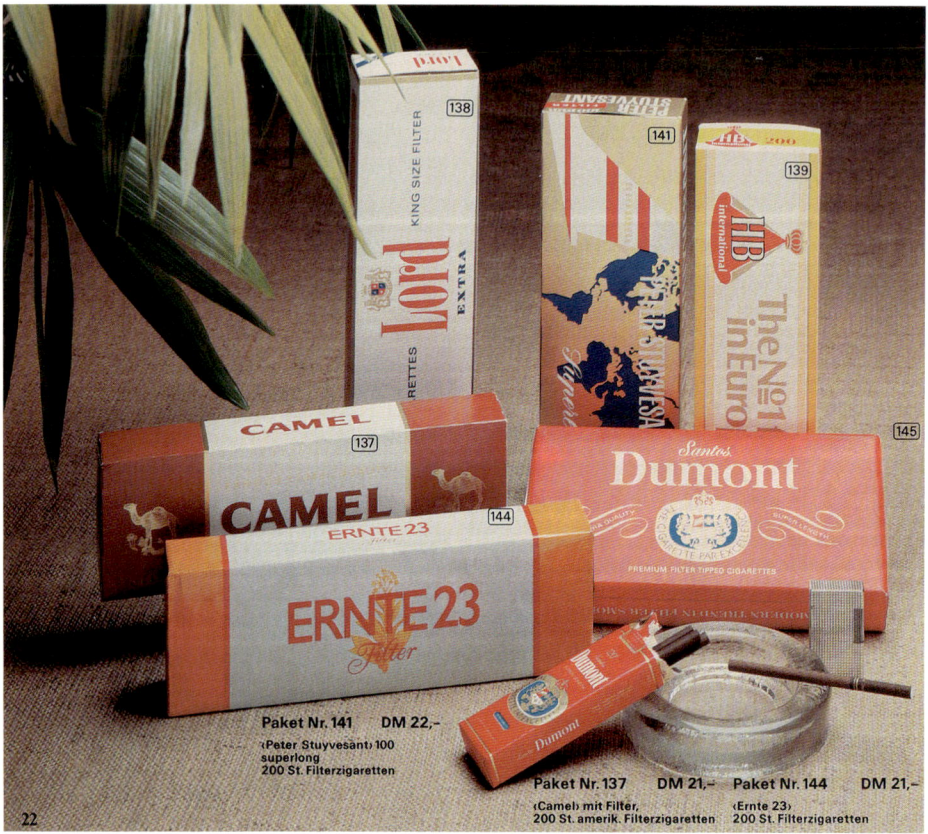

Tabakwaren aus Gestattungsproduktion (Lohnarbeit) im Intershop-Angebotskatalog, 1975 (Stadtmuseum Dresden)

wurden *Virginverarbeitungsstraßen gekoppelt mit Soßierungsanlagen*[17] nach westdeutschem Vorbild installiert. Die hierfür benötigten (teuren) Tabake kultivierten damals nur Pflanzer in den USA und Südrhodesien (heute Simbabwe), wobei der Import über Handelspartner in der Bundesrepublik vorgenommen wurde. Der Ablösung solcher Importe dienten Züchtungen und Anbauversuche in der DDR, später auch im Ausland (Vietnam).[18] Burley-Tabake aus der DDR, die aromatisiert (soßiert) werden konnten, fanden ebenfalls Verwendung.

Wenn der Tabaknachschub stockte, hatte dies direkte Auswirkungen auf Produktion und Absatz. Als Anfang der 1960er Jahre zeitweilig die Einfuhren vermindert wurden, sanken die Reserven bis 1963 auf ein solches Maß, dass die Mischungen monatlich umgestellt werden mussten, was den Rauchern nicht verborgen blieb. Einen kontinuierlichen Tabakeinsatz, so eine interne Einschätzung, gebe es nur noch bei Markenzigaretten, die jedoch nur 3,6 Prozent der Gesamtproduktion ausmachten. Der Import für die Zigaretten der Konsumpreisklassen (8 bis 10 Pf.), das heißt für 80 Prozent der Gesamtproduktion, sei nicht mehr gesichert. Dem guten Zigarettenpapier aus Finnland und Jugoslawien (20 Prozent) stehe das mindere aus der DDR (70 Prozent) und das schlechte aus der ČSSR gegenüber, was auf die Qualität der Zellulose zurückzuführen sei. Die Konsumzigaretten, so die Analyse, seien allesamt *völlig unzureichend* verpackt. *Weltstandard* hinsichtlich der Tabakmischung und einer attraktiven wie auch qualitätsschonenden Verpackung wiesen nur die 1963 eingeführten Blendzigaretten *Warnow* und *Diplom* auf (1,1 Prozent der Ge-

Packungszuschnitt, Die Echte, VEB Jasmatzi, um 1955 (Stadtmuseum Dresden)

samtproduktion). Weder in der Industrie noch im Großhandel gebe es einen *Frischedienst*, was bei unzureichender Verpackung und langen Lagerfristen zu starken Qualitätsminderungen führe.[19]

Diese schonungslose Einschätzung der Lage war augenscheinlich der Weckruf für durchgreifende Änderungen. Dies betraf erst einmal die längst überfällige Durchsetzung der Filterzigarette, die erst acht Prozent am Gesamtabsatz erreichte (1963), während es in der BRD bereits 75 Prozent waren – obgleich das Dresdner Unter-

Packungszuschnitt, Halbzeit (15-Pf.-Zigarette), Zweigbetriebe der VVB Tabak, um 1950 (Stadtmuseum Dresden)

Zigarettenschachtel, Vorwärts (1. Mai), VEB Zigarettenfabrik Greiling, um 1955 (Privatbesitz, Dresden)

nehmen Kosmos der Pionier zur Herstellung von Filterzigaretten in Deutschland gewesen war. Basierend auf einem ungarischen Patent von 1924[20] war dort die Herstellung der F 58 im Jahr 1934 aufgenommen worden. In den 1950er Jahren wurde das nun voll im Trend liegende, noch im Stopfverfahren gefertigte Produkt neu aufgelegt.[21] Es folgten Marken wie Inka und F 6 (1961), letztere auf der Grundlage indischer Virginiatabake der „englischen Richtung". Die Einführung der späteren Dresdner Hauptmarke sollte sich bis Juli 1962 verzögern, da die nach langer Entwicklung montierte erste Filteransetzmaschine FZ noch störanfällig und wartungsintensiv war. Mit ihr setzte sich eine Technologie durch, die es ermöglichte, den Massenbedarf des neuen Zigarettentyps mittelfristig zu decken. Da die heimische Industrie anfangs noch keine Kunststoff-Filter (Acetat, Baumwollacetat) liefern konnte, fiel die Wahl vorerst auf Zellstoff, der damals aber nicht in benötigter Menge und Qualität zur Verfügung stand. Nachdem der Ausschuss (1963: 5,4 %) gesenkt worden war, stieg die Produktion von Filterzigaretten rasch auf 15 Prozent des Gesamtausstoßes (1964) an. Im Folgejahr wurden 3,4 Mrd. Filterzigaretten hergestellt.[22] 1965 gelangte die Juwel Filter auf den Markt, die eine Vorgeschichte als Strangzigarette hatte. Da der Bedarf vorerst noch schneller als die Produktion anwuchs, mussten Importe getätigt werden.[23] Zugleich gelangten weitere neue Marken mit Filter – (alte) Semper, Cabinet, Carmen, Convent und Club – auf den Markt.[24] Die in Nordhausen hergestellte Cabinet entwickelte sich bei Filterzigaretten zum Bestseller in der DDR. Der Planansatz für 1984[25] verzeichnete folgende Produktionsmengen:

Papp-Werbeschild, F 58, Kosmos-Zigarettenfabrik GmbH, um 1935 (Privatbesitz, Dresden)

| Typ/Marke (Sorte) | Stück (Mio.) |
|---|---|
| Strangzigaretten | 1550 |
| Juwel | 2760 |
| Semper | 4380 |
| F 6 | 5580 |
| Cabinet | 7750 |
| Club | 3490 |
| Ramses | 100 |
| Duett | 300 |
| Auslese | 200 |
| Saba Gold | 100 |
| Summe | 26.210 |
| Gestattungsproduktion | 1806 |
| **gesamt** | **28.016** |

Zigarettenschachtel, F 58, VEB Zigarettenfabrik Kosmos, 1950er Jahre (Stadtmuseum Dresden)

Es hatten sich also weder die „Luxuszigarette" Warnow, noch das Hochpreisprodukt Diplom behaupten können, obgleich sie mit Blendmischung, Alu-Volleinschlag und Zellglasumhüllung den „Weltstandard" verkörperten. Sie waren schlichtweg zu teuer gewesen, um mehr als eine Nische besetzen zu können. Die ausschließlich aus Orienttabaken hergestellte teure Strangzigarette Orient (24 Pf.) fiel wiederum bei Mischung, äußeren Merkmalen (oval, mit Mundstück) und Bewerbung (Orient) allmählich aus der Zeit. Filterlose Strangzigaretten verzeichneten mit dem Aufstieg der Filterzigarette, deren Anteil sich von 3 (1960) über 58 (1965) auf 91 Prozent (1975) erhöhte,[26] allesamt einen stetigen Absatzrückgang. Im selben Atemzug verschwand bis auf Ausnahmen die Vielfalt der Marken, der Formen, Längen, Accessoires von Zigaretten sowie des Packungsdesigns, was einer effizienten Produktion zugutekam. Mit Ausweitung der Schichtarbeit und der PVI-Produktion[27] erhöhte sich die Auslastung moderner Taktlinien; Halbfabrikate wie das Zigarettenpapier erreichten in den siebziger Jahren internationalen Standard.[28]

Die neue Zigarettengeneration der 1960er/70er Jahre entsprach dem Lebensgefühl einer noch weitgehend egalitären „arbeiterschaftlichen Gesellschaft" (Christoph Kleßmann). Seit den 1960er Jahren vollzog sich der Aufstieg einer neuen Mittelschicht, die als Wissenschaftler, Lehrer oder Ingenieure, als Meister und Facharbeiter bald das Rückgrat der Gesellschaft bilden sollten. Die

Packungszuschnitt, Strangzigarette Juwel, automatengeeignet, VEB Jasmatzi (Stadtmuseum Dresden)

Zigarettenschachtel, Filterzigarette Juwel, VEB Kombinat Tabak Dresden, um 1985 (Museum der Arbeit, Hamburg)

Pappfaltschachteln für die Marken F 6, Cabinet (beide VEB Kombinat Tabak Dresden), Semper (VEB Tabak Nordhausen), 1970er/1980er Jahre (Stadtmuseum Dresden, Museum der Arbeit, Hamburg, Privatbesitz, Dresden)

allmähliche Zunahme des Wohlstands spiegelt sich in der Ablösung der bis dahin dominierenden billigen Konsumzigaretten durch die Marken F 6, Juwel Filter, Cabinet und „alte" Semper wider. Das spartanische Design der weder modernistisch noch nostalgisch gestalteten Pappfaltschachteln ließ deren „innere Werte" umso deutlicher hervortreten: gut abgestimmte Tabakmischungen, die sowohl die Forderungen des Staates (sparsamer Valutaeinsatz) berücksichtigten als auch den Erwartungen der Konsumenten (Blendcharakter) entgegenkamen. Als nicht krümelnde, gut abrauchende, moderat nikotinhaltige Filterzigaretten mit schützendem Alu-Einschlag waren sie echte Kinder ihrer Zeit. Mit 2,50 bis 3,20 Mark war die bald zum Standard werdende 20er-Packung auch moderat ausgepreist. Für all diese Zigaretten sind neue Markennamen gefunden worden, was von der Zukunftsgewissheit einer Zeit spricht, in der es möglich schien, ökonomischen und sozialen Fortschritt miteinander zu verbinden. Wohl auch deshalb überlebten die Hauptmarken der Zeit sogar die Zäsur von 1990.

Im höheren Preissegment befriedigten die Berliner Club, eine aromatisierte (gesoßte) Marke aus Burley-Tabaken (4 M), und die schon erwähnte Duett (6 M), beide im Langformat, Ansprüche einer auf Repräsentation ausgerichteten Schicht Gutverdienender. Im unteren Preissegment verdrängte die Dresdner Strangzigarette Karo (1,60 M) die älteren Produkte Salem, Real, Carré und die jüngere Jubilar.[29] Die würzig-nikotinreiche Mischung der Karo mit italienischem Kentuckytabak als Geschmacksträger bestand zu etwa 70 Prozent aus Inlands-, darunter zur Hälfte aus dunklem Zigarrentabak und war in ihrer „Stärke" der badischen Roth-Händle vergleichbar.[30]

Die hohe Gleichmäßigkeit in Qualität und Geschmack der typischen DDR-Marken honorierten die Raucher mit großer Markentreue. Hier spiegelte sich die eigentliche Tabakkultur des Landes wider, die auf Orienttabaken aufbaute und immer stärker zum Blend-Typ tendierte. Die Kunden hatten die aufgrund der Valutazwänge überhaupt erst entstandenen speziellen Mischungen kennen und schätzen gelernt. Dies erschwerte es Planbehörden und Außenhandelsbetrieben, die ständig auf der Suche

Packungszuschnitt einer Großpackung der Marke Club (10 Schachteln à 20 Stück), ohne Aufdruck als Personalzigarette ausgegeben, um 1980 (Privatbesitz, Dresden)

nach gleichwertigen Produkten für die im RGW gefragten Maschinen und Anlagen aus der DDR waren, den Import von Fertigzigaretten aus dem sozialistischen Ausland auszuweiten. VVB und Kombinat wehrten sich vor allem gegen sporadische Lieferungen, da diese Zigaretten allenfalls mit großen Preisabschlägen verkäuflich waren. In den Unternehmensakten ist zudem des Öfteren die Rede von Schwierigkeiten bei den Lieferanten aufgrund von Ernte-, aber auch von Stromausfällen und Ähnlichem. Änderungen der Tabakmischungen, deren Zusammensetzung die *bulgarischen Genossen* vor ihren deutschen Kollegen immer geheim hielten, trugen ebenfalls nicht dazu bei, Vertrauen aufzubauen.

Der Imageverlust der ehedem an der Spitze der Hierarchie stehenden Orientzigarette spiegelte sich in Bezeichnungen wider, die der Volksmund einigen Marken angedeihen ließ. Dieselben hatten sich von der Realität gelöst und führten ein Eigenleben, das zugleich sich verdichtende Stimmungen in der Gesellschaft wiedergab. So konnte der Spruch *Mann von Welt, raucht Salem gelb!* beileibe nicht als Reminiszenz an die große Zigarettenmarke der Vorkriegszeit verstanden werden, sondern eher als sarkastischer Kommentar auf deren Abstieg nach 1945. Verkörperte sie doch bald die geringste Qualität zum geringsten Preis;[31] eine Markenpflege hat es in der DDR nicht gegeben. Nicht misszuverstehen waren solche Bezeichnungen wie *Schweinejuwel* für Juwel 72 oder *Stasi-Zigarette* für Kenton, sächsisch ausgesprochen *keen Ton*, was mit der Qualität der bulgarischen Produkte sicherlich kaum etwas zu tun hatte. Es waren eher Chiffren für die Aversion gegen die als typische Konsumenten dieser Marken ausgemachten Stützen des SED-Regimes, aber auch für den Stolz auf die als besser erachteten eigenen Marken.

Beides wurde davon genährt, dass es bei beliebten Inlandsmarken hin und wieder zu Lieferengpässen kam. In der DDR waren zwar jederzeit Zigaretten vorhanden, nicht jedoch immer und überall Marken wie Cabinet, F 6, Juwel Filter und Club. Seit den 1970er Jahren, als es keine Zigarettenautomaten mehr gegeben hat, waren sie des Abends in Gaststätten „Bückware", die an Stammkunden verabreicht wurde. Engpässe wurden bisweilen von Gerüchten über bevorstehende Preiserhöhungen verursacht oder angeheizt, nicht zuletzt nach Preisanhebungen in der Bundesrepublik Deutschland. Im Sommer 1982 wurden *Schlangen* vor den Geschäften und *im verstärkten Maße [Hamsterkäufe] unter dem Ladentisch* registriert. Ersatzweise sahen sich die Raucher gezwungen, ihren Nikotinbedarf mit den stets verfügbaren Importzigaretten aus Bulgarien oder Albanien zu befriedigen, wobei letztere selbst in solchen Situationen kaum Käufer fanden.[32]

Womit das Kapitel zu Fertigzigaretten aufgeschlagen ist. Exportiert wurden Zigaretten kaum, von Reparationslieferungen und Produkten aus Gestattungsproduktion abgesehen. Hingegen gelangten größere Mengen Fertig-

Zigarettenschachtel, Strangzigarette Karo, VEB Kombinat Tabak Dresden, um 1985 (Stadtmuseum Dresden)

zigaretten als Importware in die DDR, entweder als Clearing-/Bartergeschäfte (Ware gegen Ware)[33] oder über Handelsverträge. Lieferungen kamen vor allem aus dem Tabakland Bulgarien (Rodopi, BT, Juwel 72, Semper, Kenton usw.), aus der Sowjetunion (in der Frühzeit der DDR), Albanien (Durres Special, Porti, Nora) oder Kuba (Montecristo, Ligeros), um nur markante Beispiele zu nennen. Die kontinuierlich angebotene Juwel 72 hat ihre Stammkundschaft gefunden. Danach sind Zigaretten aus dem sowjetisch dominierten Raum nur noch zögerlich angenommen worden. Dies zwang das Kombinat zuweilen zu Re-Exporten, etwa in die Sowjetunion. Die ernüchternden Erfahrungen mit der trotz Preissenkung quasi unverkäuflichen neuen Semper sowie der von Bulgartabac als Markenfamilie offerierten Kenton sind 1986 treffend so beschrieben worden: *Der gewonnene Raucherkreis für bulgarische Erzeugnisse hat sich fixiert und ist nicht erweiterbar.* Bei Einzelhandel und Kunden habe sich geradezu eine *psychologische [...] Barriere* aufgebaut.[34] Hier spiegelten sich die Alltagserfahrungen mit Konsumgütern aus „Bruderländern", deren Qualität mit denen aus der DDR oder gar dem westlichen Ausland nicht vergleichbar war.

In den Monatsberichten der Parteisekretäre an die Zentrale in Berlin fand verständlicherweise ein allen wachen Zeitgenossen bekanntes Phänomen keine Erwähnung: die Faszination, die die westliche Warenwelt auf viele DDR-Bürger ausübte. Der seit Mitte der 1970er Jahre praktizierte Verzicht auf Produktwerbung im Inland hatte eine unbeabsichtigte Nebenwirkung: Die Macht westlicher Werbebilder wurde überwältigend. Eine Schlüsselrolle spielte hierin die Reklame für Genussmittel, die seit den frühen 1970er Jahren als erste „Westprodukte" in den soeben eröffneten Intershops und über den GENEX-Geschenkdienst angeboten worden sind. Zusammen mit dem Einsickern von D-Mark nach Erleichterung des deutsch-deutschen Besuchsverkehrs bildete sich eine Parallelwelt heraus. Der Eintritt dorthin beruhte auf dem Zufall, Verwandte oder Freunde zu haben, die über frei konvertierbare Währungen verfügten: Devisen, welche die seit den 1980er Jahren de facto zahlungsunfähige DDR dringend zum Überleben benötigte. Da „Westgeld" aber nur einer Minderheit zugänglich war, verschärfte dies die Ungleichheiten. Zudem widersprach es Verlautbarungen von der Überlegenheit des Sozialismus, was Anhänger der Parteiideologie immer wieder in Erklärungsnot brachte. Die Freiheit des „American Dream" wurde mit Phantasiebildern wie dem „Marlboro Man" (Philip Morris) identifiziert, der „Duft der großen, weiten Welt" (Peter Stuyvesant,

Werbung für Juwel 72 (Hersteller: Bulgartabac) in einem Messekatalog zur Leipziger Herbstmesse 1978 (Privatbesitz, Dresden)

Reemtsma) mit der verwehrten Reisefreiheit in Verbindung gebracht. Dies vermischte sich mit Vorstellungen von der westlichen Lebenskultur, wie sie über Filme und Musik, Jugend- und Protestkulturen global Verbreitung fanden, was von immer mehr Menschen als attraktiver angesehen wurde als die Realität im eigenen Land. Vor allem von Jüngeren konnte das Rauchen auch als Generationenprotest gegen die erstarrte Welt der Arrivierten verstanden werden,[35] stand doch vor dem sozialen Aufstieg ein gehöriges Maß an Selbstverleugnung. 1989 war der Anteil Jugendlicher mit 51 Prozent Jungen bzw. 41 Prozent Mädchen höher als der Anteil aller Raucher an der Gesamtbevölkerung.[36]

Der Statistik nach zu urteilen, erreichte der lange Zeit als Wohlstandsnachweis geltende Verbrauch von Genussmitteln seinen Höhepunkt in den 1980er Jahren. Eine gegenläufige Entwicklung – das Absinken der Raucherhaushalte von 55,8 (1970) auf 45,2 Prozent (1985) bei gleichzeitigem Anstieg des Pro-Kopf-Zigarettenkonsums – bedarf näherer Betrachtung. Hinsichtlich des steigenden Zigarettenkonsums muss berücksichtigt werden, dass dafür der Verbrauch anderer Tabakwaren stetig zurückging. Im Rückgang der Raucherhaushalte spiegelt sich eventuell die beginnende soziale Differenzierung des Konsums wider.[37] Die im Vergleich zum Einkommen recht hohen Zigarettenpreise haben wohl nur in der Frühzeit in der DDR eine größere Rolle gespielt, da sich der Anteil der Ausgaben für Tabakwaren am Haushaltsbudget mit steigenden Löhnen seit den 1970er Jahren immer weiter verringerte. Eine gewisse Bedeutung scheint dem Jugendschutzgesetz der DDR (1969) sowie dem aus wirtschaftlichen, nicht aus gesundheitspolitischen Gründen erfolgten Abbau der Zigarettenautomaten zugekommen zu sein.[38] Wichtiger waren aber wohl die zentral gesteuerte Gesundheitserziehung[39] und die umfassende Förderung des Sports, der hohe gesellschaftliche Wertschätzung genoss. Diesem Klima konnte sich auch die Tabakindustrie nicht entziehen. Die Aufgabe, gemeinsam mit dem Gesundheitsministerium gegen *übermäßigen Tabakgenuß* vorzugehen, stellte freilich einen klassischen Interessenskonflikt zum eigentlichen Tagesgeschäft dar. So blieb es bei Maßnahmen wie der Züchtung nikotinarmer Tabake und der Verbesserung des Abbrennverhaltens von Zigaretten zur Teer-Reduzierung. Auf dem Papier ist auch die Absichtserklärung geblieben, dem Vorschlag des Universalwissenschaftlers Manfred von Ardenne zu folgen, eine „Nikotin-Ampel" auf Zigarettenpackungen aufzubringen.[40]

Zigarettenschachtel Marlboro, Philip Morris, um 1960 (Museum der Arbeit, Hamburg)

Das Grundproblem der Gesundheitspolitik der späten DDR war die Fixierung auf Verhaltensprävention und deren Verknüpfung mit ökonomischen Motiven. So erklärte der letzte FDJ-Vorsitzende Eberhard Aurich lapidar: *Gut leben, heißt, fit sein und sich fit halten.*[41] Ein Vertreter des Gesundheitsministeriums verwies auf den signifikant höheren Krankenstand bei Rauchern.[42] Der Verweis auf die alleinige persönliche Verantwortung hatte System, wäre doch die Offenlegung der Gesundheitsdaten (Krebsregister) eher mit der Luftverschmutzung infolge der starken Ausweitung der Braunkohlenutzung und der radioaktiven Verseuchung im Zuge der Uranförderung in Verbindung gebracht worden. In diesem Lichte gesehen, war die auf der Nationalen Gesundheitskonferenz der DDR im September 1989 vorgeschlagene Einführung einer Gesundheitsabgabe auf Tabakprodukte nur konsequent.[43]

Für die Reaktivierung bzw. das Redesign deutscher Marken aus der Vorkriegs-/Nachkriegszeit in den 1980er Jahren stehen die Marken Juno (früher Garbáty/Berlin) und Ramses (Jasmatzi/Dresden). Sie gelangten zur gleichen Zeit wie die Kenton auf den Markt. Die SED-Führung hatte den Wirtschaftseinheiten mittlerweile wieder größere Eigenständigkeit zugestanden, was diese zur Verbesserung des Betriebsergebnisses nutzten, indem sie höher ausgepreiste Waren auf den Markt brachten. Der sich nun vorsichtig vom Dogma der Preisstabilität verabschiedende Staat beabsichtigte damit, den nicht mehr durch Waren gedeckten Geldüberhang abzuschöpfen. Die in modernen Weichpackungen mit nostalgischer Bildgestaltung[44] angebotenen „Retro-Marken" waren allerdings nur mäßig erfolgreich. Die Kundschaft witterte (nicht zu Unrecht) versteckte Preiserhöhungen, was sich im typischen Parteideutsch jener Zeit folgendermaßen liest: […] *besonders im Territorium Dresden* [wird] *die Preisentwicklung in unserer Republik nicht immer richtig verstanden.*[45] Die Konsumenten waren gewarnt durch die Erfahrung, dass Waren kurzzeitig vom Markt verschwanden, um kurz darauf in Delikat- oder Exquisit-Läden zu einem höheren Preis wieder aufzutauchen – oft nur unwesentlich verändert und mit neuer Verpackung versehen.

Ein Light-Produkt aus der DDR hat es nicht gegeben, auch wenn der Name F 6 naturmild etwas Derartiges vermuten ließe. Die Zigarette war als Bestandteil einer Markenfamilie gedacht, sollte ohne *NSW-Tabake* gefertigt sein und auch nicht mehr den bei bulgarischen Zigaretten durchdringenden *Orient-Charakter* aufweisen.[46] Dem setzten die Dresdner Tabakexperten ihr Veto entgegen. Sie erklärten: *Ohne aromatragende NSW-Tabake schmeckt keine Filterzigarette dem DDR-Raucher.* Die Kombinats-Parteileitung begegnete der Ablehnung mit ideologischer „Aufklärung". Nachdem es ihr gelungen war, eine *einheitliche Position* zwischen dem Generaldirektor, den Direktoren der Zigarettenfabriken und dem Parteisekretär des Tabakkontors zustande zu bringen, ließ sich auch der anfänglich zaudernde Rat der Parteisekretäre *überzeugen*. Anschließend wurden die Experten in die Mangel genommen: Nachdem ihnen *intensiv die politischen Zusammenhänge erläutert* worden waren, gaben sie dem Druck nach und erklärten sich zur Mitwirkung bereit. 31 Tabakmischungen wurden *erstellt, verraucht und verworfen*, ehe die 32. Variante den Durchbruch brachte. Jedoch nicht, weil besonders naturmilder Tabak zum Einsatz gekommen wäre, sondern weil der Filter vor der Verkostung mit *Tabakcharakterverstärker* behandelt worden war – einem im VEB Chemische Werke Miltitz entwickelten Hilfsprodukt. Die Freude des vom ZK der SED beauftragten Parteiorganisators über den *politische*[n] *Erfolg* bei der *Umsetzung der Beschlüsse der Partei (Rohstoffveredlung)* war jedoch verfrüht. Wie er mit einiger Verzweiflung bald feststellen musste, erfolgte die Einordnung der Design- und Kartonagenherstellung erst in den Plan 1987, womit der von ihm aufgebaute politische Druck wieder verpuffte. Das Produkt ging bis zum Ende der DDR nicht mehr in die Herstellung.

Die hier ausführlich geschilderte Geschichte illustriert augenfällig jene Schwierigkeiten, mit denen die Branche vor allem in der frühen und späten DDR-Zeit zu kämpfen hatte: der Dauerabhängigkeit des Staats von Valutamitteln und der Einmischung der Parallelebene der Staatspartei in Fachbelange.[47] Dem von der Partei eingeleiteten Elitenwechsel in der Frühzeit der DDR war das Chaos in manchen Fabriken zu verdanken, in deren

Arbeitspause im Wandlerwerk des VEB Transformatoren- und Röntgenwerks „Hermann Matern" Dresden, Fotografie von Christian Borchert, 1985 (Sächsische Landesbibliothek – Staats- und Universitätsbibliothek Dresden, Deutsche Fotothek)

Folge sich zum Beispiel im VEB Tabakuni in wenigen Jahren fünf Werkleiter die Klinke in die Hand gaben. Mit der teilweisen Umorientierung der Volkswirtschaft und der stärkeren Berücksichtigung der Konsumwünsche der Bevölkerung seit den 1970er Jahren ging eine Phase innenpolitischer Stabilität einher. Es verbesserten sich die Rahmenbedingungen in Branchen zur Herstellung von Verbrauchsgütern wie von Zigaretten. Beides ist an deren Produkten ablesbar. Die Zusammenfassung der Unternehmen in großen Wirtschaftseinheiten (Kombinaten), in deren Folge alle Reste privater Konkurrenz beseitigt wurden, war jedoch nicht mit der Übertragung der Verantwortung für Gesamtplanung und Außenhandel an sie einhergegangen. Als der Staat in den 1980er Jahren vorsichtig umsteuerte und wieder stärker auf Leistungsanreize setzte, war es zu spät. Zu lange hatten eine politisch bestimmte Kaderauswahl oder Steuerungsinstrumente wie der sozialistische Wettbewerb dominiert. Die Weltmarktferne führte bei einem auf den Inlandsmarkt gerichteten Industriezweig dazu, dass die Innovationskraft der Ingenieure, Wissenschaftler, Tabakspezialisten, Techniker und Arbeiter auf Sonderentwicklungen, Ersatz- und Insellösungen gerichtet wurde – freilich, ohne internationale Trends zu negieren.

Weshalb der Strukturwandel 1990 Chancen mit sich brachte – vor allem für Jene, die über großes Fachwissen verfügten wie die Tabakexperten. Aber auch für das Personal in den Fabriken, welche in einem vorübergehend deindustrialisierten Raum zu Hochlohninseln wurden.

Zigarettenverpackung, Marke Ramses, VEB Tabak Nordhausen, um 1985 (Privatbesitz, Dresden)

Großpackung mit individuell gestalteten Zigarettenschachteln für BAT, Entwurf: Moritz Götze, Halle/S., 2002/03 (Stadtmuseum Dresden)

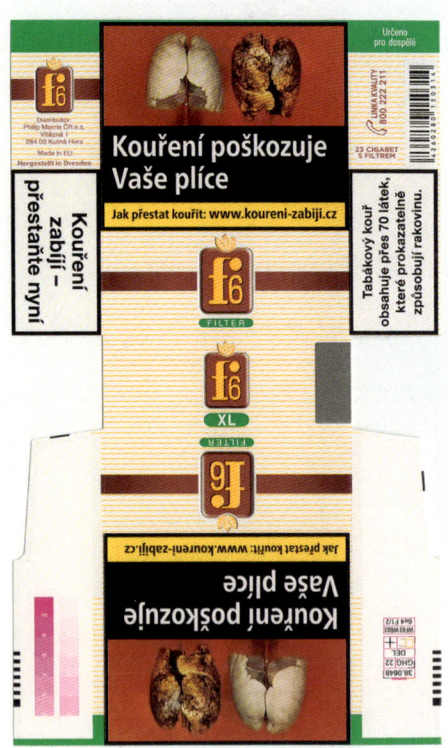

Pappfaltschachtel f6 für den Markt in der Tschechischen Republik, aus einer der letzten Produktionschargen in Dresden, f6 Cigarettenfabrik, 2018 (Stadtmuseum Dresden)

Der Betrieb in Nordhausen wurde von Reemtsma, der in Dresden von Philip Morris übernommen. Die Berliner Fabrik wurde geschlossen, die Markenrechte an der Hauptmarke Club von Reynolds erworben.[48]

Auch wenn sich diese Übernahmen geräuschlos vollzogen haben, konfliktarm gestaltete sich die bis heute nicht abgeschlossene Wiederannäherung der deutschen Tabakkulturen nicht. Die Nachgeschichte der führenden DDR-Zigarettenmarken zeigt, wie zählebig sich Geschmacks- und Konsumgewohnheiten als Anker der eigenen Identität in einer sich rasch wandelnden Gesellschaft zu halten vermögen. Reemtsma änderte die Mischung für die meistverkaufte Cabinet umgehend nach „westlichem" Geschmack, woraufhin die Marke einen irreparablen Absatzeinbruch erlebte. Hingegen vollzog Philip Morris die betriebswirtschaftlich sinnvolle Änderung für die zweitwichtigste Marke F 6 nur allmählich und unmerklich. Die modernisierte f6, bald Teil einer Markenfamilie, stieg daraufhin rasch zur dominierenden Zigarette im Osten Deutschlands auf. Dieser geschäftliche Erfolg fand seinen Niederschlag in der Neubenennung des Dresdner Unternehmens als f6 Cigarettenfabrik.[49]

Hochfliegende Pläne, Dresden eine neue Perspektive als Tabakstadt im 21. Jahrhundert zu verschaffen, harren noch der Umsetzung. Die 2017 von der Geschäftsführerin der Philip Morris GmbH Stacey Kennedy und vom sächsischen Ministerpräsidenten Stanislaw Tillich verkündete Großinvestition zum Bau einer neuen Fabrik im Norden der Stadt ist bislang Ankündigung geblieben. Dresden sollte damit nach Bologna der zweite Produktionsstandort in Europa für Heets werden, die im Tabakverdampfer IQOS konsumiert werden. Wie rasch solche Standortentscheidungen in einer globalisierten Welt revidiert werden können, zeigt auch die 2019 erfolgte Verlegung der f6-Produktion in Werke nach Polen und Tschechien. Seitdem wird im Dresdner Werk nur noch Feinschnitt und Stopftabak hergestellt. Nach 157 Jahren Kontinuität endete damit die Geschichte der Zigaretten-, jedoch nicht die der Tabakmetropole Dresden.[50]

## ANMERKUNGEN

1 Der Autor dankt Gerd Kuhfuß, Achim Mros, Joachim Neubert, Angelika Schuster (alle Dresden) für Informationen zur Branchengeschichte, Stefan Knopf (Magdeburg) für die Überlassung von Forschungsergebnissen.
2 Statistisches Jahrbuch der DDR 1955, 169; 1989, 179 (1950 inklusive Papirossi). In diesen Zahlen sind die in Gestattungsproduktion hergestellten Mengen (1984: 1,8 Mrd. Zigaretten = 6,5 Prozent der Produktion) nicht enthalten.
3 Paul Berger, 35 Jahre Deutsche Demokratische Republik – 35 Jahre Tabakindustrie 1949–1984, Dresden 1984, 148.
4 GBl. der DDR, S. 1061 (499), Achte (bzw. Zehnte) Durchführungsbestimmung zur Anordnung über Tabaksteuer und Biersteuer vom 5.10.1950 (24.5.1951)
5 Der Import von Tabaken betrug im gleichen Jahr 19.560 Tonnen. 1200 Tonnen der in der DDR angebauten „Fülltabake" wurden über Handelsfirmen in Hamburg und Bremen exportiert, Angaben nach: Gerd Kuhfuss, Aufzeichnungen der Geschäftstätigkeit im VEB Tabakkontor Dresden, 1970er/1980er Jahre, 3 Bde., unpag.
6 Nach: Gesprächsprotokollen (s. Anm. 1); Hans-Joachim Garbe, Geschichte der Dresdner Tabakindustrie 1945 bis 1990, Ms. im Stadtmuseum Dresden, 25 S., hier 16–18; BArch-SAPMO DY 30/80732, VVB Tabakindustrie, Bericht über den Stand der Importplanabstimmung für Tabakimporte im Jahr 1964, 31.10.1963, 2.
7 Nach Garbe, Dresdner Tabakindustrie (wie Anm. 6), 17, ermöglichten Vereinbarungen über die Staatsbank der DDR den Einkauf durch Tabakexperten in den Lieferländern Griechenland und Türkei vor Ort, was seit den 1970er Jahren auf Grund von Regierungsabkommen in immer mehr Ländern möglich wurde. Zum Prozedere im Detail siehe: VEB Tabakkontor Dresden, Betriebsgeschichte 1970 bis 1976, Ms. im Stadtmuseum Dresden, 31–33.
8 Auskunft Joachim Neubert (wie Anm. 1).
9 In den SED-Akten sind nicht nur die üblichen Markt-/Produktbeobachtungen der Konkurrenz (bes. Reemtsma) enthalten, sondern auch Dossiers über Mitglieder der Geschäftsleitung und des Betriebsrats. Sonderbeobachtung erhielten bei der VVB Tabak arbeitende, frühere leitende Reemtsma-Angestellte; BArch, DY/30/80586.
10 Im Ergebnis einer mit Nacharbeiten und Schadenersatzforderungen endenden, straf- und parteirechtlich geahndeten Parallelentwicklung einer Zigarren-Überrollmaschine durch zwei Kollektive im VEB Tabakuni (1952/59) wurde die Vertrauensseligkeit gegenüber einem niederländischen Geschäftspartner zum Anlass genommen, Direktkontakte zu Geschäftspartnern im westlichen Ausland künftig zu unterbinden; BArch, DE 4/2057, Volkswirtschaftsrat der DDR, Abt. Allg. Maschinenbau, Sektor Produktion: Überprüfung VEB Tabakuni, 1962, unpag.
11 BArch-SAPMO, DY 30/25460, Monatsbericht für den Monat Januar 1985, Parteiorganisator des VEB Kombinat Tabak Dresden an das ZK der SED, Abt. Bezirksgeleitete und Lebensmittelindustrie, 12.2.1985, 2.
12 Zum Gesamtproblem der Devisenbeschaffung vgl. Matthias Judt, Der Bereich Kommerzielle Koordinierung. Das DDR-Wirtschaftsimperium des Alexander Schalck-Golodkowski – Mythos und Realität, Berlin 2013.
13 Informationen in diesem Absatz nach: Carmen – Vorbild für noch bessere Qualität (Reihe: Unsere aktuelle Untersuchung zur Versorgungslage), in: Berliner Zeitung, 16.4.1954, 5.
14 Sorte = in der DDR oft verwendete Bezeichnung für Marke, wobei mit dem letztgenannten Begriff auch eine Qualitätsabstufung zu Konsumzigaretten vorgenommen wurde.
15 Die alte Jasmatzi-Marke wurde nunmehr im VEB Kosmos hergestellt.
16 Benannt nach dem Erfinder, dem Chefchemiker der VVB Tabak Constantin Pyricki, nach: Zigaretten werden besser, in: Neues Deutschland, 23.12.1949, 5.
17 Die Soßierung erlaubte es, den süßlich-würzigen Duft von Blendzigaretten deutlich hervortreten zu lassen, was nur mit aufnahmefähigen Burley- bzw. geeigneten Virginiatabaken möglich war.
18 BArch-SAPMO, DY 30/25460, NSW-Ablösung, Monatsbericht für den Monat Mai 1985, Parteiorganisator des VEB Kombinat Tabak Dresden an das ZK der SED, Abt. Bezirksgeleitete und Lebensmittelindustrie, 10.6.1985, 3–4.
19 BArch-SAPMO, DY 30/80732, Abt. Leicht- und Lebensmittelindustrie, Information über einige Probleme in der Zigarettenindustrie, 22.10.1963, 7 S., unpag.
20 Reichspatentamt, Patentschrift Nr. 476576, Kl. 79b, Gruppe 24, A 45434 III/79b: Boris Aivaz in Budapest, Rauchfilterpfropfen, patentiert im Deutschen Reiche vom 9. Juli 1929 ab (Anmeldung in Ungarn: 12.7.1924).
21 Die Zahlen zur Markeneinführung bei Berger, 35 Jahre (wie Anm. 3), hier 94, sind nicht zuverlässig; die F 58 wurde beispielsweise bereits 1954 vertrieben, nicht erst 1958 eingeführt. Hinweis zur Technologie von Achim Mros (wie Anm. 1).
22 BArch-SAPMO, DY 30/80732, Abt. Leicht- und Lebensmittelindustrie, Information über einige Probleme in der Zigarettenindustrie, 22.10.1963, unpag.
23 BArch DG 5/436, VEB Dresdner Zigarettenfabriken, Stellungnahme zur Lage in der Zigarettenindustrie der DDR, 27.7.1967, 2.
24 Letztgenannte zwei Marken hatten einen hohen Anteil von US-Tabaken, Information nach: Achim Mros (wie Anm. 1)
25 Plan operativ (Sortenprogramm) für 1984, nach: Kuhfuss, Aufzeichnungen (wie Anm. 5). Die Plansätze wurden nur unwesentlich über- oder unterschritten.
26 Berger, 35 Jahre (wie Anm. 3), 153.
27 PVI = periodisch verarbeitende Instandhaltung; Informationen nach: Joachim Neubert (wie Anm. 1).
28 Ottfried Riessner, Geschichte der Papierherstellung in Köbeln, in: Wochenblatt für Papierfabrikation 138 (2010), 546–550.
29 Vergleiche den Beitrag von Daniel Fischer in diesem Band.
30 Bei Roth-Händle (Lahr/Schwarzwald, Reemtsma) kam der in der Uckermark bei Schwedt/Oder angebaute Zigarrentabak ebenfalls zum Einsatz; Auskünfte von Achim Mros und Gerd Kuhfuß (wie Anm. 1).
31 So die Einschätzung des Tabakexperten Achim Mros (wie Anm. 1).
32 BArch-SAPMO DY 30/25460, Informationsbericht, Generaldirektor VEB Kombinat Tabak Berlin an ZK der SED, Abt. Bezirksgeleitete und Lebensmittelindustrie, 22.7.1982, Bl. 4, unpag.
33 Erinnerungen zufolge (s. Anm. 1) machte die VR Albanien Exporte wertvoller Rohstoffe von der Abnahme von Zigaretten abhängig; als Gegenwert für Tabakimporte aus Syrien wurden Motorräder der Marke MZ geliefert.
34 BArch-SAPMO DY 30/25460, Monatsbericht für den Monat April 1986, BPL VEB Kombinat Tabak Dresden an das ZK der SED, Abt. Bezirksgeleitete und Lebensmittelindustrie, 12.5.1986, Bl. 4. Die „neue" Semper war eine deutsch-bulgarische Gemeinschaftsent-

35 wicklung, Kenton wurde soßiert, aromatisiert, naturbelassen und als Menthol-Variante angeboten.
35 Eine Beobachtung, die die Ablösung der Polemik gegen das Rauchen durch ein positives Nichtraucherbild beförderte, vgl. hierzu: Johanna Goldberg, Zigarette?, Berlin 1988, 7; Dank an Stefan Knopf (Magdeburg).
36 OMR Dr. sc. med. Kurt Strähnz, Ministerium für Gesundheitswesen, Nichtrauchen fördern, in: Neue Zeit 45 (1989), 27.7.1989, 6.
37 Monika Reissig, Jugend und Suchtmittel, in: Jugend und Jugendforschung in der DDR. Gesellschaftspolitische Situationen, Sozialisation und Mentalitätsentwicklung in den achtziger Jahren, hrsg. von Walther Friedrich, Opladen 1991, 201–209, hier 203; Dank an Stefan Knopf (Magdeburg).
38 Nach: B. Mühle, Der Ärger mit den stummen Verkäufern, in: Neue Zeit, 25 (1969), 8.7.1969, 5, erfolgte der Abbau der oft demolierten und ausgeraubten Automaten, weil der Absatz von Strangzigaretten in 1- oder 2-Mark-Packungen stark rückläufig war, Wechselgeld für die neuen Marken (3,20/2,50) jedoch nicht ausgegeben werden konnte. So stellte 1968 auch der Alleinhersteller der DDR in Luckenwalde die Produktion ein.
39 Vgl. den Beitrag von Marina Lienert in diesem Band.
40 Nach Ardennes Vorschlag sollten Packungsaufdrucke den Nikotingehalt (niedrig, mittel, hoch) kennzeichnen; BArch-SAPMO, DY 30/80732, Vorlage des Volkswirtschaftsrates – Abt. Lebensmittelindustrie für die Kommission für Fragen der Versorgung beim Präsidium des Ministerrates, 11.8.1965, 10f.
41 Vgl. Artikel „Dauerhafte Motive für gesundes Leben wichtig", in: Berliner Zeitung 45 (1989), 29.9.1989, 1.
42 Nichtrauchen fördern (wie Anm. 35).
43 FDGB-Vorsitzende zu Fragen und Forderungen von Gewerkschaften, in: Neues Deutschland 44 (1989), 7.11.1989, 4. Im Bundestag wurde noch einige Jahre darüber debattiert, ob eine Tabak-/Alkoholabgabe sinnvoll sei, ehe die Ausweitung auf Süßigkeiten und Risikosport die Diskussion zum Erliegen brachte.
44 Die Entwürfe gestaltete Karl-Wilhelm Hahnemann, vgl. Monika Kassmann/Deutsches Verpackungsinstitut (Hg.), Verpackungsinnovationen. Chronik der Verpackungswettbewerbe der DDR 1981–1987, Berlin 2003, 14, 20.
45 BArch-SAPMO, DY 30/25460, Monatsbericht für den Monat Oktober 1986, BPL VEB Kombinat Tabak Dresden an ZK der SED, Abt. Bezirksgeleitete und Lebensmittelindustrie, 7.11.1986, 2, unpag.
46 BArch-SAPMO, DY 30/25460, Informationen/Zitate im Absatz nach: Monatsbericht für den Monat Februar 1986, BPL VEB Kombinat Tabak Dresden an ZK der SED, Abt. Bezirksgeleitete und Lebensmittelindustrie, 10.3.1986, 3f., unpag.
47 Zu den Etappen der DDR-Wirtschaftspolitik vgl. Andre Steiner, Von Plan zu Plan. Eine Wirtschaftsgeschichte der DDR, München 2004.
48 Zu Dresden im Detail vgl. Garbe, Dresdner Tabakindustrie (wie Anm. 6), 22–24.
49 Peter Chemnitz, Der vertraute Geschmack ist geblieben, in: Neue Zeit 50 (1994), 9.3.1994, 24. Wenn die dortigen Angaben über den Tabakbezug stimmen, hat Philip Morris den Orienttabak-Lieferanten gewechselt: Statt mehrheitlich bulgarischer Provenienz (wie vor 1990) kam nun ausschließlich türkischer Tabak zum Einsatz. Sie dazu auch „Spürt man kaum", in: Der Spiegel, https://www.spiegel.de/spiegel/print/d-13501002.html (20.7.2020).
50 Vgl. die Bildserie von Lea Ringel und Franz Zadniček in diesem Buch.

# SEHNSÜCHTE UND HEIMATEN
## Produktreklame zwischen Welt und Region

# ORIENTALISMUS AUF SÄCHSISCH?
## Dresdner Zigarettenmarken zwischen Regionalismus und globaler Welt

Swen Steinberg

Mit einem *Gruß aus dem Orient* werde der *Fremde* bei Ankunft in der *Zigarettenstadt Deutschlands* empfangen, so das Buch der Stadt Dresden von 1930.[1] Dieses Zitat, das natürlich Bezug nimmt auf die Anreise per Bahn und den Blick auf das 1909 fertiggestellte Gebäude des Zigarettenherstellers Yenidze, kündet dabei nicht nur von der industriellen Prägung einer Stadt, in der bis zum Beginn des Ersten Weltkrieges etwas mehr als 50 Prozent der deutschen Zigaretten hergestellt wurden.[2] Es zeugt vielmehr auch von der Vermarktung dieser Produkte: von der Wahrnehmung und Darstellung von Stereotypen, die sich ganz offensichtlich ökonomisch nutzen ließen. Doch war der Orientalismus, der die Dresdner Tabakprodukte fraglos am deutlichsten und auch am längsten prägte, wirklich nur eine Erfindung von Marketingstrategen des frühen 20. Jahrhunderts?[3]

## ORIENTALISMUS IN DRESDEN

Der Konsum von Tabak ist dem anderer kolonialer Produkte wie Tee oder Kakao vergleichbar und setzte keineswegs erst mit dem deutschen Imperialismus im 19. Jahrhundert ein.[4] Jenseits des sächsischen Hofes existierte in Dresden schon zuvor eine stadtbürgerliche Käuferschicht, deren Nachfrage die Einfuhr von Tabak nach Dresden bereits im 18. Jahrhundert immer mehr steigen ließ. Zwar spielten – anders etwa als bei Schokolade – quantitativ auch die in Sachsen angebauten Tabake eine Rolle.[5] Allerdings bildete die Herkunft eine zentrale Leitdifferenz und wurde als Unterscheidungskriterium zur Einordnung des Tabaks herangezogen.[6] Und gerade hierin deutet sich bereits die langfristige ökonomische Nutzung bzw. Nutzbarkeit eines positiv besetzten, älteren Orientbildes durch die Zigarettenindustrie im späten 19. und 20. Jahrhundert an. Denn das aus dem 17. Jahrhundert

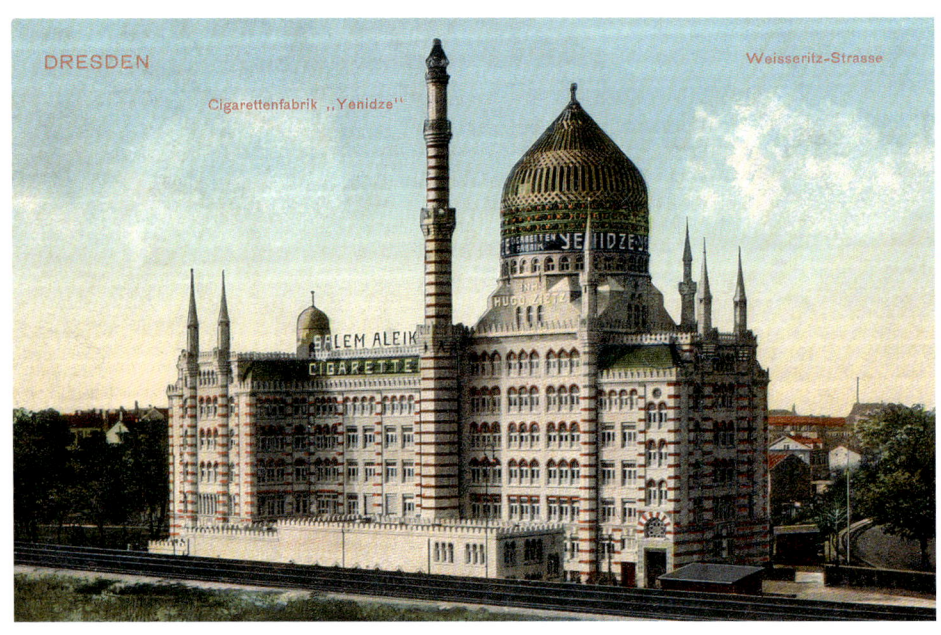

Zigarettenfabrik Yenidze an der Weißeritzstraße, Postkarte, Verlag Krille & Martin, Dresden, 1911 (Stadtmuseum Dresden)

stammende europäische Interesse für den Orient erlebte schon im 18. Jahrhundert etwa in Form von Kunst oder Reiseliteratur einen Höhepunkt und beschrieb vor allem das machtpolitische Verhältnis zwischen Orient und Okzident – aus dem eurozentrischen Weltbild heraus entsteht eine Konstruktion, die als Grundlage für die Identität der westlichen Welt dient.[7] Gleich der Wahrnehmung von Fremdheit, die sich für afrikanische oder asiatische Kulturen entwickelte, war das dabei gezeichnete Bild aber keineswegs einheitlich. Vielmehr war der Orientalismus von einer Bandbreite an Zuschreibungen und Verkürzungen geprägt,[8] die sich auch in Dresden finden lassen: Die sogenannte Türkenmode oder Turkomanie, die der Dresdner Hof pflegte, ist hier ebenso zu nennen, wie unter den Orient-Begriff gefasste, asiatisch anmutende Gebäude – beispielsweise das zwischen 1727 und 1733 entsprechend umgestaltete Japanische Palais oder das aus den 1720er Jahren stammende Schloss Pillnitz. Auch in den Dresdner Kunstsammlungen finden sich in der Rüstkammer mit der *Türckischen Cammer* und im Grünen Gewölbe mit Melchior Dinglingers *Der Thron des Großmoguls Aureng-Zeb* zahlreiche Beispiele aus der Zeit vor 1800.[9]

Zwar blieben derartige Rezeptionen bzw. Idealisierungen im 19. Jahrhundert erhalten und gewissermaßen auch Mode, das 1855 erbaute Türkische Bad auf Schloss Albrechtsberg ist hierfür ein Beispiel.[10] Verstärkt rückten nun aber ökonomische Muster in den Vordergrund, die den Orient in der Region des östlichen Mittelmeers verorteten und die durch den Kolonialismus, den gesteigerten Wirtschaftsaustausch mit dem Osmanischen Reich und nicht zuletzt das aufkommende Breitenphänomen Tourismus bedingt wurden.[11] Damit kam diese Entwicklung doch im frühen 20. Jahrhundert an, wo der Wiedererkennungswert vermeintlich orientalischer Bezüge von der entstehenden Dresdner Zigarettenindustrie zur Vermarktung eingesetzt werden konnte. Das als orientalisiertes, im Stil einer Moschee errichtete und bis heute erhaltene Yenidze-Gebäude ist hierfür das wohl eingängigste Beispiel: Benannt nach der Kleinstadt Genisea in einem Tabakanbaugebiet des heutigen Griechenland verschaffte das Gebäude der 1886 gegründeten Orientalischen Tabak- und Cigarettenfabrik Yenidze eine – wie eingangs zitiert – gut sichtbare Realpräsenz im Stadtbild, spielte aber zugleich mit dem exotischen Nimbus auf die Vermarktung eines heimischen Produkts. Das Gebäude – außen historisierend, innen hochmodern – war fortan essentieller Teil der Yenidze-Marke, die mit Orientgeschmack warb und diesen auch mit

Türkisches Bad, Schloss Albrechtsberg in Dresden, errichtet 1850/54, Fotografie von Gerhard Döring, 1963 (Sächsische Landesbibliothek – Staats- und Universitätsbibliothek Dresden, Deutsche Fotothek)

der Silhouette der vermeintlichen Moschee symbolisierte.[12] Wie weiter unten noch gezeigt wird, trug die orientalisierte Zigarette aus Dresden allerdings nur eines von vielen Gewändern. Und es war auch nicht der Orientalismus allein, der diese Art von Produktgestaltung bedingte.

## REALES UND PHANTASIEVOLLES

Denn ein ganz wesentlicher Impuls für die Gestaltung und Bewerbung von Zigaretten ging vom Rohstoff Tabak selbst aus, die in Dresden verarbeiteten Sorten kamen

Zigarettenschachtel, Marke Sultan Nr. 6, Aurelia Cigarettenfabrik, 1932/40 (Stadtmuseum Dresden)

Zigarettenschachtel (50 Zigaretten), Marke Salem Auslese, Orientalische Tabak- und Cigaretten-Fabrik Yenidze, Inh. Hugo Zietz, Dresden, 1926/33 (Stadtmuseum Dresden)

per Schiff aus Hamburg oder per Bahn via Triest und Wien vor allem aus Mazedonien, dem Osmanischen Reich, Griechenland und Bulgarien. Noch in den 1920er/30er Jahren stammten die hochwertigen und im Deutschen Reich verarbeiteten Rohtabake vor allem aus letzteren beiden Ländern. Die Qualität dieser als Orienttabake oder türkische Tabake bezeichneten Rohstoffe sollte nicht nur die wesentliche Basis für die Etablierung Dresdens als Zentrum des Handels mit Rohtabaken werden. Vielmehr bildete dies auch die Grundlage des vergleichsweise langanhaltenden Erfolgs Dresdner Zigarettenunternehmen, die diese Herkunft beispielsweise gezielt in ihren eigenen Namen führten: Laferme firmierte etwa als Orientalische Zigarettenfabrik, Orami war die Abkürzung für Orientalisch-Macedonische Cigarettenfabrik Dresden und Yenidze bezeichnete sich als Orientalische Tabak- und Cigarettenfabrik. Andere Beispiele sind die Firmen Bulgaria, Patras oder Macedonia. Auch findet sich in Dresden mehrfach der Bezug zum Osmanischen Reich bzw. zur Türkei, etwa bei der Türkischen Tabak- und Cigaretten-Fabrik Xantos, bei Türkenia und der Türkenperlen Zigarettenfabrik; oder bei der Firma Krieger & Co., die als Zigaretten-Fabrik Osmanié firmierte. Neben solchen Phantasienamen – andere Beispiele sind Basma, Sarasvati oder Orienta – finden sich in Dresden zudem Firmennamen, die konkrete orientalische Assoziationen wecken sollten, etwa Aladin, Adria oder Pharao.[13]

Diese Tendenz setzte sich auch bei den Marken fort. Vor wie nach dem Ersten Weltkrieg trugen Dresdner Zigaretten auf den teils aufwändig gestalteten Verpackungen etwa die Marken Mohamed, Salem Aleikum, Mokri, Obak, Atikah, Arabis, Klassisch Orient, Orientflagge, Kairo Türkisch Extra, Türkisch 8, Flotte Türken, Edel-Bulgaren oder Bulgaren-Krone. Vor allem die Dresdner Zigarettenhersteller Yenidze verbanden dabei die Markennamen mit ihrem Herstellungsort: 1927 brachte die Firma beispielsweise *dem Morgenlande zu Ehren* die Marke „Minaret" an den Markt; die Yenidze-Marken „Kalif von Bagdad" und „Salem Auslese" warben zudem mit dem nur vermeintlich orientalischen Fabrikbau.[14]

Die orientalisierten Bezüge wurden zudem in der Bewerbung der Produkte verwendet: etwa Darstellungen auf Zigarettenschachteln oder -dosen, die mit dem vorgestellten Alltagsleben verbunden waren – Oasen- und Marktszenen oder Stadtsilhouetten mit entsprechenden Ornamenten sowie erwartbarer Flora und Fauna. So finden sich beispielsweise die Akropolis in Athen, die Pyramiden von Gizeh oder auch Phantasiegebäude wie Moscheen, historische Szenen wie der Einzug eines Pharaos oder Personen in weißen Gewändern mit Turban und Kamel sowie Palmen.[15] Die Darstellung von Menschen ging dabei selten über den geschilderten, regelrecht klassisch orientalischen Rahmen der Mittelmeerregionen hinaus. Nur in einigen wenigen Beispielen der Dresdner Firma A. M. Eckstein & Söhne finden sich auf Plakaten in den 1920er Jahren auch dunkelhäutige und auf Afrika bezugnehmende Menschen, die jenseits ihrer primitiven Darstellung vor allem in einem Schwarz-Weiß-Kontrast präsentiert wurden, wodurch „Rasse"- und Kulturdifferenzen plakativ dargestellt werden sollten.[16]

Hierin bildete sich ein Trend ab, der sicherlich in Dresden eine eigene Qualität entwickelte, keineswegs aber ein Alleinstellungsmerkmal der dortigen Zigarettenindustrie war. Vielmehr bediente sich die Werbeindustrie um 1900 generell vor allem des Fremden und Exotischen als Blickfang, um die Kauflust der Konsumenten zu steigern – das Exotische war als Stereotyp in nahezu jedem Kontext einsetzbar.[17] Diese Einschätzung galt deswegen nicht nur für Zigarettenhersteller auch in Berlin oder Köln. Vielmehr beschränkte sie sich nicht auf Tabakprodukte und verweist hier auf eine deutlich breitere Entwicklung im modernen Marketing.[18] Dies schließt an einen zweiten, für Dresden allerdings fraglos besonderen Kontext an: Die Stadt an der Elbe hatte einen Schwerpunkt in der immer mehr von Werbung abhängigen verarbeitenden Industrie. Deswegen entwickelten sich hier nicht nur die notwendigen Folgeindustrien wie der Spezialmaschinenbau oder die Verpackungsmittelherstellung; der für die Herstellung von Zigaretten, ihre Verpackung und auch Bewerbung zentrale Grundstoff Papier bzw. Pappe/Karton war im „Hauptpapierland" Sachsen ebenfalls verfügbar.[19] Vielmehr wurde die Ausbildung dieses industriellen Clusters in Dresden auch von den Aspekten Professionalisierung und Gestaltung flankiert; mit der 1875 gegründeten Kunstgewerbeschule verfügte die Stadt über ein Zentrum der angewandten Kunst und damit über das notwendige Know-how vor Ort. Die Dresdner Zigarettenhersteller erfanden zwar nicht den Orientalismus, aber entwickelten aus ihm eine moderne und professionelle Strategie zur Vermarktung ihrer Produkte, für die wiederum in Dresden um 1900 sehr gute Rahmenbedingungen existierten.

Die so entwickelten Formen der Vermarktung waren allerdings unter Zeitgenossen aus unterschiedlichen Gründen nicht unumstritten. So spottete etwa der Kritiker Tete Harens Tetens 1929 in der Weltbühne, nur 10 Prozent des Verkaufspreises einer Zigarette könne der Hersteller überhaupt in die Qualität seiner Tabake investieren, in Dresden wie beschrieben die so gezielt vermarkteten Orienttabake. 30 Prozent bekomme dagegen der Staat, 40 Prozent die Händler – und *der Rest geht drauf für Verpackung, Inserate und Littfaßsäulen, für die goldenen Mundstücke und Zugabeartikel.*[20] Allerdings traf nicht nur die aus der Werbung erwachsende Kundenunfreundlichkeit von Tabakprodukten die Kritik, sondern schon vor dem Ersten Weltkrieg und im Zeichen des Nationalismus deren generelle Vermarktung: Zigaretten müssten *einen möglichst fremdländischen Klang* haben, weswegen nur etwa ein Fünftel der deutschen Zigaretten deutsche Namen habe; alle anderen *wiesen fremdländische und zwar türkische, griechische und in großer Zahl*

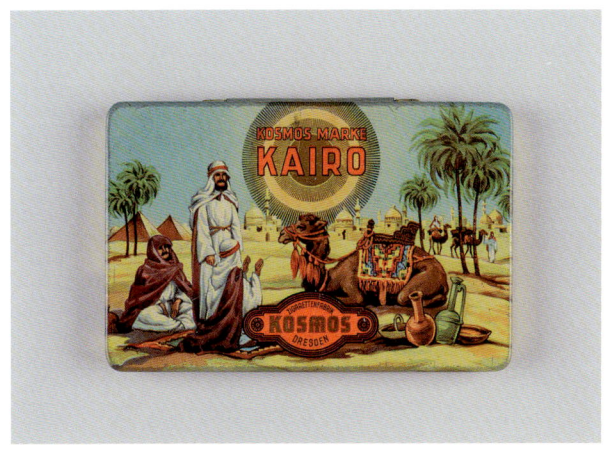

Zigarettendose (12 Zigaretten), Marke Kairo, Zigarettenfabrik Kosmos, Dresden, 1930/40 (Stadtmuseum Dresden)

*auch englische und französische Namen auf.*[21] Und diese Kritik verweist bereits auf die Marken und Motive jenseits des Orientalismus, die ihrerseits aber ebenso mit deren Qualität in Verbindung stehen konnten.

## DES TABAKS NEUE KLEIDER

Es wäre nämlich weit gefehlt zu denken, die Dresdner Zigarettenhersteller hätten sich allein auf orientalisierte Motive beschränkt bzw. sich auf deren Breitenwirkung

Zigarettendose (20 Zigaretten), Marke Unser Kaiser, Orientalische Tabak- und Cigaretten-Fabrik Yenidze, Inh. Hugo Zietz, Dresden, 1909/15 (Stadtmuseum Dresden)

verlassen. Vielmehr finden sich in den Markennamen und auf den Verpackungen auch nationale Motive. Jasmatzi stellte beispielsweise schon vor 1914 die Marke „Zwei Kaiser" mit den Bildern Wilhelms I. und Wilhelms II. her, Yenidze folgte mit den Zigaretten „Unser Kaiser", deren Verpackung ein Bild Wilhelms II. zeigte. Diese Tendenz, die sich ebenso in Firmennamen wie der Dresdner Cigaretten-Fabrik Germania niederschlug, verstärkte sich mit dem Ausbruch des Ersten Weltkrieges, nun kamen auch Marken wie „Reichsadler" oder „Feldherr" aus Dresden.[22]

Darüber hinaus finden sich bereits vor dem Ersten Weltkrieg, verstärkt jedoch in der Weimarer Republik, auch regionale Bezüge: Die Dresdner Zigarettenhersteller Orami und Monopol entwickelten in den frühen 1930er Jahren beispielsweise die Marken „Sachsenstern" und „Sachsengold", von der Firma Bassora konnten Zigaretten der Marke „Meißner Dom" und „Schloß Albrechtsburg" erworben werden und die Dresdner Firma Yramos stellte mit Blick auf andere regionale Märkte und Käufer in den 1920er Jahren die Marke „Bayerngold" her. Entsprechend waren auch die Zigarettenverpackungen gestaltet, auf denen markante Bauwerke wie der Zwinger oder Denkmäler zu sehen waren. Die um 1925 von der Zigarettenfabrik Georg Jasmatzi und Söhne angebotene Marke „August der Starke" zeigte den Goldenen Reiter in der Dresdner Innenstadt. Auch sollten sächsische Konsumenten offenbar durch die Verwendung des heimischen Wappens angesprochen werden, etwa auf den Sammelbilderalben der Dresdner Cigarettenfabrik Monopol aus der Zeit nach 1933.[23]

Jenseits solcher nationalen und regionalen Bezüge finden sich in den Namen der Zigaretten, die in Dresden hergestellt wurden, wie auch auf den Verpackungen zudem Motive, die mit Luxus, Exklusivität und einem genussvollen Leben warben[24] – etwa die Dresdner Zigarettenmarken „Turf-Club" oder „Le Clou". Ähnlich sind die ebenfalls in Dresden gefertigten Marken mit englischen Namen einzuordnen, die mit „Polo Club", „Sporting Club" oder „Bobsleigh" auf Freizeitbetätigungen der britischen Oberschicht anspielten. Gleichzeitig verweisen diese Marken aber nicht allein auf den Export bzw. auf den ausländischen Markt, sondern auf Käufer in Dresden: Russen, Briten und Amerikaner machten vor dem Ersten Weltkrieg teils sechs Prozent der Einwohnerschaft aus, darunter Persönlichkeiten wie Fjodor M. Dostojewski oder Theodore Roosevelt.[25] Vor allem letzterer ist dabei auch ein Beispiel dafür, wie Zigarettenwerbung bisweilen auf aktuelle politische Ereignisse reagierte. Der Dresdner Zigarettenhersteller Jaffa etwa bot vermutlich 1901 die Marke „Präsident Roosevelt" an, die diesen in Uniform vor Sternenbanner zeigte.[26] Diese nationalen Gruppen hatten eigene Restaurants, Zeitungen und waren durch Kirchen im Stadtbild präsent. Auch entwickelte der Sport – Golf und Tennis – oder das Interesse am Fremdenverkehr Schnittmengen mit der Dresdner Bevölkerung. Diese Tradition allerdings brach im nationalen Furor des Sommers 1914 regelrecht ab; in Dresden wie andernorts kam es zur Umbenennung von französischen oder englischen Zigarettenmarken. In der Zeit der Weimarer Republik kehrten diese englischen und französischen Markennamen dann nur noch vereinzelt zurück.

Zigarettendose (27 Zigaretten), Marke August der Starke, Georg Jasmatzi & Söhne, Dresden, 1931 (Stadtmuseum Dresden)

Zigarettendose (50 Zigaretten), Marke Bobsleigh, Orientalische Tabak- und Cigaretten-Fabrik Yenidze, Inh. Hugo Zietz, Dresden, 1909/13 (Stadtmuseum Dresden)

Sammelalbum „Deutsche Kolonien", Cigaretten-Bilderdienst [Dresden], 1936 (Stadtmuseum Dresden)

## DAS ENDE DES DRESDNER ORIENTALISMUS?

Die bereits beschriebenen orientalisierenden Bezüge hielten sich dagegen in der Produktwerbung durch die gesamte Weimarer Republik hindurch und blieben ein zentrales Motiv der Darstellung und der Produktnamen der Dresdner Zigarettenhersteller bis zum Ausbruch des Zweiten Weltkriegs. Wie stark dabei der koloniale bzw. orientalische Zusammenhang auch von den Dresdner Herstellern noch in den 1930er Jahren genutzt wurde, zeigen vor allem die hier erschienenen Zigarettensammelbilderalben.[27] 1931 etwa brachte die Confreia Zigarettenfabrik Dresden ein „Völkerschau-Album" an den Markt, im Jahr darauf sammelte man für das Album „Die Völkerschau in Bildern" der Eckstein-Halpaus GmbH Dresden. Beide Alben thematisierten die auch in Dresden im 19. und 20. Jahrhundert praktizierte Form, Menschen von anderen Kontinenten und aus anderen Kulturen regelrecht auszustellen.[28] Andere Beispiele sind das Album „Deutsche Kolonien" des Cigaretten-Bilderdienstes Dresden von 1936 oder das Sammelalbum „Abessinien" der Dresdner Zigarettenfabrik Orami aus dem Jahr zuvor, das die Eroberungen des faschistischen Italiens propagierte. Letzteres deutet erneut auf den Aspekt des Politischen, der vor dem Genuss von Zigaretten nicht haltmachte bzw. schon kurz nach der Machtübernahme der Nationalsozialisten den Rauch des Krieges andeute-

te. Und neben scheinbar unverfänglichen Sammelbilderalben wie dem Fussballalbum „Hinein" der Zigarettenfabriken Aurelia und Müller & Co. von 1937 oder „Pilze unserer Heimat" der Dresdner Zigarettenfabrik Hünig aus dem Jahr darauf konnten 1933 auch Bilder für das Album „Deutschlands Stolz – Uniformen der Vorkriegsarmee" oder „Das neue Deutschland im Bild" der Confreia Zigarettenfabrik Dresden gesammelt werden. Im selben Jahr brachte das SA-nahe Unternehmen Cigarettenfabrik Dressler KG die sechsteilige Albenserie „Deutsche Uniformen" heraus, der letzte Band war 1934 mit „Volk ans Gewehr!" betitelt.[29]

Die kolonialen Themen wie auch die orientalisierenden Darstellungen blieben demnach in Dresden in der Zeit der Weimarer Republik und des Nationalsozialismus als Träger von Sehnsucht und ideologisch definierten Fremdheitswahrnehmungen Bestandteile der Bewerbung von Tabakprodukten. Und gerade die Kolonien waren noch in der Weimarer Republik Projektionsflächen von Wünschen und Hoffnungen vieler Deutscher,[30] die nicht zuletzt dazu beitrugen, dass koloniale Vorstellungen an die nationalsozialistische Lebensraumideologie anschlussfähig wurden.[31] Spätestens mit dem Ausbruch des Zweiten Weltkrieges stellte sich dann allerdings ein endgültiger Verlust der „Lust am Exotischen" ein[32] – auch die Dresdner Zigarettenwerbung verwendete weitgehend nur noch nationale Motive, verzichtete auf Abbil-

Zigarettenschachtel (12 Zigaretten), Marke Eckstein Nr. 5, Eckstein-Halpaus Cigarettenfabrik, Dresden, 1933/43 (Stadtmuseum Dresden)

dungen und nutzte nummerierte Markennamen wie „Eckstein No. 5", „Laferme No. 22" oder „F 58".[33]

Doch war dies wirklich das Ende dieser Geschichte? Bereits ein Blick auf die Namen der Dresdner Zigarettenbetriebe in der Zeit nach 1945 deutet an, dass die Nachkriegszeit überraschenderweise mehr mit Kontinuität verbunden war – produziert wurde zum Beispiel im VEB Jasmatzi oder im VEB Macedonia. Generell etablierte sich Dresden als der DDR-weit zentrale Herstellungsort für Zigaretten mit erheblicher Bedeutung für den Außenhandel. Auch fanden sich hier Einrichtungen wie das Institut für Tabakforschung. Zugleich wurden die orientalisierenden Marken und Darstellungen zumindest bis in die 1960er Jahre weiterverwendet, in Dresden wurden beispielsweise weiterhin Zigaretten der Vorkriegsmarken „Salem", „Orient" oder „Stambul" hergestellt. Hinzu kamen neue exotische Marken wie „Yeu" und „Yünnan", die den Fernen Osten im Namen trugen und Tabake aus China enthielten. Jenseits der Markennamen lässt sich diese Kontinuität zudem an der Darstellung festmachen: Die Verpackung der Dresdner „Orient Exquisit"-Zigarette warb Ende der 1950er Jahre nicht nur für *Echte Orient-Tabake*, sondern zeigte eine Wüstenszene mit Stadttor und orientalisierten Menschen. Ähnlich wurde die Dresdner Jasmatzi-Marke „Dubec" aus den 1920er Jahren präsentiert, in den 1950er Jahren trug ihre Verpackung eine moscheeartige Silhouette und einen Halbmond.

Allerdings verschwanden diese Bezüge in den 1960er Jahren. Neben dem sich generell verändernden Design und der Gestaltung von Produkten auch in der DDR hatte dies aber vermutlich noch geschmackliche Gründe. Denn die erwähnten Tabake aus China deuten bereits an, dass die Dresdner Zigarettenproduktion nun auf Lieferungen aus dem Orient des Ostens angewiesen war. Einer dieser Lieferanten war die Firma Bulgartabac in Sofia, die allerdings mit Engpässen zu kämpfen hatte und auch den Geschmack der Raucher in der DDR nicht recht zu treffen vermochte. So verschwand vermutlich die moscheeartige Silhouette von der Packung der „Dubec". Und die Dresdner „Juwel 72" führte die Bezeichnung Bulgartabac zwar noch auf der Packung, orientalisch mutete aber sonst nichts mehr an. Auch andere Marken wie die 1973

Zigarettenschachtel (10 Zigaretten), Marke Orient, VEB Vereinigte Zigarettenfabriken Dresden, um 1975 (Stadtmuseum Dresden)

Zigarettenschachtel (10 Zigaretten), Marke YEU, VEB Zigarettenfabrik Macedonia, Dresden, vor 1960 (Privatbesitz, Dresden)

Zigarettenschachteln (10 Zigaretten), Marke Dubec, VEB Dresdner Zigarettenfabriken, um 1960 (Stadtmuseum Dresden)

neu aufgelegte „Carmen" schlossen hier an. Als in den frühen 1980er Jahren die einstige Jasmatzi-Marke „Ramses" als *Spezial-Mischung* wieder hergestellt wurde, schloss sich gewissermaßen ein lange gezogener Kreis orientalisierender Bezüge, auch wenn der Produktionsort mit dem VEB Tabak Nordhausen nicht mehr in Dresden lag.

Diese Motive erlebten nach der Wiedervereinigung der beiden deutschen Staaten keine Neuauflage, sie waren für die Seh- und Kaufgewohnheiten sicher nicht mehr zeitgemäß. Einzelne Marken wie eben „Ramses", die an die Tradition der Dresdner Orientabake erinnerten, überstanden wohl auch deswegen die Transformation der 1990er Jahre nicht. Gerade „Ramses" verweist aber auf das Eigenleben einiger Marken, auch jenseits von Dresden: Die Yenidze Tabak- und Zigarettenfabrik GmbH Hamburg stellte beispielsweise bis in die frühen 2000er Jahre die Marke „Salem No. 6" her, generell knüpften nach 1945 auch in Westdeutschland Hersteller an die Tradition der Orienttabake an. Und das Marketing der Dresdner f6-Zigarette als Ostmarke ließ zudem nach 1990 die Idee der regionalen Vermarktung noch einmal aufleben.[34] Im Falle baulicher Hinterlassenschaften wie dem Yenidze-Gebäude, das den Angriff auf Dresden 1945 überstanden hatte und später Sitz des VEB Tabakkontor Dresden war, dürfte der Prozess der zeitgemäßen Aneignung dagegen noch nicht abgeschlossen sein: Der Bau firmiert bis heute beispielsweise in Reiseführern als *Tabakmoschee*, die im Sonnenuntergang *wahrhaft orientalisch* schimmere.[35] Zigaretten werden damit freilich nicht mehr angepriesen.

## DER DUNST VERFLIEGT

Die Frage, die diesen Beitrag überschreibt, lässt sich zuletzt deswegen am besten in zweifacher Hinsicht beantworten. Denn der Orientalismus, der für die Vermarktung Dresdner Tabakprodukte zwischen Kaiserreich und DDR genutzt wurde, korrespondierte einerseits fraglos mit einer in der Residenzstadt schon lange zuvor entwickelten Begeisterung für das, was man eben für den Orient hielt. Die damit verbundenen Verkürzungen und Stereotype wurden aber nicht nur in Dresden oder Sachsen wiedererkannt, genau hierin lag auch ihr ökonomischer Kern auf einem dementsprechend viel größeren Markt. Viel wesentlicher scheint dagegen, dass die Dresdner Hersteller andererseits hauptsächlich – aber eben nicht nur – auf orientalisierende Motive zurückgriffen. Vielmehr bewegten sich Dresdner Ziga-

Werbeplakat, Marke Pteo, Georg A. Jasmatzi AG, um 1920 (Museum der Arbeit, Hamburg)

retten in ihrer Vermarktung schon im späten 19. Jahrhundert in einem Wechselverhältnis zwischen regional-sächsischen Bezügen, dem Nationalstaat mit seinen Farben und Figuren wie auch der globalen Welt jenseits des vermeintlichen Orients. Diese Mischung war sicher nicht nur den Dresdner Tabakprodukten eigen. In der Stadt an der Elbe zeigte sie sich allerdings fraglos in einer besonderen Quali- wie Quantität.

■ ANMERKUNGEN

1 Adolf Flügler, Die Dresdner Zigaretten-Industrie, in: Das Buch der Stadt Dresden, hrsg. vom Rat der Stadt Dresden, Dresden 1930, 108–113, hier 108.
2 Vgl. hierzu Kurt Bormann, Die deutsche Zigarettenindustrie, Tübingen 1910, 6, 19–21, 94f.; Werner Peschke, Die Dresdner Zigarettenindustrie, Dresden 1927, 18, 23f.
3 Dieser Beitrag ist eine überarbeitete und stark gekürzte Fassung von Swen Steinberg, Mohammed aus Sachsen. Die Vermarktung von ‚orientalischer Fremdheit', Regionalität, Nationalismus und Ideologie in der Dresdner Zigarettenindustrie (1860–1960), in: Tabak und Gesellschaft. Vom *braunen Gold* zum sozialen Stigma, hrsg. von Frank Jacob und Gerrit Dworok, Baden-Baden 2015, 183–212. Vgl. zudem ders., Der blaue Dunst des Orients. Dresdens Zigarettenindustrie, online unter http://dresden-postkolonial.de/tabak/(9.7.2020).
4 Vgl. hierzu den umfassenden Überblick bei Karl-Peter Ellerbrock, Geschichte der deutschen Nahrungs- und Genussmittelindustrie (1750–1914), Stuttgart 1993.
5 Vgl. Christian Hochmuth, Globale Güter – lokale Aneignung. Kaffee, Tee, Schokolade und Tabak im frühneuzeitlichen Dresden, Konstanz 2008, 85–89, 189–94.
6 Ebd., 194.
7 Vgl. hierzu und für die Zitate Leman Bilgic, Maike Fabian, Corinna Schwetasch und Robert Stock, Dresdner Orientalismus, in: Dresden. Ethnografische Erkundungen einer Residenz, hrsg. von Rolf Lindner und Johannes Moser, Leipzig 2006, 207–236, hier 207–209, 221.
8 Vgl. David Ciarlo, Advertising Empire. Race and Visual Culture in Imperial Germany, Cambridge 2011, 65–75.
9 Vgl. Bilgic, Orientalismus (wie Anm. 7), 209–220.
10 Vgl. Stefan Koppelkamm, Exotische Architekturen im 18. und 19. Jahrhundert, Stuttgart 1987, 91f.
11 Vgl. hierzu Bilgic, Orientalismus (wie Anm. 7), 220.
12 Klaus R. Scherpe, Reklame für Salem Aleikum, in: Mit Deutschland um die Welt. Eine Kulturgeschichte des Fremden in der Kolonialzeit, hrsg. von Alexander Honold und dems., Stuttgart-Weimar 2004, 381–388, hier 381.
13 Vgl. hierzu Steinberg, Mohammed (wie Anm. 3), 189.
14 Ebd., 199.
15 Vgl. ebd., 200.
16 Vgl. hierzu Anna Greve, Farbe, Macht, Körper. Kritische Weißseinsforschung in der europäischen Kunstgeschichte, Karlsruhe 2013; Mythen, Masken und Subjekte: Kritische Weißseinsforschung in Deutschland, hrsg. von Maureen Maisha Eggers, Grada Kilomba, Peggy Piesche und Susan Arndt, Münster 2009, sowie Ciarlo, Empire (wie Anm. 8), 277–286.
17 Joachim Zeller, Koloniale Bilderwelten zwischen Klischee und Faszination. Kolonialgeschichte auf frühen Reklamesammelbildern, Augsburg 2008, 221. Vgl. hierzu auch die Dresdner Beispiele bei Ines Vetter, Die Entwicklung der Dresdner Zigarettenindustrie bis 1933, in: Dresdner Hefte 61 (2000), 72–77, hier 75; Bormann, Zigarettenindustrie (wie Anm. 2), 37f.
18 Vgl. hierzu Marketinggeschichte. Genese einer modernen Sozialtechnik, hrsg. von Hartmut Berghoff, Frankfurt/M. 2007; „Ins Gehirn der Masse kriechen!" Werbung und Mentalitätsgeschichte, hrsg. von Rainer Gries, Volker Illgen, Dirk Schindelbeck, Darmstadt 1995.
19 Vgl. Swen Steinberg, Unternehmenskultur im Industriedorf. Die Papierfabriken Kübler & Niethammer in Sachen (1856–1956), Leipzig 2015, 48f.
20 T.H. Tetens, Neuenburg und Reemtsma, in: Die Weltbühne XXV (1929) 46, 727–731, hier 727.
21 Bormann, Zigarettenindustrie (wie Anm. 2), 37.
22 Vgl. hierzu Steinberg, Mohammed (wie Anm. 3), 195.
23 Vgl. ebd., 185, 195f.
24 Bilgic, Orientalismus (wie Anm. 7), 220.
25 Vgl. hierzu vor allem Nadine Zimmerli, „The Rendevouz of all Nations." Cosmopolitan Encounters in the German City of Dresden Before World War I, Ph.D. thesis, University of Wisconsin-Madison, 2011; dies., Die amerikanische Kolonie in Dresden vor 1914, in: Dresdner Hefte 34 (2016), 39–50.
26 Vgl. hierzu Steinberg, Mohammed (wie Anm. 3), 196.
27 Vgl. hierzu allgemein Zeller, Bilderwelten (wie Anm. 17), 9–23; Hiram Kümper, Bevor Panini kam: Zigarettensammelbilder und das kollektive Bildgedächtnis des 20. Jahrhunderts, in: Jacob/Dworok, Tabak (wie Anm. 3), 347–374.
28 Vgl. hierzu Sophie Kempe, Hinter dem Zaun die Anderen. Zur Geschichte der sogenannten Völkerschauen in Dresden, Online unter http://dresden-postkolonial.de/voelkerschauen/ (9.7.2020); Ciarlo, Empire (wie Anm. 8), 76–81, 92–105.
29 Vgl. hierzu Steinberg, Mohammed (wie Anm. 3), 204f.; Thomas Grosche, Arthur Dressler. Die Firma Sturm – Zigaretten für die SA, in: Braune Karrieren. Dresdner Täter und Akteure im Nationalsozialismus, hrsg. von Christine Pieper, Mike Schmeitzner, Gerhard Naser, Dresden 2012, 193 201.
30 Carsten Linne, „Weiße Arbeitsführer" – Der nationalsozialistische Traum vom sozialen Aufstieg in Afrika, in: Sozial.Geschichte 19 (2004) Heft 3, 6–27, hier 6.
31 Vgl. hierzu Swen Steinberg, Das Erbe der Enterbten. Rudolf Böhmer (1875–1944) und das Verhältnis der kolonialen Eliten zur nationalsozialistischen Raumideologie, in: Eliten nach dem Machtverlust? Fallstudien zur Transformation von Eliten in Krisenzeiten, hrsg. von Michael Meissner, Katharina Nebelin und Marian Nebelin, Berlin 2012, 199–231.
32 Michael Scholz-Hänsel, Das exotische Plakat, Stuttgart 1987, 13.
33 Vgl. hierzu Steinberg, Mohammed (wie Anm. 3), 206.
34 Vgl. hierzu vor allem das Kapitel „Der Geschmack der Heimat. ‚Hurra, ich lebe noch!': Bausteine zu einer Mentalitätsgeschichte der Ostprodukte nach der Wende" in: Gries, Werbung (wie Anm. 18), 193–220, sowie Swen Steinberg, Da kann der Marlboro-Cowboy halt nicht gegen anreiten. Die doppelte Transformation der DDR-Zigarettenmarke f6 zwischen ostdeutscher Identität und nachwachsender Generation, in: Tabakwerbung im Wandel der Zeit, hrsg. von Frank Jacob, Marburg 2020, 149–164.
35 Eckhard Bahr, Dresden. Mit Radebeul, Meißen und Sächsischer Schweiz, Berlin 2012, 134.

# RAUCHEN FÜR DIE PARTEI
## Zigaretten als Spiegelbild der Milieus in der Weimarer Republik

Thomas Grosche

### DIE ZIGARETTENFABRIK STURM

Die Konsumindustrie und insbesondere die Zigarettenindustrie war in den 1920er Jahren durch einen harten Konkurrenzkampf geprägt. In Dresden gab es etliche Hersteller, die um die Gunst der Konsumenten rangen. Der Wettbewerb wurde mit aufwändigen Werbemaßnahmen und Preisreduktionen geführt. Aufgrund der Vielzahl bereits etablierter Zigarettenhersteller war es Ende der 1920er Jahre sehr riskant, ein neues wettbewerbsfähiges Unternehmen zu begründen, das in der Lage war, neue Produkte herauszubringen, einen Kundenstamm zu generieren und den Absatz der eigenen Marken sicherzustellen.

In dieser Situation fasste der Dresdner Geschäftsmann Arthur Dressler einen Plan, der ihm helfen sollte, auf dem hart umkämpften Zigarettenmarkt Fuß zu fassen. Im Jahre 1929 stellte er der SA und NSDAP ein Geschäftsmodell vor, das die Gründung einer dem Nationalsozialismus nahestehenden Zigarettenfabrik mit dem bezeichnenden Namen „Sturm" vorsah. Die SA sollte dafür sorgen, dass ihre Mitglieder nur Zigaretten dieser Firma konsumierten, wodurch der Kundenstamm des Unternehmens gesichert wäre. Als Gegenleistung würde die SA für je 1000 verkaufte Zigaretten einen Anteil erhalten, der etwa 15 bis 20 Pfennig betragen sollte.[1]

Nach einigen Diskussionen wurde der Vorschlag Dresslers akzeptiert und die neue Firma nach anfänglichen Finanzierungsschwierigkeiten gegründet. Zu den Marken des Unternehmens zählten die $3^{1}/_{3}$-Pfennig-Zigarettenmarken Trommler und D3, die 5-Pfennig-Zigarettenmarke Sturm und die 6-Pfennig-Zigarettenmarke Neue Front. Unter diesen war die Marke Trommler, die mit einem Preis von dreieindrittel Pfennig pro Zigarette für alle Konsumenten erschwinglich war, am erfolgreichsten. Die Etablierung der neuen Firma ging mit groß angelegten Reklamemaßnahmen einher, dazu zählten Gutscheinaktionen, Inserate, Plakate sowie die Nutzung von Laut-

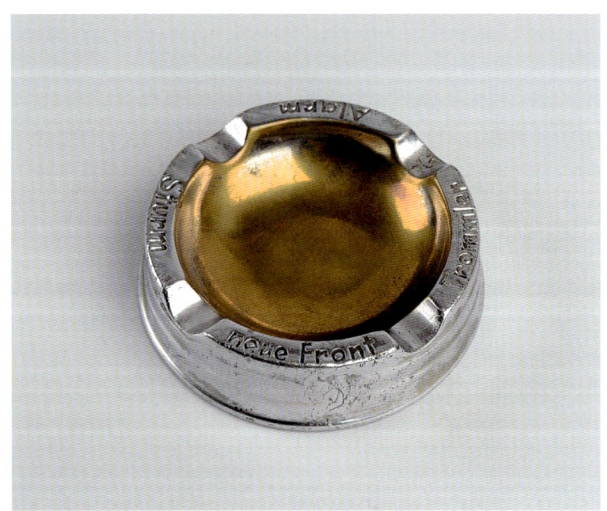

Aschenbecher mit Werbung für die Marken der Zigarettenfabrik Sturm, Inh. Arthur Dressler, Dresden, um 1933
(Stadtmuseum Dresden)

Zigarettenschachtel (6 Zigaretten), Marke Trommler, Zigarettenfabrik Sturm, Inh. Arthur Dressler, Dresden, um 1932
(Privatbesitz, Dresden)

Sammelalbum „Aufbau der Sowjetunion", Zigarettenfabrik Osten, Walter Haak, Dresden, 1932 (© bpk-Bildagentur, Deutsches Historisches Museum, Berlin)

sprecherwagen und Reklameflugzeugen. Den Zigarettenpackungen wurden Gutscheine oder Sammelbilder beigefügt. Die SA trug ihrerseits dazu bei, die Einnahmen der Firma Sturm zu gewährleisten, indem sie ihre Mitglieder drängte, nur Zigaretten dieser Firma zu rauchen und nicht davor zurückschreckte, Taschenkontrollen durchzuführen und Druck auf Tabakhändler auszuüben, die Konkurrenzprodukte verkauften.[2]

Eine solche Zusammenarbeit zwischen einem Unternehmen und der NSDAP wurde von anderen politischen Parteien kritisch betrachtet. So kommentierte die sozialdemokratische Zeitung „Vorwärts" sarkastisch die Gründung dieser Firma mit der Aussage: *Die Zigarette mit dem Hakenkreuz ist zu uns gekommen.*[3] Zum Aufruf, die Zigaretten des Unternehmens Sturm zu rauchen, bemerkte sie, es sei *nun der direkte Befehl gegeben: Du rauchst diese Zigaretten und keine anderen!*[4] Infolge der Zusammenarbeit mit der SA konnte die Firma Sturm mit dem weiteren Erstarken der NSDAP wirtschaftliche Erfolge verbuchen. 1932 und 1933 wurden neue Produktionsstätten in Dresden errichtet und ehemalige Anlagen der Konkurrenz übernommen (z. B. von der Firma Jasmatzi), deren Absatz sank. Standorte dieser Anlagen befanden sich in der Blasewitzer Straße 13, 15 und 17 sowie in der Kreuzstraße 21, in der Trinitatisstraße 8 und der Lortzingstraße 38. Da die SA am Ertrag des Unternehmens beteiligt war, konnte sie am Erfolg der Firma Sturm partizipieren. Wie aus den Bilanzen des Unternehmens hervorgeht, betrugen allein für das Jahr 1933 die Rückstellungen für die SA 260.069,59 Reichsmark.[5] Zwar suchte die Firma Sturm bewusst die Nähe zu SA und NSDAP, die Zusammenarbeit verlief aber nicht völlig konfliktfrei, da die Partei den Eindruck zu vermeiden versuchte, dass die Firma, die sich 1931 als nationalsozialistisch bezeichnete, ein Unternehmen der NSDAP wäre. Weil sie befürchtete, dass solcherart Verlautbarungen Ärger in den Reihen der mittelständischen Betriebe hervorrufen und andere Parteien Stimmung gegen die NSDAP machen könnten, wurde die Firma Sturm aufgefordert, ihr privates Unternehmertum zu betonen.[6]

Der Niedergang der Firma Sturm erfolgte bereits 1934 parallel zum Bedeutungsrückgang der SA. Das Tabak-Unternehmen Reemtsma nutzte die Situation, um den unliebsamen Konkurrenten Sturm loszuwerden. 1934 kam es zu einer Einigung zwischen Reemtsma und der NS-Parteileitung, nach der Reemtsma drei Millionen Reichsmark an Hermann Göring und 150.000 Reichsmark an den Stabschef der SA, Victor Lutze, zahlte, um ausbleibende Zahlungen der Firma Sturm zu überbrücken. Als Folge der Einigung wurde der Konsumzwang innerhalb der SA bezüglich der Sturm-Zigaretten aufgehoben und die Propaganda gegen Produkte der Firma Reemtsma eingestellt. Die wirtschaftlichen Folgen für das Unternehmen Sturm waren immens, so dass es bereits 1935 Konkurs anmelden musste.[7]

## DIE FIRMA OSTEN

Ebenfalls in Dresden wurde 1931 eine Zigarettenfabrik gegründet, die auch parteipolitische Präferenzen nach außen transportierte. Die Firma Walter Haak & Co. Osten verdeutlichte schon mit dem Namen Osten die ideologische Nähe zur Sowjetunion. Gründer des Unternehmens war der Dresdner Walter Haak (1884–1945). Haak, Mitglied der kommunistischen Partei, war einige Jahre als Zigarettenmaschinenführer in verschiedenen Zigarettenfabriken angestellt gewesen, darunter in der Dresdner Jasmatzi GmbH. Dort war er Mitglied des Betriebsrates, wurde aber wegen seiner politischen Tätigkeit 1930 entlassen. Zusammen mit den Kaufmännern Mustafa Galib und Karl Rudolf Rätzer gründete er am 10. August 1931 das Unternehmen Osten, das er ab dem 30. April 1932 allein führte und deshalb ab dem 15. November 1932 nur noch Zigarettenfabrik Osten hieß. Ansässig war die kleine Firma während ihrer kurzen Existenz in der Falkenstraße 26, ab 1932 in der Tittmannstraße 27.

Zu den Produkten der Firma zählten die 2½-Pfennig-Zigarettenmarke Osten, die 3⅓-Pfennig-Zigarettenmarke Osten-Stern und die 4-Pfennig-Zigarettenmarke Osten-Ural. Die Reklamemaßnahmen der Firma wurden ebenfalls begleitet von Bildbeigaben zu den Zigarettenpackungen. Dazu gehörte beispielsweise die Bilderreihe „Aufbau der Sowjetunion", die unter anderem Bilder von führenden Politikern und Wissenschaftlern der Sowjetunion oder zur Roten Armee und den Völkern der Sowjetunion enthielt.[8]

Am 23. Februar, knapp einen Monat nach dem Regierungsantritt der NSDAP, erfolgte die Besetzung der Firma Osten durch SA-Einheiten. Das Vermögen wurde eingezogen und die Firma einen Tag später aufgelöst. Beschwerden dagegen wurden abgelehnt, da der *kommunistische Charakter der Firma mit aller Klarheit zu ersehen war*.[9] Auch die *vorsätzliche, zumindest fahrlässige Förderung kommunistischer Bestrebungen* wurde dem Unternehmen vorgeworfen.[10] Walter Haak wurde am 10. Februar 1934 verhaftet, kam aber wegen einer Amnestie im August desselben Jahres wieder frei. Da er 1943 Kontakte zu Mitgliedern der Dresdner KPD um Kurt Schlosser knüpfte, wurde er im Dezember 1943 verhaftet und am 30. Juni 1944 zu acht Jahren Zuchthaus verurteilt. Er starb am 30. April 1945 im Spital des Zuchthauses Straubing an einer Lungenentzündung und Herzschwäche.[11]

## DIE ZIGARETTENFABRIK SOLIDARITÄT

Als ein Gegenentwurf zur Firma Sturm wurde 1932 die Firma Solidarität in Berlin gegründet. Beteiligt an der Gründung war auch der Neue Deutsche Verlag, der dem KPD-Mitglied Wilhelm (Willi) Münzenberg gehörte. Sein Verlag gab im Auftrag der KPD Schriften für die Arbeiter

Werbeschild für die Zigarettenmarken des Unternehmens Solidarität mit Hinweis auf die Sammelbilder zur kommunistischen Traditionsgeschichte, Berlin, 1932 (© bpk-Bildagentur, Deutsches Historisches Museum, Berlin)

heraus und unterstützte die Firma Solidarität durch Beigabe von Bildern und Schriftstücken. Wie die Firma Sturm spezialisierte sich die Firma Solidarität auf das Segment der Billigzigaretten. Ihre bekanntesten Marken waren daher die 2½-Pfennig-Zigarettenmarken Rote Sorte und Signal, sowie die 3½-Pfennig-Zigarettenmarken Kollektive und Kontakt. Sie gab den Zigarettenschachteln ebenfalls gratis Bilder bei, so ein Bild des Sturms auf die Bastille aus der Bildserie „Geschichte der Revolutionen". Nach der Machtübernahme der Nationalsozialisten im Jahr 1933 wurde das Unternehmen aufgelöst und das Vermögen beschlagnahmt.[12]

## DIE FIRMA EISERNE FRONT

Ein weiteres Unternehmen der Zigarettenindustrie, das mit einer politischen Partei zusammenarbeitete, war die Firma Eifro Zigarettenvertrieb. Diese Firma, kurz Eifro genannt, entstand 1932 in München und war in der Augustenstraße 29 ansässig. Gründer war ein Joseph Pfaffel, der die Firma nach dem politischen Bündnis Eiserne Front benannte. Dieses war im Dezember 1931 aus SPD, Gewerkschaftsbünden und Arbeiterverbänden als Reaktion auf die Gründung der Harzburger Front gebildet worden, die aus Parteien und Verbänden des rechtsextremen Lagers, darunter der NSDAP, bestand.[13]
Beworben wurde das neue Unternehmen und ihre *politische[n] Zigarette[n]*[14] in den sozialdemokratischen Zeitungen. Dort hieß es: *Die Nazis und Kommunisten haben schon seit längerer Zeit eigene Zigaretten. Jetzt haben die Anhänger der Eisernen Front ebenso ihre eigene Zigarettenmarke.*[15] Die Eifro brachte Marken wie die 2½-Pfennig-Zigarettenmarke Aktivität, die 3⅓-Pfennig-Zigarettenmarke Freiheit und die 5-Pfennig-Zigarettenmarke Disziplin auf den Markt. Mit dem Machtantritt der NSDAP war das Ende der Firma vorgezeichnet. Dem Verbot der SPD 1933 folgte die Schließung des Unternehmens.[16]

## ZUSAMMENFASSUNG

Mit einem vergleichenden Blick auf diese Zigarettenfabriken fallen einige Parallelen auf. Die Gründung der Unternehmen erfolgte Anfang der 1930er Jahre in einer

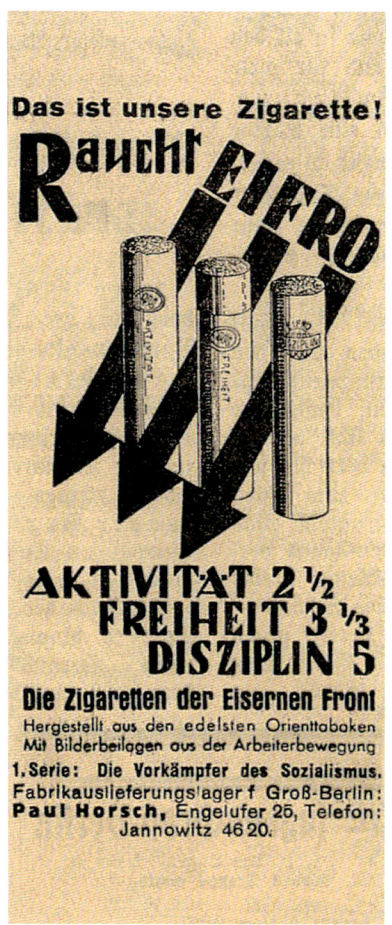

Werbeanzeige des Unternehmens Eiserne Front (Eifro) für die hauseigenen Marken, aus: Vorwärts. Berliner Volksblatt vom 1. Januar 1933, 14 (Bibliothek der Friedrich-Ebert-Stiftung)

Zeit der politischen und wirtschaftlichen Krise. Sie alle versuchten eine Partei und eine Ideologie, der sie nahestanden, durch Propagandamaterial zu unterstützen. Die Unternehmer erhofften sich durch diese Annäherung an ein politisches Lager einen gesteigerten Umsatz und einen größeren Kundenstamm. Durch die enge politische Verknüpfung dieser privaten Unternehmen an eine Partei erwuchs allerdings in der Außenwahrnehmung eine Zusammengehörigkeit. Dementsprechend erfolgte mit dem Verbot einer Partei auch die Schließung derartiger Unternehmen. Kurzfristig brachte die Verflechtung von Unternehmen und Parteien beiderseitige Vorteile, langfristig konnte diese aufgrund der politischen Ideologie oder indirekt durch die wirtschaftliche Abhängigkeit auch die Existenz des Unternehmens gefährden.

■ ANMERKUNGEN

1 Vgl. Thomas Grosche, Die Zigarettenindustrie in Dresden. Von den Anfängen bis zum Zweiten Weltkrieg, Magisterarbeit, TU Dresden 2009, 71–74; Thomas Grosche, Arthur Dressler. Die Firma Sturm – Zigaretten für die SA, in: Braune Karrieren. Dresdner Täter und Akteure im Nationalsozialismus, hrsg. von Christine Pieper, Mike Schmeitzner, Gerhard Naser, Dresden 2012, 193–199.
2 Vgl. ebd.; Sandra Schürmann/Christoph Alten/Gerulf Hirt/Stefan Knopf/Evelyn Möcking/Dirk Schindelbeck/Merle Strunk, unter Mitarbeit von Stephen Albrecht, Die Welt in einer Zigarettenschachtel. Transnationale Horizonte eines deutschen Produkts, Kromsdorf-Weimar 2017, 159f.
3 Vorwärts. Morgenausgabe Nr. A301 vom 23.12.1930, 47. Jg., Nr. 599/4, 6.
4 Ebd.
5 Vgl. Thomas Grosche, Arthur Dressler (wie Anm. 1), 196; Hubert W. Klostermeier, Geschichte der Zigarettenindustrie in Deutschland 1862–1945, Handbuch, Band 2 (N–Z), Wasserburg 2019, 732.
6 Vgl. Bundesarchiv NS 22-1306, Bl. 1–6.
7 Vgl. Grosche, Zigarettenindustrie (wie Anm. 1), 77.
8 Vgl. Notizen für den Lebenslauf des Genossen Walter Haak, zusammengetragen von Hans Weineck, Blatt 1-4, in: Private Dokumente von Wolfgang Loudikis (Nachfahre) zur Firma Osten und Walter Haak, übersandt an den Hrsg. (21.11.2019); Amtliche Unterlagen zu Walter Haak, in: Klostermeier, Geschichte der Zigarettenindustrie, Handbuch, Bd. 2 (wie Anm. 5), 596f.
9 Bundesarchiv R 1501-10772, Bl. 2.
10 Ebd.
11 Vgl. Notizen Lebenslauf Walter Haak (wie Anm. 8).
12 Vgl. Babette Gross, Willi Münzenberg. Eine politische Biographie, Stuttgart 1967, 179; Klostermeier, Geschichte der Zigarettenindustrie, Handbuch, Bd. 2 (wie Anm. 5), 716.
13 Vgl. Klostermeier, Geschichte der Zigarettenindustrie, Handbuch (wie Anm. 5), Band 1 (A–M), Wasserburg 2019, 207, https:// www.historisches-lexikon-bayerns.de/Lexikon/Eiserne_Front,_1931-1933 (19.9.2020).
14 Der Funke. Tageszeitung für Recht, Freiheit und Kultur, Berlin, 21. Dezember 1932, 5. Jg., Nr. 276, B, 3.
15 Ebd.
16 Vgl. https://www.historisches-lexikon-bayerns.de/Lexikon/Eiserne_Front,_1931-1933 (19.9.2020).

# REAL UND FIKTIV
## Bauten als Werbeträger für die Bulgaria

Claudia Quiring

Der Dresdner Zigarettenhersteller Bulgaria nutzte in den 1920er und 1930er Jahren mehrfach real existierende und fiktive Bauwerke als Werbeträger. So kündigte das Unternehmen 1928 seinen Umzug in einen neuen Fabrikbau an, der *als Musterinstitut in technischer und hygienischer Hinsicht zu bezeichnen* sei,[1] und setzte damit werbewirksam Schlüsselbegriffe der Architekturmoderne der Zeit ein: Technik und Hygiene.

Bis zur Fertigstellung des Baus präsentierte der Betrieb eine gläserne Manufaktur im auffälligsten Neubau der Stadt, dem futuristisch anmutenden Kugelhaus auf der Jahresschau Deutscher Arbeit „Die technische Stadt". Auf dem „Bauch" der Kugel prangte weithin und bei jeder Tageszeit sichtbar in Leuchtschrift *Bulgaria*. Der Stahlskelettbau war von der Geschäftsführung der Jahresschauen aufgrund der ungewöhnlichen Form als werbewirksamer Bau ausgewählt worden und erfüllte diesbezüglich alle Erwartungen. Galt dies auch für den so selbstbewusst angekündigten Bulgaria-Neubau?

### DER FABRIKBAU DER BULGARIA IN DRESDEN-STRIESEN

Da es kaum Bildmaterial und keine Bauakten von der Bulgaria-Fabrik gibt, kann der Bauprozess an der Schellerhauer Straße 1 nur lückenhaft rekonstruiert werden. Danach plante 1922 zunächst der Schuhfabrikant Alexander Dauch einen Neubau an dieser Stelle,[2] der aber vermutlich aufgrund der bald einsetzenden Hyperinflation nicht oder nur in geringerem Umfang als später benötigt, realisiert wurde.[3] Erst ab 1927 ist ein größeres Gebäude auf dem Grundstück nachweisbar,[4] ob als Neubau oder Erweite-

Außenansicht der Bulgaria-Zigarettenfabrik, um 1935 (Museum der Arbeit, Hamburg)

rung ist unklar. Im selben Jahr wurde das Fabrikgelände von Salomon Krenter, dem Hersteller der Zigarettenmarke Bulgaria, gekauft. Die Baumaßnahmen betreute der *akademische Architekt und Baumeister* Paul F. Hermann Wirthgen;[5] vermutlich war er der Architekt des Gesamtbaus.[6] Der 1928 fertiggestellte Bau fällt mit seiner klassischen Dreiteilung in Sockel, Hauptgeschoss und Attika, weitgehend symmetrischem Fassadenaufbau, profilierten Gesimsen und Brüstungsfeldern sowie Vertikalfenstern recht unauffällig aus. Die insgesamt schmuckreduzierte Gestaltung mit flachem Dachabschluss entsprach äußerlich zeitgemäßen Formen im Industriebau, ohne dass diese modernistisch in den Vordergrund treten würden. Das Musterhafte, also das Moderne, ist vermutlich vor allem auf die inneren Produktionsabläufe zu beziehen. So heißt es bezeichnenderweise im Firmenporträt einer Werbepublikation: *Im vorigen Jahr errichtete die Bulgaria-Zigarettenfabrik ein neues Gebäude, das mit allen Errungenschaften, die sich gerade in diesem Fache sehr überstürzen, versehen ist. […] Ein Rundgang durch die Fabrik zeigt die mustergültigen Anlagen und hochmoderne Arbeitsweise in diesem Unternehmen […]*, in dem unter anderem der Tabak auf pneumatischem Wege transportiert und gemischt wurde. Der Autor kommt in seiner Beschreibung schließlich zu der heute doch recht widersprüchlich erscheinenden Aussage, *daß für die Gesundheit des Rauchers durch die hochmodernen, hygienischen Einrichtungen in vollendeter Weise gesorgt ist.*[7]
Von baulicher Seite sind in Bezug auf moderne Architektur die als *hell und luftig* charakterisierten Arbeitsräume relevant sowie vor allem ein Dachgarten, der für Pausen genutzt werden konnte – ein Klassiker der modernen Architektur der Zeit, der jedoch am Außenbau nicht inszeniert wurde. Ganz anders erscheint da im Vergleich die von Max Krautschik erweiterte Zigarettenfabrik Greiling mit ihrer unsymmetrisch platzierten Hochhausadaption, den großflächigen liegenden Fensterformaten sowie dem stufenförmigen Abschluss mit Flachdachanmutung, bei der die Modernität von Form und Konstruktion augenfällig ist und sein soll.

## ILSE LAGERFELDS PLAKAT FÜR DIE BULGARIA VON CA. 1931

In der Werbung trat das Unternehmen Bulgaria wesentlich radikaler auf. Ab 1925 orientierten sich das neue Firmensignet, Plakate, Verpackungen, Bilderalben und weitere Druckartikel an der zeitgenössischen Avantgarde, wie sie z. B. am Bauhaus vertreten wurde. Verantwortlich hierfür war die Gestalterin Ilse Lagerfeld, deren Ausbildungsstätte bisher unbekannt ist. Auch Kontakte zum Bauhaus sind nicht direkt zu belegen. 1923 bezeichnete sie sich als Malerin,[8] etwa ab 1925 sind Produktgestaltungen für die Dresdner Zigarettenhersteller Weller, Casanova und eben Bulgaria von ihrer Hand nachweisbar. Entsprechend wird sie 1929 im Mitgliedsverzeichnis des Deutschen Reklame-Verbands für die Bereiche Kunstgewerbe und Reklamefach geführt.[9]

Ansicht der Zigarettenfabrik Richard Greiling AG (erweitert 1926–1929), Abbildung von einer Menükarte (Ausschnitt), 1928 (Stadtmuseum Dresden)

Ilse Lagerfeld, Reklameplakat für die Marke Bulgaria Krone, Bulgaria-Zigarettenfabrik, ca. 1931 (Museum der Arbeit, Hamburg)

Reklameplakat für die Marke Bulgaria Sport, Bulgaria-Zigarettenfabrik, ca. 1935 (Museum der Arbeit, Hamburg)

Für den neuen gestalterischen Wind, den sie in die Firmenwerbung brachte, eignete sich der firmeneigene Fabrikneubau aufgrund des klassischen Aufbaus nur bedingt. 1931 rückte sie daher für ein Plakat[10] nicht den Konzernneubau ins Zentrum, sondern eine Chiffre der Moderne: Kubisch, mit Turm und Lochfassade strahlt ein funktional und geographisch unverortbares Gebäude weiß im Licht.[11] Beworben wurde der neu eingerichtete „Frischedienst", dessen Aufgabe es war, die Produkte nicht nur regional, sondern auch überregional fabrikfrisch den Konsumenten zu liefern.[12] Im Plakatmotiv kombinierte Lagerfeld geschickt den Slogan des Frischedienstes *In jeder Stadt* mit dem internationalen Anspruch der Moderne, ideale Räume für alle Menschen – egal wo – zu schaffen. Abstrahiert verbindet sie sogar stehend und liegend präsentierte Zigarettenschachteln mit den schmal-länglichen Schloten oder Türmen der „Schachtelmoderne" der Neuen Sachlichkeit. Eine vielschichtige, gestalterisch und thematisch gelungene Werbung, die ganz ihrer auch bei anderen Produkten erkennbaren reduzierten Formensprache entspricht.[13]

So gelungen das von Lagerfeld entwickelte Motiv des Plakats heute erscheint, war es doch seinerzeit nicht ganz unproblematisch: Das von ihr gestaltete davidsternbasierte Logo der Bulgaria als Himmelskörper über fremd anmutender Flachdach-Architektur traf schon zur Entstehungszeit auf virulente Ressentiments. Schmähbegriffe für Siedlungen mit Flachdächern wie *Neu-Palästina* oder *Neu-Marokko* waren nicht nur für die Weißenhofsiedlung in Stuttgart im Gebrauch, sondern auch in Dresden z. B. für eine Siedlung in Trachau.[14] Nach 1933 wurde der Einsatz der Bildmarke äußerst schwierig; 1938 wurde sie durch eine achteckige Variante bzw. durch das bulgarische Königswappen abgelöst.[15]

## DIE VORBILDLICHE ARBEITSSTÄTTE VON 1935

Das Plakat für Bulgaria Sport 3⅓ *Die Zigarette aus vorbildlicher Arbeitsstätte,* das auf August 1935 datiert ist, scheint den inzwischen veränderten politischen Umständen Rechnung zu tragen. Der Gestalter ist unbekannt.¹⁶ Dynamisch quer positioniert und spotartig schräg beleuchtet, bestimmt der 1928 entstandene reale Firmenbau das Plakat. Im Streiflicht wird besonders die Fassadenstruktur des grauen Baukörpers herausgearbeitet, so dass der Eindruck von Kolossalsäulen erzeugt und die klassische Dreiteilung hervorgehoben wird. Die Architektur kann mit dieser optischen Umkodierung zum Monumentalbau optimal die nun an die Architekten herangetragene Aufgabenstellung, *dem Gedanken der Ehre und Würde des schaffenden Menschen und seiner Werke Ausdruck zu verleihen,*¹⁷ erfüllen. Neben die strukturierte Fassade treten flächige Felder für den Baukörper und die Umgebung, für die die Firmenfarben Rot und vor allem das Grün nun als begrünte Umgebung gelesen werden können – eventuell ein Reflex auf das Plakat des Amtes *Schönheit der Arbeit,* das 1935 für *Arbeitsfreude durch grüne Werkhöfe* warb.¹⁸ Die Betriebsgemeinschaft stellen die dem linken Vorbau entströmenden männlichen Gestalten dar – tatsächlich beschäftigte die Zigarettenindustrie aber vor allem weibliche Arbeitskräfte.

## FAZIT

Auch ein statisches Objekt wie eine Fabrik kann je nach Zeitgeist durchaus unterschiedlich dargestellt und interpretiert werden. So erklärt sich, warum in den hygieneverliebten 1920er Jahren ein Musterinstitut mit der Assoziation eines geradezu klinischen Forschungslabors als Firmenneubau angepriesen, aber für das Werbeplakat auf ein eindrucksvolleres fiktives Avantgardegebäude zurückgegriffen wird. Unter veränderten kulturpolitischen Vorzeichen mutierte diese Fabrikdarstellung mit ihren klassischen Baustrukturen und -formen mühelos zur Deutsche Arbeitsfront-kompatiblen *vorbildlichen Arbeitsstätte.*

### ANMERKUNGEN

1 Siebente Jahresschau Deutscher Arbeit Dresden 1928: Die Technische Stadt, Ausstellungskatalog, hrsg. von Jahresschau Deutscher Arbeit, Dresden 1928, 136. Die Ausstellung war von Mai bis September zu sehen.
2 StadtA Dresden, 9.1.7 Drewag, Nr. 5041.
3 Ebd.
4 https://stadtplan.dresden.de/spdd.aspx (2.3.2020). 1925 und 1926 ist kein Bauobjekt auf der Parzelle eingezeichnet.
5 Ein Anbau, die Errichtung einer Autogarage sowie der Neubau eines Pförtnerhäuschens sind zu belegen, SächsHStA Dresden, 11798 Löser Bauunternehmung, 135, sowie Stadtarchiv Dresden, 9.1.7 Drewag, Nr. 5041.
6 Wirthgen führte in dieser Zeit ein Büro für Architektur und Bauausführung. Dem Büro können keine weiteren Objekte zugeordnet werden. Adressbuch für Dresden und Vororte 1927/28, Dresden 1928, 876.
7 Hans Tischert, Stätten deutscher Arbeit, Bd. 1, 2. Aufl., Berlin 1920, 127–130. Ein über eine Zensurkarte im Bundesarchiv nachweisbarer, 1928 gedrehter 35-mm-Dokumentarfilm von Georg P. Vogl mit dem Titel „Zigarettenfabrik Bulgaria, Dresden" muss als verschollen gelten, Bundesarchiv Berlin, R 9346/19217.
8 Ilse Lagerfeld wurde am 6. September 1900 in Dresden als Ilse Emilie Klara Fichtel geboren. In der Heiratsurkunde mit dem Kaufmann Kurt Carl Otto Lagerfeld wird sie als Malerin benannt. Recherchen zu ihrem Werdegang im Archiv der Hochschule für bildende Künste blieben ergebnislos. Lagerfeld verließ 1951 mit ihrem Mann die DDR, seit 1963 lebten sie in Montreux/Schweiz, wo Ilse Lagerfeld am 27. Januar 1977 verstarb. Brief Karl Lagerfelds an das Museum der Arbeit Hamburg von 2010, o. Sign.; Auskunft des Stadtarchivs Montreux vom 6.7.2020; Auskunft des Stadtarchivs Dresden vom 6.7.2020.
9 Mitglieder-Verzeichnis Deutscher Reklame-Verband e. V., Berlin 1929, 123.
10 Nils Dorén, Cigarettenplakat des Monats, Museum der Arbeit Hamburg, A 2005/064.143, 143; Hans-Georg Böcher, Bauhaus populär. Vom Bauhaus ins Kaufhaus: Die neue Typografie und ihr Einfluss auf das Markendesign, Heidelberg 2019, 24.
11 Die Bestimmung des Motivs als Tempelhofer Feld in Berlin erscheint aufgrund der Architekturformen, die deutlich von den zwischen 1925 und 1929 nach Entwürfen von Paul und Klaus Engler bzw. Heinrich Kosina und Paul Mahlberg geschaffenen Bauten abweichen, als nicht tragfähig, vgl. Stefan Rahner, Werbewelten made in Hamburg. 100 Jahre Reemtsma, Hamburg 2010, 178.
12 Dorén, Cigarettenplakat (wie Anm. 10).
13 Vgl. dazu die Abbildungen in Rahner, Werbewelten (wie Anm. 11), 179; Volker Ilgen, Bulgaria, in: Sammler- und Trödler-Magazin 2005, 168–175.
14 Claudia Quiring, Dresdner Moderne – eine Verortung, in: Dresdner Moderne 1919–1933; Neue Ideen für Stadt, Architektur und Menschen, hrsg. von Claudia Quiring und Hans-Georg Lippert, Dresden 2019, 276.
15 Rahner, Werbewelten (wie Anm. 11), 178.
16 Der von Tischert, Stätten (wie Anm. 7) erwähnte Franz Gerstenberg (1892–1969) war höchstwahrscheinlich eher Texter als Gestalter. Dies legen seine Ausbildung als Kaufmann und die weitere Tätigkeit nach der Flucht über Prag für das deutsche Radio in Chicago nahe. Ab 1938 lag die Gestaltung der Werbung für Bulgaria nachweislich in den Händen der Werbe-Zentrale Reemtsma, ohne genauere Personenbenennung. Zu den Jahren davor liegen keinerlei Angaben vor. Archiv des Hamburger Instituts für Sozialforschung, PFR 4040, Werbe-Zentrale Jahresübersicht 1938, 3, 46.
17 Taschenbuch „Schönheit der Arbeit", hrsg. vom Amt Schönheit der Arbeit, Berlin 1938, 23.
18 Eine Abbildung findet sich in: Die Form. Zeitschrift für Gestaltende Arbeit, Sonderheft „Schönheit der Arbeit", 1935, H. 7, 191.

# FABRIKANSICHTEN AUF GESCHÄFTSBRIEFEN VON TABAKUNTERNEHMEN
## Einblicke in die Sammlung des Stadtmuseums Dresden

Katharina Müller

Neben Werbemarken, Prospekten, Aufstellern, Sammelalben und anderem Schriftgut werden im Stadtmuseum Dresden auch Geschäftsbriefe gesammelt, die sogenannte kaufmännische Korrespondenz. Allein die Korrespondenz von Tabakunternehmen umfasst etwa 200 Exemplare aus dem Zeitraum 1892 bis 1939 mit dem Schwerpunkt auf den 1920er und 1930er Jahren. Aufgrund ihres ästhetischen Reizes sind solche Briefbögen heute wegen ihrer anspruchsvollen graphischen Gestaltung beliebte Ausstellungsobjekte. Außerdem stellen sie eine ergiebige Forschungsquelle für Wissenschaftsdisziplinen mit kultur-, industrie- und gesellschaftshistorischen Fragestellungen dar. So sind die Fabrikansichten auf Briefköpfen für die Denkmalpflege und die Industriearchäologie von Bedeutung, da sie meist die Gesamtanlage anschaulich bildlich wiedergeben.[1]

Geschäftsbriefe zählen, wie auch Rechnungen, Zirkulare bzw. Rundbriefe, Lieferscheine, Frachtbriefe, Briefbögen sowie Briefumschläge zu den kaufmännischen Drucksachen. Diese Vordrucke dienten der Erleichterung und Rationalisierung der Korrespondenz eines Unternehmens, da auf diese Weise sowohl Schreibkräfte eingespart als auch Außenkontakte standardisiert werden konnten.[2] Wiederkehrende Passagen wurden mitgedruckt und mit variablen Texten, wie beispielsweise Liefermenge, ausstehende Zahlungshöhe, Datum oder Preis, in den Aussparungen versehen. Diese Rationalisierung war bedingt durch die Zunahme der Geschäftskorrespondenz, wie sie mit der Industrialisierung im 19. Jahrhundert einherging. Auch gewann zunehmend der Aspekt der Werbung an Bedeutung, da mit der Ausweitung der Produktpalette und der Markenbildung die Hersteller miteinander in einen überregionalen Wettbewerb eintraten. Die Briefköpfe wurden zu Visitenkarten der Unternehmen und gaben Aufschluss über das Selbstverständnis der Firma.

Der Bedarf eines sich derart verändernden Schriftverkehrs stand im engen Zusammenhang mit der Entwicklung neuer Drucktechniken. Geschäftsdrucksachen in kleinen Auflagen, wie es sie bereits seit der Erfindung des Buchdrucks gegeben hatte, erfüllten die Bedürfnisse ihrer Auftraggeber nur noch ungenügend. Seit etwa 1820 wurden Geschäftsbriefe mittels des 1796 erfundenen Druckverfahrens der Lithographie (Steindruck) angefertigt, welches erstmalig die Verbindung einer freien bildlichen Gestaltung mit einer unbegrenzten Vielfalt handgezeichneter Schriftformen ermöglichte.[3] Die geringere Abnutzung der Druckform im Vergleich zum Buch- und Tiefdruck in Verbindung mit der Einführung von Umdruckverfahren und Schnellpressen ermöglichte die Anfertigung preiswerter und hoher Auflagen.[4] Erst Anfang des 20. Jahrhunderts wurde die Lithographie durch den Offsetdruck abgelöst.

Fabrikansichten auf frühen illustrierten Briefköpfen, die zwischen 1820 und 1840 erschienen sind, lassen sich allenfalls als kleinformatige, meist schematische Abbildungen in der linken oberen Ecke des Blattes finden.[5] Während der Blütezeit der illustrierten Briefköpfe zwischen den 1840er Jahren und dem Ersten Weltkrieg traten die Abbildungen schließlich in den Mittelpunkt des Briefbogens. Um die Fabrikansichten, welche grundsätzlich einen Anspruch auf Realitätstreue erhoben, wurden graphische Elemente, Medaillen und schließlich vermehrt Produktwerbung arrangiert.[6] Der Briefkopf nahm einen immer größeren Anteil des Kopfbogens ein, da neben den Sachinformationen[7] auch Fabrik- und Verwaltungsgebäude, Zweigwerke, Fabrikantenvillen, Auszeichnungen und die hergestellten Erzeugnisse beschrieben wurden. Selbstdarstellung und Repräsentationsbedürfnis der aufstrebenden Unternehmerschaft treten in den Vordergrund und lassen den Wandel der Bedeutung der Industrie innerhalb der Wirtschaft anhand der Geschäftsbriefe nachvollziehen.[8] Macht, Ansehen und Dynamik der Unternehmen sollten über die Gestaltung der Briefköpfe demonstriert werden. So wurden sie geändert, sobald die Fabrikanlage vergrößert oder modernisiert bzw. ein Zweigwerk hinzugekommen war oder der Firmenname beziehungsweise der Inhaber wechselte.[9] In der Schriftgutsammlung des Stadtmuseums ist dies anhand einiger Briefbögen der Orientalischen Tabak- und Zigarettenfabrik Yenidze nachzuvollziehen. Ein Kopfbogen, datiert auf 1907, zeigt die Ansicht des damaligen Firmensitzes im Hintergebäude Gutzkowstraße 27. Hingegen ist auf einem Briefbogen von 1914 bereits die 1909 errichtete Hauptfabrik (Weißeritzstr. 3) abgebildet, flankiert von Ansichten der drei Zweigfabriken. Der Briefkopf aus dem Folgejahr ist um ein weiteres Zweigwerk ergänzt worden, womit die Expansion des Unternehmens nachzuvollziehen ist. Verbunden sind diese Einzelansichten, wie in der Hochzeit der illustrierten Briefköpfe üblich, über pflanzliche Ornamente, die sogenannten Arabesken. Diese dienten als Verbindungselemente zwischen Abbildung, Schrift, Medaillen oder Marken.[10] Bei den untersuchten Geschäftsbriefköpfen der Tabakindustrie Dresdens wurde fast ausschließlich die Tabakpflanze (mit oder ohne Blüten) als Arabeske verwandt.

Seit der Jahrhundertwende und spätestens nach dem Ersten Weltkrieg wurde die Überfrachtung der Briefköpfe wieder zurückgedrängt. Es traten rechteckige, zweckorientierte Kopfbalken an ihre Stelle, welche immer häufiger auch Ergänzung durch linksbündige Leisten für Produktwerbung fanden. Der Briefkopf büßte als Ganzes seine repräsentative Funktion ein und wurde erneut primär zum Träger von Sachinformationen, wobei nun auch die erzeugten Waren selbst in Erscheinung traten. Diese waren zuvor lediglich in Form von Listen mit Überschriften wie *Spezialitäten* oder *Besonderheiten* aufgeführt worden. Auf Briefbögen aus den 1920er und 1930er Jahren sind nun naturalistische Abbildungen von Zigarettenschachteln aus dem Sortiment vertreten.[11] Ein Briefbogen der Yenidze aus dem Jahr 1933 im Reemtsma-Werbemittelarchiv im Museum der Arbeit Hamburg zeigt sogar Schachteln sechs unterschiedlicher Marken sowie Sammelbilder und -figuren in einer linksbündigen Leiste. Die Fabrikansicht hat lediglich modellhaften Charakter, welcher durch die angedeutete Bodenplatte noch verstärkt wird. Eine solche Typisierung der Fabrikgebäude ist ebenfalls auf einem Briefkopf der Zigarettenfabrik Josef Rubin von 1923 und der Zigarettenfabrik Richard Greiling von 1939 zu beobachten. 1931 ist erstere verschwunden und durch ein Firmenlogo ersetzt worden. Gleiches lässt sich bei der Delta Zigarettenfabrik beobachten. Drei Briefköpfe von 1910 bzw. 1911 zeigen die Ansicht der Fabrik im Hintergebäude Dippoldiswaldaergasse 8. Außerdem werden mehrere Schrifttypen

Briefkopf eines Rechnungsbogens (Ausschnitt) der Orientalischen Tabak- und Cigarettenfabrik Yenidze, 1914 (Stadtmuseum Dresden)

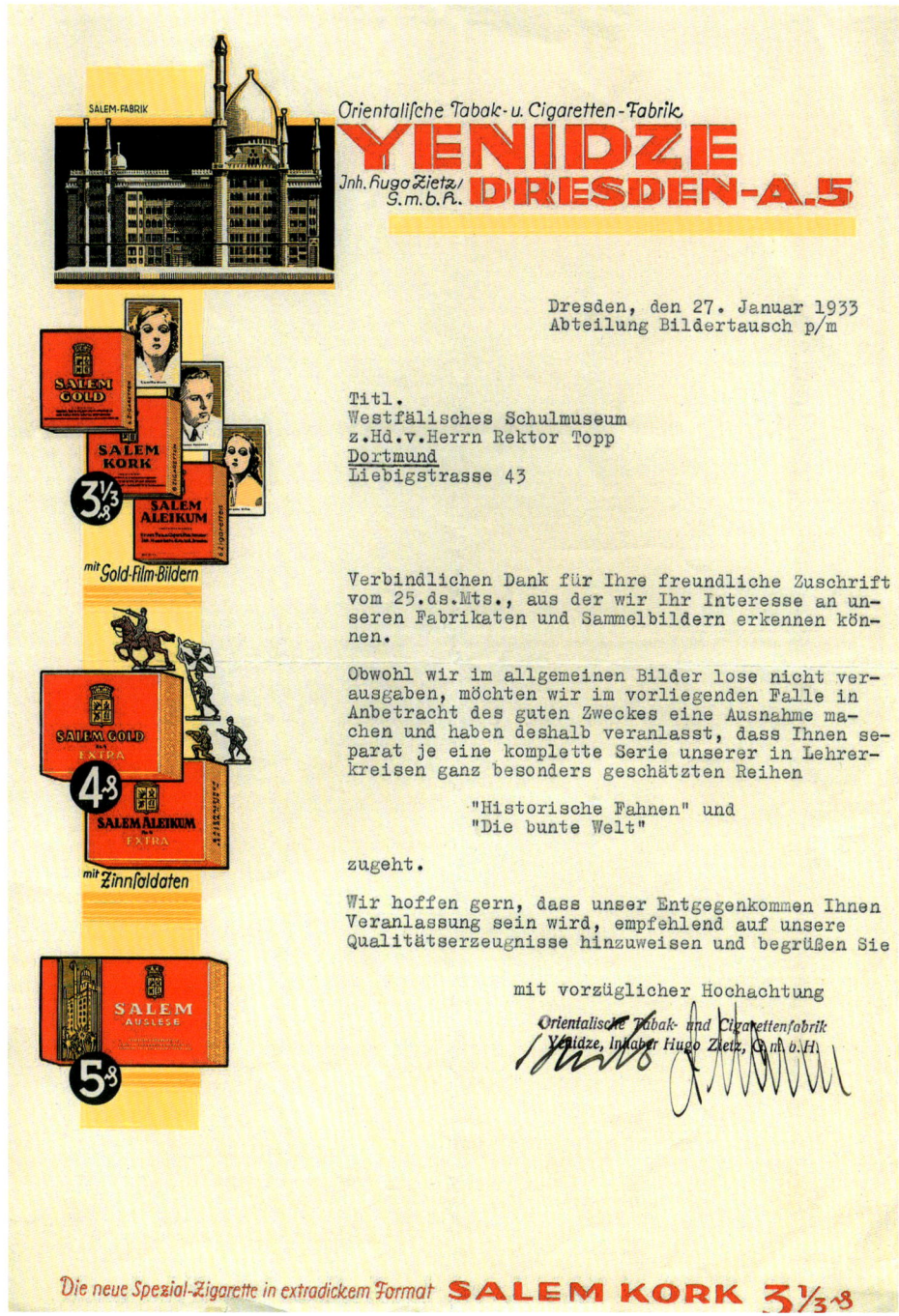

Schreiben der Orientalischen Tabak- und Cigarettenfabrik Yenidze, 1933 (Museum der Arbeit, Hamburg)

pen gezeigt, was bis in das frühe 20. Jahrhundert hinein ein gängiges Gestaltungselement war.¹² Die Briefbögen von 1929 und 1931 hingegen weisen lediglich Sachinformationen in Textform mit einem einzigen Schrifttyp auf. Allgemein sind Briefköpfe der 1920er und 1930er Jahre durch nüchterne Sachlichkeit und eine Beruhigung der Typographie geprägt. Zusätzliche Farben und vereinzelt auch farbiges Papier fanden ebenfalls erst in dieser Zeit vermehrt Anwendung.

Bei den Fabrikansichten auf Briefköpfen Dresdner Tabakunternehmen in der Sammlung des Stadtmuseums handelt es sich durchgängig um inszenierte Darstellungen: Gezeigt wird immer die eindrucksvollste Seite des Fabrikgebäudes in einer großflächigen Abbildung. Die Gebäude sind freistehend zu betrachten, umrandet von Bäumen und Sträuchern; zuweilen wurden mittels Bildmontage sonst verdeckte Gebäudeteile oder andere Standorte ergänzt. So zeigt der Briefkopf der Bulgaria-

Zigarettenfabrik von 1929 links ein zweistöckiges Gebäude, eventuell ein Verwaltungsgebäude, welches sich zu diesem Zeitpunkt dort nicht befunden hat. Bemerkenswert sind ferner die vom Lithographen abgeänderten Risaliten des Gebäudes, so dass eine vollkommene Symmetrie entsteht. Das Gebäude besaß jedoch lediglich einen Eingang am linken Risalit und auch die Fensteranordnung des rechten Risalits glich nicht der linken Variante. Andere Unternehmer gingen noch einen Schritt weiter: Sie ließen Fensterachsen hinzuzeichnen, so dass die Fabriken größer erschienen, als sie eigentlich gewesen sind. Das Gebäude der Zigarettenfabrik Richard Greiling wurde auf diese Art und Weise um zwei und das der Tabak- und Zigarettenfabrik Sulima gleich um acht Achsen vergrößert! Der Schornstein der Sulima musste deshalb in den Hintergrund „wandern". Der rauchende Schornstein wie auch dampfende Lokomotiven als dynamische Elemente der Bildgestaltung symbolisieren emsige Produktivität, Leistungsfähigkeit und Fortschritt der Unternehmen.[13] Die Vogelperspektive, welche von einem fiktiven Punkt aus die Fabrikanlage in ihrer vollkommenen Größe und Gesamtheit präsentiert, soll eine objektive Sicht auf die Firma suggerieren.[14] Die gleiche Funktion hat die sogenannte Winkelstellung des Gebäudes, welche die Überhöhung einer Hausecke nutzt, von der zwei Fassadenseiten weglaufen. Im Hintergrund, aber deutlich blasser, ist fast immer die Dresdner Stadtsilhouette zu sehen. Das Abbild der Frauenkirche fand unter freier künstlerischer Anordnung bei mehreren Tabakfirmen einen Platz auf dem Briefkopf.

Die gängigsten Methoden zur optischen Vergrößerung der abgebildeten Fabriken waren neben der Vogelperspektive die Freistellung der Gebäude, die Verbreiterung oder Hinzuzeichnung von Straßen (selbstverständlich zur Fabrik hin- bzw. wegführend) sowie die stark verkleinerte Darstellung von Menschen und anderen Staffageelementen. Die Sulima erscheint so als Eckgebäude, flankiert von zwei breiten Straßen, obgleich in Wirklichkeit die Brauerei zum Feldschlößchen direkt an das Fabrikgebäude angrenzte. Menschen werden flanierend auf den Straßen neben Pferdefuhrwerken, Automobilen und Straßen- und/oder Eisenbahnen abgebildet. Vereinzelt ist auch das Fahrrad als neues Massenfortbewegungsmittel zu sehen. Die Verkehrsanbindung der Fabrik über Straßen, Schienen oder Flüsse war ein wichtiges Ausdrucksmittel für Produktivität und moderne Anbindung an die Weltmärkte. So zeigt der abgebildete Briefkopf der Bulgaria-Zigarettenfabrik LKWs, welche sowohl schwer beladen von der Fabrik wegfahren, als auch auf das Fabrikgelände einlenken, und PKWs, darunter auch einen Sportwagen. Ein Geschäftsbriefkopf der Yenidze überzeichnet die Anbindung an den Weltmarkt noch einmal, indem die dampfende Eisenbahn in eine Richtung, der Raddampfer in eine andere und Pferdefuhrwerke, Straßenbahnen, Au-

Briefkopf eines Mahnschreibens (Ausschnitt) der Bulgaria-Zigarettenfabrik, 1929 (Stadtmuseum Dresden)

Briefkopf des Rechnungsbogens (Ausschnitt) der Tabak- und Cigarettenfabrik Sulima, 1913 (Stadtmuseum Dresden)

tomobile und Fahrräder in eine dritte und vierte Richtung fahren (→ Abb. S. 140).

Bei den Fabrikansichten innerhalb der vorliegenden Sammlung handelt es sich ausnahmslos um Außenansichten. Die Abbildung von Arbeitsvorgängen wird vermieden, abgesehen vom Führen von Pferdefuhrwerken in den Fabrikhöfen. Ein zuvor häufig vertretenes Element trat nach der Jahrhundertwende in den Hintergrund: Preismedaillen von Gewerbeausstellungen, welche die Leistungsfähigkeit einer Firma sowie deren Produktgüte dokumentieren sollten und stets mit Vorder- und Rückseite abgebildet sind.[15] So zeigt der Briefkopf der Sulima von 1913 noch insgesamt 10 Abbildungen der Vorder- und Rückseiten von Medaillen, welche die Fabrikansicht flankieren. Auch nach dem Verschwinden vom Briefkopf blieben diese Auszeichnungen weiterhin von Belang, indem in Schriftform auf sie hingewiesen wird.

Eine ähnliche Bedeutung wie zuvor Medaillen und Hoflieferantentitel erhielten nach dem Ersten Weltkrieg Firmenlogos und Schutzmarken. Allerdings verwendeten

Tabak- und Cigarettenfabrik Sulima, 1916 (Stadtmuseum Dresden)

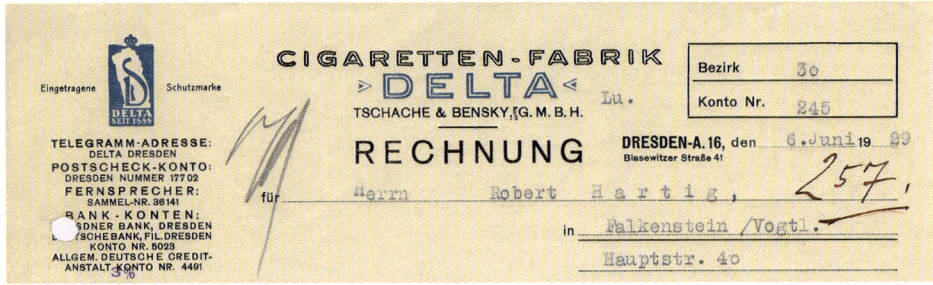

Unterschiedliche Schutzmarken der Delta Cigaretten-Fabrik Tschache & Bensky GmbH auf einem Mahnschreiben und auf einem Rechnungsbogen, 1929 (Stadtmuseum Dresden)

viele Firmen unterschiedliche Zeichen gleichzeitig bzw. veränderten diese in kurzen Abständen wie dies auf zwei Briefköpfen der Delta-Zigarettenfabrik aus dem Jahr 1929 zu sehen ist, die jeweils eine andere eingetragene Schutzmarke aufweisen. Dass Gebrauchsgraphiker wie Ilse Lagerfeld (Bulgaria) und Wilhelm Poetter (Haus Bergmann) mit der Gestaltung von Firmenlogos beauftragt wurden, zeigt den Stellenwert der über die Geschäftspost vermittelten Unternehmenskommunikation an. Dem musste sich auch die Individualität der Gestalter unterordnen, wie die Seltenheit von Künstlersignets verdeutlicht (→ Abb. S. 142).[16]

Wenngleich in den kommenden Jahrzehnten aufwändig gestaltete Geschäftsbriefe weiterhin Verwendung fanden, so war deren Blütezeit jedoch vorüber. In der Gegenwart vermitteln Sammlungen wie jene im Stadtmuseum Dresden einen Eindruck vom Selbstverständnis der Unternehmen in jener Zeit.

■ ANMERKUNGEN

1 Michael Friedmann, Rechnungs- und Briefköpfe aus dem Offenburger Stadtarchiv, in: Die Ortenau. Zeitschrift des Historischen Vereins für Mittelbaden 73 (1993), 397–431, hier 397.

2 Kurt Dröge, Zur Geschichte des Firmenbriefbogens als Geschäftsdrucksache im 19. Jahrhundert, in: Fabrik im Ornament, hrsg. von Bernard Korzus, Münster 1980, 65–73, hier 66.

3 Ebd., 66f.

4 Hans-Hermann Stopsack, Briefköpfe aus dem Märkischen Kreis 1830–1930, in: Köpfchen zeigen… Firmenbriefköpfe aus dem Märkischen Sauerland. Firmenansichten aus dem 19. und beginnenden 20. Jahrhundert, hrsg. von Hans-Hermann Stopsack und Ulrich Biroth, Altena 1997, 21–45, hier 24.

5 Claus Apel, Gestalt- und Aussagewandlungen des illustrierten Firmenbriefkopfes im 19. Jh., in: Fabrik im Ornament, Münster 1980, 84–98, hier 85–87.

6 Ebd., 91f.

7 Hierzu zählen vor allem Firmenname, Anschrift, Datum, Telefon- und Kontonummern.

8 Christoph Bertsch, Gebrauchsgraphik: Briefköpfe als Mittel der unternehmerischen Selbstdarstellung, in: … und immer wieder das Bild von den Maschinenrädern. Beitrag zu einer Kunstgeschichte der Industriellen Revolution, Berlin 1986, 69–101, hier 69.

9 Stopsack, Briefköpfe (wie Anm. 4), 37f.

10 Friedmann, Rechnungs- und Briefköpfe (wie Anm. 1), 407.

11 Stopsack, Briefköpfe (wie Anm. 4), 36.

12 Die Verwendung ausgefallener und vieler verschiedener Schrifttypen galt als Zeichen der Individualität des Unternehmens und sollte die Aufmerksamkeit des Kunden generieren.

13 Stopsack, Briefköpfe (wie Anm. 4), 34.

14 Friedmann, Rechnungs- und Briefköpfe (wie Anm. 4), 426.

15 Stopsack, Briefköpfe (wie Anm. 4), 32

16 Das Signet von Ferdinand Weeser-Krell (1883–1957) auf einem Briefkopf der Bulgaria ist die Ausnahme; leider mit Schreibfehler im Signet.

# ERRAUCHTE BILDERWELTEN
## Sammelbilder der Dresdner Zigarettenindustrie

Andrea Rudolph

Die Verwendung von Sammelbildern zu Werbezwecken reicht bis in die 1860er Jahre zurück. Als Vorläufer gelten Kleinbilder wie Andachts- oder Fleißbilder.[1] Ausgehend von Paris fanden in Deutschland ab den 1880er Jahren anfangs farbige Einzel-, später nummerierte Serienbilder Eingang, die Produkten als Reklame beigegeben oder den Kunden direkt ausgehändigt wurden. Insbesondere die Liebig-Bilder des gleichnamigen Fleischextraktherstellers und die ihnen folgenden Automatenbilder der Stollwerck-Schokoladenfabrik ließen in der Bevölkerung eine Sammelbegeisterung entstehen. Ein erstmals 1897 von Stollwerck herausgegebenes Sammelalbum ermöglichte es Kindern wie Erwachsenen, die meist sechsteiligen Serien mit Motiven aus Kunst, Kultur, Geschichte und Technik an einem Ort zusammenzutragen. Die frühen Sammelbücher waren analog den damals verbreiteten Postkartenalben als Einsteckalben konzipiert. Mit dem Wechsel vom Einstecken zum Einkleben der Bilder und dem Beifügen von eingedruckten Texten wurde den Sammelnden schließlich vorgegeben, an welcher Stelle welches Bild aus welcher Serie seinen Platz zu finden hätte. Dies weckte den Ehrgeiz zur Vervollständigung einer Serie und damit des Albums. Sammlervereine und Tauschbörsen florierten.

Während in den USA und in Großbritannien bereits Ende des 19. Jahrhunderts erste Zigarettenbilder auf den Markt kamen, stiegen die deutschen Zigarettenhersteller erst Ende der 1920er Jahre in den Sammelbildbetrieb ein, dies allerdings mit durchschlagendem Erfolg: Die Alben erschienen in Millionenauflagen. Ab 1927 wurden sie zum einen als Gemeinschaftsausgaben der

Eingeklebtes Sammelbild mit Begleittext des Sammelalbums „Deutsche Kulturbilder – Deutsches Leben in 5 Jahrhunderten. 1400–1900", hrsg. vom Cigaretten-Bilderdienst Hamburg-Bahrenfeld, 1934 (Stadtmuseum Dresden)

Zigarettenindustrie über den Hamburger Reemtsma-Konzern mit den darin inkorporierten Dresdner Zigarettenfabriken herausgegeben, zum anderen als individuelle Ausgaben von Einzelfirmen. Die Dresdner Fabriken, die zu Reemtsma gehörten, präsentierten die Sammelalben anfangs noch unter Angabe ihres individuellen Firmen- und Markennamens auf den Titelseiten, zum Beispiel Yenidze, Eckstein-Halpaus, Yramos. Ab Mitte der 1930er Jahre zeichnete der zentrale Cigaretten-Bilderdienst Hamburg bzw. Dresden als Herausgeber verantwortlich. Nur die Rückseiten der Sammelbilder gaben noch über Einzelmarken Auskunft.

Anfänglich wurden Sammelbilder als Einzelbild den Zigarettenpackungen beigelegt. Doch schon bald nutzten die Unternehmen Gutscheinsysteme, womit eine Erweiterung der Anzahl der zu einer Serie gehörenden Bilder auf 200 bis über 1000 Stück verbunden war. Gegen Einsendung der gesammelten – meist ebenfalls durchnummerierten – Bilderschecks aus den Zigarettenpackungen erhielten die Kunden kleine Tüten mit Bilderpäckchen zu 25, 50 oder 100 Motiven einer Serie. Die zentralen Bilderdienste sowie die firmeneigenen Pendants, so die zu Greiling gehörende Bilderstelle Lohse, organisierten den Versand der Alben und Sammelbilder, bearbeiteten die Bestelllisten und ermöglichten den Tausch doppelter Zigarettenbilder.[2] Außerdem werteten sie die gelegentlich durchgeführten Preisausschreiben aus.

Die Beigabe von Sammelbildern oder Bilderschecks war Teil eines umfassenden Systems zur Kundenbindung mittels kleinerer oder größerer Aufmerksamkeiten. Die Zigarettenindustrie war hierbei besonders aktiv. Bei Einsendung der den Packungen beiliegenden Gutscheine konnten vielerlei Gegenstände – vom Taschenmesser über das Kaffeeservice bis zum Möbelstück – „erraucht" werden. Der Jasmatzi-Produktkatalog von 1905 mit der darin beworbenen Besichtigungsmöglichkeit der Artikel im firmeneigenen „Showroom" auf der Prager Straße in Dresden verzeichnet allein 875 Positionen.[3] Die in den Sammlungen des Stadtmuseums Dresden und des Sächsischen Wirtschaftsarchivs vorhandenen Korrespondenzen Dresdner Zigarettenfabriken mit dem Tabakwaren-

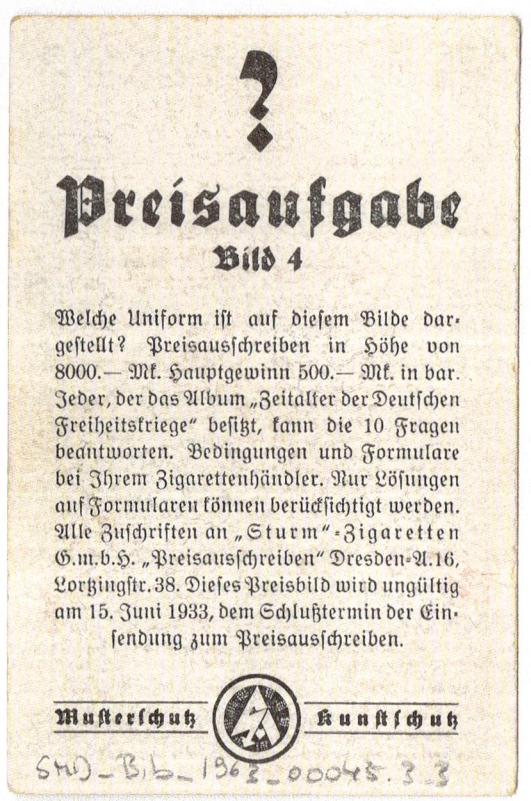

Vorder- und Rückseite eines Zigarettenbilds für das Preisausschreiben der Sturm-Zigarettenfabrik, 1933 (Stadtmuseum Dresden)

geschäft Robert Hartig in Falkenstein/Vogtland dokumentieren für die 1920er/1930er Jahre den regen Austausch mit Werbegeschenken wie Aschenbechern, Besteck, Kartenspielen oder Decken. In einem Werbebrief der Abteilung Raucherdienst der Lande-Zigarettenfabrik heißt es: *Auch 1931 steht unter der Devise: „Es wird weitergesammelt!" denn trotz der durch das neue Tabaksteuergesetz bedingten Produktionskostenerhöhung lege ich den Packungen meiner Qualitätsmarken die wertvollen Sportgutscheine auch weiterhin bei [...]. Wiederholt wurde angefragt, wie es mir möglich sei, bei den von mir gebrachten überragenden Qualitätszigaretten noch wertvolle Gegenstände zu geben. Allein im Jahre 1930 sind ca. 42.000 zufriedene Gutschein-Einsender bei mir registriert. [...] Durch Einsparung an Kosten für riesenhafte Zeitungsreklame und für andere kostspielige Propagandamittel lasse ich die für Werbezwecke kalkulierten Beträge dem Raucher in Form der Sammelgutscheine zugute kommen und werbe für meine Spezialmarken durch deren überragende Qualität! [...] Viele meiner Sammlerfreunde haben mir schon in Aussicht gestellt, dass sie jetzt mit Hilfe ihrer Angehörigen, Freunde und Bekannten auf einen grossen Gegenstand sammeln wollen: vielen konnten schon zum diesjährigen Weihnachtsfest Foto-Kameras, Ski- oder Billard-Garnituren unter den Weihnachtsbaum gelegt werden!*[4]

Solche Werbegeschenke hatten bereits im 19. Jahrhundert zu den gängigen Methoden im Handel gehört, waren jedoch seit der Jahrhundertwende zunehmend in die Kritik geraten. Nach dem ersten gescheiterten Versuch zur Regulierung des Zugabewesens im Jahr 1907 erübrigten sich Diskussionen um Zugaben während des Ersten Weltkriegs und der sich anschließenden Nachkriegs- und Inflationszeit mangels Materials, Warenangebots und Nachfrage.[5] Erst Ende der 1920er Jahre begann das Geschäft mit Extrazugaben wieder zu florieren und die Debatte erhielt neue Nahrung. Sie mündete am 9. März 1932 in der „Verordnung des Reichspräsidenten zum Schutze der Wirtschaft", deren erster Teil sich mit dem Zugabewesen befasste. Die Zugabeverordnung untersagte die Wertreklame, also das Angebot eines Werbegeschenks ergänzend zur Hauptware oder -dienstleistung. Weitere Regulierungen erfolgten durch das „Gesetz über das Zugabewesen" vom 9. März 1933, das „Gesetz über Preisnachlässe" vom 25. November 1933 (Rabattgesetz) und die „Verordnung zur Durchführung des Gesetzes über Preisnachlässe" vom 21. Februar 1934. Erlaubt waren lediglich noch geringwertige Kleinigkeiten als Beigabe zu Produkten, so dass Sammelbilder weiterhin ausgegeben werden konnten.

Werbung für Zigaretten und Sammelbilder der Zigarettenfabrik Kosmos, 1933/34 (Stadtmuseum Dresden)

Die Bilder folgten anfangs noch dem klassischen Typ kleiner farbiger Druckgraphiken mit einer bunten Themenvielfalt. Die Titel der Alben und Reihen wie „Die Welt in Bildern", „Bilder aus aller Welt" oder „Mit Eckstein durch die Welt" waren Ausdruck dieser breit wie eine Enzyklopädie angelegten Bilder-Bücher. Um 1930 setzten sich jedoch thematische Alben mit höherem Textanteil durch, für die Experten vom Kunsthistoriker über den Biologen bis zum Sportjournalisten als Autoren engagiert wurden.[6] Schließlich dominierten die Texte so stark, dass die Alben begehrte Sachbücher zu Einzelthemen wurden, wobei auf den Sammelbildern nahezu alle Themen und Motive visualisiert wurden, die zu zeitgenössischer Weltkenntnis und zum Bildungsrepertoire bürgerlicher Kultur gehörten.[7] Dadurch eigneten sich die Bilderserien durchaus auch als Lehrmittel für den Schulunterricht.[8]

Die Alben widmeten sich in der Weimarer Republik eher unpolitischen Sujets aus den klassischen Bereichen Kunst, Kultur, Völkerkunde, Geschichte, Technik und Natur, ergänzt um typische Sammlerthemen zu Münz-, Fahnen-, Wappen- und Uniformenkunde. Für die Produktion wurden teils hochwertige Druck-, Präge- und Veredlungsverfahren der Luxuspapier- und Kartonagenindustrie verwendet,[9] Echt- und Bromsilberfotos genutzt oder Varianten wie Stereo-Bilder getestet.[10] Moderne Themen wie Sport, Stars der Filmwelt, Schönheiten der Damen- und Berühmtheiten der Männerwelt ergänzten das Repertoire.[11] Im NS-Staat erhielten die Sammelalben eine deutlich ideologische Ausrichtung; vor der Veröffentlichung durchliefen sie die Zensur durch die Reichsschrifttumskammer.[12] Deutsche Heimat, Militär, NSDAP-Geschichte und -Politik sowie die Person Adolf Hitlers rückten in den Fokus der hierüber verbreiteten Propaganda.[13] Tabakanbau, -verarbeitung, -handel oder -genuss spielten dagegen bei den Bildmotiven kaum eine Rolle.[14] Eine Ausnahme stellten die drei, vermutlich nach 1938 vom Dresdner Cigaretten-Bilderdienst herausgegebenen Serien „Geschichte des Tabaks", „Die Kultur des Tabaks" und „Das Werden der Zigarette" dar. Es soll sich um die letzte Gemeinschaftsausgabe der Zigaretten-Großindustrie gehandelt haben, die auf 270 Bilder angelegt war, von denen aber wohl nur 225 erschienen sind.[15]

Weitere, als Zugaben verabreichte Sammelprodukte waren Skatkarten in Normalgröße sowie die 1935/36 ausgegebenen Miniaturkartenspiele, deren erstmalige Ausgabe die Dresdner Union-Zigarettenfabrik für sich reklamierte.[16] Aber auch die zur Weiterverarbeitung bei Handarbeiten bestimmten Seidenstickereien und Stoffapplikationen und die als Sammlung gedachten Seidenwappen, Stoffbilder und Spitzenbilder aus Plauener Spitze waren Formen der Sammelbilder, die es in ähnlicher Form auch als Spendenabzeichen des Winterhilfswerks gab.[17]

Ein vorläufiges Ende der Sammelbilder wurde kriegsbedingt 1942 mit den Produktionsverboten für die Papier- und Kartonagenindustrie eingeläutet. Untersagt war nunmehr die Herstellung von Abziehbildern, Alben, Attrappen und Schaukartons, Aufstellplakaten, Beuteln für Zigarren und Postkarten, Luxuskartonagen, Prägemarken, Reklamebuchstaben, -fähnchen und -figuren, Sammelbildern, Werbeerzeugnissen, Zigarettenbildern, Zigarettenbilderschecks, Zigarettenspitzen, Zigarettenfächertaschen und Zigarrenspitzen, *soweit die […] Gegenstände aus Zellstoff, Holzstoff, Papier, Karton oder Pappe hergestellt werden.*[18] Bereits produzierte Bilder und Alben wurden zwar noch verteilt, aber bis zum Kriegsende keine neuen mehr ausgegeben. Die Blütezeit der Zigarettenbilder war damit vorüber.

Nach dem Zweiten Weltkrieg lebte das Geschäft mit den Sammelbildern zwar noch einmal auf, jedoch spielte es weder in Ost- noch in Westdeutschland eine größere Rolle. In der BRD wurden mit dem Tabak-Steuer-Gesetz vom 15. November 1955 Sammelbilder in Zigarettenschachteln verboten. Die Zigarettenbilder, die zwischen 1954 und 1957 in der DDR erschienen sind, dürfen nicht als reine Reklameprodukte verstanden werden. Sie waren Teil eines staatlichen Bildungs- und Erziehungsauftrags: Am 4. März 1954 hatte der Ministerrat der DDR die „Verordnung zur Verbesserung der Arbeit der allgemeinbildenden Schulen" erlassen. In Paragraph 49 des Abschnitts „Maßnahmen zur Förderung der außerschulischen Erziehung […]" heißt es: *Das Ministerium für Leichtindustrie hat in Verbindung mit dem*

Sammelbild aus der Serie „Das Werden der Zigarette" (Bilderreihe XXI), hrsg. vom Cigaretten-Bilderdienst Dresden, 1938/1942 (Stadtmuseum Dresden)

*Ministerium für Volksbildung dafür zu sorgen, daß von Juni 1954 an Sammelbildserien über historische, technische, naturwissenschaftliche sowie Kunst- und Sportthemen herausgegeben werden.*[19] Durch die Vereinigten Zigarettenfabriken Dresden respektive die Volkseigene Zigarettenindustrie wurden folglich Zigarettenbilder für 13 thematische Sammelalben mit deutlich ideologisch-pädagogischer Ausrichtung herausgegeben. Die Bildausgabe erfolgte wie vor 1945 über den Schachteln beigegebene Wertscheine, die etwa beim Zentralen Bilderdienst des VEB Jasmatzi oder der Aurelia Zigarettenfabrik gegen Bildertüten eingelöst werden konnten. Die Sammelbildproduktion besorgte der VEB Volkskunstverlag Reichenbach i. V., dessen Vorgängerbetrieb Carl Werner bereits in den 1930er Jahren Sammelalben für die Berliner Zigarettenfabriken Abdulla und Garbáty produziert hatte. Für ein Album wurden zumeist 100 Bilder benötigt, die die Geschichte der Arbeiterbewegung, den Aufbau der DDR und der Sowjetunion, heimat- und naturkundliche Themen, Sportereignisse und die Pionierorganisation zum Inhalt hatten.[20] Die Ausrichtung auf ein junges Zielpublikum zeigt sich insbe-

Wertschein für Sammelbildserien des VEB Jasmatzi, Zentraler Bilderdienst, 1954/1959 (Stadtmuseum Dresden)

sondere in den in ausgesprochen kindlicher Sprache gehaltenen Texten des Pionieralbums. Mit diesem Album endete die Ära der Zigarettensammelbilder auch in der DDR.

■ ANMERKUNGEN

1 Zur Entwicklungsgeschichte der Sammelbilder vgl. DETLEF LORENZ, Reklamekunst um 1900. Künstlerlexikon für Sammelbilder, Berlin 2000, 9–16; EVAMARIA CIOLINA/ERHARD CIOLINA, Das Reklamesammelbild. Sammlerträume. Ein Bewertungskatalog. Von Schokolade bis Schuhcreme – kleine Kunstwerke in der Werbung, 2. überarb. und erw. Aufl., Battenberg 2007; HENNING SCHWEER, Popularisierung und Zirkulation von Wissen, Wissenschaft und Technik in visuellen Massenmedien. Eine grundlegende historische Studie am Beispiel der Sammelbilder der Liebig Company und der Stollwerck AG, Universität Hamburg, Diss., 2010.

2 Vgl. hierzu eine zeitgenössische Fotodokumentation zur Arbeit des Bilderdienstes im Fotoarchiv des Museums der Arbeit Hamburg (Reemtsma-Werbemittelarchiv).

3 Vgl. Katalog der Gegenstände, die gegen Jasmatzi-Coupons erhältlich sind, hrsg. von der Georg A. Jasmatzi A.-G., Spezial-Abteilung, Dresden 1905

4 Stadtmuseum Dresden, Schriftgutsammlung: Werbebrief der Lande Zigarettenfabrik Dresden, Abteilung Raucherdienst. Februar 1931, Inv.-Nr. SMD_SD_2001_00102.

5 Vgl. SASKIA WAGNER, Die Zugabe als Werbung in der Entwicklung der europäischen Rechtsvereinheitlichung, Techn. Hochschule Aachen, Diss., 2006. 41f.

6 Ein interessantes Beispiel dafür ist das im Bestand des Stadtmuseums Dresden befindliche Album „Gestalten der Bühne", das 1934 von Greiling herausgegeben wurde. Mitautor war der über 40 Jahre am Dresdner Kupferstich-Kabinett tätige Kunsthistoriker Hans Wolfgang Singer (1867–1957). Aus dessen Nachlass gelangte das Album 1958 samt Singer-Ex Libris in die Museumssammlung, Stadtmuseum Dresden, Bibliothek, Sign. A4° 332.

7 VOLKER ILGEN, Sieg über Raum und Zeit. Reklamesammelbilder als Zeitspiegel und Papierantiquität, in: Jagd auf den Sarotti-Mohr. Von der Leidenschaft des Sammelns, hrsg. von VOLKER ILGEN und DIRK SCHINDELBECK, Frankfurt/M. 1997, 98–121, hier 106.

8 Vgl. das Antwortschreiben der Abteilung Bildertausch der Zigarettenfabrik Yenidze vom 27.1.1933 an den Rektor des Westfälischen Schulmuseums Dortmund, Herrn Topp, Museum der Arbeit, Hamburg, Inv.-Nr. MA.A 2005/039.010.

9 Besonders prächtig gestaltet war das Album „Greiling Münzsammlung" der Zigarettenfabrik Greiling von 1929 mit Nachbildungen internationaler Münzen aus geprägter Pappe mit Metallfolienkaschierung.

10 Die Dresdner Zigarettenfabriken Sulima und Casanova gehörten zu den Firmen, die sich an den Stereo-Bildern versuchten. Vgl. CIOLINA/CIOLINA, Reklamesammelbild (wie Anm. 1), 56.

11 Vgl. zu den typischen Themen in Sammelalben allgemein ERICH WASEM, Das Serienbild. Medium der Werbung und Alltagskultur, Dortmund 1987.

12 Vgl. ILGEN, Sieg über Raum und Zeit (wie Anm. 7), 113.

13 Vgl. HIRAM KÜMPER, Bevor Panini kam. Zigarettensammelbilder und das kollektive Bildgedächtnis des 20. Jahrhunderts, in: Tabak und

Gesellschaft. Vom *braunen Gold* zum sozialen Stigma, hrsg. von Frank Jacob/Gerrit Dworok (= Wissen über Waren. Historische Studien zu Nahrungs- und Genussmitteln 1), Baden-Baden 2015, 347–374, hier 361f.

14 Vgl. Die Welt in Bildern, hrsg. von der Orientalischen Tabak- und Cigarettenfabrik „Yenidze" Dresden, 1927, Bild „Püppchens erste Schokoladen-Cigarette" der Serie 4 „Unsere Lieblinge"; Deutsche Kultur-Bilder. Deutsches Leben in 5 Jahrhunderten. 1400–1900, Werk 9, hrsg. vom Cigaretten-Bilderdienst Altona-Bahrenfeld, 1934, Bilder 78, 111, 124, 132, 138, 297; Bilder deutscher Geschichte, Werk 12, hrsg. vom Cigaretten-Bilderdienst Hamburg-Bahrenfeld, 1936, Bild 59; Deutsche Kolonien, hrsg. vom Cigaretten-Bilderdienst Dresden, 1936, Bild 164.

15 Katalog der „Tabakbilder", hrsg. von Alfred Bierweiler, Günzburg 1988, 1.

16 Vgl. Aufdruck auf der Spielkartenverpackung für Union 6- und Ramona-Spielkarten, Stadtmuseum Dresden, SMD 1999/180.

17 Textile Sammelbilder gaben unter anderen Sulima, Lande und Kosmos heraus.

18 Deutscher Reichsanzeiger und Preußischer Staatsanzeiger 76 (1942), Ausgabe vom 31. März 1942, 4.

19 Gesetzblatt der Deutschen Demokratischen Republik Nr. 28, Ausgabetag: 17. März 1954, 269–280, hier 277.

20 Vgl. zur ideologischen Ausrichtung der DDR-Alben Wasem, Das Serienbild (wie Anm. 11), 98–99; und Christoph Köck, Die Vereinnahmung der Nation, in: Dorle Weyers/Christoph Köck, Die Eroberung der Welt. Sammelbilder vermitteln Zeitbilder, Detmold 1992, 98–117, hier 116f.

# TABAK ZUM GEBURTSTAG
## 750 Jahre Dresden und die Zigarettensorte Jubilar

Daniel Fischer

In der DDR erfreuten sich Stadtjubiläen großer Beliebtheit. Bei den Jahrfeiern setzte das Festkomitee die Stadt in Festschriften, Festumzügen und allerhand anderen Medien öffentlichkeitswirksam in Szene, wobei die Stadtgeschichte und deren Einzigartigkeit besondere Beachtung fanden. Staat und Partei wirkten maßgeblich an der Festplanung und -durchführung mit, um die Jubiläen für Agitation und Propaganda zu nutzen. Die Vergegenwärtigung städtischer Geschichte, Leistungsschauen sowie die Formulierung von glorreichen Visionen einer sozialistischen Zukunft waren Teil eines solchen Stadtjubiläums.[1] Eine bedeutende Rolle spielte hierin die Inszenierung lokaler und staatlicher Wirtschaftskraft. Dem dienten unter anderem Artikel der Konsumgüter- und Genussmittelindustrie, welche als Jubiläumsdevotionalien extra produziert, verteilt und verkauft wurden. Einerseits sollten diese von allgemeinen Versorgungsengpässen ablenken, indem sie temporär eine vermeintliche Warenvielfalt und sozialistischen Wohlstand suggerierten. Andererseits eigneten sich derlei Devotionalien als Werbung für Fest, Stadt und nicht zuletzt für die ansässige Industrie.

Zur 750-Jahr-Feier Dresdens 1956 steuerten Industriebetriebe der Region solche Sonderfabrikate in großer Zahl und Vielfalt bei. Schon während der Vorbereitungsarbeiten zeigten sich die Festorganisatoren aus Stadtverwaltung und Partei erfreut darüber, dass der VEB Dresdner Süßwarenfabriken Elbflorenz einen Schokoladentaler mit Jubiläumsprägung herausbringen würde, der VEB Bramsch Dresden eine neue Spirituosensorte für die 750-Jahr-Feier destillierte und die örtlichen Brauereien ihre Bierflaschen mit besonderen Etiketten versahen.[2] Ziertücher, Holzschalen, Bierkrüge und Porzellane, oftmals mit Stadtwappen, Stadtsilhouette oder dem Schriftzug *750 Jahre Dresden* versehen, reihten sich ein in die lange Liste der Festartikel, die im Jubiläumsjahr erstanden werden konnten.

Da Dresden auch nach der deutschen Teilung ein Zentrum der Tabakindustrie war,[3] wundert es kaum, dass diese auch ein Produkt zum Jubiläum beisteuern sollte.

Der VEB Jasmatzi Dresden, Nachfolgebetrieb des 1946 enteigneten Reemtsma-Unternehmens Jasmatzi Cigarettenfabrik GmbH, brachte eine eigens für 750 Jahre Dresden hergestellte Zigarettensorte heraus: die Jubilar. Eine solche, als Festgabe zu einem Stadtgeburtstag kreierte neue Tabakmarke blieb bis zum Ende der DDR einmalig.[4]

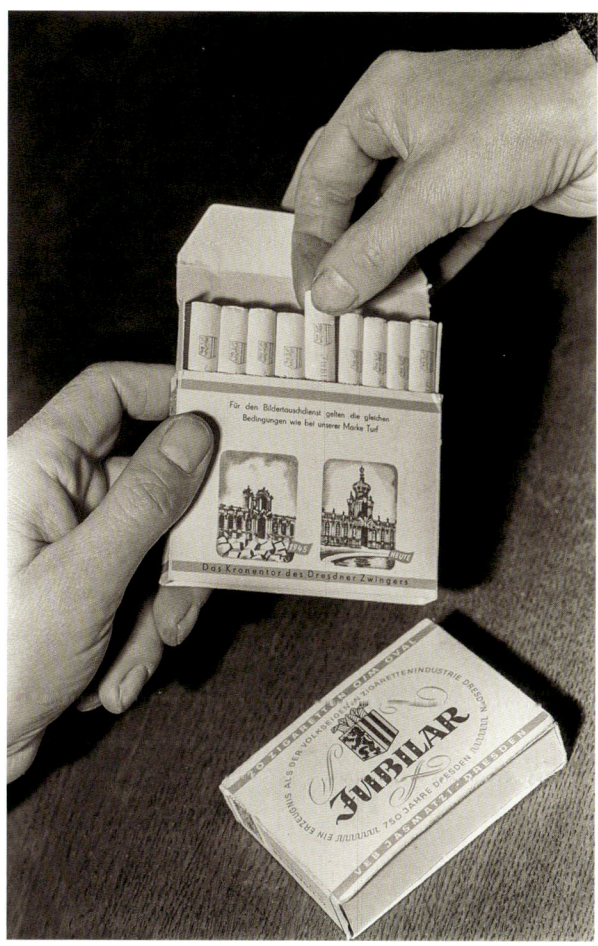

Jubilar-Zigarettenschachtel mit dem Kronentor des Dresdner Zwingers als Motiv, ausgestellt bei einer Ausstellung im Dresdner Rathaus zur 750-Jahrfeier 1956 (Sächsische Landesbibliothek – Staats- und Universitätsbibliothek Dresden, Deutsche Fotothek)

Bei der Jubilar zu einem Stückpreis von 10 Pfennig, benannt in Anlehnung an das jubilierende Dresden, handelte es sich um eine filterlose Zigarette (Strangzigarette) mit ovalem Querschnitt, welcher an die typische Form der Orientzigaretten erinnerte. Ihr republikweiter Verkauf erlaubte dabei Werbung für das Stadtfest über übliche Medien wie Presse, Rundfunk und Plakate hinaus. Nicht nur die Benennung der Zigarette verwies direkt auf das Jubiläum. Auch die Verpackung war entsprechend gestaltet. Den Deckel der zwanzig Stück enthaltenden Zigarettenpackung verzierten unter anderem das Dresdner Stadtwappen, die Lettern JUBILAR, 750 JAHRE DRESDEN und EIN ERZEUGNIS DER VOLKSEIGENEN ZIGARETTENINDUSTRIE DRESDEN. Die Rückseite enthielt einen Aufruf zum Sammeln (100 Packungen!) und versprach bei Einsendung die Lieferung von bei Sammlern beliebten Zigarettenbilderserien. Auf den Jubilar-Schachteln fanden sich Illustrationen, welche bekannte städtische Plätze oder Bauwerke in ihrem Zustand von 1945 und 1956 gegenüberstellten. Eine Variante zeigte das während der Bombenangriffe zerstörte Kronentor des Dresdner Zwingers und selbiges nach dem Wiederaufbau. Das Nebeneinander von „1945" und „heute" stand für Krieg und Elend als Ergebnisse bürgerlich-kapitalistischer Herrschaftsverhältnisse einerseits, Frieden und Schaffenskraft der Werktätigen in SBZ und DDR andererseits – ein Gegensatz, der den Siegeszug des Sozialismus unter der Ägide der SED symbolisieren sollte. Auch andere Verpackungsvarianten waren in dieser für die 1950er Jahre DDR-typischen Alt-versus-neu-Motivik gestaltet. So konnte man auf Jubilar-Schachteln den von Luftangriffen gezeichneten Altmarkt im Zustand des Jahres 1945 erkennen. Das zweite Bild offenbarte die 1953 neu errichteten barockisierenden Altmarktfassaden als sozialistische Errungenschaft und zielte gleichfalls darauf ab, die Bewahrung nationalen Kulturerbes beim Wiederaufbau Dresdens zu illustrieren.

Die Festzigarette und der sie produzierende Betrieb tauchten während der Jahrfeier nicht nur im verkaufsüblichen Zusammenhang auf. Zur Inszenierung Dresdens als einem in Vergangenheit, vor allem aber in sozialistischer Gegenwart und Zukunft erfolgreichen Wirtschaftsstandort durfte ein volkseigener Betrieb wie der VEB Jasmatzi Dresden im Festumzug, dem Höhepunkt der Festwochen, nicht fehlen. Der erste Teil des Zuges zeigte Ausschnitte aus der Dresdner Geschichte. Ein zweiter, größerer Abschnitt, in welchem sich ansässige Betriebe präsentierten, war der sozialistischen Neugestaltung der Gesellschaft seit 1945 sowie großen wirtschaftlichen *Erfolge[n] nach Beendigung des ersten Fünfjahresplanes* gewidmet.[5] Während der Vorbereitungen äußerte das betriebseigene Festkomitee des VEB Jasmatzi allerdings gegenüber dem Rat der Stadt Bedenken bezüglich der Teilnahme am Festzug. Das zuständige Ministerium hatte einen Antrag der tabakverarbeitenden Industrie auf Finanzierungshilfen zur Unterstützung des Stadtjubiläums abgelehnt. Obwohl der VEB sich *in einer äußerst schwierigen Situation* sah, den finanziellen, materiellen und personalen Aufwand aufbringen zu können,[6] kam dennoch ein Festzugsbild des Tabakbetriebes zustande. Im Vergleich zu anderen Festwagen aus der Wirtschaft war es schlicht gehalten. Große, aufwändige Aufbauten wie beispielsweise des VEB Zeiss Ikon Dresden oder der Flugzeugindustrie konnte man nicht aufbieten.[7] Das im Programm zum Festzug als *Die Tabakverarbeitende Industrie* betitelte Bild, das ein überdimensionales Modell der Jubilar zeigte, dürfte bei den ca. 500.000 Zuschauern dennoch für einige Aufmerksamkeit gesorgt haben.[8] Die übergro-

Jubilar-Zigarettenschachtel mit dem Dresdner Altmarkt als Motiv, 1956 (Stadtmuseum Dresden)

ße, mit dem Wappen der Stadt verzierte Zigarette wurde von sechs Frauen getragen. Da die Darstellerinnen innerhalb des Zigarettenkorpus steckten, ragten nur deren halbnackte Beine heraus – eine durchaus erheiternde Szenerie, die im Festzug an die Tabakstadt Dresden erinnerte.

Die Zigarettensorte Jubilar blieb den Rauchern in Dresden und der DDR auch über die 750-Jahr-Feier hinaus erhalten. Nach Angaben einer Betriebschronik des VEB Jasmatzi fand die Zigarettensorte *bei den Konsumenten einen so guten Anklang*, dass sie *über das Jubiläumsjahr hinaus produziert wurde* und noch Jahre später *der Umsatz [...] eine steigende Tendenz* aufwies.[9] Spätestens in den 1960er Jahren dürften die Verkaufszahlen rückläufig gewesen sein, unterlagen doch die Vorlieben der Tabakkonsumenten einem Wandel hin zu den als leichter und weniger schädlich empfundenen Filterzigaretten.[10] Nach dem Jubiläum und mit dem Aufkommen von Werbeverboten für Tabakprodukte verschwanden die Bebilderungen von den Verpackungen. Nur der Produktname erinnerte noch an den Ursprung der Jubiläumsmarke zur 750-Jahr-Feier Dresdens. Mit dem wirtschaftlichen Umbruch 1990 und der Übernahme der Dresdner Zigarettenfabriken durch den US-Tabakkonzern Philip Morris endete die Geschichte der Strang-

Festzugsbild „Die tabakverarbeitende Industrie", 1956 (Sächsische Landesbibliothek – Staats- und Universitätsbibliothek Dresden, Deutsche Fotothek)

zigarette Jubilar. Während sie als DDR-Zigarettensorte wohl nach und nach dem Vergessen anheimfallen wird, behält sie als besonderes Dresdner Produkt in Verbindung mit dem Stadtjubiläum 1956 einen Platz im Gedächtnis der Stadt.

■ ANMERKUNGEN

1  Vgl. dazu ausführlich die voraussichtlich 2021 im Leipziger Universitätsverlag erscheinende Studie des Autors „Stadtbürgerlicher Eigensinn im zentralistischen Einheitsstaat? DDR-Stadtjubiläen zwischen kommunaler Selbstdarstellung und parteipolitischer Intention".
2  SächsHStA Dresden, 11872 SED-Stadtleitung Dresden, Nr. IV/5/01/343, Bericht über den Stand der Vorbereitungen der 750-Jahrfeier der Stadt Dresden, 25.01.1956, unpag.
3  Zur Dresdner Tabakindustrie vgl. HOLGER STARKE, Untergäriges Lagerbier, Qualitätsschokolade und Orientzigarette. Der Aufstieg Dresdens zur Genussmittelmetropole Sachsens, in: Dresdner Hefte 2020, Heft 142, 29–37. Oberbürgermeister Walter Weidauer schrieb in seinem Beitrag „Elf Jahre Demokratischer Aufbau" in der anlässlich des Stadtjubiläums erschienenen Festschrift Dresden, dass 80 Prozent der DDR-Zigarettenproduktion aus Dresden stammen, vgl. Festschrift Dresden. Zur 750-Jahrfeier der Stadt, hrsg. vom Rat der Stadt Dresden, Dresden 1956, 52.
4  Jedenfalls ist bis dato kein vergleichbarer Fall bekannt. Auch zunehmende Werbeverbote für Tabakwaren in der DDR seit den 1960er Jahren legen diesen Schluss nahe, vgl. JÖRG UWE FISCHER, Rauch-Zeichen. Raucherentwöhnung im DDR-Fernsehen, in: Info7. Medien, Archive und Information 1 (2007), 45–48.
5  SächsHStA Dresden, Bericht über den Stand der Vorbereitungen (wie Anm. 2).
6  StadtA Dresden, 4.2.3. Nr. 277, Bl. 50.
7  Vgl. SLUB/Deutsche Fotothek, Höhne, Erich/Pohl, Erich, http://www.deutschefotothek.de/documents/obj/90012593 und http://www.deutschefotothek.de/documents/obj/90012596.
8  SächsHStA Dresden, 11872 SED-Stadtleitung Dresden, Nr. IV/E/5/01/343, Festzug zur 750-Jahr-Feier der Stadt Dresden [gedrucktes Programm].
9  SächsHStA Dresden, 11585 VEB Kombinat Tabak Dresden, Nr. 398, Betriebschronik des VEB Jasmatzi 1945–1958, S. 5.
10  Vgl. DIRK SCHINDELBECK, Verblassende Rauchzeichen. 150 Jahre Zigarettengeschichte zwischen „sozialem Vergnügen" und Gesundheitsrisiko, in: Universitas 5 (2017), 93.

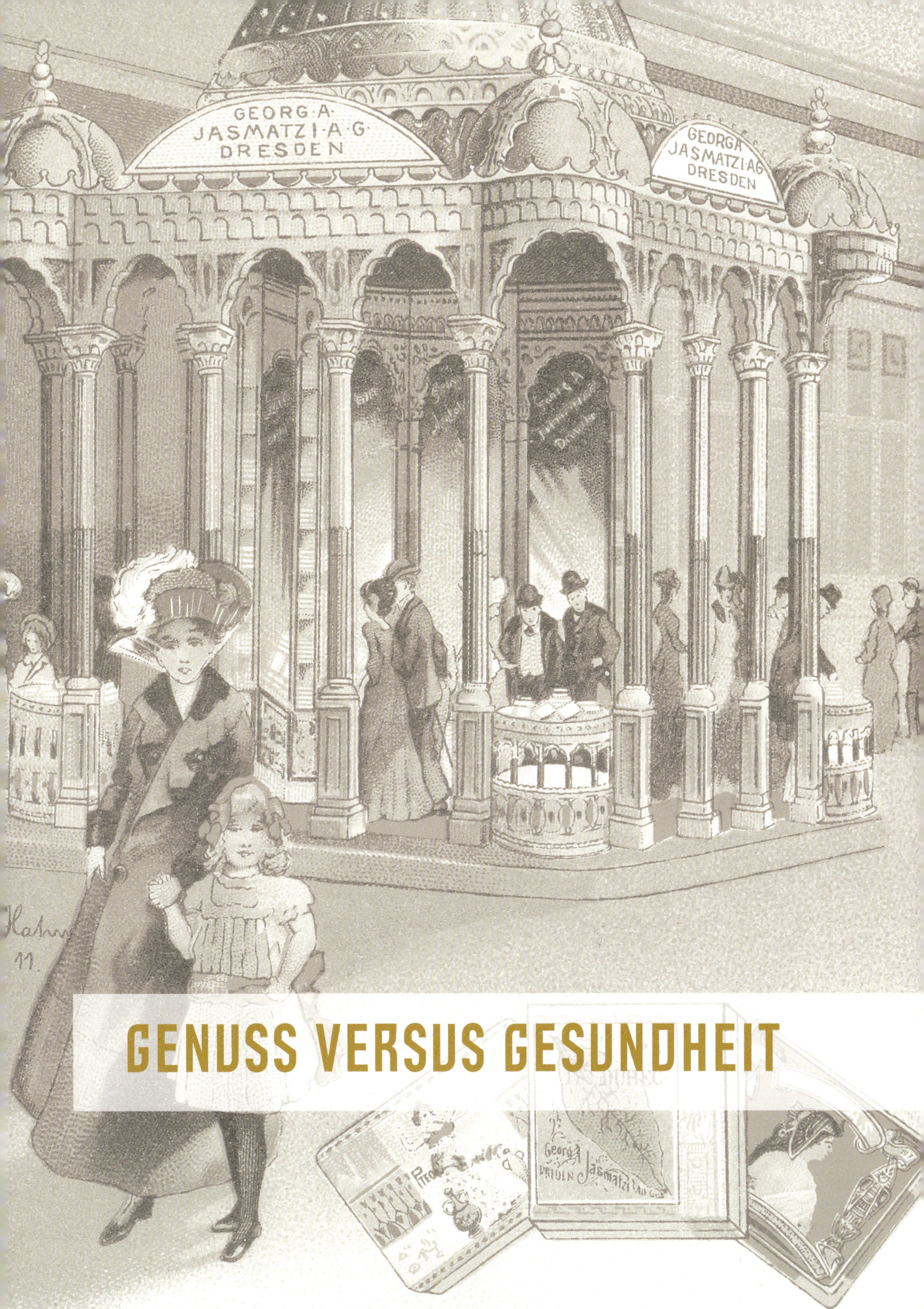

# VOM HEILMITTEL ZUM RISIKOPRODUKT
## Medizinische Erkenntnisse über Auswirkungen des Tabakkonsums auf den menschlichen Körper

Marina Lienert

*Vom Tobacke. [...] Ist das Tobacksrauchen gut? Nein, es ist nicht gut; es geht vieler Speichel, der zur Verdauung so nöthig ist, verloren; und es schadet der Gesundheit, dem Geschmacke und den Zähnen. (Anm. Auch das Tobackskauen ist sehr schädlich.) [...] Ist das Tobacksschnupfen gut? Nein, es ist nicht gut; das Tobacksschnupfen macht die Nase, durch welche der Mensch Athem schöpfen muß, mit der Zeit verstopft; der so wichtige Sinn des Geruchs geht verloren; und es ist unreinlich und ungesund. [...] Dürfen junge Leute Toback rauchen, oder schnupfen? Nein; Kinder und junge Leute dürfen ganz und gar keinen Toback rauchen, oder schnupfen.*[1]

So belehrte der Arzt Bernhard Christoph Faust (1755–1842) 1794 in seinem „Gesundheits-Katechismus zum Gebrauche in den Schulen und beym häuslichen Unterrichte", der bis 1802 in neun Auflagen erschien, Lehrer, Eltern und Kinder. Wikipedia vermerkt heute unter dem Stichwort „Tabak": *Tabakrauchen ist erwiesenermaßen gesundheitsschädlich. Den Daten der Weltgesundheitsorganisation zufolge sterben jedes Jahr über 6 Millionen Menschen an den Folgen des Tabakkonsums, rund 10 % davon durch Passivrauchen.*[2]

Die Ablehnung des Tabakgenusses aufgrund ärztlicher Expertise scheint also einer ungebrochenen Tradition zu folgen. Doch dieser Eindruck täuscht, im Gegenteil: Die Tabakpflanze wurde auf dem europäischen Kontinent zunächst als Heilpflanze eingeführt und angebaut. In diesem Streifzug durch die Medizingeschichte wird deshalb zunächst die Anwendung des Tabaks als therapeutisches Mittel beleuchtet. Mit dem zunehmenden Einsatz naturwissenschaftlicher Methoden in der medizinischen Forschung im Laufe des 19. Jahrhunderts begann auch die Objektivierung ärztlicher Befunde, was zu einem weiteren Wissensschub über die Wirkungen von Gebrauch und Missbrauch von Tabak führte.

## TABAK ALS HEILMITTEL

Der Spanier Oviedo y Valdez (1478–1557), von 1514 bis 1523 Aufseher von Goldschmelzereien auf dem amerikanischen Festland und später der bedeutendste Chronist der Eroberung Südamerikas durch die spanischen Konquistadoren im 16. Jahrhundert, berichtete über den Gebrauch des Tabaks sowohl bei den südamerikanischen Ureinwohnern, als auch über dessen rasche Verbreitung unter den in der Neuen Welt lebenden Europäern und den von ihnen dorthin verschleppten schwarzafrikanischen Sklaven. Sie versetzten sich danach mithilfe des Tabakrauchs in einen rauschähnlichen Zustand, den sie als heilig, gesund und schmerzlindernd sowie anregend beschrieben.[3] Nachdem in der Folge weitere Berichte über den medizinischen Gebrauch des Tabaks nach Kontinentaleuropa gelangt waren,[4] und der portugiesische Missionar Luis de Goes vor 1549 vermutlich als erster Tabakpflanzen oder -samen nach Lissabon gebracht hatte, war es ein französischer Botschafter in Lissabon, der den Tabak in der europäischen wissenschaftlichen Welt als Heilpflanze bekannt machte. Der wissenschaftlich interessierte Jean Nicot (1530–1604) unternahm erste Heilversuche mit Tabak, und seine angeblichen Erfolge unter anderem bei Krebsgeschwüren (*noli me tangere*) stießen am französischen Hof auf großes Interesse.[5] Die nach ihm benannte Pflanze – Nicotiana – fand nun rasch Eingang in die Medizin und erlangte innerhalb weniger Jahre den Ruf eines hervorragenden universellen Heilmittels.[6]

Dies war möglich, weil im Zeitalter der Renaissance die Ärzte die wissenschaftlichen Methoden der Antike – Beobachtung und Interpretation – für sich wiederentdeckten und großartige Fortschritte erzielten, etwa die Begründung der modernen Anatomie durch Andreas Vesalius oder die Weiterentwicklung der Chirurgie und der Seuchenlehre. Das seit der Antike in der westeuropäi-

Les Fumeurs et les Priseurs, französische Karikatur mit Tabak schnupfenden Frauen und Zigarre bzw. Pfeife rauchenden Männern, Lithographie von Delpech nach einer Zeichnung von L. Boilly, 1825 (Museum der Arbeit, Hamburg)

schen Medizin vorherrschende humoralpathologische Konzept wurde allerdings bis ins 19. Jahrhundert auch deshalb nicht vollständig ersetzt, weil neu gewonnene Erkenntnisse in dieses integriert werden konnten, darunter der Gebrauch neuer Arzneimittel. So klassifizierte der spanische Arzt und Botaniker Nicolás Bautista Monardes (1493–1588) die Tabakpflanze ganz in diesem Sinne als *warm und trocken; deshalb macht sie warm, löst, reinigt und wirkt etwas adstringierend.*[7] Er verzeichnete 1571[8] bereits mehr als vierzig verschiedene Indikationen für deren Anwendung – unter anderem bei Kopf- und Zahnschmerzen, Asthma und kaltem Husten, Blähungen, Verdauungsschwäche der Kinder, Nierenschmerzen, Gelenkschmerzen, Frostbeulen, zur Blutstillung, bei Geschwüren. Da wurden Tabakblätter aufgelegt, verrieben oder gekaut, Saft verrieben oder mit Saft beträufelt, eine Abkochung aus den Blättern eingenommen, Tabakpulver mit Salbe vermischt, Tabakrauch eingeatmet. Des Monardes Schrift eröffnete eine Ära, in der der Tabak zum allgemein akzeptierten Allheilmittel avancierte, ja sogar zur Prophylaxe von Seuchen, insbesondere der Pest, empfohlen wurde.[9]

In England war der Tabak zu dieser Zeit auch als Genussmittel bereits weit verbreitet, wogegen selbst hohe Steuern auf Tabakimporte wenig auszurichten vermochten. Englisches Militär machte das Tabakrauchen in der Pfeife während des Dreißigjährigen Krieges im deutschsprachigen Raum bekannt. Insbesondere Studenten, bald aber auch (überwiegend männliche) Angehörige aller Stände übernahmen diese Sitte. Das Tabakschnupfen wurde etwas später und vor allem in höfischen Kreisen gepflegt. Einwände gegen den Tabakgenuss waren vor allem moralischer Natur, galt exzessiver Tabakgenuss doch als rauscherzeugend. Ärzte betonten zudem, dass regelmäßiger Tabakkonsum den Körper unempfindlich machen würde für dessen therapeutische Wirkungen, Tabakpräparate also als Arzneimittel nicht mehr eingesetzt werden könnten.[10] In zahlreichen Fallbeispielen wurde der übermäßige Gebrauch (Abusus) von Tabak zudem als Ursache für vielfältige Krankheitsbilder beschrieben. Die Meinungsvielfalt war so groß, dass im späten 17. Jahrhundert mehrere Erkrankungen gleichzeitig als Folge des Tabakabusus und als Indikation zur therapeutischen Anwendung des Tabaks beschrieben wurden.[11] Staatlicherseits wurden Rauchverbote, aber auch hohe Steuern auf Tabak erlassen. Als Begründung dienten sowohl medizinische Argumente als auch die Feuergefährlichkeit des Rauchens. So führte denn auch der Dresdner Stadtrat den Brand des Ratskellers im April 1653 darauf zurück, dass das Feuer *sonder allen Zweifeln von den Gästen, welche des Tabacksaufens sich täglich befleißigen, und durch die glühende Tabacksasche, Lunten, Kohlen oder Faulholz, damit sie solchen anzuzün-*

*den pflegen, verursacht worden.* Im folgenden Monat dekretierte daraufhin ein kurfürstlicher Erlass ein allgemeines Verbot des Tabakrauchens in allen *Bier- und Schenckhäusern, in- und außerhalb der Stadt.*[12]

Als im 18. Jahrhundert das Tabakrauchen und insbesondere das Tabakschnupfen zur gesellschaftlich anerkannten Praxis avancierten, akzeptierten nun auch die Ärzte einen mäßigen Tabakkonsum. Im Gegenzug nahm die Bedeutung des Tabaks als Therapeutikum ab; Rauchen und Schnupfen wurden lediglich als unterstützende Behandlungsmaßnahmen bei leichten Beschwerden empfohlen.[13] Zur wichtigsten therapeutischen Anwendungsform des Tabaks avancierte das Klistier. Hierbei wurden Tabakabkochungen oder -rauch mittels eines Irrigators oder einer Klistierspritze in den Darm eingeleitet, zum Beispiel bei Erkrankungen des Magen-Darm-Traktes. Als sich unter dem Einfluss der Aufklärung die Auffassung durchsetzte, dass es für alle Menschen gleichermaßen ein Recht auf Leben und demnach die Pflicht auf Hilfeleistung im Unglücksfall gebe, nutzten auch die nun entstehenden Rettungsgesellschaften das Tabakklistier: So zählte die erste „Gesellschaft zur Rettung der Ertrunkenen", gegründet 1767 in Amsterdam, in einer im selben Jahr veröffentlichten Bekanntmachung zu den *besten Mittel[n], welche zur Wiederherstellung eines Ertrunkenen können und sollen werkstellig gemacht werden [...] Erstlich: Das Blasen in den Hintern, (Mastdarm) vermittelst einer Tobacks oder andern Pfeiffe [...]. Wenn man eine brennende Tobackspfeiffe, oder sogenannte Tobacksklistier-Pfeiffe hat, und solchergestalt, statt der bloßen Luft, den warmen und kitzelnden Rauch des angebrannten Tobacks in den Leib aufwärts blasen kann, verdienet solches stets den Vorzug.*[14] Zunächst war die Amsterdamer Anleitung beispielgebend für ähnliche Gesellschaften z.B. in Hamburg (1768), Paris (1771) und London (1774). Der Gebrauch des Tabakklistiers zur Wiederbelebung geriet zwar bald in die Kritik, wurde aber erst in den ersten Jahrzehnten des 19. Jahrhunderts aufgrund wissenschaftlicher Versuche[15] und gravierender negativer Erfahrungen aufgegeben.

Im 19. Jahrhundert änderte sich die Form des Tabakkonsums erneut: Das Tabakschnupfen wurde zunehmend als unästhetisch empfunden; stattdessen waren erneut das Pfeiferauchen und nun auch das Rauchen von Zigarren gesellschaftlich anerkannt. Zigarren waren nach den Napoleonischen Kriegen von Spanien ausgehend in ganz Europa als teures und modernes Luxusgut zunächst in den oberen Gesellschaftsschichten verbreitet. Erst Jahrzehnte später begann der Siegeszug der Zi-

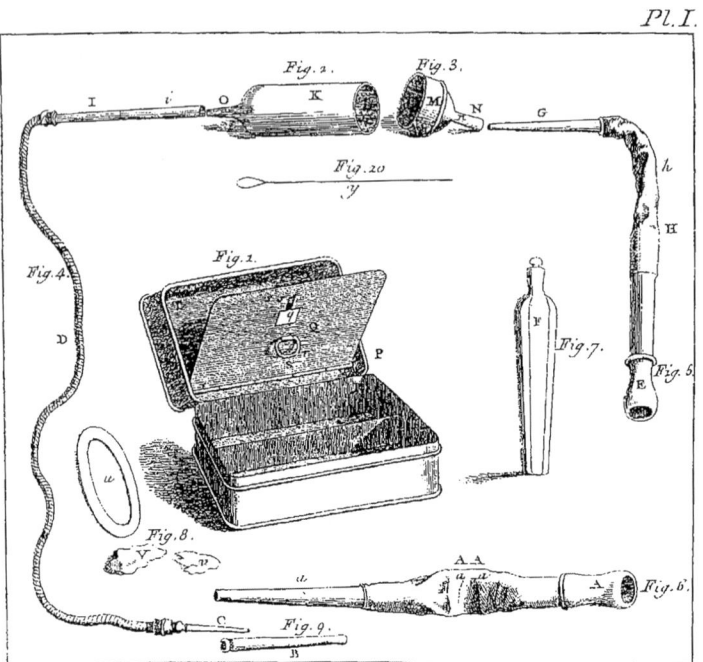

Tabakrauch-Klistier, aus: J. J. Gardane, Katechismus der anscheinenden Todesfälle oder der sogenannten Pulslosigkeit. Wodurch der gemeine Mann unterrichtet wird, wie er bei verschiedenen Arten anscheinender Todesfälle verfahren soll, Berlin 1787, Anhang, Pl. I

garette. Die staatlichen Rauchverbote wurden ab der Jahrhundertmitte im Wesentlichen aufgehoben, das Tabakrauchen galt – jedenfalls für den männlichen Teil der Bevölkerung – als gesellschaftlich akzeptiert.

Seit dem frühen 19. Jahrhundert durchgeführte Versuche, die chemische Zusammensetzung des Hauptwirkstoffs des Tabaks sowie dessen physiologische Eigenschaften zu ergründen, gipfelten schließlich 1828 in der Entdeckung des reinen Nikotins durch den Pharmazeuten Carl Ludwig Reimann (1804–1872) und den Mediziner Wilhelm Heinrich Posselt (1806–1877). Obwohl das reine Nikotin als starkes Gift erkannt wurde, blieben medizinische Indikationen zur Tabakanwendung bestehen bzw. wurden sogar erweitert, beispielsweise bei Tetanus, Tollwut, Cholera. Gleichzeitig wurden immer wieder Fälle von Medizinalvergiftungen mit Tabak in der Fachliteratur dokumentiert und damit stets vor einer Überdosierung gewarnt.

## NATURWISSENSCHAFTLICHE ERKENNTNISSE UND NATURHEILKUNDLICHE ERFAHRUNGEN

Mit dem wissenschaftlichen Fortschritt insbesondere in Pathologie und Pharmakologie in der zweiten Hälfte des 19. Jahrhunderts verlor der Tabak seine Bedeutung als Therapeutikum; Tabakpräparate wurden in den ersten Jahrzehnten des 20. Jahrhunderts nur noch selten empfohlen.[16] Als Hausmittel in der Volksmedizin fanden sie allerdings noch weiterhin Verwendung. In die Homöopathie wurde Tabacum bereits von seinem Gründer, dem in Meißen geborenen Arzt Samuel Hahnemann (1755–1843), eingeführt; es findet in Form von Globuli noch heute Verwendung.[17]

In der an den Universitäten gelehrten Schulmedizin wurde seit den 1840er Jahren mittels aktuell erhobener Befunde, aber auch epidemiologischer Untersuchungen und medizinischer Statistiken der Einfluss des längerfristigen übermäßigen Tabakrauchens – Tabakkauen und -schnupfen gerieten damals weitgehend aus der Mode – auf den menschlichen Organismus untersucht. Die akute Nikotinvergiftung war bekannt, nicht jedoch die Folgen eines chronischen Tabakabusus. Die Schwierigkeiten bestanden (und bestehen bis heute) auch darin, die Wirkung des Faktors Rauchen gegenüber dem Einfluss anderer Faktoren wie Ernährung, Alkoholgenuss etc. abzugrenzen. Vieles wurde zunächst gemutmaßt, so 1847, dass der Tabakrauch *nicht weniger schädlich für all Jene [sei], welche gezwungen sind, als Nichtraucher die Rauch-*

Pavillon der Georg A. Jasmatzi AG auf der Internationalen Hygiene-Ausstellung Dresden 1911, Postkarte (Stadtmuseum Dresden)

*wolken einzuathmen.*[18] Aufgrund langjähriger klinischer Beobachtungen wurde eine kanzerogene Wirkung des Tabakrauches in Mundhöhle und Nasenrachenraum vermutet, blieb aber lange umstritten.[19] Man sah einen ursächlichen Zusammenhang zwischen Tabakrauchen und chronischer Laryngitis sowie Bronchialkatarrh, auch die Verbreitung der Tuberkulose würde aufgrund des Tabakrauchens gefördert. Das Rauchen wurde als begünstigend für infektiöse Lungenerkrankungen angesehen. Lungenkarzinome traten bis zur Jahrhundertwende noch sehr selten auf, nahmen dann aber aufgrund des Zigarettenkonsums exorbitant zu. Erst 1919 stellte August Schacht die Behauptung auf, dass die bei Rauchern beobachteten Lungenerkrankungen *nicht immer infektiös, sondern fast häufiger toxischer Natur* seien.[20] Diskutiert wurden tabakinduzierte Erkrankungen der Augen und Ohren, des Gastrointestinaltrakts, des Herz-Kreis-

Werbung des Unternehmens Gebr. Baer Mannheim, um 1911 (Privatbesitz, Dresden)

lauf-Systems sowie mögliche Wirkungen des Tabakrauchs auf Sexualität und Fortpflanzung, aber auch auf neurologische und psychiatrische Erkrankungen. In all diesen Fällen wurde Tabakabstinenz empfohlen. Da Nikotin für die Schädlichkeit des Tabaks verantwortlich gemacht wurde, kamen auch nikotinfreie oder -arme Tabake in Mode. So bot beispielsweise das Unternehmen L. Wolff in Dresden jahrzehntelang (belegt sind die Jahre 1902 bis 1924) Coniferen-Cigaretten an, welche *in dem hinteren Teile des Mundstücks einen kleinen Pfropfen aus grüner Pflanzenfaser haben, angeblich aus Fasern einer Koniferenart der Hochalpen. Dieses soll die Eigenschaft haben, aus dem Rauche das Nikotin und alle anderen schädlichen Stoffe zu beseitigen.*[21]

Verpackung für GESOLEI-Zigaretten – ausgezeichnet mit der Goldenen Medaille der GeSoLei (Gesundheitspflege, soziale Fürsorge, Leibesübungen) in Düsseldorf 1926, Hersteller: Orientalische Tabak- und Cigaretten-Fabrik Yenidze, Dresden (Reemtsma-Konzern) (Privatbesitz, Dresden)

In der Naturheilbewegung hingegen wurde (und wird bis heute) die Verwendung des Tabaks sowohl als Heilmittel als auch als Genussmittel als gesundheitsschädlich angesehen. Als die Naturheilkunde im zweiten Drittel des 19. Jahrhunderts überwiegend von medizinischen Laien als Alternativmedizin begründet wurde, lehnten diese zunächst die Gabe jeglicher Medikamente, also auch die Anwendung von Pflanzen, Pflanzenteilen oder deren Zubereitungen (z. B. Extrakte), ab. Erst Pfarrer Sebastian Kneipp (1821–1897) nahm Heilpflanzen als ebenfalls von Gott gegebene natürliche Heilmittel in seine ganzheitliche Therapie auf, was ihm von orthodoxen Naturheilkundlern den Vorwurf eintrug, er habe die Naturheilkunde *verbrennesselt und verheublumt*. Der Tabak allerdings wurde nach wie vor als instinktwidrig bezeichnet. Der auf dem Weißen Hirsch residierende Heinrich Lahmann (1860–1905), der als erster wissenschaftlicher Naturarzt gilt, weil er mithilfe naturwissenschaftlicher Methoden die Naturheilkunde neu begründen wollte, bezeichnete Tabakqualm als *Naturwidrigkeit*.[22] Der in Radebeul ansässige Naturheilkundler Friedrich Eduard Bilz (1842–1922), der mit seinem „Neuen Naturheilverfahren" den Bestseller auf diesem Gebiet schlechthin publizierte und damit große Teile der Bevölkerung erreichte, zählte zu den Verursachern von *Krankheitsstoffen* im menschlichen Körper auch den Gebrauch von Tabak.[23] Ganz im Sinne der Lebensreform, deren Ansichten er bereits seit 1882 verbreitete,[24] forderte er insbesondere für die Jugendlichen ein Rauchverbot. Infolge der Erziehung zu gesunder Lebensweise, so Bilz, *ließen sie mehr und mehr von solchen Leidenschaften* [Rauchen und Alkoholkonsum] *ab*.[25]

Eine grandiose Möglichkeit, auf die gesundheitsschädigenden Folgen des Tabakkonsums hinzuweisen, hätte die I. Internationale Hygiene-Ausstellung (IHA) in Dresden 1911 bieten können. Der Inaugurator, Organisator und Finanzier dieser in ihrer Größe, thematischen Breite, methodischen Vielfältigkeit und Modernität seinerzeit einmaligen Exposition, Karl August Lingner (1861–1916), war selbst ein leidenschaftlicher Zigarrenraucher. Inwieweit dies den Umgang mit dem Thema Rauchen in der Ausstellung beeinflusst hat, mag dahingestellt sein. Tatsächlich wurde der Tabak in der Abteilung „Nahrungs- und Genussmittel" dargestellt: *An diese Präparate schließen sich Sammlungen von Tabak, Gewürzen, Kaffee, Kakao und Tee* [an]*, die mit Hilfe von Abbildungen und Präparaten die Gewinnung dieser Genuss- und Nahrungsmittel zeigen.*[26] Unter 797 industriellen Ausstellern dieser Abteilung waren auch fünf Zigarettenfabriken aus

Dresden sowie eine Zigarettenmaschinenfabrik und eine Zigarettenhülsen-Maschinenfabrik. Die Zigarrenfabrik Gebr. Baer aus Mannheim stellte die von ihr produzierte *idealste Gesundheitszigarre der Welt* vor, während zwei Tabakspfeifenhersteller patentierte Gesundheitspfeifen propagierten.[27] Im Königlichen Botanischen Garten in Dresden war aus Anlass der IHA eine Sammlung aus 204 *volkstümlichen Arznei- und Giftpflanzen* zusammen- und ausgestellt worden, darunter auch *181. Nicotiana Tabacum L. Virginischer Tabak. Blätter enthalten giftiges Nikotin. 182. Nicotiana rustica L. Bauerntabak. Blätter enthalten giftiges Nikotin*.[28] Dies war laut Katalog der einzige Hinweis auf die Giftigkeit und damit Schädlichkeit des Tabakrauchens. Hingegen durfte die Industrie die von ihr hergestellten Tabakwaren auf und am Rande dieser Ausstellung umfänglich bewerben.

## NEUE WEGE DER ERFORSCHUNG DER DROGE TABAK

Es blieb weiterhin der Lebensreformbewegung, als deren integrativer Teil die Naturheilkunde zu verstehen ist, vorbehalten, konsequent und entschlossen über die Schädlichkeit des Rauchens aufzuklären sowie den Schutz der Nichtraucher zu fordern.[29] Nach der Gründung des Bundes deutscher Tabakgegner wurde dabei sowohl in der Form der Auseinandersetzung als auch in der Intensität und dem wissenschaftlichen Niveau der Befassung mit dem Thema in der Weimarer Republik eine neue Qualität erreicht. Wesentlichen Anteil daran hatte der Internist und Sozialhygieniker Fritz Lickint (1898–1960), der 1927 dem Bund beitrat. Lickint hatte am Dresdner König-Georg-Gymnasium sein Abitur abgelegt und von 1919 bis 1923 an der Leipziger Universität Medizin studiert.[30] Nach seiner in Dresden-Johannstadt absolvierten Medizinalpraktikantenzeit arbeitete er von 1925 bis 1929 als Assistenzarzt der Inneren Abteilung des Krankenstiftes Zwickau, ab 1929 als Erster Oberarzt an der Inneren Abteilung des Küchwaldkrankenhauses in Chemnitz. In der Bergbauregion wurde er massiv mit den Folgen des Alkohol- und des Tabakmissbrauchs konfrontiert, woraufhin er sich deren wissenschaftlicher Erforschung und Bekämpfung zuwandte. 1930 publizierte er eine mit statistischen Methoden durchgeführte Studie, in der er die hohe Wahrscheinlichkeit belegte, dass Lungenkrebspatienten zugleich Raucher waren.[31] Der Wissenschaftshistoriker Robert Proctor kommentierte: „Er war nicht der erste, der auf eine solche Verbindung hinwies […], legte aber die bis dahin gründ-

Plakat aus einer Anti-Tabak-Kampagne, um 1939, retuschiert (wohl nach 1945): Übermalung des Hakenkreuzes auf dem Sporthemd und der Worte „appetitlich frisch" unter „SO" (Deutsches Hygiene-Museum Dresden)

lichste Studie vor und präsentierte neue statistische Daten."[32] Lickints Erkenntnisse flossen auch in die 1930/31 veranstaltete II. Internationale Hygiene-Ausstellung Dresden ein, an der sich der Bund deutscher Tabakgegner beteiligte. 1931 übernahm er dessen Leitung.

In der NS-Zeit wurde in Deutschland erstmals „eine in gewissem Umfang einheitliche Gesundheitspolitik" verfolgt, deren menschenverachtende Aspekte – Rassenhygiene, Eugenik, Ausgrenzung von als jüdisch definierten Menschen – immer mit zu bedenken sind.[33] Dazu gehörte auch das Konzept der „Leistungsmedizin", nach dem Gesundheit mit Leistungsfähigkeit gleichgesetzt wurde. In der Wanderausstellung „Ewiges Volk" des Deutschen Hygiene-Museums (DHMD) war dies auf einer Tafel folgendermaßen kurz zusammengefasst: *Gesundheit ist Pflicht. [...] Sorge Du durch ein vernünftiges gesundheitsgemäßes Leben dafür, daß das Wunderwerk Deines Körpers gesund bleibt und Du Deine Leistungsfähigkeit bis ins hohe Alter Dir bewahrst.*[34]

In dieses Konzept konnten auch auf die Prophylaxe von Krankheiten zielende Aktivitäten integriert werden; es wurden teilweise kreative und sogar bahnbrechende Forschungen gefördert. Unter anderem gelang es deutschen Ärzten weltweit als ersten, den Tabakrauch als Hauptursache des Lungenkrebses zu identifizieren.[35] Einen wesentlichen Anteil daran hatte Lickint. Dieser war 1934 wegen seiner Zugehörigkeit zur SPD und zum Verein sozialistischer Ärzte in den Ruhestand versetzt worden. Nach seiner Niederlassung in Dresden durfte er lediglich Privatpatienten und Patienten der Ersatzkassen behandeln, da er keine Zulassung zu den reichsgesetzlichen Krankenkassen erhalten hatte. Dennoch wurde er aufgrund seiner wissenschaftlichen Expertise – und nachdem er sich für seine früheren politischen Aktivitäten „entschuldigt" hatte – Mitglied der Bundesleitung des Deutschen Bundes zur Bekämpfung der Tabakgefahren e.V. und konnte nahezu uneingeschränkt publizieren.[36]

In der Karikatur aus der Zeitschrift „Reine Luft", hrsg. vom Deutschen Bund zur Bekämpfung der Tabakgefahren, 23 (1941), 121, werden (nach: Martina Enke) das Rauchen und das Trinken von Alkohol mit Kapitalisten, Juden, Indianern, Schwarzen, degenerierten Intellektuellen und unsittlichen Frauen assoziiert.

Fritz Lickint im Labor, 1926 (Privatbesitz)

1935 veröffentlichte Lickint den bahnbrechenden Aufsatz „Der Bronchialkrebs der Raucher",[37] in dem er, basierend auf umfangreichen, statistisch aufbereiteten Daten, den Wahrscheinlichkeitsbeweis für die Verursachung des Bronchialkrebses durch das Rauchen erbrachte – und damit den ersten wissenschaftlichen Beweis für die schon in den 1920er Jahren aufgestellte These. Doch ihn interessierten die Wirkungen des Tabaks auf den gesamten Organismus. Mit enormem Fleiß und äußerster Akribie erarbeitete er deshalb die wohl umfassendste wissenschaftliche Anklage gegen das Rauchen, die je publiziert wurde.[38] In der 1939 erschienenen, über 1200 Seiten umfassenden Monographie „Tabak und Organismus" stellte Lickint alles verfügbare Material über die Wirkungen des Tabaks auf den Organismus zusammenfassend dar und zeigte Forschungsdesiderate auf.[39] Damit avancierte er zum meistgehassten Arzt aus der Sicht der Tabakindustrie.[40] Die weltweit erste, wissenschaftlich hervorragende Fallkontrollstudie zum Lungenkrebsrisiko von Rauchern lieferte der junge Arzt Franz Hermann Müller (geb. 1914) in seiner 1939 veröffentlichten Dissertation „Tabakmissbrauch und Lungencarcinom",[41] die er am Kölner Bürgerhospital erarbeitete. 1941 wurde an der Universität Jena das von Hitler persönlich geförderte Wissenschaftliche Institut zur Erforschung der Tabakgefahren eingerichtet. Leiter wurde der SS-Arzt, fanatische Rassenhygieniker und Verfechter der Tötung psychisch Kranker, der Rektor der Universität Karl Astel (1898–1945). Hier konnten der

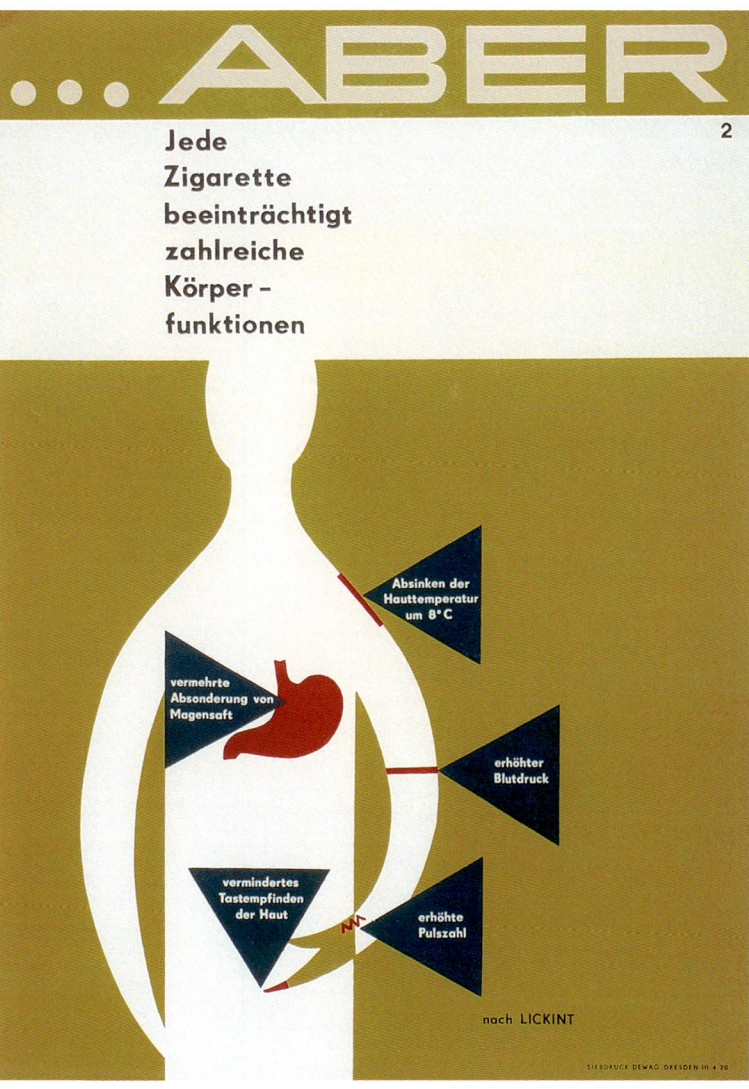

Ausstellungstafel einer von Fritz Lickint entworfenen Nichtraucherkampagne, um 1959 (Deutsches Hygiene-Museum Dresden)

Pathologe Eberhard Schairer (1907–1996) und sein Doktorand Erich Schöniger (geb. 1917) in einer noch differenzierteren Fallkontrollstudie die Ergebnisse von Müller bestätigen und vertiefen.

## KONSENS ÜBER DIE SCHÄDLICHKEIT DES TABAKRAUCHENS

Es war wohl auch den politischen Umständen geschuldet, dass die Forschungsergebnisse deutscher Ärzte in jener Zeit international wenig Aufmerksamkeit erhielten und nach dem Zweiten Weltkrieg fast völlig in Vergessenheit gerieten. Hingegen erregten epidemiologische Untersuchungen in den USA und Großbritannien über den Zusammenhang von Tabakrauchen und Bronchialkarzinom, die denselben wissenschaftlichen Ansatz wie Müller bzw. Schairer/Schöniger verfolgten, seit 1950 weltweit Aufsehen und wurden als bahnbrechend bewertet.[42] Dem gestiegenen wissenschaftlichen und öffentlichen Interesse an den gesundheitlichen Folgen des Tabakkonsums in den USA entsprach der 1964 vorgelegte Report of the Advisory Committee to the Surgeon General ot the Public Health Service, der das neueste, weltweit vorhandene Wissen analysierte und daraus Handlungsempfehlungen ableitete. Die hier zusammengefassten Erkenntnisse über die Risiken des Tabakrauchens gelten als gesichert und besitzen im Wesentlichen bis heute Gültigkeit, obwohl seither in unzähligen Studien das Wissen der Ärzte zu dieser Thematik erweitert wurde.

Sieht man auf Dresden, so ist zunächst die weitere Tätigkeit von Lickint augenfällig. Er hatte sich in der NS-Zeit nicht parteipolitisch gebunden und galt als unbelastet. Als Mitglied der SPD wurde er formal Mitglied der SED, engagierte sich aber in dieser Partei nicht. Er übernahm leitende Positionen im städtischen Gesundheitswesen; von 1953 bis zu seinem Tod 1960 war er Chefarzt der I. Medizinischen Klinik des Stadtkrankenhauses Friedrichstadt.[43] Ab 1949 publizierte Lickint, der sich 1948 an der Technischen Hochschule Dresden habilitiert hatte, neben einer Vielzahl weiterer Arbeiten allein 75 wissenschaftlich fundierte Publikationen (Aufsätze, Aufklärungsbroschüren, Zeitungsartikel, Handbücher)[44] zum Tabakkonsum aus medizinischer Sicht. Er verfolgte nicht nur die internationale Forschungsentwicklung, sondern stellte weiter eigene Studien zur Suchtproblematik und zu geschlechterspezifischen Wirkungen des Tabaks vor.[45] 1954 verlegte das DHMD in der unter dem Titel „Durch Volksgesundheit zur Leistungssteigerung" erscheinenden populärwissenschaftlichen grünen Reihe die Broschüre „Wem schaden Alkohol, Tabak und Kaffee?" Damit eröffnete das Museum seine Aufklärung zu den gesundheitlichen Folgen des Rauchens, fortgeführt 1956 mit der auf 23 Tafeln konzipierten Wanderausstellung „Rauchen oder Nichtrauchen". Hier wurde die Warnung vor der Wirkung des Nikotins auf Herz und Kreislauf ergänzt um den direkt kausalen Zusammenhang zwischen dem Rauchen und der Entstehung von Tumoren an den Körperstellen, an denen der kanzerogene Tabakteer resorbiert wurde.[46]

Seit den 1960er Jahren galt in den populärwissenschaftlichen Publikationen des Museums das Rauchen als eigenständiger Risikofaktor für die Entwicklung von Krebserkrankungen und solchen des Herzens und des Kreislaufsystems.[47] Da das DHMD seit 1967 als das leitende Zentralinstitut auf dem Gebiet der Gesundheitserziehung und der Produktion von Unterrichtsmitteln und Anschauungsmaterialien in der DDR fungierte, fand diese Auffassung in der gesamten DDR Verbreitung. Dazu nutzte es auch moderne Medien, wie die 50 Sekunden langen Fernsehspots aus den Jahren 1974 und 1976 belegen, die sich differenziert an männliche Jugendliche und Männer mittleren Alters wandten.[48] Da der Ministerrat der DDR 1976 die Einstellung der Inlandswerbung verfügte, entfiel damit auch jegliche Werbung für den

 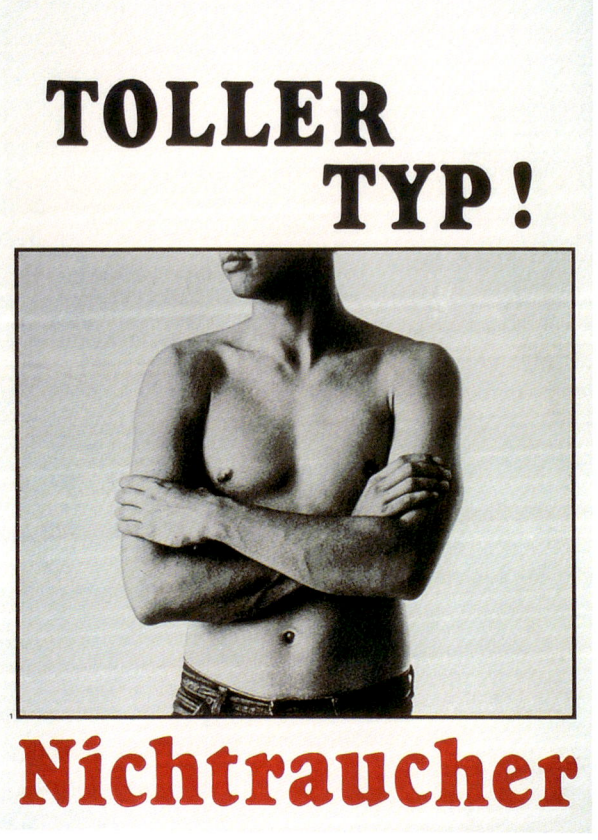

Ausstellungstafeln doppelseitig, Nichtraucherkampagne des Deutschen Hygiene-Museums Dresden, 1980er Jahre (Deutsches Hygiene-Museum Dresden)

Tabakgenuss – eine alte Forderung der Tabakgegner, die in der Bundesrepublik bis heute nicht vollständig durchgesetzt werden konnte.

## AUSBLICK

Es ist wissenschaftlicher Konsens, dass Tabakrauchen vielfältige gesundheitsschädigende Wirkungen auf den gesamten Organismus ausübt. Die gesellschaftliche Akzeptanz des Rauchens hat in Europa abgenommen, insbesondere für viele Jugendliche hat es seinen Reiz verloren. Ein Slogan wie *Sitzen ist das neue Rauchen!* verdeutlicht, dass für Gesundheitsbewusste das Rauchen obsolet ist und andere Änderungen des alltäglichen Verhaltens nun in den Fokus rücken. Dennoch bleibt das Rauchen immer noch ein bedeutendes medizinisches Problem, das wegen des Suchtfaktors und neuer Formen, wie E-Zigaretten, die Ärzte auch in der Zukunft zu neuen Forschungen herausfordert.

### ANMERKUNGEN

Die Autorin dankt Frau Dr. med. Martina Enke für ihre besondere Unterstützung.

1. BERNHARD CHRISTOPH FAUST, Gesundheits-Katechismus zum Gebrauche in den Schulen und beym häuslichen Unterrichte. 6., verb. Aufl., Leipzig 1797, 53.
2. https://de.wikipedia.org/wiki/Tabak (5.4.2020).
3. MARTINA CHRISTINE ENKE, Über die Bedeutung des Tabaks in der europäischen Medizin vom 16. bis ins 20. Jahrhundert, Berlin 1998, 21–23.
4. Vgl. CHRISTIAN RÄTSCH, Schamanenpflanze Tabak, Bd. 1.: Kultur und Geschichte des Tabaks in der neuen Welt, Solothurn 2002,
5. Vgl. ENKE, Über die Bedeutung des Tabaks (wie Anm. 3), 35–40.
6. Ebd., 477.
7. KURT STÜNZNER, Die Schrift des Monardes über die Arzneimittel Amerikas nach der lateinischen Übertragung des Clusius aus dem Jahre 1579. Übersetzt und erläutert von DEMS., Halle an der Saale 1895, 24, zit. in: ENKE, Über die Bedeutung des Tabaks (wie Anm. 3), 54. Adstringierende Substanzen wirken beim Auftragen auf Haut oder Schleimhaut austrocknend, blutstillend und entzündungshemmend.
8. NICOLAS DES MONARDES, Segundo parte del libro de las cosas que traen de nuestras Indias occidentales, que sirven al uso de Medicina, Sevilla 1571.
9. Vgl. ENKE, Über die Bedeutung des Tabaks (wie Anm. 3), 53–59.
10. Vgl. ebd., 479.
11. Ebd.
12. HELMUTH ASCHENBRENNER, Zur geschichtlichen Entwicklung des Handels mit Tabakwaren, in: Der Tabak 1 (1938), 173.
13. ENKE, Über die Bedeutung des Tabaks (wie Anm. 3), 479.
14. Gesellschaft zur Rettung der Ertrunkenen: Geschichte und Urkunden der im Jahre 1767 zur Rettung der Ertrunkenen zu Amsterdam errichteten Gesellschaft, aus dem Holländischen übersetzt von M. H. P. HANNIBAL, [Jan Abraham Willink] Hamburg 1769, 14f., zit. nach https://digital.staatsbibliothek-berlin.de/werkansicht?PPN=PPN898960150&PHYSID=PHYS_0035&DMDID (3.4.2020).
15. BENJAMIN COLLINS BRODIE, Experiments and Observations on the Different Modes in which Death is produced by certain Vegetable Poisons. Philosophical Transactions of the Royal Society, Vol. 101 (1811), 178–208, hier 186–192.
16. Vgl. ENKE, Über die Bedeutung des Tabaks (wie Anm. 3), 472–478.
17. https://www.globuli.de/einzelmittel/globuli-von-t-bis-z/tabacum/ (2.6.2020).
18. JOHANNES KOCH: Die Heilkräfte des Tabaks und dessen Schädlichkeiten, Wien 1847, 36.
19. Vgl. ENKE, Über die Bedeutung des Tabaks (wie Anm. 3), 389–397.
20. AUGUST SCHACHT, Kautabak und überhaupt Tabak in der praktischen Medizin. Zugleich neue Beiträge zur Sozialpolitik und Syphilisdiagnose, Wiesbaden 1919, 29.
21. G. ARENDS, Spezialitäten und Geheimmittel aus den Gebieten der Medizin, Technik, Kosmetik und Nahrungsmittelindustrie. Ihre Herkunft und Zusammensetzung. 8. verm. Auflage, Berlin 1924, 104.
22. HEINRICH LAHMANN, Die diätetische Blutentmischung als Grundursache aller Krankheiten. 3. Aufl., Leipzig 1893, 12.
23. FRIEDRICH EDUARD BILZ, Das neue Naturheilverfahren. Lehr- und Nachschlagebuch der naturgemäßen Heilweise und Gesundheitspflege. 20. Aufl., Dresden-Radebeul 1894, 881.
24. FRIEDRICH EDUARD BILZ, Der Schlüssel zur vollen menschlichen Glückseligkeit oder Umkehr zum Naturgesetz. Ein Beitrag zur Lösung der zeitgemäßen Frage: „Wie hat die heutige Menschheit sich einzurichten, wenn sie Siechthum, Krankheit, Armuth und sonstiges Elend meiden und den Vollgenuß der irdischen Glückseligkeit dauernd erringen will?", Meerane 1882.
25. FRIEDRICH EDUARD BILZ, In hundert Jahren. Leipzig-Radebeul 1907, 803f.
26. Offizieller Katalog der Internationalen Hygiene-Ausstellung Dresden Mai bis Oktober 1911, neue, verb. Aufl., Berlin 1911, 293.
27. Ebd., 295–312.
28. M. PLEISSNER, Sonderkatalog für die Gruppe Pflanzliche Lebensmittel und Lebensmittel-Untersuchung der wissenschaftlichen Abteilung der Internationalen Hygiene-Ausstellung Dresden 1911, Dresden 1911, 100f.
29. Vgl. den Beitrag von Ragnar Baldauf und Markus Jähnichen in diesem Band.
30. Vgl., auch zum Folgenden, SILKE BENUSCH, Leben und wissenschaftliches Werk des Dresdner Internisten Fritz Lickint (1898–1960)

unter besonderer Berücksichtigung seines Beitrages zur Aufklärung der Ätiologie des Bronchialkarzinoms, Med. Diss., Dresden 1998.
31 Fritz Lickint, Tabak und Tabakrauch als ätiologischer Faktor des Carcinoms, in: Zs. für Krebsforschung 30 (1930), 349–365.
32 Robert N. Proctor, Blitzkrieg gegen den Krebs, Stuttgart 2002, 210f.
33 Detlef Briesen, Das gesunde Leben. Ernährung und Gesundheit seit dem 18. Jahrhundert, Frankfurt/M.-New York 2010, 103.
34 Susanne Hahn, „Der moderne Mensch will wissen und handeln…". Ein kritischer Blick auf die Geschichte der Krebsaufklärung durch das Deutsche Hygiene-Museum, in: 100 Years of Organized Cancer Research, hrsg. von Wolfgang U. Eckart, Stuttgart-New York 2000, 172.
35 Robert N. Proctor, Hitler und die Antiraucher-Kampagne der NS-Zeit, in: 100 Years of Organized Cancer Research (wie Anm. 34), 69.
36 Benusch, Fritz Lickint (wie Anm. 30), 45.
37 Fritz Lickint, Der Bronchialkrebs der Raucher, in: Münchner Medizinische Wochenschrift 82 (1935), 1232–1235.
38 Einschätzung bei Proctor, Blitzkrieg (wie Anm. 32), 211.
39 Benusch, Fritz Lickint (wie Anm. 30), 131f.
40 Proctor, Hitler und die Antiraucher-Kampagne (wie Anm. 35), 71.
41 Franz Hermann Müller, Tabakmissbrauch und Lungencarcinom, in: Zs. für Krebsforschung 49 (1939), 57–84.
42 Ernest Wynder/Evarts A. Graham, Tobacco Smoking as a Possible Etiologic Factor in Bronchiogenic Carcinoma. Journal oft he American Medical Association 143 (1950), 329–336; vgl. Enke, Über die Bedeutung des Tabaks (wie Anm. 3), 482–485.
43 Fritz Lickint, Saccharin und Organismus. Handbuch der gesamten Süßstoffkunde, Habil. TH Dresden, 1947.
44 Fritz Lickint, Ätiologie und Praxis des Lungenkrebses, Dresden-Leipzig 1953.
45 Fritz Lickint, Ätiologie und Praxis des Lungenkrebses, Dresden-Leipzig 1953; ders., „Krebs kommt nicht vom Rauchen." Untersuchungen über das Ausbleiben des Lungenkrebsanstieges bei rauchenden Frauen, in: Die Medizinische 3 (1956), 85–89.
46 Christian Sammer, Die „Modernisierung" der Gesundheitsaufklärung in beiden deutschen Staaten zwischen 1949 und 1975, in: Medizinhistorisches Journal 50 (2015), 258.
47 Ebd., 267.
48 Ebd., 271.

# EINE ZIGARETTE FÜR „KÖNIG RICHARD"
## Folgen einer Tabakwerbung – ein Fußballskandal im „Dritten Reich"

Mike Schmeitzner

Für die einen war er der „ungekrönte König der Elitekicker",[1] für die anderen einer der „ersten ‚Stars' des deutschen Fußballs", einer „der besten seiner Zunft – wenn nicht der Beste".[2] Fußballbegeisterte kamen zu Zehntausenden, „um ihren ‚König Richard' zu erleben – Richard Hofmann, den Stürmerstar des Dresdner SC, von dessen Taten im Nationaldress man Wunder berichtete".[3] Und tatsächlich war Hofmann zu seiner Zeit wohl der bekannteste und beliebteste Fußballspieler in Dresden wie in Deutschland. Als Stürmerstar und Kapitän der deutschen Nationalmannschaft wie auch als Leitfigur des Dresdner SC (DSC) vermochte er Spiele allein durch seine Präsenz, Spielfreude und Schussgewalt zu entscheiden. Anfang der 1930er Jahre gelang es der deutschen Mannschaft mit seiner Hilfe, mit damaligen Spitzenteams aus England, Schweden oder Ungarn auf Augenhöhe zu spielen. Mit dem DSC holte er 1940 und 1941 den Pokal, 1943 und 1944 sogar den Meistertitel. Dazwischen lagen allerdings Zeiten, in denen er nicht einmal Fußball spielen durfte. Die Zigarettenwerbung für ein Dresdner Tabakunternehmen bescherte ihm ein Fußball-Aus. Der „Fall Richard Hofmann" beherrschte im „Dritten Reich" die Schlagzeilen der Presse. Doch weshalb wurde aus der Tabakwerbung von 1932 wenig später ein handfester Skandal, in dem sich die Allgewaltigen des DFB und sogar Reichspropagandaminister Joseph Goebbels zu Scharfrichtern aufspielten? Es kamen wohl mehrere Faktoren zusammen, die den Fall Hofmann so brisant werden ließen.

Die Tabakwerbung vom Herbst 1932 konnte aus Sicht der späteren NSDAP-Staatspartei nur eine besonders anstößige sein: Denn Hofmann posierte als Werbeträger auf zwei verschiedenen Aufnahmen mit dem Firmenlogo des Dresdner Tabakunternehmens Bulgaria, das ein jüdischer Geschäftsmann gegründet hatte.[4] Mit einer 3⅓-Pfennig-Zigarette in der erhobenen rechten Hand lächelte der Nichtraucher[5] unter einem farbenfrohen Davidstern. Die eine Aufnahme zeigte Hofmann im traditionellen weiß-schwarzen Dress der deutschen Nationalmannschaft, die andere Aufnahme im rot-weißen Vereinsdress des DSC. Gut sichtbar war zudem der Kopfverband des Fußballstürmers. Seit er bei einem Autounfall das rechte Ohr verloren hatte, war dies sein „Markenzeichen". Doch diese Aufnahmen waren nicht die einzigen. Auf der Rückseite des Sportbildes einer Werbepackung von Bulgaria-Sport hieß es überschwänglich: *Wenn der Richard in einem Länderspiel schießt, stockt Zehntausenden der Atem. Das gibt's nur einmal, solche Plötzlichkeit und Wucht im Schuss.*[6] Weitere Lobpreisungen bezogen sich auf Länderspiele, in denen Hofmann je drei Tore beigesteuert hatte. Für viele unvergesslich war das hier erwähnte Länderspiel gegen England, das seinen Ruhm begründete: Im Alleingang vermochte er 1930 in Berlin einen 0:3-Rückstand zu egalisieren. Keine Erwähnung fand dagegen das Spiel gegen Ungarn, in dem er ebenfalls nach einem 0:3-Rückstand vor heimischer Dresdner Kulisse das Spiel noch drehte – zu einem sensationellen 5:3.

Doch antisemitische Ressentiments dürften nur einer der Gründe gewesen sein, ein weiterer die ehernen Prinzipien des DFB, gegen die Hofmann mit seiner Werbung verstoßen hatte. Gemeint waren die rigiden Amateurregeln des Fußballbundes, die auch Honorare – wie in Hofmanns Fall – ausschlossen. Vermutlich wäre der Dresdner Fußballstar mit einem „blauen Auge" davongekommen, wenn nicht der DFB so drastisch die Amateurregeln hochgehalten hätte. Dafür gab es Gründe: Denn seit einiger Zeit machte der Süddeutsche Verband für Berufsfußballspiele dem DFB arge Konkurrenz. Im Sommer 1933 schien er sich bei den neuen braunen Machthabern sogar mit der Einführung einer Profiliga durchzusetzen. In letzter Minute schaffte es der Bundesvorsitzende des DFB, Felix Linnemann, diese Pläne zu durchkreuzen: Unter Hinweis auf den möglichen Sieg einer deutschen Mannschaft bei Olympia in Berlin 1936 konnte er das reine Amateurmodell im Fußball von

Staats wegen verankern.⁷ Der dritte Grund, der gegen Hofmann sprach, hing mit der generellen Tabakpolitik der Nationalsozialisten zusammen: Maßgebliche Teile der NSDAP mit Hitler an der Spitze waren strikte – und vor allem ideologisch geprägte – Gegner des Tabakkonsums. Das Tabakrauchen stand ihrer Ansicht im Wege, „die Menschen schöner, gesünder und besser [zu] machen". Auch wenn sich diese rigorose Ansicht aus kommerziellen Gründen nicht umfassend politisch umsetzen ließ, so kam es doch nach 1933 zu massiven Behinderungen und Werbeverboten.⁸

Das prominenteste Opfer dieser neuen Situation war Richard Hofmann. Ob überdies noch Distanzierungen von Seiten Hofmanns gegenüber der NSDAP eine Rolle spielten, wie dies in der späteren Biographie des Spielers angedeutet wurde, kann nur vermutet werden;⁹ seine langjährige Mitgliedschaft in der Gewerkschaft ist zumindest ein Indiz dafür.¹⁰ Über Monate hinweg hatte es so ausgesehen, dass der Fall Hofmann im Sande verlaufen würde: Der Mitteldeutsche Fußballverband habe das Verfahren niedergeschlagen und auch der DFB habe keine Einwände erhoben.¹¹ Doch dann endete ein *gründlich durchgeführtes Ermittlungsverfahren* mit einem Paukenschlag: Im April 1935 wurde Hofmann wegen *Verstößen gegen die Amateurbestimmungen* aus dem DFB ausgeschlossen, was einem Spielverbot für die Nationalmannschaft und den DSC gleichkam.¹² Der Ausschluss erfolgte *auf Lebenszeit*!¹³ Es handelte sich um eine „absurd-drakonische Strafmaßnahme, verhängt durch die ideologischen Gralshüter des Amateurismus an der DFB-Spitze".¹⁴ Als Hofmann nach der brutalen Sperre mit französischen Profiklubs über einen Wechsel verhandelte, war das für die Spitze des DFB ein zusätzliches Argument dafür, jegliche Begnadigungsversuche abzuweisen.¹⁵

Dass der DFB und Linnemann persönlich so unnachgiebig erschienen, hatte aber noch einen anderen Grund: Während des Länderspiels Deutschland gegen die Tschechoslowakei Ende Mai 1935 in Dresden ließen sich zehntausende sächsische Fans in Richtung DFB-Spitze und Linnemann minutenlang mit *Hofmann-frei*-Rufen vernehmen. Danach habe ein totenbleicher Linnemann die Tribüne im Ostragehege verlassen.¹⁶ Die große Sympa-

Richard Hofmann im Trikot des Dresdner Sportclubs bzw. der deutschen Fußball-Nationalmannschaft auf einem Werbeplakat für die Marke Bulgaria Sport, Bulgaria Zigarettenfabrik, 1932 (Museum der Arbeit, Hamburg)

Ausschnitt aus dem Sammelalbum „Rekord im Sport" der Zigarettenfabrik Richard Greiling AG, Bilderstelle Lohse, 1934 (Technische Sammlungen Dresden)

thiekundgebung für Hofmann beeindruckte selbst Reichspropagandaminister Goebbels, der den Vorfall allerdings als eine offene Infragestellung des totalitären Anspruchs der NS-Diktatur betrachtete. In seinem Berliner Gauorgan „Der Angriff" ließ Goebbels nur wenige Tage später mit den „ungemütlichen Sachsen" abrechnen. Zwar gehe – so das Blatt – den Sachsen der Ruf voraus, dass *sie gemütlich* seien, und der *Ruf sei nicht erst neueren Datums*; auch könne sich jeder, der einmal einen *Abstecher ins Sachsenland gewagt hat*, von dieser Gemütlichkeit überzeugen. Doch könnten diese Sachsen hin und wieder *recht ungemütlich* werden, so erst kürzlich bei einem Länderspiel in Dresden, als *Tausende deutscher Volksgenossen erleben durften*, wie *die Sachsen vor der Ehrenloge des Bundesführers für ihren Richard Hofmann demonstrierten*. Für Goebbels' Blatt ein Affront: Dies sei *alles andere als gemütlich* gewesen: *Denn vor einer demonstrierenden Menge – und mögen es auch einmal 50000 Sachsen sein! – kapituliert im heutigen Staat niemand mehr! Auch nicht im Sportstaat!*[17]

Mochten sich auch Dresdner Zeitungen weiterhin für Hofmann einsetzen, so ließ die Ansage aus Berlin doch die Hoffnung auf eine Begnadigung Hofmanns schwinden. Selbst „Der Freiheitskampf", das Blatt der sächsischen NSDAP, das sich aus lokalpatriotischen Gründen für Hofmann stark gemacht hatte, kam Ende Juli 1935 zu dem Schluss: *Damit dürfte der Fall Richard Hofmann endgültig erledigt sein*. Das Blatt verwies auf die offizielle Darstellung des DFB, das Hofmanns Verhandlungen mit den Franzosen als Argument gegen eine Begnadigung bezeichnete. Anders als Goebbels' Blatt nahm das sächsische NS-Organ die Dresdner Fans jedoch in Schutz – diese hätten im Stadion nicht etwa aus *Böswilligkeit* gehandelt, *sondern vielmehr aus einem innersten Mitgefühl heraus*.[18] Wie man sieht, musste selbst die sächsische NSDAP der Massenpopularität des Stürmerstars deutlich Tribut entrichten.

Nach den Olympischen Sommerspielen 1936 in Berlin kam unverhofft noch einmal Bewegung in den Fall. *Aus Anlaß der großen deutschen Erfolge* bei der Olympiade wurde die *Bestrafung* Hofmanns aufgehoben.[19] Doch die Aufhebung bezog sich nur auf den Vereinsklub DSC, nicht aber auf die Nationalmannschaft, von der Hofmann weiterhin ausgeschlossen blieb.[20] Man geht wohl nicht fehl in der Annahme, dass hinter der Freigabe für Dresden die Bemühungen der sächsischen NSDAP-Spitze standen, den Stürmerstar wenigstens für den Verein zu reaktivieren, von dem man wusste, dass er auch der Lieblingsverein des Gauleiters Martin Mutschmann war.[21] Wollten sich auch die Dresdner Mächtigen im Glanze eines Hofmann sonnen und seiner Popularität im Lande Rechnung tragen, machte Hofmann selbst keine politischen Zugeständnisse. Wie für seine Mitspieler Helmut Schön oder Willibald Kreß finden sich auch für ihn keinerlei Hinweise auf die Mitgliedschaft in einer nationalsozialistischen Organisation.[22]

Hofmanns Wiedereinstieg wurde von den großen Fachblättern positiv aufgenommen.[23] Und das gab dem Stürmerstar den Antrieb, ein Comeback beim DSC zu versuchen. Wie schon eingangs erwähnt, nutzte Hofmann, der einige Pfunde abspecken musste, die Chance und feierte an der Seite von Helmut Schön die späten Vereinstriumphe. Auch nach 1945 blieb Hofmann in der Erfolgsspur – und zwar zuerst als Spieler in Freital und Dresden und

Schlagzeilen der Tagespresse zum Fall Richard Hofmann, 1935/36

dann als Trainer einer Sachsen-Auswahl sowie in den 1950er Jahren als Trainer der DDR-Nachwuchsauswahl. Für den gebürtigen Meeraner Hofmann war Freital seine Heimat, der er bis zum Tod 1983 die Treue hielt.

Letztendlich hat die skandalisierte Zigarettenwerbung von 1932 einem Stürmerstar, der nur bis 1933 Antreiber und Vollender der Nationalmannschaft sein durfte, einen guten Teil der Karriere gekostet. Wenn das deutsche Fußballmagazin „11 Freunde" behauptet, dass Hofmann ohne seinen vorzeitigen Abgang beim DFB für die Nachwelt denselben Stellenwert besäße wie Fritz Walter oder Franz Beckenbauer, so mag dies stimmen.[24] Und gewiss hätte mit Hofmann die deutsche Mannschaft bei den Weltmeisterschaften 1934 und 1938 und bei der Olympiade 1936 besser abgeschnitten. Wer – außer Hofmann – war wohl sonst in der Lage, in 25 Spielen 24 Tore zu schießen und entscheidende Spiele doch noch zu drehen? Doch eines zeigt der Fall des 1906 geborenen und vom englischen Trainer Jimmy Hogan geförderten Hofmann eben auch: Dass nämlich ein eigensinniger Typ wie Hofmann selbst in der Diktatur nicht völlig mundtot gemacht werden konnte. Mochten Allgewaltige in Berlin ihren Kurs auch durchhalten, die Herrschenden in Dresden waren dazu nicht so einfach in der Lage. Sie mussten mit dem Eigen-Sinn ihrer „Volksgenossen" rechnen, die im Stadion ihren Emotionen freien Lauf ließen. Wer aber von der Popularität des Dresdner Fußballs profitieren wollte, konnte nicht auf Dauer den populärsten Spieler opfern. Das sächsische Regime hatte hier Rücksicht zu nehmen, um die eigene Massenbasis nicht unnötiger Weise in Wallung zu bringen. In dieser Hinsicht markierte der Fall Hofmann auch die Grenzen totalitären Anspruchs.

■ ANMERKUNGEN

1 Peter Salzmann, Fußballheimat Dresden. Geschichte und Geschichten zwischen Abpfiff und Anstoß, Dresden 1997, 27.
2 Die Geschichte der Fußball-Nationalmannschaft, hrsg. von Dietrich Schulze-Marmeling, Göttingen 2004, 532.
3 Bernd-M. Beyer, Helmut Schön. Eine Biographie, Göttingen 2017, 13.
4 Vgl. ebd., 29.
5 Vgl. Schulze-Marmeling, Geschichte der Fußball-Nationalmannschaft (wie Anm. 2), 532.
6 Zit. nach Salzmann, Fußballheimat Dresden (wie Anm. 1), 28.
7 Vgl. Nils Havemann, Fußball unterm Hakenkreuz. Der DFB zwischen Sport, Politik und Kommerz, Bonn 2005, 98–101.
8 Vgl. Christoph Maria Merkli, Die nationalsozialistische Tabakpolitik, in: Vierteljahreshefte für Zeitgeschichte, 46 (1998), Heft 1, 19–42, hier 24; Nicole Petrick-Felber, Kriegswichtiger Genuss. Tabak und Kaffee im „Dritten Reich", Göttingen 2015.
9 Herbert Beyer, Hofmann vor – noch ein Tor! Das Leben Richard Hofmanns, Berlin (Ost) 1958, 185.
10 Nach eigenen Angaben war Hofmann von 1921 bis 1933 Mitglied im Gewerkschaftsbund, vermutlich im ADGB, vgl. Personalfragebogen Richard Hofmann der Sportvereinigung Turbine Berlin vom 10.5.1954, BA Berlin, DR 5, Nr. 2373, Band 1. Laut Unterlagen stammte Hofmann aus einer Arbeiterfamilie und war von 1929 bis 1948 bei der Maschinenfabrik Friedrich Müller in Freital angestellt, ab 1946 war er Mitglied des FDGB.
11 Beyer, Hofmann vor (wie Anm. 9).
12 Richard Hofmann aus dem DFB ausgeschlossen, in: Der Freiheitskampf vom 20.4.1935.
13 Noch einmal „Fall Richard Hofmann", in: Der Freiheitskampf vom 29.6.1935.
14 Beyer, Helmut Schön (wie Anm. 3), S. 52.
15 Vgl. Noch einmal „Fall Richard Hofmann", in: Der Freiheitskampf vom 29.6.1935.
16 Salzmann, Fußballheimat Dresden (wie Anm. 1), 27.
17 „Ungemütliche Sachsen …", in: Der Angriff vom 12.6.1935, zit. nach: Blick in die Zeit, 3 (1935), Nr. 25 vom 22.6.1935, 9. Goebbels war seit 1926 NSDAP-Gauleiter von Berlin und in dieser Funktion auch Herausgeber dieses Gau-Organs.
18 Richard Hofmann hat gelogen, in: Der Freiheitskampf vom 25.7.1935.
19 Zit. nach Beyer, Hofmann vor (wie Anm. 9), 188.
20 Vgl. Spielt Richard Hofmann am Sonntag?, in: Der Freiheitskampf vom 14.10.1936.
21 Vgl. Beyer, Helmut Schön (wie Anm. 3), 30f. und 63; Dirk Bitzer/Bernd Wilting, Stürmen für Deutschland. Die Geschichte des deutschen Fußballs von 1933 bis 1954, Frankfurt am Main 2003, 67–74.
22 Beyer, Helmut Schön, 65; vgl. auch die schriftliche Auskunft des Bundesarchivs Berlin an Mike Schmeitzner betr. Richard Hofmann vom 14.5.2020.
23 Zit. nach Beyer, Hofmann vor (wie Anm. 9), 191f.
24 Vgl. Fabian Friedmann, Des Volkes König – Richard Hofmann im Porträt, in: 11 Freunde, abgerufen unter https://11freunde.de/artikel/-/399864 (6.5.2020).

# AUF EINE ZIGARETTE MIT HERRN KÄSTNER
Eine Porträtsitzung bei Fritz Eschen

Philipp Freytag

1956 erschien im Berliner Ullstein-Verlag der Bildband „Köpfe. Hundert Porträt-Aufnahmen von Fritz Eschen" mit einer Einleitung und Bildtexten von Friedrich Luft. Eschen vereinte darin eigene Bildnisfotografien der vergangenen 25 Jahre von Persönlichkeiten *aus den Bereichen der Politik, der Künste, der Wissenschaften, der Literatur und der Wirtschaft* (Klappentext) zu einem Porträt seiner Zeit. Der gewählte Zeitraum ist, davon abgesehen, dass er ziemlich genau Eschens Laufbahn als Berufsfotograf entspricht, durchaus bemerkenswert. Spannt er doch einen Bogen von 1931 bis 1956, innerhalb dessen die gut zwölf Jahre nationalsozialistischer Diktatur, die gemeinhin als tiefgreifende Zäsur aufgefasst werden, nur als eine, wenn auch von beispiellosem Unrecht und Willkür geprägte Episode erscheinen. Eschen betont die Kontinuitäten, ohne jedoch die tiefen Einschnitte zu verschweigen. So fällt auf, wie viele Exilanten sich unter den Dargestellten finden und wie konsequent Friedrich Luft in seinen Bildtexten auf die Jahre des Exils verweist. Nicht weniger bemerkenswert ist die Internationalität der „Köpfe", über die Eschen die Gesellschaft der jungen Bundesrepublik mit ihrem beschädigten kosmopolitischen Zusammenhang konfrontiert.[1]

Zu den von Fritz Eschen ausgewählten Persönlichkeiten zählt der Schriftsteller Erich Kästner. Der Fotograf lichtet ihn, wie die meisten seiner Modelle, in einer dialoghaften, fast privat wirkenden Situation ab: im Dreiviertelprofil, Mund und Nase von einer Teetasse verdeckt. Ein übliches, beinahe obligatorisches Requisit ist die Zigarette, die Kästner – quasi im Anschlag – zwischen Zeige- und Mittelfinger hält. Folgt man der Idee, dass Eschen mit seinem Buch eine Ehrengalerie der prägenden Köpfe seiner Zeit entwerfen wollte, repräsentiert Kästner hier keinesfalls den onkelhaften Kinderbuchautor, den bekannten Erfolgsschriftsteller oder den distinguierten Präsidenten des bundesdeutschen P.E.N.-Zentrums. Sein Habitus entspricht vielmehr jenem des *Gebrauchslyrikers*, des von den Nationalsozialisten noch wenige Jahre zuvor verleumdeten und verfolgten *Asphaltliteraten*.[2] Maßgeblichen Anteil an diesem Eindruck haben die Zigarette und die Beiläufigkeit, mit der Kästner sie hält. Dadurch ist zugleich jeglicher Anflug von Repräsentation vermieden. Die Aufnahme wirkt vielmehr improvisiert, informell und flüchtig, wie ein Schnappschuss, obwohl sie im Atelier entstanden ist. Dazu tragen neben der glimmenden Zigarette und der Momenthaftigkeit des Nippens auch das faltige, an den Oberarmen verschwitzte Hemd und die hochgekrempelten Ärmel bei.

Fritz Eschen hat sich wiederholt zu den Leitlinien seiner Arbeit und im Besonderen der Porträtfotografie geäußert. Es ging ihm demnach ganz wesentlich um *das Photographieren natürlicher und ungezwungener Augenblicke*.[3] Die Beiläufigkeit des Kästner-Bildes ist nicht inszeniert, sehr wohl aber vom Fotografen begünstigt, wie aus einer Schilderung von Janos Frecot hervorgeht: „Fritz Eschen portraitierte die Menschen […] entweder im Labor seiner Privatwohnung, besuchte sie in ihrer Wohnung bzw. an ihrem Arbeitsplatz oder traf sie in einem Hotel. Sein Labor war mit wenigen Handgriffen zum Atelier umgerüstet – ein dunkler Vorhang, die Kamera, zwei Lampen auf Stativen, eine dritte, bewegliche zur differenzierten Ausleuchtung".[4] Zwar nutzt Eschen die seinerzeit in der Atelierfotografie übliche markante Lichtsetzung, nimmt aber im Fall des Kästner-Porträts billigend in Kauf, dass der Porträtierte sich vom Licht abwendet, das nun auf seinen Hinterkopf fällt.

Entstanden ist das Bildnis am 11. Juli 1952 im Labor des Fotografen in Berlin. Ein Blick auf den entsprechenden Kontaktbogen (→ Abb. S. 174) ordnet es in den Verlauf der Sitzung ein und offenbart zugleich, welche anderen Aufnahmen Eschen an diesem Tag von Kästner gemacht hat.[5] Der Schriftsteller bietet dem Fotografen routiniert ein Repertoire verschiedener Gesichtsausdrücke an: Mal blickt er sinnierend an der Kamera vorbei, mal mit einem angedeuteten Lächeln und ein andermal mit großer Entschlossenheit in sie hinein. Auf zweien der elf Bilder zieht er kräftig an seiner Zigarette und hält sie – so legt es die Sequenz zumindest nahe – wohl auch während der übrigen Zeit in der rechten Hand außerhalb des Bildes. Ihre Dauer markiert also gewissermaßen die Länge der Sitzung, und ihre Präsenz prägt Kästners Haltung und Habitus selbst dort, wo sie nicht im Bild ist.

Fritz Eschens Interesse gilt, wie Janos Frecot anmerkt, „nicht dem ‚schönen' Einzelbild, sondern der Serie von Porträts – meist ein Rollei-Film, zwölf Aufnahmen, oft weniger, selten mehr –, in denen der Dialog zwischen dem Porträtierten und dem Fotografen nachzuerleben ist: ein Miteinanderarbeiten zweier Individuen, dessen Ergebnis im Einzelbild nur unzulänglich vermittelt wird".[6] Dass Fritz Eschen der Prozesshaftigkeit der Aufnahmesitzung besondere Aufmerksamkeit widmet, liegt also auf der Hand. Tatsächlich hat er sie wiederholt auch als Ausdrucksmittel eingesetzt, so in der Auswahl und Anordnung der Porträts des britischen Premierministers Clement Attlee im Köpfe-Buch, aber auch in einer Sequenz, die Klaus Eschen, der Sohn des Fotografen, Anfang der sechziger Jahre von seinem Vater aufgenommen hat.[7] Indem er die Flüchtigkeit des Moments betont, vermittelt Eschen auch im Teetassenporträt die Prozesshaftigkeit der Aufnahmesituation – so weit dies im Einzelbild möglich ist.[8]

Ein weiterer Grundsatz von Fritz Eschens Porträtfotografie, der unmittelbar mit seiner Suche nach *natürliche[n] und ungezwungene[n] Augenblicke[n]* zusammenhängt, liegt im Anspruch des *Erfassen[s] und [der] Wiedergabe menschlichen Wesens und Charakters*. Es geht ihm um die *individuellen Eigenschaften [der] Modelle*.[9] Worin aber liegen die Eigenschaften von Erich Kästner, die Eschen in diesem Porträt ausgedrückt sieht? Fotograf und Modell verband vieles: nicht nur, aber auch der ausgeprägte Zigarettenkonsum. Sie waren Freunde und blickten als Altersgenossen der Jahrgänge 1899 und 1900 bei allen biographischen Unterschieden zum Zeitpunkt der Aufnahme mit Anfang 50 bereits auf zwei Weltkriege zurück.[10] Beide verbrachten die späten zwanziger, die dreißiger und die vierziger Jahre in Berlin – Kästner als Journalist und Schriftsteller, Eschen als Fotograf und Bildjournalist. Beide erlebten den Krieg in Deutschland und hatten Berufsverbot. Kästners Werke fielen früh und wiederholt Bücherverbrennungen zum Opfer. Eschen indes war als Jude ungleich stärker gefährdet. Nach einem abgelehnten Antrag auf Emigration in die USA entging er zwar der drohenden Deportation, da er gemäß der offiziellen Diktion in *privilegierter Mischehe* lebte, musste jedoch Zwangsarbeit leis-

Porträtaufnahme Erich Kästners aus dem „Köpfe"-Band mit Fotografien von Fritz Eschen, Ullstein-Verlag, Berlin 1956

ten und wurde 1943 im Rahmen der sogenannten Fabrik-Aktion am 27. Februar verhaftet und erst nach den Protesten in der Berliner Rosenstraße (unter Beteiligung seiner Frau) wieder entlassen.[11] Aber auch Erich Kästner erlebte die Menschenverachtung und Gnadenlosigkeit des Regimes aus nächster Nähe, insbesondere am Schicksal seiner Freunde, Erich Ohser (Pseudonym e.o. plauen) und Erich Knauf, die infolge einer Denunziation Ende 1944 ums Leben kamen.[12] Eschen und Kästner fassten beide nach dem Krieg beruflich rasch wieder Fuß – wenn auch nicht in demselben Maß wie noch vor 1933. Sie engagierten sich in Verbänden – Eschen in der Arbeitsgemeinschaft der Bildreporter und im Verband der Deutschen Presse, Kästner im P.E.N –, und beide arbeiteten wie erwähnt unter anderem für die Neue Zeitung.

Es ist sicher gewagt, all diese biographischen Aspekte in die Porträtfotografie hineinlesen zu wollen. Gleichwohl grundieren die Erfahrungen beider – des Fotografen und seines Modells – ihre Beziehung zueinander, ihren Dialog und damit nicht unwesentlich auch das entstandene Bild bzw. die Auswahl Eschens aus den elf Kontaktabzügen. Jedenfalls bietet uns der Fotograf mit seinem Kästner-Bild nicht die Illusion eines widerspruchslosen Charakterbildes – oder in den Worten von Monika Faber: „die Imagination von in sich und der Welt definitiv ruhenden Menschen".[13] In der oben zitierten Einleitung zu „Camera in meiner Hand" spricht Eschen davon, *Mängel und Schwächen* [betonen] *als Kontrast die positiven Seiten* [einer Person] *nur stärker*.[14] Als Ausdruck einer solchen Schwäche, als *kritisches Moment*[15] kann im fraglichen Porträt die Unruhe und Anspannung Kästners gelten, die

Kontaktbogen der Fotositzung mit Erich und Emil Kästner am 11. Juli 1952, Fotografien von Fritz Eschen (Sächsische Landesbibliothek – Staats- und Universitätsbibliothek Dresden, Deutsche Fotothek)

sich im Schweiß auf seiner Stirn, im starren Blick, dem zerknitterten Ärmel des Hemds und nicht zuletzt in der Zigarette äußert. Wenn man sich die Situation der Aufnahmesitzung vor Augen führt, erfüllt diese hier nicht – oder zumindest nicht in erster Linie – den Zweck des Attributs eines unbürgerlichen Schriftstellers. Ihr ‚Gebrauch' dient Kästner vielmehr als „entlastende Ersatzhandlung".[16] Sie ist Genuss- und Beruhigungsmittel und verweist als solches auf die Privatperson und die Situation der Aufnahme mit Fritz Eschen. Bei der Auswahl seiner „Köpfe" entscheidet sich Fritz Eschen gegen die repräsentativen Aufnahmen, auf denen Kästner dem Betrachter fest ins Auge blickt. Stattdessen wählt er das Porträt mit Teetasse und Zigarette als ‚sein' Kästner-Bild. Wie in keinem zweiten aus der Elferfolge drückt sich darin eine gewisse Unrast aus – ein zwar angespannter, dabei aber unverstellter Ausdruck des Dargestellten.

Fritz Eschen hatte Erich Kästner bereits 1946 porträtiert, ebenfalls im Labor vor dunklem Vorhang. Frecot beschreibt die Unterschiede zwischen den beiden Sitzungen anschaulich: „Kästner hatte sich inzwischen in München niedergelassen, und wir begegnen einem anderen Menschen. ‚Herr Kästner, Ihr Gesicht ist hart geworden', soll Eschen damals gesagt haben, und wer die Bilder aufmerksam vergleicht kommt ins Grübeln über Widerstand und Anpassung, Nazijahre und Wirtschaftswunder".[17] Die Härte, die der Fotograf im Gesicht seines Modells ausgemacht zu haben meinte, wollte er in der ausgewählten Aufnahme transportieren, indem er seinem Modell sehr nahe kam und durch die Wahl des Ausschnitts und dessen Vergrößerung für die „Köpfe" noch einmal näher rückte. Das quadratische Format des Negativs (6 x 6) wird zum Hochformat, die Aufmerksamkeit des Betrachters ist ungleich stärker als noch auf dem Negativ auf das Gesicht Kästners fokussiert, seinen starren Blick und die Details der Kleidung, des Gesichts und der Haare sowie nicht zuletzt die Requisiten: Tasse und Zigarette.

Als letztes Bild auf dem Kontaktbogen findet sich ein Doppelporträt Kästners mit seinem Vater. Darin tritt nicht nur die Tasse in den Hintergrund, sondern auch der berühmte Autor selbst, und zwar hinter Emil Richard

Doppelporträt von Erich und Emil Kästner, Fotografie von Fritz Eschen, 11. Juli 1952 (Sächsische Landesbibliothek – Staats- und Universitätsbibliothek Dresden, Deutsche Fotothek)

Kästner, dem er – die Rollen von Vater und Sohn gleichsam vertauschend – die Hand schützend, ja väterlich auf den Rücken legt.[18] Die konventionelle, auf Repräsentation zielende Bildsprache dieses generationsverbindenden Doppelporträts steht in entschiedenem Gegensatz zum Porträt mit Teetasse und Zigarette: hier en face mit kontrolliertem Ausdruck und den Händen in den Taschen, dort im Profil, spontan und bewegt. Beim Teetassenporträt handelt es sich um einen bewussten Schnappschuss eines sehr kurzen, vermeintlich unbeobachteten Moments. Doch als Kästner sich zum Doppelporträt aufstellt, ist das Jackett wieder übergeworfen, die Zigarette ausgedrückt, die Tasse abgestellt – und er steht exakt im Licht.

■ ANMERKUNGEN

1  Vgl. Fritz Eschen, Köpfe. Hundert Porträtaufnahmen, Berlin 1956. Laut Klaus Eschen, dem Sohn des Fotografen, war sein Vater sowohl für die Bildauswahl als auch für die Festlegung der Bildausschnitte im Köpfe-Buch verantwortlich (Telefonat des Verf. mit K. Eschen am 27.6.2020). Die Riege der darin porträtierten Schriftsteller umfasst unter anderem T. S. Eliot und Jean-Paul Sartre und weist damit auffallende Übereinstimmungen mit jener Auswahl auf, die Erich Kästner während seiner Zeit als leitender Redakteur des Feuilletons der von der US-amerikanischen Besatzungsbehörde herausgegebenen Neuen Zeitung in München veröffentlichte. Friedrich Luft und Fritz Eschen arbeiteten übrigens in späteren Jahren für die Berliner Ausgabe der Neuen Zeitung; vgl. zur Geschichte der Neuen Zeitung: Wilfried F. Schoeller, Diese merkwürdige Zeit. Leben nach der Stunde Null. Ein Textbuch aus der „Neuen Zeitung", Frankfurt am Main 2005. – Der Verfasser dankt Klaus Eschen für seine Bereitschaft zum Gespräch, Wolfgang Hesse für manche Anregung und seinen kritischen Blick auf das Manuskript sowie Marc Rohrmüller für tatkräftige Unterstützung bei der Recherche.
2  Der Begriff der Gebrauchslyrik geht auf den Schriftsteller Rudolf Frank zurück, vgl. Rudolf Frank, Erich Kästner: Ein Mann gibt Auskunft, in: Die Literatur XXXIV, 1931/32, 110. Friedrich Luft greift ihn in seinem Begleittext zum Kästner-Porträt im Köpfe-Buch auf. Zum Begriff der Asphaltliteratur vgl. Michaela Enderle-Ristori, Markt und intellektuelles Kräftefeld. Literaturkritik im Feuilleton von Pariser Tageblatt und Pariser Tageszeitung (1933–1940) (Studien und Texte zur Sozialgeschichte der Literatur 57; zugl. Diss., Univ. Tübingen, 1994), Tübingen 1997, 171.
3  Fritz Eschen, Camera in meiner Hand, Berlin 1959 (unpaginiert).
4  Janos Frecot, Portraitphotographie als Prozess. Zu den Kontaktbögen von Fritz Eschen, in: Mensch! Photographien aus Dresdner Sammlungen (Ausst.-Kat. Kupferstich-Kabinett, Staatliche Kunstsammlungen Dresden), hrsg. von Wolfgang Hesse, Marburg 2006, 196–199, hier 196.
5  Die Deutsche Fotothek in Dresden bewahrt das Archiv des Fotografen mit mehr als 90.000 Negativen (überwiegend im Format 6 x 6) und 61 Ordnern mit Kontaktbögen sowie ein thematisch sortiertes Konvolut von kleinformatigen Abzügen; vgl. https://www.slub-dresden.de/sammlungen/deutsche-fotothek/fotografen/eschen/ (9.6.2020).
6  Janos Frecot, Einleitung, in: ders., KameraGeschichten. Fritz Eschen 1930–1950, Tübingen u.a. 2001, 12f., hier 13.
7  Vgl. Eschen, Köpfe (wie Anm. 1); und Frecot, KameraGeschichten (wie Anm. 6), 5.
8  Monika Faber erkennt dieses transitorische Element bereits in der Fotografie um 1930: „[...] ab Mitte der zwanziger Jahre taucht auch im Auftragsporträt eine neue Spontaneität in den Bildnissen auf [...] Die Drehung des Kopfes, das Ziel des Blickes, der Schwung der Haarlocke der Frauen, die Steffi Brandl porträtierte, wird im nächsten Moment nicht mehr gleich sein, bedeuten uns diese Bilder", vgl. Monika Faber, Das fotografische Bildnis, in: Zwiesprache. Fotografische Porträts 1900–1993 [Zwischenspiel VI] (Ausst.-Kat. Berlinische Galerie im Kunstforum in der Grundkreditbank Berlin), Berlin 2002, 42–43, hier 43.
9  Eschen, Camera (wie Anm. 3).
10  Zur Biographie von Fritz Eschen vgl. Maximilian Westphal, Fritz Eschen. Porträt eines Bildjournalisten (= BG Forschungsbericht 4), Berlin 2019; zur Biographie von Erich Kästner vgl. Sven Hanuschek, Keiner blickt dir hinter das Gesicht. Das Leben Erich Kästners, München 2010 (zuerst: 1999).
11  Unter den im Zuge der Fabrik-Aktion inhaftierten Personen befand sich auch der Fotograf Abraham Pisarek, der wie Eschen später wieder freigelassen wurde; vgl. Hazel Rosenstrauch, Aus Nachbarn wurden Juden. Ausgrenzung und Selbstbehauptung 1933–1942, Berlin 1991 (zuerst: 1988). Mit welcher Absicht die Verantwortlichen die Verhaftungen vorgenommen hatten, und wie entscheidend der Anteil der Rosenstraßen-Proteste an der Freilassung der Inhaftierten war, wurde zuletzt hinterfragt, vgl. dazu Wolf Gruner, Die Fabrik-Aktion und die Ereignisse in der Berliner Rosenstraße: Fakten und Fiktionen um den 27. Februar 1943, in: Jahrbuch für Antisemitismusforschung 11 (2002), 137–177.
12  Ohser beging im März 1944 in der Haft Selbstmord, Knauf wurde wegen *defätistischer Äußerungen* zum Tode verurteilt und hingerichtet, vgl. zur Freundschaft der „drei Erichs" Anette Schwohl, „Leben ist immer lebensgefährlich". Erich Ohser, Erich Knauf und Erich Kästner, in: „Die Zeit fährt Auto". Erich Kästner zum 100. Geburtstag, hrsg. von Manfred Wegner, Berlin 1999, 111–118.
13  Faber, Das fotografische Bildnis (wie Anm. 8), 43.
14  Eschen, Camera (wie Anm. 3).
15  Fritz Eschen, Sind Bildreporter Fotografen oder Journalisten, in: Neue Deutsche Presse 2, 1948 (5/6), 13f., hier 13.
16  „Im Zusammenhang mit dem Krieg als sozialer Ausnahmesituation wird vorrangig der Charakter des Rauchens als entlastende Ersatzhandlung betont, was besonders im häufig damit verknüpften Verweis auf biologische Effekte des Tabaks, wie die beruhigende und hungerstillende Wirkung, zum Tragen kommt", Hans Jörg Schmidt, Tabak als Medium des Sozialen, in: Tabak und Gesellschaft. Vom *braunen Gold* zum sozialen Stigma, hrsg. von Frank Jacob/Gerrit Dworok, Baden-Baden 2015, 33–58, hier 55.
17  Frecot, Portraitphotographie (wie Anm. 4), 199.
18  Ob Emil Richard Kästner der biologische Vater des Schriftstellers ist, wird angezweifelt, ist aber lt. Hanuschek noch ungeklärt; vgl. Hanuschek, Keiner blickt dir (wie Anm. 10), 32–46.

# ALTERNATIVE LEBENSENTWÜRFE AM RANDE DER GROSSSTADT

Der Bund der Tabakgegner und die Tabakgegnersiedlung auf der Leubnitzer Höhe

Ragnar Baldauf, Markus Jähnichen

*Siedeln statt Rauchen!* – Unter diesem Motto entstand im Dresdner Stadtteil Leubnitz-Neuostra auf der Leubnitzer Höhe im Frühjahr 1927 die erste deutsche Tabakgegnersiedlung. Von den Initiatoren später als *tabak- und alkoholgegnerische Großstadtsiedlung* bezeichnet, versprachen sie sich von ihr eine Vorbildwirkung für eine naturgemäße und gesunde Lebensweise.[1] An dem Vorhaben beteiligten sich Tabak-, Alkoholgegner und weitere Strömungen der Lebensreformbewegung. In den Dresdner Neuesten Nachrichten hieß es hierzu: *Sicher sind es Lebenskünstler, die Einsiedler überm Heiligen Brunnen. Sie schaffen sich, fern vom Dunst der Großstadt, die Daseinsform, die ihnen zusagt, passen sich, so nahe der Natur und der mütterlichen Erde, den ursprünglichen Lebensgewohnheiten an. Wie man sie kannte und liebte, ehe der Tabak, die „beliebte Kost der Nasen", die Möglichkeit schuf, das Leben auf eine andre, durchaus nicht etwa gewöhnliche Weise zu genießen.*[2]

Doch warum erfolgte der Aufbau der Siedlung ausgerechnet in Dresden? Die Stadt spielte eine zentrale Rolle innerhalb der deutschen Lebensreformbewegung. In der Großstadtregion wirkten nicht nur Naturheilkundler wie Eduard Bilz und Heinrich Lahmann, sondern auch Persönlichkeiten wie der Odol-Mundwasserfabrikant Karl August Lingner, der mit der 1911 eröffneten ersten Internationalen Hygiene-Ausstellung der deutschen Hygienebewegung zu großer Popularität verhalf. Nicht zuletzt ist in diesem Zusammenhang die Gartenstadtsiedlung Hellerau bei Dresden zu nennen, in der die ganzheitliche Idee einer Vereinigung von Arbeit, Wohnen und Kunst konsequent umgesetzt wurde und in deren Rahmen der Deutsche Werkbund und die Deutschen Werkstätten am Wandel der Alltagsästhetik mitwirkten.[3]

Die Lebensreformbewegung war in den 1880er Jahren insbesondere in Kreisen der bürgerlichen Mittelschicht aus einem Krisenbewusstsein über die nachteiligen Folgen der sozialökonomischen Umwälzungen auf dem Weg in die Industriegesellschaft entstanden. Ungeachtet der vielen Einzelströmungen war der gemeinsame Willen dieser Bewegung das Ziel einer Gesellschaftsreform, die über die Selbstreform des Einzelnen im Sinne einer ganzheitlichen „natürlichen" und gesunden Lebensführung erreicht werden sollte. In diesem Umfeld entstand am Beginn des 20. Jahrhunderts auch die Tabakgegnerbewegung. Je mehr die Zigarette zu einer erschwinglichen Massenware wurde, desto stärker traten auch die gesundheitlichen Folgen des Zigarettenkonsums in den Vordergrund. Die Fallzahlen bei Lungenkrebs – einer vor der Industrialisierung seltenen und im Wesentlichen nur unter Bergarbeitern verbreiteten Krankheit – stiegen rapide an, vor allem bei Tabakkonsumenten und Tabakarbeitern. Angesichts dessen geriet das Rauchen als eine der Ursachen in den Blickpunkt jener Kreise der Lebensreform, die sich bis dahin vor allem dem Kampf gegen den (übermäßigen) Konsum von Alkohol oder Fleisch gewidmet hatten, – also gegen all jene Lebens- und Genussmittel, deren steigender Durchschnittsverbrauch von der amtlichen Statistik des 19. Jahrhunderts stolz als Ausdruck für den wachsenden Wohlstand der Bevölkerung interpretiert worden war.

Da vom Staat, der aus der Besteuerung von Tabakprodukten mittlerweile erhebliche Einnahmen generierte, keine uneingeschränkte Unterstützung zu erwarten war, entstand die Anti-Tabak-Bewegung anfänglich *allein auf Privatinitiative. [Sie verfolgte] das Ziel [...], mit Hilfe einer eigens dazu aufgebauten Organisation und einer eigenen hierzu begründeten Presse Aufklärung über die Gefahren des Tabakgenusses für den Menschen in das Volk zu tra-*

*gen*.⁴ Bereits 1904 hatte es in Berlin-Charlottenburg den Versuch gegeben, einen Verband zum Schutze für Nichtraucher zu gründen, der sich allerdings schnell wieder auflöste. Der am 27. September 1910 gegründete Bund deutscher Tabakgegner mit Sitz in Trautenau in dem zu Österreich-Ungarn gehörigen Böhmen war von längerem Bestand. Anfänglich nahm der Verband auch Mitglieder aus dem Deutschen Reich auf. Von 1912 bis 1932 gab der österreichische Tabakgegnerbund mit dem „Tabakgegner" die erste Fachzeitschrift der Anti-Tabak-Bewegung heraus. Bis 1919 blieb sie das gemeinsame Bundesblatt aller Tabakgegnervereinigungen im deutschsprachigen Raum, bevor die Zeitschrift „Deutscher Tabakgegner" von 1919 bis 1935 durch den Bund deutscher Tabakgegner in Dresden herausgegeben wurde.

Am 13. Juni 1912 entstand innerhalb des Dresdner Alkoholgegnerbundes eine erste eigene *Nichtrauchergruppe* unter der Leitung des Zeichenlehrers Richard Bretschneider (1869–1946). Zwei Monate später, am 19. August 1912, wurde im Sanatorium Finkenmühle in Thüringen unter der Leitung des Mediziners Wilhelm Hotz der Bund deutscher Tabakgegner für das Deutsche Reich gegründet, dem sich die Dresdner *Nichtrauchergruppe* wie auch der am 24. August 1912 gegründete Tabakgegnerverein in Hannover anschlossen.⁵ Die Bundesgeschäftsleitung wurde 1914 nach Dresden verlegt und verblieb dort bis 1935 in den Händen Bretschneiders.

Arbeitsschwerpunkt des neuen Bundes war die allgemeinverständliche Aufbereitung neuer wissenschaftlicher Erkenntnisse und statistischer Angaben zu den gesundheitlichen Folgen des Rauchens. Zudem organisierten die Mitglieder Vortragsreihen und hielten Ausstellungen ab. Mit Eingaben an staatliche Institutionen und Behörden versuchte der Bund das Rauchen in Verkehrsmitteln und in öffentlichen Gebäuden, darunter in Schulen, einschränken oder verbieten zu lassen.⁶ 1926 beteiligte er sich an der Düsseldorfer Gesundheitsausstellung „Gesolei", 1930/31 an der II. Internationalen Hygiene-Ausstellung. Der junge Arzt Fritz Lickint (1898–1960), ein Internist und Sozialhygieniker, wurde 1927 Mitglied. Unter seiner Leitung zwischen Oktober 1931 und Februar 1935 wurden moderne medizinisch-wissenschaftliche Standards zur Grundlage der Arbeit des Bundes deutscher Tabakgegner. Von Anbeginn waren die Tabakgegnerverbände auch an der internationalen Vernetzung mit Gleichgesinnten interessiert. Auf dem II. Bundestag der deutschen Tabakgegner vom 20. bis 22. Mai 1914 in Dresden debattierten internationale Vertreter der Tabakgegnerverbände über den Vorschlag des dänischen Verbandes unter der Leitung des Mediziners Holger Bille-Top (1859–1916), alle amerikanischen und europäischen Vereinigungen zu einem Tabakgegner-Weltbund zusammenzuschließen. Am 22. Mai 1914 wurde sodann die Internationale Anti-Tabak-Liga gegründet. Zum ersten Präsidenten des Verbandes wurde Bille-Top und zum Generalsekretär Richard Bretschneider gewählt. Zweck der Liga war die *gemeinsame Bekämpfung des Tabakgenusses*, also nicht nur des sogenannten Tabakmissbrauchs, und *die gegenseitige Unterstützung durch mündlichen und schriftlichen Austausch der gemachten Erfahrungen, Vorschläge usw.*⁷ Von der Zeit des kurz danach ausbrechenden Ersten Weltkrieges abgesehen, blieb dieser grenzüberschreitende Austausch bis in die 1930er Jahre erhalten.

Nach 1933 änderte sich die vormals hauptsächlich auf Privatinitiative basierende Struktur des Bundes der Tabakgegner grundlegend. Ende des Jahres 1935 wurde der Bund in die Reichsarbeitsgemeinschaft für Rausch-

Titelbild der programmatischen Schrift von Karl Biederbeck (1873–1956), Mitbegründer und aktives Mitglied der Bewegung der Vegetarier, Alkohol- und Tabakgegner in Dresden, 1931 (Stadtmuseum Dresden)

Titelseite, Deutscher Tabakgegner 9 (1927), Heft 3/4, mit Aufruf und Abbildung der Holzhaussiedlung in Dresden-Leubnitz (Stadtmuseum Dresden)

giftbekämpfung eingegliedert und der Name in Deutscher Bund zur Bekämpfung der Tabakgefahren abgeändert. Die Verbandszeitschrift der deutschen Tabakgegner erhielt einen Nachfolger unter dem Namen „Reine Luft". Die Tabakpolitik der NS-Regierung war ausgesprochen ambivalent. Zwar erhielt die Forschung zu den gesundheitlichen Folgen des Rauchens, insbesondere im Rahmen des 1941 in Jena unter Karl Astel gegründeten „Wissenschaftlichen Instituts zur Erforschung der Tabakgefahren", durch den Staat größere Zuwendungen, und es wurden großangelegte Kampagnen gegen das Rauchen initiiert; auch wurde das Rauchen im öffentlichen Raum eingeschränkt. Dennoch blieb, insbesondere auf Drängen der Generalität, eine Beschränkung des „kriegswichtigen Genusses",[8] also des Konsums von Zigaretten und anderen Tabakwaren, in der Kriegszeit weitgehend aus. Nach dem Kriegsende lebte die Tabakgegnerbewegung auf Vereinsbasis nicht mehr auf. Fritz Lickint setzte seine emsige Publikations- und Informationstätigkeit zu den Gefahren des Tabakrauchens, jetzt unter anderem für die staatlichen Nichtraucherkampagnen der DDR, bis zu seinem Tod 1960 fort.[9]

## DIE TABAKGEGNERSIEDLUNG

Die ursprüngliche Idee zum Bau einer lebensreformerischen Abstinenzlersiedlung in der Region Dresden kam nicht aus den Reihen der Tabakgegner, sondern aus denen der Vegetarier. Der ehemalige Stadtgartendirektor und Schlossgärtner von Großsedlitz Wilhelm Moritz Degenhard (1845–1924), der bereits den Bau der 1893 in Oranienburg errichteten Obstbausiedlung „Eden" angeregt haben soll, plante den Bau einer Gartenstadt bei Großsedlitz (heute Ortsteil von Heidenau bei Dresden).[10] Seine privaten Bemühungen zur Gründung einer rein vegetarischen Siedlung blieben jedoch ebenso erfolglos wie die eines noch vor dem Ersten Weltkrieg im Vegetarier-Verband-Sachsen gebildeten Siedlungsausschusses, dessen Arbeit er tatkräftig unterstützte.

In einem Artikel von Arthur Rothe, seines Zeichens Schriftsteller, Bodenreformer, Tabakgegner und Pfirsichzüchter aus Niederpoyritz, wurde die Rechnung aufgestellt, dass eine Milliarde Mark, die in Deutschland jährlich für Zigarren und Zigaretten ausgegeben würden, zur Herstellung von 170.000 Heimstätten ausreichten. Mithin könnten in dreißig Jahren fünf Millionen Eigenheime errichtet werden.[11] Der Artikel war die eigentliche Initialzündung für den Bau einer Tabakgegnersiedlung. Noch im selben Jahr bildete sich im Bund deut-

Bewohner der Siedlung posieren auf einem Feldgrundstück bei dem prominenten Tabakgegner Franz Hermann Müller (2. Reihe von oben, rechts), ca. 1926 (Privatbesitz, Dresden)

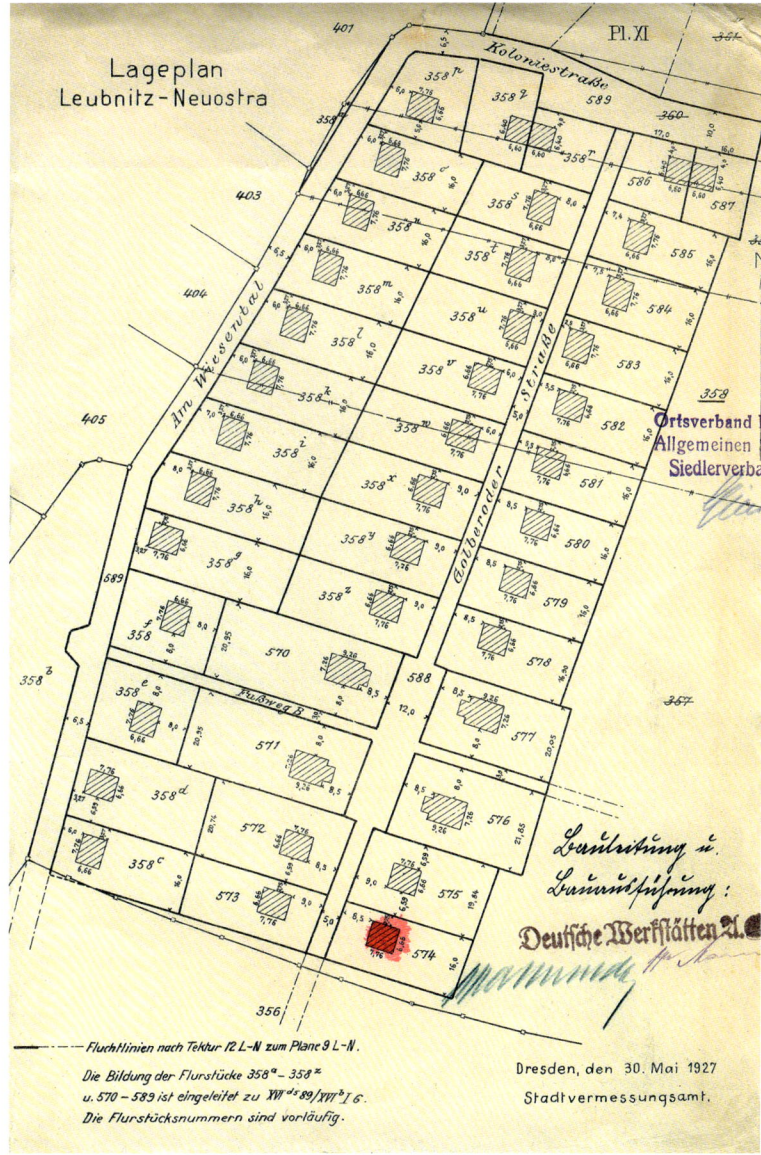

Lageplan der Holzhaussiedlung auf der Leubnitzer Höhe, Stadtvermessungsamt, gestempelt und unterzeichnet: Ortsverein Dresden des Allgemeinen Sächsischen Siedlerverbandes/Deutsche Werkstätten AG, 30. Mai 1927. Die Grundstücke für die Häuser der Tabakgegner befanden sich vor allem zwischen den Flurstücken 570/571 und 576/577 (im Volksmund „Tabakgegnerplatz" genannt). (Privatbesitz, Dresden)

scher Tabakgegner ein Siedlungsausschuss. Bald formierte sich daraus der Siedlungsverein deutscher Tabakgegner und bereits Anfang 1919 wurde in Dresden die Tabakgegner-Baugenossenschaft eGmbH ins Leben gerufen.[12] Im Sommer desselben Jahres erwarb die Genossenschaft im damals noch eigenständigen Doppeldorf Leubnitz-Neuostra bei Dresden ein Feldgrundstück von 26.360 Quadratmetern. Das Gebiet wurde in Parzellen von 500 bis 600 Quadratmetern Größe aufgeteilt. Die Grundstücke wurden mit Holzhütten bebaut und das zugehörige Land diente zum Anbau von Obst, Gemüse und Getreide für die Selbstversorgung der Siedler. Im Zuge der Bauplanung für die Siedlung im nunmehrigen Ortsteil einigte sich die Tabakgegner-Baugenossenschaft mit der Stadt auf einen Tausch der Grundstücke *gegen die Zusicherung einer gleichgroßen Fläche Bauland in Erbpacht.*[13]

Im Frühjahr des Jahres 1927 wurden 16 Holzhäuser, bestehend aus 15 Einzelfamilien- und einem Zweifamilienhaus an der Golberoder Straße, Am Wiesental und an der Koloniestraße errichtet.[14] Die Ausführung der mit hellgrünem bzw. hellrotem Anstrich versehenen Häuser übernahmen die Deutschen Werkstätten Hellerau nach Entwürfen der Dresdner Werkbund-Architekten Oswin Hempel (1876–1965) und Eugen Schwemmle (1899–1979).[15] Ob einige Elemente für die in Holzständerbauweise errichteten Häuser in den Deutschen Werkstätten vorgefertigt worden sind, lässt sich mit Blick auf die Entfernung zwischen Werk und Baustelle nicht sicher sagen. Letztlich entstanden auf der Leubnitzer Höhe 39 Ein-

Eingang zum Grundstück Golberoder Straße 23 (Haus Woldeck) mit Minna verw. Woldeck, Karl Biederbeck (links) und Karl Baldauf (rechts), um 1930 (Privatbesitz, Dresden)

familien- bzw. Doppelhäuser, von denen zwölf Einfamilien- und zwei Zweifamilienhäuser zur Tabakgegner-Baugenossenschaft gerechnet werden können.[16]

Insbesondere kinderreichen, wenig begüterten Familien sollte das Bewohnen eines eigenen Einfamilienhauses zur Miete ermöglicht werden. Laut Haus- und Gartenordnung war in der Siedlung der strikte Verzicht auf Tabak- und Alkoholgenuss vorgeschrieben, wobei sich unter den ersten Mietern Mitglieder weiterer Lebensreform- und Abstinenzvereine befanden: *Von den in der Siedlung wohnenden 17 Abstinentenfamilien gehören 8 Familienangehörige dem Guttemplerorden an, 4 dem Deutschen Alkoholgegnerbund, 4 dem Bund enthaltsamer Erzieher und mehrere weibliche Mitglieder dem Deutschen Frauenbund für alkoholfreie Kultur. Auch eine ganze Reihe führender Alkoholgegner [und Vegetarier] wohnten und wirken hier.*[17] Den Vorsitz der Baugenossenschaft der Alkohol- und Tabakgegner eGmbH hatte bis 1932 der Schriftleiter und Geschäftsführer des „Deutschen Tabakgegners" und Generalsekretär der Internationalen Anti-Tabak-Liga, Richard Bretschneider, inne, der das Haus auf der Golberoder Straße 17 bezog.

Unter den Siedlern fanden etliche gemeinsame Veranstaltungen und Feiern, Vortragsabende und Veranstaltungen für die große Schar der Kinder statt. Erholungssuchende Städter, die die Siedlung durchquerten, erfuhren auf handbeschriebenen Schildern von den Grundsätzen der Bewohner der einzigen Tabakgegnersiedlung in Deutschland, die in ihren Gärten in luftiger Reformkleidung arbeiteten und am Rande der Großstadt ein naturnahes alternatives und gesundes, weil alkohol- und tabakfreies Leben zu führen suchten.

An der Umbenennung der Baugenossenschaft der Alkohol- und Tabakgegner in Baugenossenschaft am Wiesental GmbH im Dezember 1933 wird bereits das allmähliche Ende des Anspruchs auf Abstinenz in diesem Siedlungsprojekt sichtbar. In der Notzeit nach dem Zweiten Weltkrieg sei in der Tabakgegnersiedlung, so berichteten Zeitzeugen, sogar Tabak angepflanzt worden. Während der Zeit der DDR gehörte die Genossenschaft zum Verband der Kleingärtner, Siedler und Kleintierzüchter, VKSK als Siedlerverein Dresden-Süd II. Im Jahre 1957 gingen die Häuser, nicht jedoch die Grundstücke, in das Eigentum der Vereinsmitglieder über.

Zwar wird von den Bewohnern der Siedlung schon seit langem nicht mehr die Enthaltsamkeit von Alkohol und Tabak gefordert. Im Namen der Tabakgegnersiedlung, wie das pittoresk anmutende Stadtgebiet auf den Höhen im Süden Dresdens von den Bewohnern liebevoll genannt wird, lebt jedoch die kurze Geschichte eines einzigartigen sozialen Experiments fort, das zur Tabakstadt Dresden ebenso hinzugehört wie die frühere Zigarettenfabrik Yenidze am Rande der Dresdner Altstadt.

Kinderfest der Tabak- und Alkoholgegner mit einer Gruppe der IOGT (Internationale Organisation der Guttempler) aus Leipzig, 8. September 1928 (Privatbesitz, Dresden)

## ANMERKUNGEN

1 Deutscher Tabakgegner. Vierteljahresschrift des Bundes deutscher Tabakgegner 9 (1927), Heft 3 und 4, 1, 18f.
2 Artikel „Am Tabakgegnerplatz", in: Dresdner Neueste Nachrichten, XXXV. Jg., Nr. 218, 17. Sept. 1927, 4.
3 Hans-Peter Lühr, Auf der Suche nach Ganzheitlichkeit. Dresden und die Utopien der Lebensreform, in: Stadtvisionen für Dresden (= Dresdner Hefte 92/2007), 32–48, hier 33.
4 Fritz Lickint, Tabak und Organismus. Handbuch der gesamten Tabakkunde, Stuttgart 1939, 48.
5 Der Weltbund der Tabakgegner (Internationale Anti-Tabak-Liga). Vorgeschichte, Gründung und Entwicklung. Denkschrift anläßlich des 25jährigen Bestehens des Weltbundes, 1914–1939, hrsg. von Richard Bretschneider, Dresden 1939, 5.
6 Der Tabakgegner 2 (1913), Nr. 2/April, 9; Der Tabakgegner 2 (1913), Nr. 4/Oktober, S. 1f.
7 Bretschneider, Weltbund der Tabakgegner (wie Anm. 5), 8.
8 Vgl. Nicole Petrick-Felber, Kriegswichtiger Genuss – Tabak und Kaffee im „Dritten Reich" (= Beiträge zur Geschichte des 20. Jahrhunderts 17), Göttingen 2015.
9 Vgl. den Beitrag von Marina Lienert in diesem Band.
10 Bretschneider, Weltbund der Tabakgegner, 65 (wie Anm.5).
11 Arthur Rothe, Tabakgenuß oder Volksheimstätten?, in: Der Tabakgegner, Vierteljahresschrift des Bundes deutscher Tabakgegner Österreichs, Trautenau, und des Bundes reichsdeutscher Tabakgegner, Dresden-A. 6 (1917), Nr. 1/Januar, 1–3.
12 Artikel „Siedeln statt Rauchen!", in: Deutscher Tabakgegner, 9. Jg. Dresden 1927, Heft 3/4, 18–19 (wie Anm. 1).
13 Richard Bretschneider, Die Bekämpfung des Alkoholismus im Freistaat Sachsen. Zum 3. Deutschen Alkoholgegnertag anläßlich der Internationalen Hygiene-Ausstellung 1930 in Dresden. Im Auftrage der Sächsischen Landeshauptstelle gegen den Alkoholismus, Dresden-Lockwitz 1930, 65.
14 Deutscher Tabakgegner, 1927, Heft 3/4, 18 (wie Anm. 1).
15 Zum Entstehen der Siedlung vgl. auch die Informationen auf der Internetseite des Vereins der Wohneigentümer-Dresden-Süd-Leubnitzer Höhe e. V. (online im Internet: https://www.verband-wohneigentum.de/verein-der-wohneigentuemer-dresden-sued-leubnitzer-hoehe/on52380).
16 Berechungen von Ragnar Baldauf; vgl. auch Ulrike Schlosser, „Maschinenhäuser" – Holzhäuser aus und in Hellerau, in: Gartenstadt Hellerau – Der Alltag einer Utopie (= Dresdner Hefte 51/1997).
17 Bretschneider, Bekämpfung des Alkoholismus, 65 (wie Anm. 13).

# SPUREN DER TABAKSTADT DRESDEN

# NACH DER FABRIK
## Wohnen in der früheren Zigarrenfabrik Gebrüder Jedicke

Norbert Haase

Über der Eingangstür Leipziger Straße 224 in der alten Vorstadt Trachau prangt ein großes verschnörkeltes „J", umrahmt von einem mit zwei gekreuzten Tabakblättern hinterlegten Dreieck im Stil eines „Auges der Vorsehung". Wer hier vorbeigeht, wird kaum vermuten, dass dieses Symbol ein Überrest der Dresdner Industriegeschichte ist, genauer der Zigarrenproduktion. Eine Großstadtregion wie Dresden verfügt über etliche solcher Spuren der mehr als einhundertjährigen Industriearchitektur. Deren Nachnutzung ist keineswegs ungewöhnlich. Gerade für die Fabrikgebäude der Jedicke-Tabakfabriken – das „J" über dem Portal steht für den Namen der Fabrikantenfamilie – trifft dies zu, da sie, sämtlich nach 1989/90 modernisiert, heute zu Wohnzwecken genutzt werden.

Die Aussage des französischen Soziologen Marc Augé, wonach ein Ort sowohl anthropologisch als auch sozial determiniert, also historisch aufgeladen und für die Menschen mit konkreten Ereignissen verbunden ist, dass er durch Identität, Relation und Geschichte gekennzeichnet ist, trifft besonders auf Räume zu, deren Nutzung entgegen ihrer historischen industriellen Bestimmung durch die Menschen der Gegenwart spezifisch neu angeeignet wird.[1] Eine Bau- und Hausgemeinschaft macht dabei in besonderer Weise sichtbar, welcher Wert sozialen Gemeinschaften zukommt, um das individuelle Bedürfnis nach sozialer Resonanz zu befriedigen.

Es gibt andere Beispiele im Dresdner Stadtraum, Industriearchitektur einer neuen Nutzung zuzuführen, wofür stellvertretend die Technischen Sammlungen im früheren Ernemann-Kamerawerk, die ehemalige Yenidze-Zigarettenfabrik, das Kraftwerk Mitte und das Zentralwerk in Dresden-Pieschen stehen.[2] Strategien, Industriebrachen zu kreativen Produktionsstätten oder auch zu Wohnräumen zu entwickeln, existieren heute in ganz Europa. Die Gesellschaft reagiert auf den infolge des wirtschaftlichen Strukturbruchs um 1990 eintretenden Leerstand und Verfall historischer Industrie- und Gewerbebrachen ebenso wie auf den zunehmenden Bedarf an Wohnungen und an Arbeitsräumen für die Kultur- und Kreativwirtschaft. Sie hat dadurch aber auch For-

Ansicht der Cigarren-Fabrik Gebrüder Jedicke auf dem Kopf eines Geschäftsbriefs vom 30.8.1913, Lithographie und Druck: Kunstanstalt Theodor Beyer, Dresden (Stadtmuseum Dresden)

men entwickelt, ein kulturelles Erbe zu sichern und an kommende Generationen weiterzugeben.[3]

Die äußerlich unscheinbare Cigarrenfabrik Gebrüder Jedicke in der zweiten Baureihe hinter der Leipziger Straße 224 ist unter den Gebäuden der gleichnamigen Fabrikantenfamilie kein Einzelfall, jedoch im Gegensatz zu den anderen kein Denkmal. Ihre Nachnutzung reicht bis in die 1930er Jahre zurück.

Nachdem es bereits in den 1990er Jahren einen Anlauf für eine Projektentwicklung des leerstehenden Objekts zu Wohn-Lofts gegeben hatte, stießen die Initiatoren des Projekts im Frühjahr 2010 bei ihrer Grundstück- und Objektsuche auf die alte Zigarrenfabrik und beauftragten den Architekten mit einem Vorentwurf. Es folgten Kaufverhandlungen mit dem Eigentümer, eine Machbarkeitsstudie und die Einwerbung von insgesamt zehn Mitgliedern der Baugruppe, die sich im Herbst 2010 als Gesellschaft bürgerlichen Rechts mit dem Namen Wohnprojekt Tabakfabrik Alttrachau GbR konstituierte.[4] Nach einem positiven Bescheid auf die Bauvoranfrage fand im Dezember 2010 der Grundstückskauf statt, dem sich der Planungsprozess und seit Mai 2012 die eigentliche Bautätigkeit anschlossen. Das Gebäude wurde entkernt und in Beton- und Schalbauweise in ein „House in House" umgewandelt. Die Intention des Architekten bestand darin, die Typologie des Gebäudes grundlegend zu ändern und dessen Struktur so aufzubrechen, dass im Innern ein zentraler Hof entsteht. Die Grundstruktur und das alte Straßenpflaster blieben erhalten, alte Bodendielen fanden eine Nachnutzung zur Verkleidung der Wände von Wintergärten. Prägestempel auf Ziegeln und Betonstufenelementen verweisen auf die regionale Bauwirtschaft an der Wende zum 20. Jahrhundert. Erstbezug war zum Jahreswechsel 2013/14. Der Architekt, der nicht selbst Teil der Baugemeinschaft war, hat 2014 formuliert, dass man erst in weiteren zehn Jahren ermessen könne, welches das Ergebnis dieses sozialen Hausprojekts sei.[5]

Die Baugruppe vereint verschiedene für ein Mehrgenerationenhaus typische Altersstrukturen und Lebenskonzepte, bringt die Fähigkeiten und Kenntnisse ihrer mittleren Einkommensverhältnissen zuzuordnenden Mitglieder in den gesamten Entstehungsprozess ein. Ein großer Teil des Ausbaus, der Landschaftsgestaltung und Dachbegrünung wurde eigenständig geplant und ausgeführt.

2015 fand das Vorhaben Eingang in eine Sonderausstellung des Frankfurter Museums für Architektur unter der Überschrift „Bauen und Wohnen in Gemeinschaft". Diese Ausstellung machte einen Trend unserer Zeit aus: das

Gebäude der vormaligen Zigarrenfabrik Gebrüder Jedicke, 1984 (Privatbesitz WEG Tabakfabrik Alttrachau GbR)

wachsende Bedürfnis der Bürger einer Stadt nach Beteiligung und Mitgestaltung in städtebaulichen Entwicklungen, aber auch nach freiwilliger Gemeinschaftlichkeit. Ein ideeller, vor allem sozialer Mehrwert für die Stadtgesellschaft ist wohl den meisten solcher Projekte gemein.

Naturgemäß erzeugen der Eigentumserwerb und die gemeinschaftliche Arbeit an solch einem Projekt einen Bedarf an historischer, objektbezogener Orientierung, weshalb von Anbeginn einzelne Mitbewohner Augen und Ohren offenhielten, was sich zur Geschichte der

Detail der zu Wohnzwecken umgebauten Tabakfabrik, 2020 (Stadtmuseum Dresden, Fotografie: Franz Zadniček)

Cigarrenfabrik Gebrüder Jedicke zusammentragen ließe. Dies geschah durchaus auch auf spielerische Weise. Zwar kam niemand bislang auf die Idee, an historischer Stätte aufs Neue Zigarren zu drehen, auch entspricht das zahlenmäßige Verhältnis von Rauchern zu Nichtrauchern unter den Bewohnern wohl eher dem deutschen Durchschnitt. Aber in dem ersten Jahrzehnt hat der Garten am Haus schon mal eine Tabakpflanze wachsen sehen, auf Sommerfesten der Hausgemeinschaft wurde das Thema Tabak auf kreative, künstlerische Weise aufgegriffen, etwa durch Theater oder Salsa- und Samba-Livemusik. Mithin ist über die Identifikation mit einem Stück Dresdner Stadtgeschichte auch ein Wertebezug sichtbar geworden, der zuweilen unter dem Begriff Glokalität[6] gefasst wird. Die Recherche um die Gebäudegeschichte bescherte obendrein soziale Kontakte zu ehedem an diesem Ort Beschäftigten, Familienangehörigen der früheren Eigentümer und Nachbarn.

Von einem alten Mieter des Vorderhauses wurde der Baugemeinschaft ein historischer Briefkopf übergeben, der in der Vogelperspektive idealisierend das abbildet, was es einmal war: die Cigarren-Fabrik Gebrüder Jedicke. Ob allerdings auf dem Walmdach der Fabrik tatsächlich die Firmenbezeichnung prangte, wie es der Briefkopf suggeriert, ist nicht bekannt. Heutige Bewohner des Stadtviertels müssen sich mit anderen Quellen begnügen, die auf die Ursprungsgeschichte der Bauwerke mit Bezug zur Tabakindustrie verweisen. Entlang der Außenfassade des Vorderhauses in Höhe des ersten Obergeschosses verläuft ein serielles Reliefband mit Blüten der Tabakpflanze, ein Jugendstilornament, das man aber nur mit dem Vorwissen entziffern kann, dass hier vor einhundertzwanzig Jahren mit dem Rohstoff der Tabakpflanze umgegangen wurde.

Das tabakgeschichtliche Erbe der Jedickes im Stadtteil schließt weitere Orte ein. Wenige hundert Meter stadteinwärts, an der Einmündung der Rietz- in die Leipziger Straße, steht das Ensemble eines Miethauses mit der denkmalgeschützten Fabrikantenvilla Villa Louise (Leipziger Straße 151) und dem zu einem Wohnhaus umgebauten Fabrikgebäude (Rietzstraße 34 a–c) – ehemals Zigarettenfabrik A. R. Jedicke. An zwei Erkervorsprüngen des 1899–1900 errichteten Doppelmiethauses Leipziger Straße 155 kann man außer sonstigem Bildschmuck je drei Jugendstil-Reliefs erkennen, welche unterschiedliche, stark typisierte Köpfe darstellen, die sehr wahrscheinlich auf die teils kolonialen Herkunftsregionen verweisen, in denen Ende des 19. Jahrhunderts Tabak angebaut wurde: Mittel- und Südosteuropa, Südostasien, Afrika oder Karibik, Nordamerika sowie Polynesien.

Die verfügbaren gezeichneten oder fotografischen Bilddarstellungen um 1900 zeugen ansonsten von wirtschaftlicher Prosperität: ein rauchender Fabrikschornstein, eine wehende Fahne, eine elektrische Straßenbahn, schwer beladene Pferdefuhrwerke. Historisch interessiert an der Gebäudegeschichte des eigenen Wohnhauses, mochte die Hausgemeinschaft sich mit zufälligen Fundstücken solcher Art indes nicht zufriedengeben, so dass die Suche auf Befragungen im Stadtteil und Recherchen im Internet ausgeweitet wurde, wobei sich viele neue Kontakte ergaben. Daraus entwickelte sich folgendes Bild: Drei Söhne des Gastwirts Reinhold Jedicke aus Oschatz investierten Ende des 19. Jahrhunderts ihr Erbe in die Gründung dreier Zigarrenfabriken – A. R. Jedicke & Sohn, Lange und Jedicke und Gebrüder Jedicke, deren Geschichte hier nicht im Detail nachgezeichnet werden kann. Die Zigarrenfabrik Gebrüder Jedicke, seit 1900 im Handelsregister der Stadt Dresden, bestand bis 1933 in der Leipziger Straße 224.

Detail am Wohnhaus Leipziger Straße 155, ehedem im Eigentum des Unternehmens A. R. Jedicke, mit typisierten Menschenköpfen, die von der stilisierten Nikotina-Pflanze umrankt sind, Fotografien von Norbert Haase, 2012

Die Witwe des Fabrikanten Robert Richard Jedicke, Louise, wohnte bis zu ihrem Tod Mitte der 1960er Jahre unter dieser Anschrift. Ein Grabmal der Familie Jedicke aus schwarzem Granit befindet sich auf dem Kaditzer Kirchfriedhof. Neben den genannten Komplexen an der Leipziger Straße besteht eine dritte Adresse in der Dresdner Neustadt, Bischofsweg 13. Es ist weder eine Zigarrenkiste noch eine Banderole überliefert. Die Archive geben nur wenig Auskunft über den Werdegang der Jedicke-Zigarrenfabriken und es fällt schwer, Eigentumsverhältnisse und Firmenbezeichnungen anhand überlieferter Briefdokumente aus deren Geschäftsverkehr zu rekonstruieren. In der Hochzeit der Inflation 1923 stellte die Firma A. R. Jedicke einem Kunden eine Rechnung über 286.772 Reichsmark: *Wir weisen darauf hin, dass wir durch die Geld Entwertung und die sich hieraus ergebende Kapitalknappheit unbedingt auf pünktliche Einhaltung der Zahlungstermine achten müssen.*[7] Unter ihren Produkten befanden sich Protektor, Edle Herren, Reife Blätter, Fabrikante, Reichswacht. Eine Rechnung von 1932 zeigt auf, dass A. R. Jedicke nach der Weltwirtschaftskrise auch im badischen Tabakanbaugebiet Lahr tätig wurde. Die in der Neustadt ansässigen, 1869 gegründeten Lange & Jedicke Cigarren-Fabriken vertrieben 1927 Zigarren mit Namen wie Primado und Epoca.

Die wenigen Quellen, über die wir verfügen, ergeben Einsichten in die Sozialgeschichte Dresdens, denn zum einen hat sich ein Kündigungsschreiben an den Chauffeur der Fabrikantenfamilie erhalten, andererseits sind Fotografien der gut gekleideten Damen des Hauses von der Ausfahrt in einer Limousine in die erzgebirgische Sommerfrische erhalten. Der Devotionalienhandel brachte einen rechteckigen gläsernen Aschenbecher hervor, dessen Auffangfläche eine Zeichnung des Straßenecks an der Rietzstraße aufweist. Dort trägt der Giebel der Fabrik die Inschrift *Tabak & Cigaretten*. An seinen vier Seiten findet man in moderner Typographie die Werbebotschaft der Firma: *A. R. Jedicke & Sohn G.m.b.H. Dresden-N. Pa. 30 – Cigaretten, Rauch- Kau- u. Schnupf-Tabake. – Fabrikation hochfeiner Cigarren. Import-Imitationen. – „Antipapierosi" Cigaretten ohne Papier*.

Recherchen führten durch das Internet bis nach Kanada und in die USA, wo Angehörige der Familie leben, die teilweise auf verschlungenen Wegen einmal um den Globus (und darüber hinaus)[8] zu der Rekonstruktion der Unternehmensgeschichte beitragen konnten. Spuren finden sich in den Adressbüchern für Dresden von der Jahrhundertwende bis in die Zeit nach dem Zweiten Weltkrieg. In Anzeigen warben Gebrüder Jedicke 1928 für die *Fabrikation*

Aschenbecher mit Werbeaufdrucken, Pressglas, um 1913 (Privatbesitz, Dresden)

*von Zigarren aus rein überseeischen Tabaken bis zu den feinsten Havana-Qualitäten.* 1905 pries A. R. Jedicke die *Fabrikation feinster Cigarren, Dresden-Trachau* an.

Das Fabrikgebäude wurde seit Mitte der 1930er Jahren anderweitig gewerblich genutzt, sei es durch eine Textilhandelsfirma, eine Glühlampen- oder eine Kartonagenfabrik. Seit den 1950er Jahren kam das Rechenzentrum der Sozialversicherungsanstalt Dresden hier unter und mit ihm Hollerith-Maschinen der US-amerikanischen Firma IBM, die in jüngerer Zeit durch Magnetband-Speichermedien ersetzt wurden, von denen sich Überreste im verlassenen Gebäude fanden. Noch bis zum Baubeginn des Wohnprojekts prangte an einer Fassade des Ostflügels die stark verwitterte Aufschrift STAATLICHE VERSICHERUNG.

„Die Tabakfabrik" ist im Stadtbezirk Pieschen schon zu einem stehenden Begriff geworden, der industriekulturelle Hintergrund spielt dabei durchaus eine gewisse identitätsstiftende Rolle. Dieser beschränkt sich nicht auf eine Würdigung wirtschaftlicher Prosperität in der Stadtgeschichte, sondern bietet – wie die Auseinandersetzung mit den historischen Bruchstücken nahelegt – Anknüpfungspunkte, die „soziale Skulptur" im Rahmen weiterreichender ideeller Kontexte zu betrachten. Die zahlreichen Spaziergänger, die über die längst als Fußgängerweg genutzte Pettenkoferstraße und den Kirchsteig entlang der Stadtbrache der Hufewiesen gehen, sind jedenfalls stets überrascht, am Ende dieser Stichstraße ein so außergewöhnliches Stadthaus vorzufinden. Ein Ansporn, die weiteren Pfade der Tabakgeschichte im Stadtbezirk Pieschen zu erschließen.

■ ANMERKUNGEN

1 Marc Augé, Orte und Nicht-Orte. Vorüberlegungen zu einer Ethnologie der Einsamkeit, Frankfurt 1994.
2 Industriearchitektur in Sachsen – erhalten, erleben, erinnern. Ausstellungsprojekt des Deutschen Werkbundes Sachsen e. V. in Kooperation mit der Sächsischen Landesstelle für Museumswesen und dem Sächsischen Industriemuseum Chemnitz (2014–2016), https://www.deutscher-werkbund.de/industriearchitektur-in-sachsen/ (10.2.2020); siehe auch Bernd Sikora, Industriearchitektur in Sachsen. Erhalten durch neue Nutzung, Leipzig 2010.
3 Informationen zu den einzelnen Modulen des Groß-Projekts „Niedrigschwellige Instandsetzung brachliegender Industrieanlagen für die Kreativwirtschaft" unter: https://www.kreative-produktionsstaedte.de (10.2.2020), siehe zu dem thematischen Zusammenhang auch das „Jahr der Industriekultur" in Sachsen 2020 und die 4. Sächsische Landesausstellung „BOOM. 500 Jahre Industriekultur in Sachsen".
4 Bauen und Wohnen in Gemeinschaft. Ideen, Prozesse, Architektur. Katalog zur gleichnamigen Ausstellung des Deutschen Architekturmuseums Frankfurt am Main, hrsg. von Annette Becker, Laura Kienbaum, Kristien Ring, Peter Cachola Schmal, Basel 2015, 134–139.
5 Siehe die Fotodokumentation der italienischen Architekturzeitschrift DOMUS zum Bauprojekt und das Interview mit dem Architekten Henri Praeger: https://www.domusweb.it/en/architecture/2014/08/05/dresden_ten.html (10.2.2020).
6 Glokalität leitet sich von Glokalisierung ab, einem Neologismus, gebildet aus den Begriffen Globalisierung und Lokalisierung, die hier nicht als Gegensätze, sondern als verbundene Ebenen zu verstehen sind.
7 Die Angaben beziehen sich hier und im Folgenden auf zeitweilig auf der Internetplattform ebay zum Verkauf angebotene Sammlerstücke, von denen dem Verfasser digitale Kopien vorliegen.
8 Als anerkannte Astronomen gaben sie einem Asteroiden den Namen „Jedicke": https://en.wikipedia.org/wiki/5899_Jedicke (10.2.2020).

# DAS VERSCHWINDEN DER FABRIK
## Tabak-(Gegner-)Spuren in Stadt und Region

Lea Ringel (Auswahl, Text), Franz Zadniček (Fotoaufnahmen 2019/2020)

**Yenidze, Büro- und Gastronomiestandort**
Dresden-Friedrichstadt, Weißeritzstraße 3
Ansicht und Hauptportal
**1909** Eröffnung als Neubau für die 1886 gegründete Fabrik, Entwurf: Martin Hammitzsch (1878–1945)
**1926** Übernahme durch H. F. & Ph. F. Reemtsma (Hamburg)
**1945** Teilzerstörung im Zweiten Weltkrieg
**1946** Enteignung der Reemtsma-Fabriken in der DDR
**1953** Sitz des VEB Tabakkontor Dresden
**1990** Übergang in Privatbesitz, Sanierung, Nutzung als Bürogebäude

**Historische Tabakfabrik Striesen, Wohnstandort**
Dresden-Striesen, Schandauer Straße 68
**1900/01** Errichtung der Fabrikgebäude
**bis 2017** Nutzung als Fabrik. zuletzt: f6 Cigarettenfabrik, Werk I
**2019** Umbau zu einer Wohnanlage
[Abb. oben]

**f6 Cigarettenfabrik (Philip Morris International)**
Dresden-Striesen, Junghansstraße 5
**1913** Zigarettenmaschinenfabrik United Cigarette Machine Company
**1933** Zigarettenfabrik: W. Lande Cigaretten- & Tabakfabrik/ Macedonia Cigaretten-Compagnie
**1942** Nachfolgeunternehmen: Karl Geissinger KG, ab 1959: VEB Dresdner Zigarettenfabriken. Werk II
**1990** Vereinigte Zigarettenfabriken. Werk II, später: f6 Cigarettenfabrik. Werk II

**Gewerbe- und Wohngebäude, ehedem Union Cigarettenfabrik**
Dresden-Striesen, Wittenberger Straße 114a (Hinterhaus)
**ab 1932** Nutzung als Zigarettenfabrik
**1936–1949** Union Cigarettenfabrik

**Fabrikruine, ehedem Zigarettenfabrik Zepter**
Dresden-Striesen, Bertolt-Brecht-Allee 25 (früher Carlowitzstraße 25)
**ab 1930** Standort der Zigarettenproduktion (u. a. Macedonia Cigaretten Compagnie, Nationale Zigarettenfabrik „Neues Deutschland", Niki Zigarettenfabrik Adolf Vogt, Zigarettenfabrik Karl Weibel)
**1938–1966** Zigarettenfabrik Zepter

**Tabakfabrik Alttrachau: Wohnprojekt**
Dresden-Trachau, Pettenkoferstraße 10
(früher Leipziger Straße 224, Hinterhaus)
**1900–1933** Zigarrenfabrik Gebrüder Jedicke
**1935–1940** Sirius-Glühlampenwerk, danach Dresdner Taschen- und Kartonagenwerke
**1950** Rechenzentrum der Staatlichen Versicherung der DDR
**2010** Wohnprojekt Tabakfabrik Alttrachau GbR

**Zigarren Manufaktur Dresden** (S. 195 oben)
Dresden-Wilsdruffer Vorstadt, Maxstraße 11 (im alten Dresdner Tabakviertel)
**2016** Manufaktur zur Herstellung von Zigarren in Handarbeit

**Technologiezentrum Dresden, Universelle Werke** (S. 195 unten)
Dresden-Südvorstadt, Zwickauer Straße 46–58
**1920–1991** Zigarettenmaschinenfabrik (Universelle J. C. Müller & Co., VEB Tabakuni, VEB Nagema)
**1940–1942** Neubau Fabrikations- und Verwaltungsgebäude
**2019** teilweise Nutzung als Technikum für Leichtbau und Kunststofftechnik, Startup-Zentrum

**Relief mit stilisierten Tabakblättern und Firmensignet**

**Geräteschuppen, ehedem Tabakscheune Zschieren**
Dresden-Zschieren, Lugbergblick 7 b
**1954–1992** Trockendarre der Landwirtschaftlichen Versuchsanstalt des Instituts für Tabakforschung
**1995** Niederlassung Dresden von Josef Saule, Landschafts- und Sportplatzbau Augsburg

**Hausinschrift an früherer Tabakhandlung**
Dresden-Wilsdruffer Vorstadt, Ostra-Allee 29
(im alten Dresdner Tabakviertel)
**1945–1961** Standort Tabakwaren-Großhandel Walter Heilmann (seit 1919 existent)

**Tabakwarenhandlung „Tabak Fischer"**
Dresden-Blasewitz, Naumannstraße 7
**2000** Eröffnung an diesem Standort

**Habibi Shisha Bar & Restaurant Dresden**
Dresden-Äußere Neustadt, Martin-Luther-Straße 37
**2006** Eröffnung von Bar und Gaststätte

**Wohnhaus in der Holzhaussiedlung auf der Leubnitzer Höhe**
Leubnitz-Neuostra, Golberoder Str. 24
**1927** Errichtung der Siedlung durch die Deutschen Werkstätten in Hellerau bei Dresden für die Baugenossenschaft der Alkohol- und Tabakgegner (Sächsischer Siedlerverband)

**Glasfenster in der Eingangshalle der Villa Zietz**
Dresden – Weißer Hirsch, Am Hochwald 1
**1910–1912** Errichtung der Villa für den Eigentümer der Zigarettenfabrik Yenidze Hugo Zietz nach einem Entwurf von Max Herfurt (1872–1932)
Fenster mit idealisierter Bildfolge „Weg des Tabaks" und den Hermes-Attributen
Entwurf der Fenster in Bleiverglasung: Josef Goller (1868–1947)

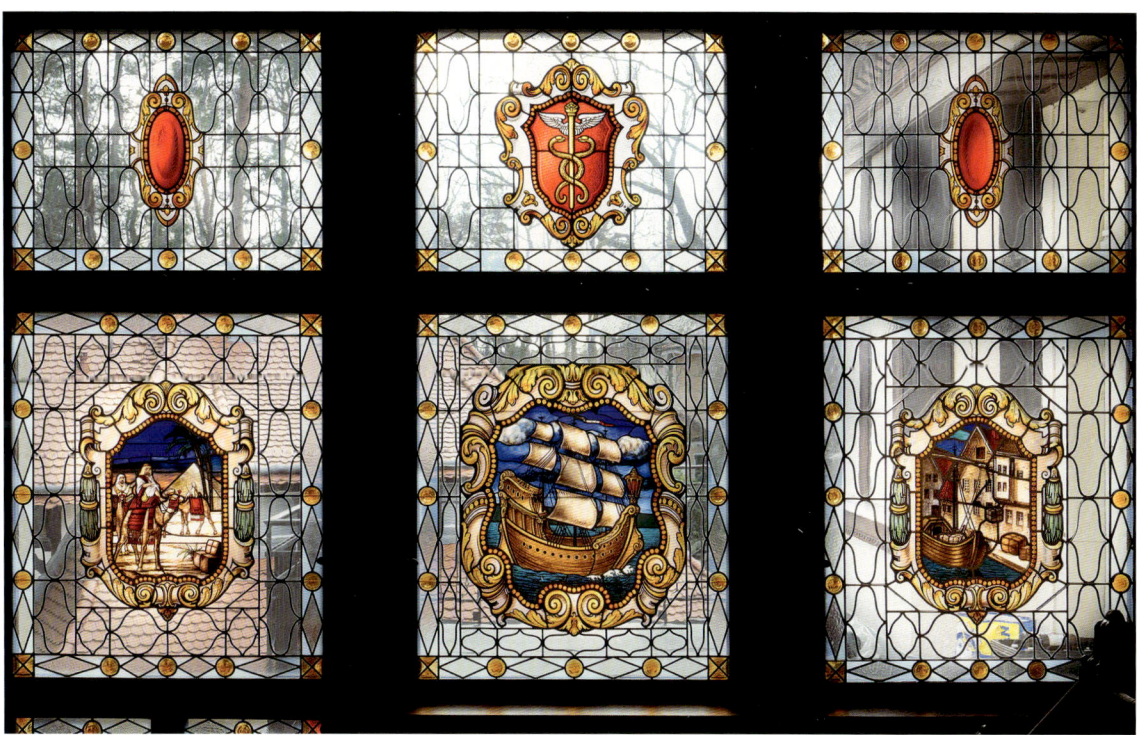

**Vorwerk Geising, ehedem Ferienheim**
Vorwerkstraße 1 in Geising/Osterzgebirge
**1930er Jahre** Erholungsheim der Reemtsma-Zigarettenfabriken (nachgewiesen)
**1954–1960** Ferienheim des VEB Jasmatzi Dresden (nachgewiesen)
**2020** Leerstand, Projekt zur Wiederherstellung als Rast- und Gaststätte

**Metallene Nachbildung des Signets des VEB Vereinigte Zigarettenfabriken Dresden als Abdeckung des Lüftungsschachts im Vorwerk Geising**

**Fenstergitter am Neuen Dresdner Rathaus**
Stadtzentrum von Dresden, Dr.-Külz-Ring 19
Metallenes Fenstergitter mit Symbolen wichtiger Wirtschaftszeige zur Zeit des Wiederaufbaus (1962–1965),
hier: Wein- und Obstbau, Tabakindustrie (Tabakblätter-Motiv), Brauerei
Entwurf: Fritz Mönkemeyer (1888–1981)

Die Existenzdaten der Zigarettenfabriken wurden größtenteils
mittels der historischen Adressbücher Dresdens recherchiert.

# SALEM ALEIKUM DRESDEN

Drei LED-Panele leuchten von der Feuertreppe des Stadtmuseums Dresden in den Stadtraum. Sie rufen den Schriftzug *Salem Aleikum* in Erinnerung, der früher auf dem Dach der Yenidze angebracht war und Werbung für die hauseigene Zigarettenmarke machen sollte. Eine kritische Auseinandersetzung auf der Suche nach utopischen Möglichkeiten.

Abteilung für liegengebliebene Angelegenheiten; Margrit Barner, Josefine Bingemer, Anna Ilin: *Collage*, 2020, aus der Arbeit *Salem Aleikum Dresden – der Nachhall des so genannten Orients*

Standbild aus dem Entwurf für eine Lichtinstallation am Landhaus Dresden (Pirnaischer Platz), Dezember 2020 – März 2021, Entwurf: Margrit Barner, Josefine Bingemer, Anna Ilin, Berlin 2020

Reklameschrift an der Zigarettenfabrik Yenidze, Postkarte, um 1910 (Interessengemeinschaft Historische Friedrichstadt, Dresden)

# ANHANG

# REGISTER

der Personen, Institute, Unternehmen, Verbände, Vereine

bearbeitet von Stefan Kleie

A. M. Eckstein & Söhne 53, 54, 56, 122
A. R. Jedicke & Sohn Zigarrenfabrik 188, 189
Abadie & Co. 70
Abdulla Zigarettenfabrik 149
Adler-Compagnie (Adler Zigarettenfabrik) 44, 45, 54, 56, 85
Adria Zigarettenfabrik 122
Agrimmcor Ltd. 103
Aladin Zigarettenfabrik 122
Allgemeiner Deutscher Cigarrenarbeiter-Verein 26
Alttrachau → Wohnprojekt Tabakfabrik Alttrachau GbR
American Tobacco Company 15, 53, 70
Anna, Kurfürstin von Sachsen 18
Apel & Brunner → Tabakfabrik
Ardenne, Manfred von 113, 118
Arnhold → Bankhaus
Assoziation der Zigarrenarbeiter 25
Astel, Karl 162, 179
Attlee, Clement 173
Augé, Marc 186
August, Kurfürst von Sachsen 18
Aurelia Zigarettenfabrik Ernst Karl Müller 56, 57, 122, 125, 149
Aurich, Eberhard 113

Baer → Gebr. Baer
Baldauf, Karl 182
Bankhaus Gebr. Arnhold 66
Basma Zigarettenfabrik 122
Bassora Zigarettenfabrik 124
BAT → British American Tobacco
Batschari (Zigarettenfabrik) 15, 54, 64
Batschari, August Karl 17

Baugenossenschaft am Wiesental 182
Baugenossenschaft der Alkohol- und Tabakgegner 182, 198
Beckenbauer, Franz 170
Benjamin, Walter 44
Bergakademie Freiberg 31
Berghofer, Wolfgang 99
Bergsträßer, Otto 70, 71
Berliner Zigarettenfabriken, VEB 61
Beyer, Gothelf 32
Biedenkopf, Kurt 99
Biederbeck, Karl 178, 182
Bilderstelle Lohse 146, 169
Bille-Top, Holger 178
Bilz, Friedrich Eduard 160, 177
Blechschmidt, Erhard 75
Bleuler, Eugen 7
Blüher, Bernhard 54, 56
Bonsack, James Albert 54, 70
Böhme, Hartmut 6
Böttger, Johann Friedrich 31
Bramsch Dresden, VEB 151
Brandl, Steffi 176
Brandt, Willy 99, 100
Brauer, Max 99
Brauerei zum Feldschlößchen 142
Bretschneider, Richard 178, 182
Briand, Aristide 62
Brinkmann, Martin 33, 105
British American Tobacco (BAT) 15, 17, 53, 54, 60, 72, 98, 105, 115
Bromwell, Henry H. 69
Brühl, Heinrich Graf von 21, 22, 28
Bulgaria Zigarettenfabrik 2, 54, 56, 122, 135–138, 141, 142, 144, 167, 168
Bulgartabac 112, 126

Bund deutscher Tabakgegner 161, 177, 178, 180, 181
Bund enthaltsamer Erzieher 182
Bundesanstalt für Tabakforschung/ Forchheim 84, 88
Bürgerstiftung Dresden 100

Calberla → G. Calberla GmbH, Eisengießerei Coswig
Carl Werner Verlag, Reichenbach 149
Casanova Zigarettenfabrik 136, 149
Chemische Werke Miltitz, VEB 114
Cigaretten-Bilderdienst Dresden 125, 146, 148
Cigaretten-Bilderdienst Hamburg-Bahrenfeld 145, 146
Cigaretten-Fabrik Germania → Germania Tabak- und Zigarettenfabrik
Compagnie Laferme (La Ferme) 51, 52, 56, 65, 62, 70, 122
Compagnie Universelle → Universelle Zigarettenmaschinenfabrik
Confreia Zigarettenfabrik 125
CORESTA (Centre de Coopération pour les Recherches Scientifiques relatives au Tabac) 87–90
Costi, Achillea 68
Costi, Jani 68
Cyprian C. Enfiezioglou (Zigarettenfabrik) 66

Dauch, Alexander 135
Decouflé SARL 75
Degenhart, Wilhelm Moritz 180
Delta Zigarettenfabrik 54, 56, 140, 144
Demitri, Efti 68
Deutsche Bank 54

Deutsche Fotothek  176
Deutsche Werkstätten Hellerau  177, 181, 198
Deutscher Alkoholgegnerbund  178, 182
Deutscher Bund zur Bekämpfung der Tabakgefahren e. V.  162
Deutscher Frauenbund für alkoholfreie Kultur  182
Deutscher Fußball-Bund (DFB)  167, 168, 170
Deutscher Reklame-Verband  136
Deutscher Werkbund  177, 181
Deutsches Architekturmuseum (DAM), Frankfurt am Main  187
Deutsches Hygiene-Museum Dresden  161, 162, 164
Dinglinger, Johann Melchior  121
Dolinski, Bruno  208
Doms, Joseph  33
Dostojewski, Fjodor M.  124
Douwe Egberts  105
Dresdner Sportclub (DSC)  167–169
Dresdner Süßwarenfabriken Elbflorenz, VEB  151
Dressler KG, Zigarettenfabrik  125
Dressler, Arthur  130

Eckstein-Halpaus GmbH  56, 125, 126, 146
Eckstein → A. M. Eckstein Söhne
Egerer, Anni  89
Eifro Zigarettenvertrieb  133
Einkaufsgenossenschaft Dresdner Zigarettenfabriken  55
Eisengießerei Coswig & Maschinenbau Calberla AG  71, 73
Elbflorenz → Dresdner Süßwaren
Eliot, T. S.  176
Emery, Charles G.  70
Emery, William H.  70
Endemann, Wilhelm  89
Enfiezioglou, Kyprianos  66
Engler, Klaus  138
Engler, Paul  138
Epirus Zigarettenfabrik  78
ERGO Umweltinstitut  90
Erhard, Ludwig  15

Eschen, Fritz  172–176
Eschen, Klaus  173, 176

f6 Cigarettenfabrik  116, 192
Faber, Monika  174, 176
Faust, Bernhard Christoph  156
Feilner, Tobias Christoph  30
Fischer & Herwig  33
Flaxman, John  29
Frecot, Janos  172, 173, 175
Friedrich August I., König von Sachsen  31
Friedrich August II., Kurfürst von Sachsen (August III., König von Polen)  21, 22
Friedrich II., König von Preußen  28
Friedrich Müller, Maschinenfabrik  171
Friedrich V., Kurfürst von der Pfalz  19
Fritzsche, Friedrich Wilhelm  26

G.D. S.p.A. Bologna  74, 75
Galib, Mustafa  132
Garbáty, Zigarettenfabrik  113, 149
Gebr. Baer, Zigarrenfabrik  160, 161
Gebr. Stollwerck  145
Gebrüder Jedicke, Cigarrenfabrik  186–189, 194
Geissinger, Karl  57 → Karl Geissinger, VEB
Genußmittel, AHB  103, 104
Georg A. Jasmatzi GmbH  57, 131, 132, 151
Georg A. Jasmatzi Zigarettenfabrik (AG)  46, 52–54, 56, 70, 113, 117, 124, 128, 146, 159
Georg Jasmatzi & Söhne  56, 71, 124, 127
Gerard, John  12
Gerbing & Stephan  32
Gerbing, Friedrich Mainhold  32
Germania Tabak- und Zigarettenfabrik  71, 124
Gerstenberg, Franz  138
Geyer, Herbert  75
Giscard d'Estaing, Valéry  62
Goebbels, Joseph  167, 169, 171
Goes, Luis de  156

Goller, Josef  199
Göring, Hermann  97, 131
GRASSI Museum für Angewandte Kunst Leipzig  30, 31
Greiert, Rudolf  64
Greiling → Richard Greiling
Greiling, VEB Zigarettenfabrik  61, 106, 107
Grimm und Triepel  33
Grimmelshausen, Hans Jakob Christoph von  19
Güntzel, Theodor  79

Haak, Walter  132
Habibi Shisha Bar & Restaurant  198
Hahnemann, Karl-Wilhelm  118
Hahnemann, Samuel  159
Hammitzsch, Martin  191
Hanakam, Charlotte  95
Händel & Reibisch  71, 73
Hanewacker, G. A.  33
Hanuschek, Sven  176
Hartig → Tabakwarengeschäft Robert Hartig
Hatley, John  17
Hauni (Hanseatische Universelle) Maschinenbau Hamburg (GmbH, Maschinenfabrik Körber & Co. KG)  74–76, 96, 98–100, 104, 105
Haus Bergmann, Zigarettenfabrik  44, 54, 57, 60, 144
Haus Neuerburg Zigarettenfabrik  56
Hayden, George Henry  69
Hefter, Johann Christian  24
Heiduschka, Alfred  88
Heinemann, Gustav  100
Hellerau → Deutsche Werkstätten
Hempel, Oswin  181
Herfurt, Max  199
Hermann, Johannes  74, 75
Hitler, Adolf  46, 148
Hofmann, Richard  167–170
Hogan, Jimmy  170
Honecker, Erich  100
Hong Kong Tabak  17
Honradez, Zigarettenfabrik  69
Hook, Albert H.  70

Hotz, Wilhelm  178
Hubertusburg → Steingutfabrik Hubertusburg
Huffzky, Karl Friedrich  33
Hünig Zigarettenfabrik  125
Huppmann-Valbella, Joseph von  51, 70

IBM  189
Imperial Tobacco Company  15
Importtabak, VEB  104
Institut für Sonderkulturen der Akademie der Landwirtschaftswissenschaften der DDR  90
Institut für Tabakforschung, Dresden (vorher: Biensdorf-Wohlsdorf)  40, 84–90, 126, 196
Institut Verarbeitungsmaschinenbau der TU Dresden  75
Internationale Anti-Tabak-Liga  178, 182
IOGT (Internationale Organisation der Guttempler)  182

Jacovidez, Michael  68
Jaffa Zigarettenfabrik  124
Jakob I., König von England  13
Jamann, Martin  51
James B. Duke, Zigarettenfabrik  70
Janisch, Ernst  84
Jasmatzi, Georg Anton  52, 65, 92
Jasmatzi, VEB  61, 104, 107, 109, 126, 149, 151–153, 200
Jasmatzi → Georg A. Jasmatzi, Georg Jasmatzi & Söhne
Jedicke, Louise  189
Jedicke, Robert Richard  189
Jedicke, Reinhold  188
Jedicke → A. R. Jedicke & Sohn, Gebruder Jedicke
Jerez, Rodrigo de  10
Johann Georg I., Kurfürst von Sachsen  19
Johann Georg II., Kurfürst von Sachsen  20
Jordan, Edmund  79
Josef Rubin, Zigarettenfabrik  140
Josetti Zigarettenfabrik  54

Kaisler, Ernst  86
KAMA GmbH  81
Kasper, Tilcka  94
Karl Geissinger, KG/VEB  60, 192
Kästner, Emil  175, 176
Kästner, Erich  45, 172–176
Katharina II., Zarin von Russland  28
Keller, Friedrich Gottlob  79
Kennedy, Stacey  116
Kisch, Egon Erwin  45
Kleßmann, Christoph  109
Knauf, Erich  173, 176
Kneipp, Sebastian  160
Koenig, Paul  84
Kolumbus, Christoph  10
Kombinat Nagema, VEB  73, 75, 195
Kombinat Tabak Dresden, VEB  61, 64, 80, 82, 89, 102, 104, 109–111, 116
Körber, Kurt A.  73, 74, 92, 96–101
Körber-Stiftung  100
Kosina, Heinrich  138
Kosmos, VEB  60, 61, 80, 109, 117
Kosmos H. F. Wolf, Zigarettenfabrik  52, 108, 123, 147, 150
Kraftwerk Mitte  186
Krautschik, Max  136
Krenter, Salomon  136
Kreß, Willibald  169
Kügelgen, Wilhelm von  29
Kunstgewerbeschule Dresden, Königlich Sächsische  123
Kyriazi, Zigarettenfabrik  98

Lagerfeld, Ilse  136–138, 144
Lagerfeld, Karl  138
Lagerfeld, Kurt Carl Otto  138
Lahmann, Heinrich  160, 177
Lampadius, Wilhelm August  31
Lande, Cäcilie  57
Lande, Wilhelm → Wilhelm Lande Zigarettenfabrik
Landesanstalt für Pflanzenanbau Karlsruhe-Rheinstätten, Referat Tabakforschung  90
Lange und Jedicke Cigarren-Fabriken  188, 189
Laue und Timäus → Strickmaschinenfabrik vorm. Laue und Timäus

Lebensmittelindustrie, Wirtschaftsgruppe  57
Leyhn, Eduard  32
Leyn, Johann Eugen Philipp  32
Lickint, Fritz  161–163, 178, 179
Liebig's Extract of Meat Company  145
Lingner, Karl August  160, 177
Linnemann, Felix  167, 168
Lorenzo, Giovanni di  62
Luckenwalder Metallwarenfabrik, VEB  81, 118
Ludwig XIV., König von Frankreich  28
Luft, Friedrich  172, 176
Lutze, Victor  131

Macedonia Cigaretten Compagnie  54, 57, 122, 192, 193
Macedonia, VEB Zigarettenfabrik  60, 61, 126
Mahlberg, Paul  138
Malzmann AG, Zigarettenfabrik  44
Mannewitz, Johann Christian  32
Manoli Zigarettenfabrik  15, 17
Marengo, Joseph und Alexandre  69
Maresch, Johann  33
Medici, Katharina von  28
Mehnert, Magda  95
Meißen   Porzellanmanufaktur
Messerschmidt, Christian Gottlieb  29
Millington-Herrmann, Paul  54
Modrow, Hans  99
Molins Machine Company Ltd.  75
Monardes, Niolás Bautista  157
Mönkemeyer, Fritz  201
Monopol (Zigarettenfabrik)  53, 60, 124
Montez, Lola  47
Müller, Franz Hermann  162, 163, 180
Müller, Johann Carl  71, 73, 97
Müller → Friedrich Müller Maschinenfabrik
Münzenberg, Wilhelm (Willi)  132
Museum der Arbeit Hamburg  140
Mutschmann, Martin  64, 169

Nagema → Kombinat Nagema
Nicholas, Sally 17
Nicot, Jean 10, 11, 35, 156
Niederehe, Stephan 33
Niggl, Wolfgang 103
Nitsche, G. 84
Norton, John Hatley 17

Ohser, Erich 173, 176
Oppel, Carl Wilhelm 31
Orienta Zigarettenfabrik 122
Orientalische Tabak- und Cigaretten-Fabrik Yenidze 6, 8, 41, 47, 48, 52–54, 56, 60, 72, 120–124, 127, 140–143, 146, 160, 182, 186, 191
Orientalisch-Macedonische Cigarettenfabrik Dresden (Orami) 122, 124, 125
Osiecka, Maria 92, 93, 94
Osmanié Krieger & Co., Zigarettenfabrik 122
Osten, Walter Haak & Co., Zigarettenfabrik 64, 131, 132
Oviedo y Valdéz, Gonzalo Fernandez de 10, 156

Patras Zigarettenfabrik 122
P.E.N.-Zentrum Deutschland 172, 173
Pervana und Co. 66
Pfaffel, Joseph 133
Pharao Zigarettenfabrik 122
Philip Morris, Philip Morris International 82, 90, 105, 112, 113, 116, 118, 153, 192
Pisarek, Abraham 176
Poetter, Wilhelm 144
Pöhlmann, Johann Gottfried 26
Porzellan-, Steingut- und Thonwaarenfabrik Schiller & Gerbing 32, 33
Porzellanmanufaktur Meißen 31, 32
Posselt, Wilhelm Heinrich 159
Poterie Döhlen 31
Praeger, Henri 190
Proctor, Robert 161
Progress, Zigarettenmaschinenfabrik 73
Public Health Service 163
Pyriki, Constantin 87–89, 106, 117

Quandt, Johann Gottfried 24

R. J. Reynolds Tobacco Company 105, 116
Raleigh, Sir Walter 28
Raschke, Otto 98
Rationalisierung der Tabakindustrie, VEB 86
Rätzer, Karl Rudolf 132
Rauschgiftbekämpfung, Reichsarbeitsgemeinschaft für 178, 179
Reemtsma Cigarettenfabriken 46, 56, 57, 60, 64, 90, 97–99, 104, 105, 113, 116, 117, 131, 132, 138, 140. 146, 151, 191, 200
Reemtsma, Hermann F. 97, 98
Reemtsma, Philipp F. 57, 97
Reimann, Carl Ludwig 159
Remus, Teodor 80, 81
Richard Greiling KG/AG 54, 55, 57, 88, 136, 140, 142, 146, 149, 169
Rohtabak, VEB 60
Rohtabak Döbeln, VEB 41
Rohtabak Glauzig, VEB 41
Rohtabak Schwedt, VEB 41, 87
Roosevelt, Theodore 124
Rothe, Arthur 180
Rubin → Josef Rubin

Sächsische Cartonnagen-Maschinen-Actiengesellschaft (SCAMAG) 81
Sächsisches Wirtschaftsarchiv 146
Sarasvati, Zigarettenfabrik 122
Sartre, Jean-Paul 176
Schacht, August 159
Schairer, Eberhard 163
Schalck-Golodkowski, Alexander 105
Schiller, Wilhelm 32
Schiller & Gerbing → Porzellan-, Steingut- und Thonwaarenfabrik
Schivelbusch, Wolfgang 63
Schlosser, Kurt 132
Schmidt, Helmut 62, 98, 99
Schokoladen- und Verpackungsmaschinen, VEB (VEB Schokopack) 75
Schön, Helmut 169

Schöniger, Erich 163
Schüller, David 21
Schwemmle, Eugen 181
Seghers, Anna 45
Siedlungsverein deutscher Tabakgegner 177, 181
Siemens & Halske AG 96
Singer, Hans Wolfgang 149
Slana, Katica 94
Solidarität, Zigarettenfabrik 132, 133
Späth, Lothar 99
Sprengel, Rita 92–94
Staatliche Kunstsammlungen Dresden, Grünes Gewölbe 121
Staatliche Kunstsammlungen Dresden, Kunstgewerbemuseum 30–32
Staatliche Kunstsammlungen Dresden, Kupferstichkabinett 149
Staatliche Kunstsammlungen Dresden, Museum für Sächsische Volkskunst 30
Staatliche Kunstsammlungen Dresden, Rüstkammer 121
Stadtmuseum Dresden 100, 139, 141, 146, 149
Stalin, Josef W. 61
Stavridi, Constantin 68
Steingutfabrik Hubertusburg (Königlich Sächsische) 31, 32
Stoianovich, Traian 66
Stollwerck → Gebr. Stollwerck
Stresemann, Gustav 62
Strickmaschinenfabrik vorm. Laue und Timäus 71
Sturm, Zigarettenfabrik 130–133, 146
Sulima Tabak- und Cigarettenfabrik 52, 54, 56, 70, 71, 142, 143, 149, 150
Susini Ruiseco, José 69
Susini, Luis 69

Tabak Dresden, Vereinigung Volkseigener Betriebe (VVB) 60, 64, 86, 88, 89, 102, 104, 107, 111, 117
Tabak Dresden → Kombinat Tabak Dresden

Tabak Nordhausen, VEB 108, 110, 116, 110, 115, 127
Tabak Technikum Hamburg 99
Tabak- und Industriemaschinen Dresden, VEB (VEB Tabakuni) 73–75, 98, 115, 117, 195
Tabakerzeuger-Genossenschaft (Oranienbaum) 84, 88
Tabakfabrik Apel & Brunner (Reudnitz bei Leipzig) 25
Tabakforschungsinstitut/Forchheim → Bundesanstalt für Tabakforschung/Forchheim
Tabakgegner → Siedlungsverein
Tabakgegner-Baugenossenschaft eGmbh 181, 182
Tabakindustrie, Fachgruppe 57
Tabakindustrie, Vereinigung Volkseigener Betriebe (VVB Tabakindustrie) 61, 64, 111
Tabakkontor, VEB 41, 102, 103, 114, 127, 191
Tabakwarengeschäft Robert Hartig 146, 147
Tabakwaren-Großhandel Walter Heilmann 196
Tabakwarenhandel „Tabak Fischer" 197
Technische Sammlungen Dresden 186
Tetens, Tete Harens 123
The United Cigarette Machine Co. Ltd. 53, 71–73, 192
Thessalia Zigarettenfabrik 52
Thielmann, Johann Friedrich 22
Thomas, Christian Leberecht 29, 30
Thorvaldsen, Bertel 29
Tillich, Stanislaw 116
Tischbein, Johann Heinrich 29
Torres, Luis de 10
Transformatoren- und Röntgenwerk „Hermann Matern", VEB 114
Treuhandanstalt 90
Türkenia Zigarettenfabrik 122
Türkenperlen Zigarettenfabrik 122

Türkische Tabak- und Cigaretten-Fabrik Xantos 122

Überwachungsstelle Tabak 57
Union Zigarettenfabrik 54, 148, 193
Union-Zigarettenfabrik, VEB 60, 106
Universelle Zigarettenmaschinenfabrik (Universelle-Werke) J. C. Müller & Co. 60, 71–73, 92–94, 96–98, 195
Universelle-Werke Dresden, VEB 73, 98

Vegetarier-Verband Sachsen 180
Verband der Deutschen Presse 173
Verband der Kleingärtner, Siedler und Kleintierzüchter (VKSK) 182
Verband Deutscher Rohtabak-Händler 55
Verband deutscher Schokoladefabrikanten 64
Verband Deutscher Zigarettentabakhändler 55
Verband Sächsischer Industrieller 54
Verband zum Schutze für Nichtraucher 178
Verband zur Abwehr des Tabaktrusts 54, 64
Verein der Wohneigentümer-Dresden-Süd-Leubnitzer Höhe e. V. 183
Vereinigte Zigarettenfabriken Dresden, VEB 61, 74, 80, 82, 90, 126, 127, 149, 192, 200
Verpackungsmaschinenbau Dresden, VEB 75
Vesalius, Andreas 156
Vizjak-Fortunat, Darinka 92, 93, 94
Vogl, Georg P. 138
Volkskunstverlag Reichenbach i. V., VEB (vorm. Carl Werner Verlag) 149
Vouris, Jean 68
Voscherau, Henning 99

Woldeck, Minna 182
Walter, Fritz 170
Washington, George 16
Wedgwood, Josiah 29–31
Weeser-Krell, Ferdinand 144
Weller Zigarettenfabrik 136
Werner, Carl → Carl Werner Verlag
Wigman, Mary 45
Wilde, Oscar 6
Wilhelm I., deutscher Kaiser 124
Wilhelm II., deutscher Kaiser 124
Wilhelm Lande Zigarettenfabrik 53, 57–59, 64, 147, 150, 192
Wilhelm Marrien Leichtmetallbau (Helmin-Betriebe) 57
Winning, Lothar 103
Wirthgen, Paul. F. Hermann 136, 138
Wissenschaft und Technik – Tabakindustrie, VEB 86, 90
Wissenschaftliches Institut zur Erforschung der Tabakgefahren 179
Wohnprojekt Tabakfabrik Alttrachau GbR 187, 194
Wolff, L. Zigarrenfabrik 160
Wolff, Franziska Louise 52

Xantos → Türkische Tabak- und Cigaretten-Fabrik

Yenidze → Orientalische Tabak- und Cigaretten-Fabrik Yenidze
Yramos Zigarettenfabrik 53, 57, 124, 146

Zentralwerk Dresden-Piesschen 186
Zeiss Ikon, VEB 152
Zepter, Zigarettenfabrik 192
Zietz, Hugo 52, 53, 199, 208
Zigarren Manufaktur Dresden 195
Zigarettentabak Einkaufsgesellschaft 54
Zigarettenindustrie, Fachuntergruppe 57

# BILDNACHWEIS

**Berlin**
bpk-Bildagentur/Deutsches Historisches Museum: 131 und 132 (Sebastian Ahlers)
TREUCON Gruppe Berlin: Umschlagtitel

**Bonn**
Historische Presse der deutschen Sozialdemokratie online – Bibliothek der Friedrich-Ebert-Stiftung: 133

**Dresden**
Archiv des VVN-BdA Sachsen, Region Dresden: 94
bpk-Bildagentur / Staatliche Kunstsammlungen Dresden, Gemäldegalerie Alte Meister: 19 (Elke Estel/Hans-Peter Klut)
Deutsches Hygiene-Museum Dresden: 161 (DHMD 2000/25), 163 (DHMD 2001/899), 164 (DHMD 2001/837, DHMD 2001/833)
Interessengemeinschaft Historische Friedrichstadt, Dresden: 202
Museen der Stadt Dresden – Stadtmuseum Dresden (Fotos: Philipp W. L. Günther):
16 (SMD_1997_00443.1-4_4), 54 (SMD_2000_00012), 56 (SMD_1977_00098.1_2), 57 (SMD_2019_00061), 62 (SMD_1985_00105), 78 (SMD_1994_00029), 79 (SMD_2020_00147), 80 (SMD_2018_00040, SMD_2005_00104), 100, 102, 110 (SMD_2005_00104), 111 (SMD_2005_00105), 115 (SMD_2019_00024), 122 (SMD_1977_00098.1_2, SMD_1997_00378), 123 (SMD_1985_00083.4_4, SMD_1989_00065), 124 (SMD_1994_00089, SMD_1997_00231), 126 (SMD_1992_00016, SMD_2018_00040), 127 (SMD_2020_00155, SMD_2020_00146), 130 (SMD_1980_00680.1), Vorsatz (SMD_2020_00135), Umschlag hinten (SMD_2020_00133)
Museen der Stadt Dresden – Stadtmuseum Dresden:
23 (SMD_SK_1983_00028), 24 (A 8° 3534.4), 26 (SMD_PhP_01487), 44, 45 (SMD_SP_2012_00153), 51 (SMD_SD_1996_00338), 52 (SMD_PhP_02246), 53 (D 4° 482, E 2288/1964), 55 (SMD_SD_1980_01944), 61 (SMD_SD_1988_00291), 72 (SMD_SD_1996_00171), 74 und 82 (SMD_Ph_2020_00887.001-042_042), 85 (K.11.45), 104, 105, 106 (SMD_SD_1998_00328), 107, 109, 116, 120 (SMD_Ph_2000_01860), 125 (SMD_Bib_2014_00472), 136 (SMD_SD_1990_00602), 140 (SMD_SD_2001_00177), 142 (SMD_SD_2001_00018), 155 (SMD_SD_2001_00154, SMD_PhG_04163), 144 (SMD_SD_2001_00030, SMD_SD_2001_00032), 145 (SMD_Bib_1985_00337), 146 (SMD_Bib_1963_00045.3_3), 147 (SMD_SD_1980_01939), 148 (SMD_SD_2020_00083), 149 (SMD_SD_2018_00053), 152 (SMD_SD_2015_00299), 159 (SMD_Ph_1995_00193), 178 (SMD_Bib_2020_00130), 179 (SMD_SD_2018_00153), 186 (SMD_SD_2001_00075), 215 (SMD_Ph_2000_00044)
Museen der Stadt Dresden – Technische Sammlungen Dresden: 81 (TSD_27460), 169 (TSD_Bib_1994_00067)
Sächsische Landesbibliothek – Staats- und Universitätsbibliothek Dresden/Deutsche Fotothek: 12, 25, 60 (Richard Peter sen.); 72; 86, 88, 89 (alle Richard Peter jun.); 114 (Christian Borchert); 121 (Gerhard Döring); 151 und 153 (Erich Höhne & Erich Pohl); 174 und 175 (Fritz Eschen); hinterer Vorsatz
Sächsisches Staatsarchiv – Hauptstaatsarchiv:
18 (810024 Geheimer Rat, Loc. 8302/1), 20 (11254 Gouvernement Dresden, Nr. 1002), 21 (10058 Prokuraturamt Meißen, Nr. 1964, Bl. 15)
Staatliche Kunstsammlungen Dresden, Museum für Sächsische Volkskunst: 30
Staatliche Kunstsammlungen Dresden, Porzellansammlung: 22 und 28 (Herbert Jäger)
TU Dresden, Sammlung Lebensmittelchemie: 37 (Philipp W. L. Günther, Inv. Nr.: 78308-000, 78309-000)

**Fürstenberg/Havel**
Mahn- und Gedenkstätte Ravensbrück: 93 (Foto-Nr. 2005/427, Original: Sammlung, Sign. V2854 F4)

**Hamburg**
Hauni Maschinenbau GmbH: 76 (Christian Geisler)
Körber-Stiftung Hamburg: 96, 97, 98, 99
Museum der Arbeit Hamburg: 11 (MA.A 2005/038.2061), 14 (MA.A 2005/038.2275), 14 (MA.A 2005/038.2278), 15 (MA.A 2005/038.2081), 44 (MA.O 2007/003.0067), 48 (MA.A 2007/022.226_3), 50 (MA.A 2003/031.063.013, MA.A 2003/031.064.15, MA.A 2003/031.064.028, MA.A 2003/031.064.045, MA.A 2003/

031.064.092), 80 (MA.O 2007/002.118.053), 109 (MA.O 2007/ 003.4288), 110 (MA.O 2007/ 003.4287), 113 (MA.O 2007/002.126.062), 128 (MA.A 2005/020.09100), 135 (MA.A 2003/ 031.034.002), 137 (MA.A 2005/ 020.09039, MA.A 2005/020.09020), 141 (MA.A 2005/ 039.010), 157 (MA.A 2005/038.0650), 168 (MA.A 2005/ 020.09575, MA.A 2005/020.09018 / Fotografie: Christoph Irrgang)

**Karlsruhe**
Karlsruhe, Badische Landesbibliothek: 13 (54 b 54 RH, fol. XXr)

**Kiel**
ZBW – Leibniz-Informationszentrum Wirtschaft: 38/39

**Leipzig**
Stadtgeschichtliches Museum Leipzig: 25 (Gei X/31 a)

**Paris**
CORESTA: 87

**Fotografen, Privatpersonen, Privatbesitz**
Norbert Haase: 188
Ulrich Häßler: 99
Franz Zadniček: 187, 191–201
Privatbesitz: 35, 40, 47, 61, 71, 73, 87, 103, 111, 112, 115, 160, 162, 180, 181, 182, 187, Frontispiz
Privatbesitz (Fotos: Philipp W. L. Günther):  29, 31, 32, 33, 44, 46, 52, 107, 108, 110, 126, 130, 160, 189

**Literatur**
Abb. S. 49: Marco Nestoroff, Die Orient-Tabake, Vertrieb durch das Bankhaus Gebr. Arnhold (Tabak-Abteilung), Bd. 1, Dresden 1928, 236/237.
Abb. S. 58/59: Herbert Faber, Die Zigarettenfabrik W. Lande G.m.b.H. Dresden (Deutsche Großbetriebe 2), Leipzig 1937, 45 (1), 53 (2), 55 (3), 61 (4), 65 (5), 67 (6), 69 (7), 77 (8), 83 (9)
Abb. S. 65: Marco Nestoroff, Die Orient-Tabake, Vertrieb durch das Bankhaus Gebr. Arnhold (Tabak-Abteilung), Bd. 2, Dresden 1928, 64, 276
Abb. S. 66: Marco Nestoroff, Die Orient-Tabake, Vertrieb durch das Bankhaus Gebr. Arnhold (Tabak-Abteilung), Bd. 1, Dresden 1928, 206/207
Abb. S. 67: Marco Nestoroff, Die Orient-Tabake, Vertrieb durch das Bankhaus Gebr. Arnhold (Tabak-Abteilung), Bd. 2, Dresden 1928, 56
Abb. S. 67: Marco Nestoroff, Die Orient-Tabake, Vertrieb durch das Bankhaus Gebr. Arnhold (Tabak-Abteilung), Bd. 1, Dresden 1928, 241
Abb. S. 158: J. J. Gardane, Katechismus der anscheinenden Todesfälle oder der sogenannten Pulslosigkeit. Wodurch der gemeine Mann unterrichtet wird, wie er bei verschiedenen Arten anscheinender Todesfälle verfahren soll, Berlin 1787, Anhang, Pl. I
Abb. S. 162: Zeitschrift „Reine Luft", hrsg. vom Deutschen Bund zur Bekämpfung der Tabakgefahren, 23 (1941), 121
Abb. S. 173: Köpfe. Hundert Porträtaufnahmen von Fritz Eschen, Ullstein-Verlag, Berlin 1956 (unpaginiert)

# VERZEICHNIS DER AUTORINNEN UND AUTOREN

**Ragnar Baldauf** – *1951 in Dresden, Maschinenbauingenieur, Rentner, lebt in Dresden, erforscht als Nachfahre von Karl Biederbeck, des Gründers der Dresdner Tabakgegnersiedlung Leubnitz-Neuostra, die Geschichte der Tabakgegnerbewegung

**Reinhardt Balzk** – *1934, Außenhandelskaufmann, kaufmännischer Leiter im VEB Tabak- und Industriemaschinen (Tabakuni) Dresden und Direktor für Außenwirtschaft Nagema Dresden, Veröffentlichungen zur Industriegeschichte der Stadt Dresden, lebt in Dresden

**Dr. Günter Bleisch** – *1937 in Chemnitz, Maschinenbauingenieur, 1960–1976 wissenschaftlicher Mitarbeiter im VEB Verpackungsmaschinenbau Dresden, 1976–2002 Hochschuldozent für Verpackungstechnik an der TU Dresden, Verfasser verpackungstechnischer Publikationen und Fachbücher, lebt in Dresden

**Prof. Dr. Juan Carmona-Zabala** – *1986 in Velez-Malaga, Spanien, Historiker, Assistant Professor am College of Humanities and Social Sciences an der United Arab Emirates University, Autor mehrerer in Fachzeitschriften veröffentlichter Artikel, lebt in Athen und Al Ain (Vereinigte Arabische Emirate)

**Dr. Insa Eschebach** – *1954 in Emden, Lehrbeauftragte am Institut für Religionswissenschaft der FU Berlin, 2005–2020 Leiterin der Gedenkstätte Ravensbrück, Verfasserin zahlreicher Studien zur Frauen- und Geschlechtergeschichte des Nationalsozialismus

**Dr. Daniel Fischer** – *1988 in Radebeul, Historiker, Mitarbeiter im Sächsischen Staatsarchiv, Promotion über Stadtjubiläen in der DDR, lebt in Dresden

**Philipp Freytag M. A.** – *1976 in Reinbek, Kunst- und Fotohistoriker, selbständiger Kurator und Publizist, unter anderem für die Kunstsammlungen Chemnitz und das Museum der bildenden Künste Leipzig tätig mit Projekten zur DDR-Fotografie und der Avantgarde-Fotografie der Zwischenkriegszeit, lebt in Leipzig

**Thomas Grosche M. A.** – *1982 in Burg, Historiker und Informatiker, Softwareentwickler bei der DUALIS GmbH IT Solution Dresden, Verfasser von Beiträgen zur sächsischen Wirtschaftsgeschichte, lebt in Dresden

**Dr. Norbert Haase** – *1960 in Köln, Historiker, Kulturreferent im Sächsischen Staatsministerium für Wissenschaft, Kultur und Tourismus, langjährige Erfahrung in der zeitgeschichtlichen Forschung und Leitungstätigkeit im Bereich politisch-historischer Gedenkstätten, lebt in Dresden

**Prof. Dr. Frank Jacob** – *1984 in Schmalkalden, Historiker und Japanologe, Professor für Globalgeschichte des 19. und 20. Jahrhunderts an der Nord Universitet Bodø, Norwegen, Autor und Herausgeber von mehr als 70 Büchern sowie zahlreicher Artikel und Beiträge zu den Themen Japanische Geschichte, Militärgeschichte sowie Globalgeschichte, lebt in Aschaffenburg und Bodø

**Markus Jähnichen M. A.** – *1978 in Dresden, Historiker und Politikwissenschaftler, Fachreferent für Sammlungsmanagement und Qualitätsstandards in Museen, freier wissenschaftlicher Mitarbeiter, Hauptschwerpunkte sind bürgerschaftliches Engagement, Gesellschafts- und Wirtschaftsgeschichte, lebt in Dresden

**Dr. Monika Kaßmann** – *1943 in Dresden, Ingenieurökonomin, Dozentin, Fachjournalistin, Herausgeberin und Autorin von Fachbüchern sowie Verfasserin von Forschungsarbeiten und Veröffentlichungen zur Verpackung, lebt in Pirna

**Dr. Marina Lienert** – *1960 in Hohen Neuendorf, Medizinhistorikerin, wissenschaftliche Mitarbeiterin am Institut für Geschichte der Medizin der Medizinischen Fakultät Carl Gustav Carus der TU Dresden, Verfasserin zahlreicher Publikationen zur Medizingeschichte, lebt in Dresden

**Dr. Jörg Ludwig** – *1963 in Leipzig, Historiker, wissenschaftlicher Archivar im Sächsischen Staatsarchiv, Veröffentlichungen unter anderem zur sächsischen Wirtschaftsgeschichte des 16.–19. Jahrhunderts, lebt in Dresden

**Katharina Müller B. A.** – *1985 in Berlin, Archivarin, Leiterin der Plakat-, Landkarten-, Schriftgut- und Tonträgersammlung der Museen der Stadt Dresden, lebt in Dresden

**Dr. Claudia Quiring** – *1971, Kunsthistorikerin, Kustodin für Baugeschichte und Stadtentwicklung am Stadtmuseum Dresden, Kuratorin zahlreicher Ausstellungen und Verfasserin von Texten zum Thema Architektur- und Fotografiegeschichte des 20. Jahrhunderts

**Rainer G. Richter, Dipl. phil.** – *1943 in Dresden, Kunsthistoriker, Oberkonservator am Kunstgewerbemuseum Dresden i. R., Kurator zahlreicher Ausstellungen, Verfasser von Aufsätzen und Katalogbeiträgen über Keramik, lebt in Dresden

**Lea Ringel M. A**. – *1993 in Fürth, Historikerin, Sachbearbeiterin für Ausstellungs- und Recherchearbeit am Bergbaumuseum Oelsnitz/Erzgebirge, Ausstellungskuratorin und Verfasserin von Beiträgen für Begleitpublikationen, lebt in Thalheim/Erzgebirge

**Andrea Rudolph M. A.** – *1981 in Görlitz, Volkskundlerin, Kustodin für Kultur- und Alltagsgeschichte am Stadtmuseum Dresden, Ausstellungskuratorin und Autorin von Beiträgen zur Kulturgeschichte, zur Brauch- und Festkultur sowie zur Erzählforschung, lebt in Dresden

**Prof. Dr. Mike Schmeitzner** – *1968 in Dresden, Historiker, wissenschaftlicher Mitarbeiter am Hannah-Arendt-Institut für Totalitarismusforschung der TU Dresden und apl. Professor für Neuere und Neueste Geschichte an der TU Dresden, Verfasser zahlreicher Studien zur Politik-, Gewalt- und Kulturgeschichte von Dresden und Sachsen sowie zur Begriffsgeschichte, lebt in Wilsdruff

**Dr. Josef Schmid** – *1962 in Amtzell, Historiker, freiberuflich tätig für wissenschaftliche Institute, Stiftungen, Magazine, Firmen und Privatpersonen, Autor und Lektor von Biografien, Studien und Ausstellungen zur Wirtschafts-, Sozial-, Medien- und Politikgeschichte in Deutschland, lebt in Hamburg

**Dr. Holger Starke** – *1962 in Dresden, Historiker, Kustos für Gesellschafts- und Wirtschaftsgeschichte am Stadtmuseum Dresden, Kurator zahlreicher Ausstellungen und Verfasser von Studien zur Wirtschafts-, Kultur-, Sozial- und Politikgeschichte von Dresden und Sachsen, lebt in Dresden

**Dr. Swen Steinberg** – *1980 in Freiberg, Historiker an der Queen's University in Kingston/Ontario sowie am Deutschen Historischen Institut in Washington/DC mit seinem Pacific Regional Office an der University of California in Berkeley, Veröffentlichungen zur Wissensgeschichte der Neuzeit, zum Zusammenhang von Wissen und Migration sowie zur Wirtschafts- und Unternehmensgeschichte des 19./20. Jahrhunderts

**Angelika Schuster** – *1949 in Dresden, Dipl.-Lebensmittelchemikerin, 1973–1987 Leiterin des Zentrallabors im VEB Vereinigte Zigarettenfabriken Dresden, 1988–1992 Leiterin der Arbeitsgruppe Agrochemie der Tabakversuchsstation Dresden-Zschieren im (VEB) Tabakkontor Dresden, lebt in Dresden

**Constanze Treue M. A.** – *1978 in Dresden, Historikerin, Mitarbeiterin in den Museen der Stadt Dresden, vorrangig in Sonderausstellungs-, Publikations- und Datenbankprojekten des Stadtmuseums Dresden tätig, lebt in Dresden

**Franz Zadniček** – *1954 in Weimar, freier Fotograf, Museumsfotograf i. R., Mitglied im VBK, Autor zahlreicher Ausstellungen und Publikationen, besonders zum Dresdner Stadtbild, lebt in Dresden

# IMPRESSUM

© 2020
Stadtmuseum Dresden, Museen der Stadt Dresden
Sächsisches Industriemuseum Chemnitz
Michael Imhof Verlag

**Herausgeber/Konzeption**: Holger Starke
**Wissenschaftliche Redaktion**: Uwe John
**Redaktionelle Mitarbeit:** Constanze Treue

*Umschlag, vorn:* Entwurf Alexander Clauß unter Verwendung eines Werbeblattes der Orientalischen Tabak- und Cigarettenfabrik Yenidze Inh. Hugo Zietz, um 1915 (mit frdl. Genehmigung der TREUCON Gruppe Berlin, Geschäftsführender Gesellschafter Thomas Doll)

*Umschlag, hinten:* Bruno Dolinski (1933–2008), Die Tabakernte (Ausschnitt), Entwurf für eine Glasfenster-Gestaltung im Hauptportal des VEB Tabakkontor Dresden (Yenidze), Tusche auf Pappe (Stadtmuseum Dresden)

*Vorsatz:* Der Werdegang der Zigarette, handkolorierter Druck, um 1975 (Stadtmuseum Dresden)

*Frontispiz:* Werbeveranstaltung der Bulgaria Cigarettenfabrik auf der Dresdner Vogelwiese
Aufnahme: A. Koch, Dresden, um 1930 (Privatbesitz, Dresden)

*Abb. S. 215:* Blick über die Dächer der Wilsdruffer Vorstadt auf die Yenidze, um 1920 (Stadtmuseum Dresden)

Die Deutsche Nationalbibliothek verzeichnet diese Publikation in der Deutschen Nationalbibliografie; detaillierte bibliografische Informationen sind im Internet unter http://portal.dnb.de abrufbar.

Dieses Werk einschließlich seiner Teile ist urheberrechtlich geschützt. Jede Verwertung außerhalb der Grenzen des Urheberschutzgesetzes ist ohne Zustimmung des Verlages und der Autoren unzulässig und strafbar. Das gilt insbesondere für die Vervielfältigung, Übersetzungen, Mikroverfilmungen und die Einspeicherung und Verarbeitung in elektronischen Systemen.

**Gestaltung**: Patricia Koch, Michael Imhof Verlag
**Verlagskorrektorat:** Dorothée Baganz, Michael Imhof Verlag
**Druck und Verarbeitung:** Druckerei Rindt GmbH & Co. KG, Fulda

**Gesamtherstellung**
Michael Imhof Verlag GmbH & Co. KG
Stettiner Straße 25 | D-36100 Petersberg
Tel. 0661/2919166-0 | Fax 0661/2919166-9
info@imhof-verlag.de | www.imhof-verlag.de

Printed in EU

ISBN: 978-3-7319-1011-4